Interkulturelle Kommunikation

Europäische Bibliothek interkultureller Studien
Band 5

Herausgegeben von Hans Nicklas

Jean-René Ladmiral ist Maître de conférences an der Universität Paris X-Nanterre und Direktor des Forschungsprojektes zur Übersetzung und sprachlichen wie interkulturellen Kommunikation.
Edmund Marc Lipiansky ist promovierter Psychologe, Maître de conférences und Forscher im Bereich Sozialpsychologie der Universität Paris X-Nanterre.

Jean-René Ladmiral, Edmond Marc Lipiansky

Interkulturelle Kommunikation

Zur Dynamik mehrsprachiger Gruppen

Campus Verlag
Frankfurt/New York

Veröffentlicht mit Unterstützung des
Deutsch-Französischen Jugendwerks

Die französische Ausgabe erschien unter dem Titel
La communication interculturelle bei Armand Colin, Paris.

Aus dem Französischen von Joachim Schulz

Die Deutsche Bibliothek – CIP-Einheitsaufnahme

Ein Titeldatensatz für diese Publikation ist bei
Der Deutschen Bibliothek erhältlich
ISBN 3-593-36129-9

Lektorat/Satz: draft fachlektorat frieden, Wilhelm Nolte, Hamburg
Druck und Bindung: Druckhaus »Thomas Müntzer«, Bad Langensalza
Gedruckt auf säurefreiem und chlorfrei gebleichtem Papier.
Printed in Germany

Inhalt

Zweiter Teil

Vorwort

Wenn wir in einem fremden Land, dessen Sprache wir nicht sprechen, Verständnisschwierigkeiten haben, so schreiben wir dies naturgemäß unserer mangelnden Sprachkenntnis zu. Aber ist es wirklich nur die Sprache? Tragen wir nicht mit unserer Sprache auch eine ganze Kultur mit uns, in der wir gleichsam gefangen sind? Müsste uns also, wenn wir verstehen wollten, nicht nur die Sprache, sondern auch die Kultur des fremden Landes „übersetzt" werden? Aber auch dann wäre noch nicht sicher, dass wir die fremde Kultur verstehen würden. Es gibt da noch die Wahrnehmungs- und Interpretationsweisen, die durch unsere eigene Kultur geprägt sind, den Astigmatismus unserer Stereotypen und Vorurteile, der unsere Wahrnehmung verzerrt und den Blick auf das fremde Land verstellt.

Sprache und Kommunikation in der Dynamik zweisprachiger Gruppen ist das Thema des vorliegenden Buches. Es gibt eine große Zahl von Veröffentlichungen zur Gruppendynamik. Die Studie von Edmond Marc Lipiansky und Jean-René Ladmiral ist aber insofern einmalig, als sie einen Aspekt in der Dynamik von Gruppen untersucht, der bisher übersehen wurde: die Rolle, die Sprache und kollektive Identitäten, also die unterschiedliche nationale und kulturelle Herkunft der Gruppenmitglieder spielen. Durch das Vorhandensein verschiedener Sprachen und kultureller Identitäten werden die Karten der klassischen Gruppendynamik neu gemischt. Diese Konstellation gibt es nicht nur in Gruppen des Deutsch-Französischen Jugendwerks (DFJW), die das Untersuchungsfeld der Autoren darstellen, sondern ebenso in den meisten europäischen Gesellschaften. Durch die hohe Zuwanderung in den letzten Jahrzehnten sind überall in Europa kulturelle Überschneidungssituationen entstanden. So gibt es beispielsweise in Deutschland und Frankreich Schulen, in denen die Hälfte der Schüler ausländischer Herkunft sind –, so dass die Ergebnisse dieser Studie nicht nur für den begrenzen Bereich des deutsch-französischen Jugendaustausches gelten.

Die beiden Autoren ergänzen sich auf das glücklichste: Jean-René Ladmiral ist Sprachwissenschaftler und Philosoph, Edmond Marc Lipiansky Sozialpsychologe. Dies gibt ihnen die Möglichkeit, das Problem der interkulturellen Kommunikation in seiner Komplexität zu analysieren. Sie verstehen Kultur im anthropologischen Sinn, also als die Lebensweise einer sozialen Gruppe: ihre Art, zu empfinden, zu denken und zu handeln, ihre Beziehung zum Menschen, zur sozialen und materiellen Umwelt und zur Kultur im engeren Sinne, also zu Kunst und Literatur. Kulturen haben eine Geschichte, ethnische Ursprünge, die Traditionen der Sprache, der Religion. Kulturen wandeln sich ständig, sie sind der komplexen Dynamik der Assimilation, der relativen Homogenität und der kulturellen Vielfalt, der Vereinheitlichung und der Differenzierung, der Öffnung und Abgrenzung unterworfen. Kulturen definieren sich durch die Grenze, durch die Differenz zum Anderen, Fremden. Und das Interkulturelle bezeichnet die Überschneidungszonen zwischen Kulturen, die in der modernen Welt immer größer werden. Sie ermöglichen das Bewusstwerden der eignen Spezifität, aber auch den Austausch, die Übernahme von bisher Fremdem und damit den kulturellen Wandel. Aber sie sind auch ein Feld von Missverständnissen und Konflikten.

Die Verfasser unternehmen den Versuch einer deutsch-französischen *Imagologie,* also der Analyse der Bilderwelt, die bei Deutschen und Franzosen vom jeweils anderen und sich selber existiert. Es handelt sich dabei um ein *imagologisches System* miteinander verbundener Selbst- und Fremdrepräsentationen.

Um einem Missverständnis vorzubeugen: Hier geht es nicht um „Realitäten“, sondern um Bilder, die Menschen von der Realität im Kopf haben. Die Bilder, die Franzosen von Deutschen und Deutsche von Franzosen haben, sind häufig herabsetzend, kränkend und falsch. Zu seiner Rechtfertigung hält „jeder Franzose und jeder Deutsche einen langen Beschwerdekatalog bereit, der jederzeit zur Untermauerung einer Anklage herangezogen werden kann“, wie der Franzose R. Cheval einmal schrieb. Aber es geht nicht um den „wahren Kern“ der nationalen Charaktere, noch die „historischen Fehler“ in den jeweiligen Bildern vom Anderen. Wenn beispielsweise von der tiefen Wunde die Rede ist, die Franzosen nach 1871 schmerzte und die bis heute noch nachwirkt, dass *Bismarck-Deutschland* Elsaß-Lothringen annektiert habe, so zielt das nicht auf den tatsächlichen Verlauf der Historie, und der Einwand wäre verfehlt, dass Bismarck, der historische Bismarck, *gegen* diese Annektion war (was die Verfasser natürlich wissen), weil er gerade diese Verletzung Frankreichs vermeiden wollte, da sein Ziel eine dauerhafte Friedensordnung war und nicht ein nationalistischer Triumph über Frankreich, sich aber gegen den Generalstab, den Kaiser und die öffentliche Meinung nicht durchsetzen konnte. Bismarck ist und bleibt für Franzosen das Symbol eines militaristischen, machthungrigen deutschen Nationalismus. Während ich diese Zeilen schreibe, fällt mir ein Buch von Herman Frobenius in die Hand, ein vergilbter Prachtband; es trägt keine Jahreszahl, dürfte aber vor dem Ersten Weltkrieg erschienen sein. Das Buch mit dem Titel *Die Hohenzollern*, wohl zur nationalen Erbauung geschrieben, nimmt die gleiche Stilisierung mit umgekehrten Vorzeichen vor; auch für Frobenius ist das Deutschland Bismarcks das Deutschland, das seiner militärischen Stärke und seiner nationalen Würde bewusst den Stiefel auf den Nacken Frankreichs setzt. Dies ist eine kuriose Illustration der These von der deutsch-französischen Imagologie und der Verschränkung von Selbst- und Fremdrepräsentationen.

Es geht darum, die in die Geschichte eingeschriebenen sozialen Repräsentationen zu verstehen und zu beschreiben, mittels derer die Individuen und Gruppen sich ihrer kollektiven Identität bewusst werden, die ein Gefühl der Zusammengehörigkeit stiften und die Integration des Einzelnen in die nationale oder kulturelle Gemeinschaft bewirken, aber auch die Folie zum (Schein-)Verständnis anderer Völker und Kulturen abgeben.

Es ist ein Spiel der Übertragung und Gegenübertragung und der Projektion. Denn die auf den Anderen projizierte negative Identität erlaubt es, die eigene Identität zu »reinigen«. Sie geht aus diesem Prozess, der die abgespaltenen negativen Anteile des Selbst dem anderen zuschreibt, gestärkt hervor. So bestimmen die traditionellen Bilder – häufig als Verdrängte aus dem Unbewussten wirkend – das gegenwärtige politische Erleben des Gefühls der nationalen Zugehörigkeit und die Beziehung zum Nachbarn.

Wirksam ist also nicht die »Geschichte«, sondern die Bilder von ihr in den Köpfen der Menschen. Die nationalen Stereotypen und Vorurteile sind nur eine verkürzte, verdorbene Form des Imaginären. Aber auch sie sind wirksam, selbst wenn ihr geringer Realitätsgehalt offensichtlich ist. Aber es geht gar nicht um die Realitätsadäquanz der Bilder und Vorurteile, sondern sie haben unabhängig davon eine Realität, die stärker sein kann als die Fakten. Wenn meine Erfahrungen nicht trügen, so hat sich bei den Vorurteilen die ihnen angeblich entsprechende Realität umgekehrt. Was als typisch französisch gilt, trifft heute eher für Deutschland zu. Das beginnt mit der Banalität, dass heute die Züge in Frankreich pünktlich sind, die deutschen aber nicht. Oder: In der Werbung wird immer noch der Franzose mit Baskenmütze traktiert. Trägt man heute eine Baskenmütze in Frankreich, dann outet man sich als älterer deutscher Studienrat mit frankophilen Neigungen. Das setzt sich fort bis in die Philosophie. Wie passt etwa die cartesianische *clarté* zusammen mit der Faszination, die Heidegger und Jünger in Frankreich ausüben? Aber auch das ist ein Teil der deutsch-französischen Imagologie, dass Franzosen sich gerade von den irrationalen Strömungen beim Nachbarn jenseits des Rheins angezogen fühlten.

Zwei Abschnitte, Glanzstücke des Buches, die überraschende Perspektiven eröffnen, möchte ich noch hervorheben. Der erste stammt von Edmond Marc Lipiansky (Soziale Repräsentationen und interkulturelle Kontakte) und zeigt den Zusammenhang von Identitätsbildung und sozialer Kategorisierung. Der Gedankengang, kurz zusammengefasst, lautet so: Jeder Mensch bedarf einer positiven Identität. Er muss sich positive Attribute zuschreiben und sich selbst akzeptieren können. Gelingt dieser Aufbau eines positiv besetzten Selbst nicht, so sind erhebliche psychische Störungen die Folge. Ein wesentliches Element der positiven individuellen Identität ergibt sich aus der Zugehörigkeit zu einer positiv bewerteten Gruppe (Arzt, Absolvent der ENA, Grüner, Fussballfan von Bayern München, Franzose, etc.) Die positive soziale Bewertung einer Gruppe ergibt sich aus sozialen Vergleichsprozessen zwischen den Gruppen. Deshalb neigen Menschen dazu, die eigene Gruppe mit positiven und Fremdgruppen mit negativen Attributen zu versehen. So ist die soziale Kategorisierung die Ursache für Gruppenantagonismen, der Inklusion und der Exklusion, der Idealisierung der eigenen Gruppe und der Abwertung von Fremdgruppen. Schon Henri Tajfel, von dem diese Überlegungen stammen, konnte schwer mit dem Paradoxon umgehen, dass Menschen, die ein wertvolles Ziel anstreben, nämlich eine positive individuelle Identität zu erreichen, damit gleichzeitig einen Prozess in Gang setzen, der in Vorurteilszuweisung und Gruppenfeindschaft endet. Er wusste keinen Ausweg aus diesem Dilemma. Lipiansky wendet nun diese Erkenntnis auf die Dynamik interkultureller Gruppen an. Das Ergebnis seiner Überlegungen lautet, dass wir diese »Unterscheidungsmechanismen« überschreiten müssen: »Vielleicht müssen wir uns als ähnlich akzeptieren, um uns als verschiedenartig *anerkennen* zu können.«

Der zweite Abschnitt, auf den ich besonders hinweisen möchte, ist das lucide Kapitel von Jean-René Ladmiral »Der Körper zwischen zwei Sprachen«. Es geht um ein Problem, das jeder kennt, aber sich dessen in der Regel nicht bewusst ist. »Eine andere Sprache sprechen, bedeutet gewissermaßen, mich in die Haut eines anderen zu begeben.« Beim Sprechen einer anderen Sprache sind nicht nur die Organe der Stimmbildung betroffen, sondern die Gesamtheit des Körpers. Wir sprechen nicht nur mit den Stimmbändern, dem Kehlkopf und der Zunge, sondern mit dem ganzen Körper. Sehr häufig wird der Nicht-Muttersprachler gerade daran erkannt, dass er die Grammatik des Körpers der anderen Sprache nicht beherrscht. Dieses mimetische Element der Sprache ist die Barriere bei der Erlernung einer fremden Sprache, weil Entäußerung verlangt wird, man muss die eigene Kultur verlassen und in die fremde eintauchen. Hier eröffnet Ladmiral eine neue Perspektive der Linguistik, eine Disziplin, die sich mit der *périlangue* beschäftigt, also mit dem *Hof* der Sprache, wie man auf Deutsch sagen könnte, so wie man von dem Hof des Mondes spricht, dem leuchtenden Kranz, der das Himmelsgestirn zuweilen umgibt.

Die wenigen Bemerkungen, die ich hier machen konnte, können den Reichtum des Buches nur andeuten. Die beiden Autoren haben eine höchst subtile Analyse der sprachlichen und kulturellen Dynamik in zwei- und mehrsprachigen Gruppen gegeben.

Von der sprachlichen Brillanz des französischen Textes kann die Übersetzung nur einen Abglanz geben. Die Wortspiele und die Allusionen, vor allem des Textes von Ladmiral, lassen sich nicht ins Deutsche übertragen. Dank gebührt dem Übersetzer Joachim Schmelz, der mit bewunderungswürdiger Genauigkeit versucht hat, den Text in ein lesbares Deutsch zu bringen. Besonders dankbar bin ich ihm für die zahlreichen Anmerkungen, in denen er unübersetzbare französische Formulierungen erläutert und für Deutsche unverständliche Anspielungen entschlüsselt. Ich danke auch Jeanne Kraus und Ursula Stummeyer für die kritische Revision der Übersetzung;

sie haben insbesondere für pädagogische und psychoanalytische Fachtermini die adäquaten deutschen Begriffe gefunden. Weiter gebührt Dank Brigitte Schlieben-Lange und Tanja Rommel, die an der Herstellung der ersten Fassung der Übersetzung beteiligt waren. Ebenso bin ich dem Verleger der französischen Ausgabe, Armand Colin, Paris, für die Überlassung der Rechte dankbar.

Frankfurt am Main, im Februar 2000

Hans Nicklas

Einleitung

Die Beziehungen zwischen den verschiedenen Ländern und Kulturen werden immer dichter. Reisen, Handelsbeziehungen, Tourismus, wissenschaftliche oder berufliche Kongresse vervielfachen die Gelegenheiten zum Kontakt. Die Medien, hier besonders das Fernsehen, ermöglichen jedermann den Zugriff auf Bilder und Nachrichten, Kunst und Kultur der verschiedenartigsten Länder. Viele Jugendliche sind auf diese interkulturelle Kommunikation hin ganz besonders sensibilisiert, sowohl aufgrund ihrer Lust am Reisen als auch aufgrund ihres Interesses für die Begegnung mit dem Anderen. Im Übrigen versuchen sie, sich in einer gemeinsamen »kosmopolitischen« Kultur einander zu nähern: Sie tragen die gleichen Jeans, hören die gleiche Musik und begeistern sich für die gleichen Stars aus Sport, Kino oder Chanson.

Aber kann man schon alleine deshalb von einer Öffnung hin zum kulturellen Anderssein sprechen, von einer authentischen Kommunikation? Andere Tendenzen in unseren Gesellschaften scheinen in eine entgegengesetzte Richtung zu weisen, ersichtlich etwa an Reaktionen der Abgrenzung und der Ablehnung, die an die Probleme der Immigration und an die Konfrontation der Ideologien, der Nationen und der Religionen geknüpft sind.

Interkulturelle Kommunikation ist zu einem Diskussionsobjekt und zu einer Herausforderung geworden, auf welche die Initiativen verschiedenartiger nationaler und internationaler Organisationen, Bildungs- und Kulturinstitutionen zu reagieren versuchen. Schon das Ausmaß ihrer Bemühungen in diesem Bereich erfordert eine Gesamtbetrachtung der gesteckten Ziele, der eingesetzten Mittel und der Effekte ihrer Handlungen. Welche Ziele werden verfolgt, wie können sie umgesetzt werden und was sind die tatsächlichen Resultate?

Für diejenigen, die interkulturelle Treffen organisieren und durchführen, besteht das erklärte Hauptziel darin, dass die Teilnehmer (und insbesondere die Jugendlichen, die man sich als Träger der Zukunft vorstellt) lernen, miteinander zu kommunizieren, sich besser kennenzulernen und sich jenseits der Vorurteile, Stereotypen und Spaltungen zwischen ihren Ursprungskulturen gegenseitig zu entdecken. Auf einer »politischen« Ebene handelt es sich darum, die Nachwehen der Konflikte der Vergangenheit zu heilen (und zukünftigen vorzubeugen), zu einem besseren Verständnis zwischen Nationen beizutragen und ein Gefühl der Solidarität wie das Bewusstsein einer »europäischen Staatsbürgerschaft« zu fördern. Selbstverständlich sind derlei Ziele unumstritten. Das eigentliche Problem liegt darin, die konkreten Inhalte zu erkennen, mit deren Hilfe diese Ziele erreicht werden; und zu wissen, wie diese Inhalte innerhalb einer Pädagogik interkultureller Kommunikation umgesetzt werden können. In den Kontext solcher Fragestellungen reiht sich das vorliegende Buch ein.

Kultur und kulturelle Identität

Der Begriff *Kultur* muss hier in seinem anthropologischen Sinne verstanden werden. Er bezeichnet die Lebensweisen einer sozialen Gruppe: ihre Art zu empfinden, zu handeln, zu denken; ihre Beziehung zur Natur, zum Menschen, zur Technik und zur Kunst. Kultur schließt sowohl die tatsächlichen Verhaltensweisen, die sozialen Vorstellungen wie auch die Modelle ein, nach denen sich diese ausrichten (Wertesysteme, Ideologien, soziale Normen etc.).

Der Begriff lässt sich auf soziale Gruppen anwenden, deren Natur und Größe sehr verschiedenartig sein können: Stämme, Ethnien, soziale Klassen, Nationen, Zivilisationen etc. Dennoch kann für jede einzelne Gesellschaft und in jeder einzelnen historischen Situation ein bestimmter Rahmen für die Definition einer kulturellen Identität als besonders geeignet erscheinen. In den Industriegesellschaften ist es die nationale Ebene, die sich tendenziell als die bedeutungsvollste für eine differenzielle Strukturierung der Kultur herausstellte. Denn Identität setzt Differenz voraus: Das Bewusstsein, zu einem Kollektiv zu gehören, taucht erst anderen Kollektiven gegenüber auf, die als »fremd« empfunden werden. Wenn die Nation in der modernen Welt als die bevorzugte Stütze eines Gefühls der Identität und der kollektiven Solidarität erscheinen kann, so schließt dies mitnichten andere Ebenen der Differenzierung aus (ethnische, regionale, soziale, berufliche, ideologische, religiöse etc.). Selbst wenn der Begriff der Identität eine, wenn auch unbestimmte, Einheit und eine relative Homogenität impliziert, so schließt er niemals eine wirkliche kulturelle Vielfalt und eine komplexe Dynamik zwischen Kräften der Assimilation und der Differenzierung aus, zwischen Bewegungen der Abgrenzung und denjenigen einer Öffnung, zwischen Tendenzen zur Kontinuität und solchen zur Veränderung.[1]

Die kulturelle Identität stützt sich auf objektive Faktoren – wie das Erbe der Geschichte, den politischen Rahmen, die ethnischen Ursprünge, die Traditionen, die Sprache, die Religion etc. Aber ebenso sehr beruht sie auf subjektiven Elementen, die im Bewusstsein der Mitglieder einer Gemeinschaft zu verorten sind; kulturelle Identität existiert zunächst in Form sozialer Repräsentationen,[2] die es einer Gemeinschaft erlauben, sich zu definieren und von den anderen anerkannt zu werden; diese Repräsentationen setzen sich zusammen aus Bildern, Symbolen, Stereotypen, Ursprungsmythen, historischen Erzählungen, die im kollektiven Bewusstsein eine bildliche Gestalt von »Persönlichkeit« und Einheit anbieten.

Interkulturelle Kommunikation

Das *Interkulturelle* erfreut sich gegenwärtig einer auffälligen Beliebtheit, (etwa in den Geisteswissenschaften, der Pädagogik, der Sozialarbeit, der Animation), die durchaus zweischneidig ist. Der Begriff selbst impliziert die Vorstellung von Inter-Relationen, von Beziehungen und Austausch zwischen unterschiedlichen Kulturen. Darunter sollte man weniger den Kontakt

1 Zur Definition und der Problematik der kulturellen Identität, vgl.: Michaud, G. (Hg.): Identités collectives et relations inter-culturelles; und Selim Abou: L'identité culturelle (vollständige bibliographische Angaben der zitierten Veröffentlichungen finden sich in der Bibliographie am Ende der vorliegenden Arbeit).

2 Anmerkung des Übersetzers: Bei frz. »représentation« stellt sich akut das Problem der Polysemie, d.h. hier sind eine Reihe verschiedener Übersetzungen möglich (Repräsentation, Vorstellung, Darstellung, Vergegenwärtigung, Vertretung, Zeichen, etc.); im folgenden wird daher entweder der Begriff aus dem Französischen beibehalten oder, in eindeutigen Kontexten, mit »Vorstellung« übersetzt.

zweier unabhängiger Subjekte als vielmehr die Interaktion verstehen, bei der sich die Subjekte gleicherweise konstituieren wie sie miteinander kommunizieren. Somit zielt diese Definition darauf ab, von einer substanzialistischen Konzeption von Kultur Abstand zu nehmen, welche diese als eine Art objektive, autonome und relativ unbewegliche Gegebenheit betrachtet; sie stellt sich in eine systemisch-dynamische Perspektive, in der die Kulturen als nicht-homogene soziale Prozesse erscheinen, die sich in ständiger Entwicklung befinden und sich sowohl durch ihre wechselseitigen Beziehungen als auch durch die ihnen eigenen Charakteristika definieren. Denn soziale Gruppen existieren niemals völlig isoliert: Sie stehen ständig im Kontakt mit anderen Gruppen. Das führt zwar zur Bewusstwerdung eigener Spezifität, aber auch zu Austausch, zu Übernahme und zu ständiger Veränderung. In diesem Sinne unterstreicht T. Todorov,[3] dass »das Interkulturelle konstitutiv für das Kulturelle ist«.

So wird in diesem Sinne durch das »Interkulturelle« weniger ein komparatistisches Untersuchungsgebiet definiert, in dem es darum ginge, zwei Objekte in den Blick zu rücken, als vielmehr ein Feld der Interaktion, in dem nach Beziehungen gefragt wird, die sich zwischen kulturell identifizierten Gruppen etablieren.

So stellt Martine Abdallah-Pretceille fest:

> Das Ziel eines interkulturellen Ansatzes liegt weder darin, den anderen zu identifizieren, indem man ihn in ein Netzwerk von Bedeutungen verstrickt, noch darin, eine Reihe von Vergleichen auf der Basis eines ethnozentristischen Maßstabs anzustellen. Methodologisch muss der Akzent weniger auf dem eigentlichen Anderen, sondern vielmehr auf den Beziehungen liegen, die das (individuelle oder kollektive) »ich« unterhält.

Hierin unterscheidet sich im Übrigen dieser Ansatz von dem der klassischen Ethnologie; in dieser Perspektive stellt das Anderssein kein objektives Phänomen mehr dar, das es zu beschreiben gälte, sondern präsentiert sich als »ein dynamischer Zusammenhang zwischen zwei Entitäten, die sich gegenseitig einen Sinn geben«.[4]

---

3 Le croisement des cultures. In: Communication (Nr. 43), S. 43.

4 Abdallah-Pretceille, M.: Pédagogie interculturelle: bilan et perspectives. In: L'interculturel en éducation et en sciences humaines; vol 1, S. 31.

Dennoch läuft der Begriff »interkulturelle Kommunikation« Gefahr, falsche Vorstellungen hervorzurufen. Was miteinander in Kontakt tritt, sind nicht Kulturen oder nationale Identitäten: Kommunikation impliziert immer Personen. Sie sind es, die Beziehungen zwischen Kulturen herstellen oder vermitteln. Selbst wenn es sich um eine Forschungsreise, die Entdeckung eines Landes oder einer Region handelt, am Anfang steht immer ein erster persönlicher Schritt: Dieser kann in der Aneignung eines bestimmten Wissens bestehen, in der Entdeckung von Landschaften, Sehenswürdigkeiten, Kunstwerken oder Traditionen; aber dies bringt immer auch den Kontakt mit Lebensarten mit sich, in verschiedenen Weisen zu denken und zu fühlen, wie sie in Gruppen und konkreten Individuen Gestalt annehmen. So hat man unter interkultureller Kommunikation zunächst die Beziehungen zu verstehen, die sich zwischen Personen und Gruppen etablieren, die unterschiedlichen Kulturen angehören. Es ist das Beziehungsmoment, das uns hier interessiert, gerade weil es sich auf dem Hintergrund von Repräsentationen, Codes, Lebensstilen, den Kulturen eigenen Denkensarten vollzieht.

In Frankreich war die Reflexion über das Interkulturelle in den letzten Jahren stark geprägt von den Problemen, die an die Immigration geknüpft sind. Hierbei handelt es sich um ein wichtiges, sich auf einen dringenden sozialen Bedarf gründendes Gebiet, in das verschiedenartige Akteure involviert sind (Lehrkräfte, Sozialarbeiter, politisch Verantwortliche etc.) und welches eine Vielzahl an Untersuchungen hervorgebracht hat, die der Praxis ebenso sehr verpflichtet sind wie der Forschung.[5]

Wenngleich wir den Stellenwert dieser Probleme nicht unterschätzen wollen, stehen sie dennoch nicht im Mittelpunkt unserer Überlegungen. Unser Erkenntnisinteresse richtet sich weniger auf aktuelle Brennpunkte der Nord-Süd-Beziehungen, sondern auf interkulturelle Kommunikation zwischen entwickelten Gesellschaften, genauer zwischen denen Westeuropas. Die Beziehungen zwischen Franzosen und Deutschen sollen hier als paradigmatisches Beispiel gelten. Es handelt sich dabei um eine Frage, deren Aktualität nicht weniger bedeutsam ist, sowohl mit Rücksicht auf die jüngere Vergangenheit, als auch in der Perspektive unserer nahen nächsten Zukunft.

---

5 Vgl. besonders Camilleri, C. / Cohen-Emerique, M. (Hg.): Chocs des cultures; concepts et enjeux pratiques.

De facto sind interkulturelle Beziehungen immer auch durch Macht- oder zumindest Einflussverhältnisse ökonomischer, politischer und ideologischer Art determiniert; wir haben uns jedoch entschieden, einem eher sozialpsychologischen Ansatz den Vorzug zu geben, indem wir als Untersuchungsobjekt die interpersonalen Begegnungen gewählt haben: Denn es liegt auf der Hand, dass diese Begegnungen im Kontext eines historischen und kulturellen Erbes anzusiedeln sind, welches sich insbesondere in einer Gesamtheit von Bildern und sozialen Repräsentationen Ausdruck verleiht, die wir ebenfalls ansprechen werden.

Erfahrungsfelder und methodologische Ansätze

In diesem Kontext und eingedenk dessen, was dabei auf dem Spiel steht, ist das Interkulturelle keineswegs ein neutrales Thema. Leicht ist die Rede, die das Interkulturelle begleitet, ideologisch geprägt, sie ist meist von einer humanistischen Ethik inspiriert, die ein Ideal des Dialogs, des Respektes vor dem Unterschied, des wechselseitigen Verständnisses predigt. Dieses Ideal kann sich breiter Zustimmung erfreuen – aber hilft es uns tatsächlich, die Probleme, die mit interkultureller Kommunikation einhergehen, sowie die sozialpsychologischen Phänomene, die sie impliziert, zu verstehen? Da Fragen der Identität, der sozialen Wahrnehmung, der Beziehung zum Anderssein berührt werden, stößt diese interkulturelle Kommunikation in jedem von uns auf starke Resonanz, wobei die häufig unbewussten, affektiven Regungen eine entscheidende Rolle spielen. C. Camilleri unterstreicht diesen beinahe »leidenschaftlichen« Aspekt und bemerkt dabei, dass eine »wirklich umfassende interkulturelle Pädagogik eine Pädagogik mit Risiko ist, von der man im Voraus nicht weiß, bis zu welchem Punkt sie tragbar ist.«[6]

Wir gehen dieses Risiko ganz bewusst ein, da wir hier keine Debatte über Ideale führen wollen; vielmehr haben wir uns bemüht, die während interkultureller Begegnungen stattfindenden Prozesse mitzuvollziehen, zu verstehen und zu erhellen, um erklären zu können, was sich dabei abspielt. Somit wollen wir jegliche normative Haltung vermeiden, und sollte unsere Vorgehensweise eine pädagogische Stoßrichtung einnehmen, dann weniger in dem Sinne, dass wir einen didaktischen Diskurs anstreben, sondern viel-

6 Anthropologie culturelle et éducation; S. 159.

mehr weil diese aus einer Praxis hervorgeht, zusätzlich bereichert mit einer kritischen Reflexion.

Zunächst geht es darum, den Schleier der guten Absichten, der vorgeformten Wissensbestände, der selbstgewissen Erklärungsmuster zu lüften, um in den Worten von Ewald Brass jenen *»aufmerksamen Umgang mit Nicht-Wissen«* zu entwickeln, den wir brauchen, um allmählich die Grenzen unserer Praktiken, unserer Wahrnehmungen und unserer aktuellen Theoriebildungen zu erahnen, sie vielleicht zu erkennen.[7]

So wird unser Beitrag nicht ideologischer oder gar ethischer Art sein; er reiht sich entschieden in das Feld der Geisteswissenschaften ein. Er ist Frucht einer interdisziplinären Zusammenarbeit, die – dank der wissenschaftlichen Herkunft der beiden Autoren – Herangehensweisen wie die Sozialpsychologie, die Linguistik und die Semiotik, die Erziehungswissenschaften wie die Philosophie zusammenführt. Wir sind beide geprägt in unseren jeweiligen, hier komplementär ausgerichteten, fachlichen Kompetenzen, aber auch in unseren ideologischen Empfindsamkeiten, die divergieren können. Wir werden die Analyse und die theoretische Konzeptualisierung von der Praxis herkommend vollziehen, einer Praxis interkultureller Begegnungen, insbesondere Begegnungen mit Jugendlichen. Die vorliegende Veröffentlichung zieht die Bilanz einer Studie, die sich über mehrere Jahre erstreckte.

Ein geeignetes, jedoch nicht ausschließliches Untersuchungsterrain dieser Studie lag uns in Form der »Fortbildungsorientierten Forschungsprogramme« vor, finanziert durch das Deutsch-Französische Jugendwerk (DFJW).[8] Deshalb bezieht sich ein wichtiger Teil unserer Analyse auf die deutsch-französischen Beziehungen. Es handelt sich hierbei um ein bedeutungsreiches Gebiet, das sich in eine besonders belastete historische Vergangenheit einreiht und nicht ohne Auswirkungen bleiben wird, auch in Hinsicht auf die Zukunft der europäischen Kooperation, zum Zeitpunkt des »europäischen Marktes« und besonders des Projektes »Socrates«.

7 »Von der Ausbildung zum aufmerksamen Umgang mit Nicht-Wissen«, DFJW-Arbeitstexte (Oktober 1984), S. 281.

8 Diese Programme stellen die gemeinsame Basis unserer Überlegungen dar; aber sie sind nur ein Element innerhalb einer umfassenderen Praxis interkultureller Begegnungen, ausgeübt im Rahmen der Universität oder internationaler Organisationen kultureller Ausrichtung (Universität von Californien, Centre international de formation européenne [CIFE]).

Unser methodologischer Ansatz hat zunächst die Dynamik bi- oder plurinationaler Gruppen miteinbezogen und ist in seiner Herangehensweise besonders geeignet, die Prozesse, Mechanismen und personellen wie gruppenspezifischen Implikationen der interkulturellen Kommunikation in actu zu erfassen. Konkret haben wir beide in einer nicht-direktiven Art Gruppen betreut, deren Teilnehmer – in der Regel zwischen 15 und 30 – an einem gemeinsamen Ort untergebracht und an interkultureller Praxis und Theorie interessiert waren. Beobachtung und Analyse erstreckten sich sowohl auf den Diskurs der Teilnehmer als auch auf ihr Verhalten und die Interaktionen innerhalb der Gruppe. Es handelt sich hierbei um einen Ansatz, der, wie die Erfahrung gezeigt hat, sehr fruchtbar für das Verständnis interkultureller Kommunikation war. Eine der Hypothesen war hierbei die folgende: Was in der Dynamik der Gruppe zum Vorschein kommt, kann Prozesse erhellen, die sich in anderen Kommunikationssituationen vollziehen.

Den gewählten Methodenansatz haben wir um einen weiteren Schritt ergänzt, der auf der Untersuchung und der Analyse der Vorstellungen beruht, die sich verschiedene Kulturen voneinander machen. Diese Bilder und nationalen Stereotypen sind in den Diskursen der Teilnehmer greifbar, aber auch in Aufsätzen oder literarischen Werken. Somit wollen wir das Fundament einer interkulturellen »Imagologie«,[9] einer semiotischen und soziohistorischen Analyse der Repräsentationen der nationalen Identitäten legen.

Auch wenn unsere Reflexionen auf empirischer Praxis gründen, so beabsichtigen wir dennoch, die Grenzen solcher Einzelerfahrung zu überwinden. Gerade in dieser Hinsicht verfolgt unser Ansatz weiter gesteckte Ziele: Er will den Beitrag zu einer Theorie interkultureller Kommunikation leisten.

Denn wenn es darum geht, auf eine interkulturelle Pädagogik hinzuarbeiten, so wird diese nicht aus einem Repertoire an guten Absichten oder aus einem Rezeptekatalog für die Praktiker bestehen dürfen; vielmehr muss sie sich auf gewissenhaft unternommene Forschungsarbeiten und Reflexion stützen. Gleichwohl gestaltet sich die Kommunikation zwischen Praktikern

9 Anm. d. Übers.: Da dieser in der Komparatistik bereits eingeführte Terminus schlecht übersetzbar ist und ein spezifisches, komplexes Konzept darstellt, mit dem der Autor den Bildern, Repräsentationen, Stereotypen, etc. auf den Grund gehen will, wird er hier unverändert übernommen. Approximativ wäre an so etwas wie eine »Bilderwissenschaft« bzw. eine Untersuchung von Selbst- und Fremdbildern zu denken. Im übrigen erklärt sich der Terminus im fortlaufenden Text durch wiederholte Reformulierungen selbst (vgl. besonders Kapitel VIII &IX).

und Forschern nicht immer einfach. Während letztere bemüht sind, zu verallgemeinerbaren Erkenntnissen zu gelangen und dabei über die Kontingenzen dieser oder jener spezifischen Situation hinwegzugehen, leben Praktiker täglich mit diesen Gegebenheiten, jedoch eher unter Handlungsdruck als mit dem Ziel, neues Wissen darüber zu erarbeiten.

Häufig werfen Praktiker den Forschern vor, über den konkreten Problemen zu »schweben« und in einer Sprache zu reden, die eine Umsetzung nicht immer nicht immer möglich erscheinen lässt; die Forscher werfen den Praktikern vor, in rein empirische Verhältnisse versunken zu sein, von denen sie nicht in der Lage seien, sich zu distanzieren, um sie auf ihre Logik und Sachdienlichkeit hin zu befragen. Dennoch ist der Dialog zwischen beiden notwendig. Bedeutsame Erkenntnisse im Bereich der Geisteswissenschaften müssen sich daran ausrichten, zu einem besseren Verständnis der Praxis und zu einer Neuorientierung der Handlungen zu führen.

Parcours

Die Untersuchung dieser Probleme wird gemäß einer der Logik der Lektüre entsprechenden Gliederung angegangen – so werden wir, sehr klassisch, vom Besonderen und Konkreten eines tatsächlichen Erfahrens interkultureller Beziehung ausgehen, um von hier aus zum Allgemeinen zu kommen, d.h. zu einer auf den ersten Blick weniger offensichtlichen Ebene der Theoretisierung psychologischer Wirkungsweisen und sozialer Repräsentationen.

Zunächst ist es der Pluralismus der Sprachen, mit dem sich die Individuen unterschiedlicher Kulturen konfrontiert sehen, die sich bemühen, miteinander zu kommunizieren. Weit davon entfernt, sich auf ein bloß »technisches« Übersetzungsproblem zurückführen zu lassen, birgt die sprachliche Kluft in der interkulturellen Kommunikation eine existenzielle Dimension in sich. Je nach der sprachlichen Kompetenz (zweisprachig oder einsprachig) sowie nach der Situation, in der sich die Kommunikationspartner befinden, wird jeder er darin ein Hindernis für die Kommunikation oder einfach ein Element interkultureller Beziehung sehen können. Diesen Fragestellungen wird auf der Ebene der Dynamik binationaler Gruppen nachgegangen werden, jedoch auch auf der Ebene der Einzelerfahrung. Überdies ist Sprache nicht einfach ein Kommunikationsinstrument; sie ist ebenso

Ausdruck einer kulturellen Identität, was uns dazu führen wird, die Beziehungen zwischen dem Sprachlichen[10] und der Kultur genauer zu betrachten (Erster Teil).

Diese psychosoziolinguistische Herangehensweise verweist uns somit in den Bereich kultureller Identitäten und deren Einfluss auf Kommunikation. Um diese Fragestellung zu erhellen, werden wir die Dialektik von Identität und Alterität bei der Herausbildung der Persönlichkeit untersuchen; wir werden sehen, wie sich diese Dialektik in den sich öffnenden Raum des kulturellen Andersseins hinein erweitert. Unter dem Blickwinkel der Identitätsproblematik werden wir nochmals die Erfahrungen mit der Dynamik plurinationaler Gruppen reflektieren (Zweiter Teil).

Schließlich werden wir unseren Denkansatz noch um den Kontext der Kulturen erweitern, in dem sich die interpersonalen Beziehungen ansiedeln. Denn interkulturelle Kommunikation ist durchdrungen von jenen sozialen Vorstellungen, die sich die Kulturen voneinander machen; so werden wir eigens zur Illustration eine »Imagologie« der deutsch-französischen Beziehungen entwickeln. Wir werden zeigen, dass diese traditionellen, mehr oder weniger verdrängten Bilder das gegenwärtige »politische« subjektive Erleben des Gefühls nationaler Zugehörigkeit überdeterminieren (Dritter Teil).

10 Anm. des Übersetzers: Der Autor spricht hier von »le langage«, womit er auf eine zentrale Begrifflichkeit von Saussure (1857-1913) rekurriert, auf den er immer wieder zurückkommt, sei es explizit oder implizit. Unter »le langage« versteht Saussure das allgemein Sprachliche, das noch nicht geschieden ist in »langue« (= »soziale«, »psychische«, »virtuelle« Ebene des Sprachlichen) und »parole« (= »individuelle«, »exteriorisierte«, »aktuelle« Ebene des Sprachlichen), beides ihrerseits Begrifflichkeiten, die für den weiteren Verlauf der vorliegenden Studie (bes. in Kapitel I und II des Ersten Teils) immer wieder eine Rolle spielen werden.

Erster Teil

Sprechweisen und Kommunikation

I. Zur Dynamik zweisprachiger Gruppen

1. Kommunikation in interkulturellen Beziehungen

Interkulturelle Kommunikation ist zunächst ein »reines« Kommunikationsproblem, d.h. es handelt sich hierbei im Wesentlichen um ein Problem verbaler Kommunikation. Im Alltagsverständnis wird der Zugang zu einer anderen Kultur durch die Sprache eröffnet, insbesondere zu den von uns unterschiedlichen kulturellen Identitäten (s.u. Kapitel III). Konkret betrachtet ist es offensichtlich, dass das erste Hindernis, auf das wir in den Beziehungen mit der Kultur des Anderen stoßen, dasjenige der Sprache, der Sprachen (im Plural) ist. Von hier nimmt alles seinen Anfang: Hier liegt die sichtbare Spitze des Eisbergs.

Faktisch geschieht es sogar häufig, dass man beim Sprechen über »interkulturelle Kommunikation« hauptsächlich, wenn nicht ausschließlich, an jene Probleme denkt, die zunächst die Mehrsprachigkeit stellt; dies kann so weit gehen, dass man über der vereinzelten Frage nach den sprachlichen Trennungen die eigentlich kulturellen Dimensionen, die besagte Kommunikation umspannt, aus dem Blick verliert. Trotz dieser Einschränkung bleibt es dennoch dabei, dass die zwischensprachlichen Barrieren selbstverständlich eine der ersten (und wichtigsten) Schwierigkeiten darstellen, für die interkulturelle Kommunikation eine Lösung finden muss. Das interkulturelle Aufeinandertreffen innerhalb eines gemeinsamen sprachlichen Raumes – wie z.B. in der »Frankofonie«, das internationale Englisch, das Arabisch »vom Golf bis zum Ozean«, etc. – existiert zwar, sogar in relativ weitem Ausmaß – aber doch stets nur als Grenzsituation, als Sonderfall, als Ausnahme.

Die Problematik interkultureller Kommunikation verlagert sich somit anscheinend in Richtung auf die mit der Erziehung zu Zweisprachigkeit verbundenen Fragen; diese stellen sich unter verschiedenen Aspekten, die ausführlich zu behandeln hier unmöglich ist: psycholinguistischer Aspekt – welchen Mechanismen gehorchen die Sozialisation und das sprachliche Verhalten, die einem zweisprachigen Individuum eigen sind? Pädagogischer Aspekt – wie soll ein »gemischtes« Paar (und eine zweisprachige Schule) ein Kind mittels zweier Sprachen erziehen? Oder wäre es besser, darauf zu verzichten? Besonders wichtig auch der soziolinguistische Aspekt.

Auch wenn es sich hier um interkulturelle Kommunikation handelt, so situiert sich unser Anliegen nicht auf der Ebene einer Soziolinguistik der Zweisprachigkeit und ihren Schwankungen, denen sich ganze Bevölkerungsgruppen ausgesetzt sehen und von denen bekannt ist, dass sie große innenpolitische Probleme verursachen können – wie beispielsweise in Kanada, Belgien, im Maghreb und selbst in Frankreich. Die Sprachen, die miteinander »im Kontakt« stehen, um die Formulierung von Uriel Weinreich[1] zu übernehmen, werden zu Sprachen im Konflikt; oder, genauer, die Sprachen, die sich gegenseitig »konfrontieren« (wie zwei Ringer vor einem Kampf), lassen einen Fixpunkt entstehen, an dem sich die Konflikte einer ganzen Gesellschaft kristallisieren. Wenn dieses Problem zum Mikrokosmos geworden ist, der den Makrokosmos einer Gesellschaft insgesamt widerspiegelt, kann es so weit kommen, dass diese scheinbar sich auf eine zweisprachige Disparität beschränkende Frage den gesamten Raum einnimmt und infolgedessen die Störung interkultureller Kommunikation selbst zu einer dem Sprachkonflikt[2] übergeordneten Variable wird.

Der Gegenstand, der in diesem Kapitel einer genaueren Betrachtung unterzogen werden soll, darf als neuartig und erstmalig betrachtet angesehen werden und damit als eine weniger bekannte Realität: Es handelt sich nämlich um die *sozialpsychologischen* Aspekte der Zweisprachigkeit, die durch Realisierung einer gewissermaßen »voluntaristischen« Forschungsanordnung beobachtet werden können. Gleichzeitig gewinnt das Wort seinen Sinn zurück: Von diesem Augenblick an handelt es sich in der Tat um eine Zwei-Sprachigkeit, insofern wir *zwei* Sprachen miteinander in Kontakt bringen, die beide einen vergleichbaren Status haben – hier: Französisch und Deutsch – in Hinsicht auf die Anzahl der Sprecher, das kulturelle Prestige,

---

1 Weinreich, U.: Languages in contact.

2 Es handelt sich hierbei um einen Forschungsbereich, dessen Umfang schon alleine bei der Betrachtung der seinerzeit von William F. Mackey veröffentlichten »Bibliographie international sur le bilinguisme« zu ermessen ist.

den Modernitätsbezug (insbesondere technologischer Art), die politischen Institutionen, etc. Die »natürlichen« soziolinguistischen Umstände verweisen hingegen öfter auf »Diglossie«-Situationen als auf Zweisprachigkeit im eigentlichen Sinne und lassen eine dominierende und eine dominierte Sprache einander gegenüberstehen; hierbei ist der Tatsache noch nicht Rechnung getragen, dass es im Allgemeinen um etwas geht, was wir eher »glossische Dreiecke« nennen sollten, in welchen zwei »Kultursprachen« sowie mehrere mit einer von beiden verwandte, einheimische Dialekte miteinander in Kontakt stehen.[3]

Darüber hinaus umfasst der sprachliche Faktor der interkulturellen Kommunikation einen »objektiven« Aspekt, den unser erstes Kapitel im Bereich der Dynamik der Gruppen beleuchtet. Aber es gibt auch einen subjektiven Aspekt: im Bereich des Erlebens der Individuen, die sich an der Kommunikation innerhalb der besagten Gruppen beteiligen; und dann in einem persönlicheren Bereich, wie beispielsweise dem des körperlichen Erlebens der Zweisprachigkeit (s.u. Kapitel II).

2. Betreuung einer interkulturellen Gruppe

Um interkulturelle Kommunikation in angemessener Weise zu untersuchen, mussten wir vermeiden, dem sprachlichen Faktor ein zu großes Gewicht zukommen zu lassen – das wäre auf eine Umkehrung der Perspektive hinausgelaufen. Deshalb haben wir Wert darauf gelegt, das Bedingungsgefüge der interkulturellen Kommunikation in einem besonderen Kontext zu ergründen, der gewissermaßen eine »Laborsituation« darstellt. So ist unser Gegenstand des ersten Kapitels der Stellenwert der sprachlichen Variable der Zweisprachigkeit für das Leben der Gruppen (im Sinne von Kleingruppen, wie sie die Sozialpsychologie zum Untersuchungsgegenstand nimmt). Konkret handelt es sich hier um Gruppen junger Franzosen und junger Deutscher, die im Rahmen einer Begegnung mit Freizeit- und Weiterbildungscharakter etwa eine Woche lang (eventuell wiederholt) zusammen leben.

---

3 Dies ist der Fall im größten Teil des Elsaß oder des deutschsprachigen Lothringen. Vgl. Cadiot, P.: Situation linguistique de la Moselle germanophone: un triangle glossique.

Der Forschungsansatz, der dem Programm deutsch-französischer Forschung zu Grunde liegt, beruht also im Wesentlichen auf der Organisation von Begegnungen mit jeweils etwa fünfzehn jungen Deutschen und fünfzehn jungen Franzosen, zu denen sich ein Leitungs- und Forschungsteam gesellt (im »deutsch-französischen« Jargon der Eingeweihten: »das Team«), das seinerseits binational (deutsch-französisch) und pluridisziplinär ist, d.h. es setzt sich zusammen aus vier bis sechs Forschern beider Länder und unterschiedlicher Disziplinen. So haben wir uns in den Leitungsteams, die wir zusammenzustellen hatten und/oder an denen wir beteiligt waren, bemüht, Sozialpsychologen, aber auch Ethnologen sowie Philosophen, Soziologen, Psychologen und nicht zu vergessen Linguisten – aber auch sie nicht bevorzugt, im Gegenteil – miteinander arbeiten zu lassen. Dabei sei hinzugefügt, dass diese »sich gegenüberstehenden« Betreuer-Forscher beider Länder nicht notgedrungen und nicht alle zweisprachig sind.

Was die Teilnehmer angeht, so waren es in unserem Fall meistens Studenten (offensichtlich aus Gründen materieller Kommodität); es gab aber auch junge Berufstätige, die mehr oder weniger aktiv am sozialen bzw. politischen Leben ihres Landes (ihrer Länder) teilhaben.[4]

Diese Art von Begegnungen laufen unter der Bezeichnung »fortbildungsorientierte Forschungsprogramme«, d.h. es handelt sich dabei um einen »Aktionsforschungsansatz«; gleichzeitig fungieren sie aber auch:

- als Element des Forschungssettings selbst, das uns als »Teamer« bzw. als Mitglieder der Leitungs- und Forschergruppe angeht, die wir gemäß den eingegangenen Verpflichtungen einen Forschungsbericht abzuliefern haben,
- und sozusagen als Kontrollgruppe gegenüber den Teilnehmern, die in den meisten Fällen selbst zur Betreuung von deutsch-französischen Treffen im Breitenaustausch beitragen (Ausbildung).

Mehrere aufeinander folgende Begegnungen sind jeweils vorgesehen, um mittels Evaluation und Reinvestition die aus der Forschung gewonnenen Er-

4 Dieses Forschungsprogramm, vom Autor verantwortet, hat sich, finanziert vom DFJW, über mehrere Jahre erstreckt. Bezüglich einer genaueren Darstellung der umgesetzten interdisziplinären Methodologie und einer eingehenden Beschreibung des zur Anwendung gebrachten Forschungsvorhabens vgl.: Ladmiral, J.-R.: Pour une dynamique des groupes bi-nationaux – Préliminaires méthodologiques; S. 7 ff.

kenntnisse (und jene der pädagogischen Ausbildung zur Leitung von interkulturellen Gruppen) zu vertiefen und umzusetzen.

Die Ausgangshypothese war, dass das Vorhandensein der nationalen Komponente und der Zweisprachigkeit die Karten der klassischen Gruppendynamik völlig neu mischt. Gerade in Reaktion auf die Bedenken, die seitens einiger Praktiker internationalen Begegnungen von Jugendverbänden oder -institutionen geäußert wurden, kamen wir im Übrigen auf den Gedanken, ein solches Forschungsprogramm anzuregen. Hatten sich nicht einige sogar zu der These verstiegen:

»Gruppendynamik in einem binationalen Kontext, das klappt nicht!«?[5]

Diese lapidare, stark übertriebene These ist ein geraffter Abriss und eine Provokation; aber sie zeigte auf, wie unmöglich es den Praktikern der Animation »im Feld des Austausches« war, herkömmliche »Gruppen-Techniken« in einem interkulturellen Kontext übergangslos und unreflektiert anzuwenden. De facto wird klar, dass man nuancieren muss oder eher, um eine Formulierung von Bachelard zu verwenden, dass man das Modell der Gruppendynamik komplexer gestalten muss (»de compliquer le modèle«).

Im Allgemeinen ist ein *Thema* vorgegeben, über das die Gruppe arbeiten soll. Aber im Fall der Begegnungen (in unserer direkten Verantwortung), die uns hier im Besonderen interessieren, diente das Thema eher als »Ansatzpunkt« (*shifter*) für die Gruppendynamik und als »Analysator« für deren Querverbindungen und die zugrundeliegenden Konflikte. Es hat sich nämlich immer ein Einverständnis darüber eingestellt, sich nicht auf eine – als solche vielfach kritiserte - »Akademisierung« (*académisation*) einzulassen. Im Übrigen haben wir den Titel des Themas, sowohl für das Forschungsprogramm selbst als auch für jede der veranstalteten Begegnungen folgendermaßen formuliert: Nationale Identität und Dynamik zweisprachiger Gruppen (*Identité nationale et dynamique des groupes bilingues*). Die Annahme dabei war, dass die Identitätsprobleme als bewusster und expliziter Angelpunkt für die Reflexion und die Rationalisierungen der Gruppe, für ihre Projektionen, etc. dienen könnten, dass sich aber »objektiv« das Wesent-

---

5 Diese Formulierung stammte von Jeanne Kraus, pädagogische Mitarbeiterin der UFCV (Union Française des Centres de Vacances et de Loisirs – Französische Union der Ferien- und Freizeitzentren) und Spezialistin des deutsch-französischen Austausches, wodurch sie seinerzeit schon einen großen Erfahrungsschatz angesammelt hatte – was einer solchen Formulierung den Wert einer stimulierenden intellektuellen Provokation verlieh...

liche auf der Ebene der wirklichen Dynamik besagter Gruppe ereignen würde, welche den faktischen Modus darstellt, sich (konkurrierend?) gegenüberstehende nationale, kulturelle und sprachliche Identitäten ins Spiel zu bringen.

Auf diese Weise waren wir in der Lage, das Thema in jedem Fall objektiv zu bearbeiten – oder eher: *mit* dem Thema zu arbeiten, selbst wenn beispielsweise die Gruppe jegliche Art von »Akademisierung« sowie des didaktischen Diskurses zurückwies und sogar die Gegenabhängigkeit so weit trieb, dass sie sich dem als explizite Aufgabe gestellten Thema völlig verweigerte (was eine drastische Art darstellt, »mit der Aufgabenstellung umzugehen«). Sehr oft sahen wir uns tatsächlich mit einem doppelten Paradoxon konfrontiert. So lehnten einige (besonders unter den Franzosen) den explizit didaktischen Titel des Themas ab und versuchten, die Gruppe auf ihre eigenen Disparitäten hin zu lenken, was offensichtlich (aber häufig unabsichtlich) die beste Art war, den wirklichen und konkreten Inhalt des Themas anzuschneiden. Andere hingegen (häufiger unter den Deutschen) machten sich schließlich in Form von Protesten Luft, wie: »Schluss mit der Gruppendynamik!« und forderten: »Kehren wir zurück zum Thema!«, was selbstverständlich den gleichen paradoxen Widerspruch in sich trägt, wenn auch im vorliegenden Fall naiver und »bereitwilliger« als im ersten.

Der von uns eingenommene Leitungsstil, (und hier sagen wir bewusst »eingenommen« statt »ausgewählt«), lässt sich anschaulich charakterisieren als »in den Brennpunkten angesiedelt«, als »harte« nicht-direktive Methode. Das heißt, es wurde besonders an den Konflikten gearbeitet – im Gegensatz zu dem, was wir eine »sanfte« Nicht-Direktivität nennen würden, die mehr oder weniger mit den Versuchungen des Harmonisierens liebäugelt. Dies schien uns schon allein aufgrund des Themas, der deutsch-französischen Auseinandersetzung, geboten zu sein sowie besonders aufgrund der Wirklichkeit in den Gruppen selbst, wie aber auch – das muss man sagen – in den Leitungs- und Forschungsteams. Hinzu kommt, dass diese Leitungsteams relativ groß (vier bis sechs Personen) und »ideologisch« nicht homogen zusammengesetzt sind (niemand kann sich auf die Objektivität des einer einzigen Disziplin eigenen epistemologischen Kanons oder auf eine theoretische »Schule« stützen und auch nicht auf das kulturelle Bezugssystem einer gemeinsamen nationalen Identität). Daher konnte es manchmal so weit kommen, das Szenario »Krieg der Stammesfürsten« aufzuführen, was bei manchen Persönlichkeiten einen unvermeidlichen Charakter annehmen kann.

Unvoreingenommen besehen leuchtet hier leicht ein, dass Konflikte eine wesentliche Klippe für Kommunikation im Allgemeinen sowie für interkulturelle Kommunikation im Speziellen darstellen; umgekehrt aber ist nicht weniger wahr, dass Konflikte, seien sie linguistischer Natur oder auch nicht, ebenfalls durch die interkulturelle Beziehung selbst induziert werden.

3. Methodologische Bemerkungen

Konkret gesagt, bestand der Gegenstand, dessen Analyse das so etablierte Forschungssetting sich vornahm, in der deutsch-französischen Kommunikation im Rahmen von Gruppen. Man hatte es mit dem zu tun, was man, Marcel Mauss paraphrasierend, ein »phénomène *psycho*-social total« (vollständiges psychosoziales Phänomen) nennen könnte, unter gleichzeitiger Einbeziehung der sprachlichen Spaltungen, nationalen Zugehörigkeiten, kulturellen Unterschiede, inter-ethnischen Fremdbilder und Stereotypen, aber auch der persönlichen Implikationen, der sozialen Querverbindungen, der jeweiligen institutionellen Schwerfälligkeiten, etc. Hierin liegt ein Globalisierungseffekt, der diesen Phänomenen eine andere Dimension verleiht und welcher das Eigentliche dessen bestimmt, was man interkulturelle Kommunikation zu nennen übereingekommen ist. Wenn es jedoch auch wahr ist, dass in der Wirklichkeit »alle Probleme gleichzeitig auftauchen«, so bleibt es dennoch möglich und nötig, verschiedene Parameter analytisch zu isolieren.

So gliedert sich unsere Untersuchung im vorliegenden Fall nach den drei prinzipiellen Achsen, die abgrenzen, was wir das *methodologische Dreieck* genannt haben:

- die sozialpsychologische Variable der *Gruppendynamik*,
- die sprachlichen Spaltungen, hervorgerufen durch die Zweisprachigkeit, d.h. durch die Präsenz *zweier Sprachen* im Kontakt inmitten der betrachteten Gruppen, sowie
- die *nationale* Frage, an der sich hier die Problematik der interkulturellen Beziehung herauskristallisiert.

Freilich handelt es sich hierbei um einen besonderen Fall, insofern es um die deutsch-französischen Beziehungen geht und insofern die Teilnehmer der beobachteten Gruppen Staatsangehörige zweier großer historischer Nationen sind, die selbstbewusst und jeweils mit einem strukturierten und demokratischen Staatsapparat ausgestattet sind, und die miteinander Beziehungen unterhalten, die man annäherungsweise als »im Gleichgewicht« bezeichnen könnte. Außerdem besteht eine »Verwandtschaft« zwischen diesen beiden nationalen Kulturen, insofern beide auf einem teilweise gemeinsamen historischen, religiösen und kulturellen Grund beruhen. So ließ sich das Problem einer brutalen Konfrontation zwischen voneinander zu unterschiedlichen Kulturen umgehen.

Dies bedeutete beispielsweise, die Frage nach den Nord-Süd-Beziehungen – eine wichtige, heikle und vor allem spezifische Frage – für den interkulturellen Bereich teilweise auszusparen. Hierin kann eine Einschränkung der vorliegenden Studie gesehen werden: Aber vielleicht konstituiert gerade dies eine günstige Vorausetzung für eine echte interkulturelle Kommunikation. Denn damit Kommunikation zustande kommt, muss es zu einer Dialektik zwischen dem Gleichen und dem Anderen kommen, die gemeinsame Teilhabe gestattet. Ist die interkulturelle Distanz unüberbrückbar groß, kann man nicht mehr wirklich von interkultureller Kommunikation sprechen, sondern eher von Akkulturation (wenn nicht von Enkulturation), und das bedeutet gleichzeitig und in symmetrischer Weise Dekulturation – schlimmstenfalls Unverständnis und den harten Konflikt.

Dies gilt ebenso für das elementare Niveau der verbalen Kommunikation, des sprachlichen Austausches, der uns hier zunächst beschäftigen wird. Ich kann nur dann übersetzen, was mir der andere in seiner Sprache sagt, wenn er sich auf Erfahrungen und Realitäten bezieht, für die in meiner Sprache und meiner Kultur bereits Entsprechungen existieren. Übersetzen funktioniert nicht nur von Sprache zu Sprache, wie man glauben könnte, sondern von »Sprache-Kultur« zu »Sprache-Kultur«, von einer ‚sociolangue« (Soziosprache) in die andere.[6] Hier muss ich mich zumindest auf die Möglichkeit eines gemeinsamen semantischen Horizontes verlassen können. Insofern konstituiert die Übersetzung ohne weiteres ein Paradigma der interkulturellen Kommunikation, abgesehen davon, dass Übersetzung ein notwendigerweise zu durchschreitendes Tor ist, um Zugang zur Sprache des Ande-

6 Vgl. Ladmiral, J.-R.: Traduire: théorèmes pour la traduction; S. 177f. et passim.

ren zu erhalten. Daher kommt ihr ein zentraler Platz in diesem ersten Kapitel zu.[7]

Allgemeiner gesagt, und wie der Titel bereits andeutet, widmet sich dieses Kapitel der Interaktion zweier Variablen unseres methodologischen Dreiecks, und zwar: Wie interferiert die Komponente der Zweisprachigkeit mit der sozialpsychologischen Dynamik von Gruppen? In der Realität jedoch handelte es sich bei den Gruppen, mit denen wir gearbeitet haben, eben nicht nur um zweisprachige, sondern zudem um binationale Gruppen. Hierin sehen wir zwei verschiedene Komponenten, wenn auch gilt, dass solche Unterscheidungen nur abstrakt analytisch getroffen werden können.

Oberflächlich betrachtet kann es für solche Praktiker, die nur wenig mit interkulturellen Beziehungen vertraut sind, den Anschein haben, dass die beiden Komponenten verschwimmen, zumal eine diffuse Ideologie im Nachkriegs-Europa und ganz besonders im deutsch-französischen Kontext dazu führte, die Dimension des Nationalen zu mindern. Auf diese Weise sahen sich die Kommunikationsschwierigkeiten, auf welche deutsch-französische Gruppen treffen, ganz selbstverständlich auf die Ebene des Sprachenhindernisses reduziert. Wenn man sich nicht versteht, dann weil »man nicht dieselbe Sprache spricht«. Hierin steckt eine Art Idealismus der Kommunikation, der tiefe Gräben verkennt und vom »Tabu des Nationalen«, wie wir es nennen (und von dem im Kapitel XI die Rede ist), herrührt. Wie wir nämlich im weiteren Verlauf des Buches sehen werden, sind die Deutschen die Anderen für unsere französische Identität. Um es scherzhaft zu sagen: Die Franzosen und die Deutschen, »c'est pas la même bête!« (sie sind nicht aus dem gleichen Holz geschnitzt!). Diesbezüglich liefern uns die deutsch-französischen Beziehungen einen guten Blick auf die interkulturelle Kommunikation, denn es dreht sich, jenseits der Verwandtschaft der Identitäten, doch um das kulturelle Anderssein. Sagte im Übrigen nicht Gaëtan Picon scherzhaft: »L'Allemagne, c'est très exotique« (Deutschland, das ist sehr exotisch)!

Zur Methodologie im eigentlichen Sinne müssen noch zwei Bemerkungen gemacht werden. Zunächst: In unserem Forschungssetting lag der

7 Ganz selbstverständlich sahen wir uns in die Lage versetzt, unseren Arbeiten über die Übersetzung diese Forschungsarbeit über die Dynamik zweisprachiger Gruppen hinzuzufügen, dies im Rahmen des CLIC (Laboratoire de recherches interdiciplinaires sur la traduction & la Communication Linguistique et/ou InterCulturelle) der Universität Paris X-Nanterre.

Schwerpunkt, wie gesagt, auf der sozialpsychologischen Dimension der Dynamik von Gruppen, aber auch auf der Perspektive einer »Aktionsforschung«, die die teilnehmende Beobachtung des Forschers ins Spiel bringt und ihn zwingt, von sich zu reden. Unabhängig von dem zufälligen und anekdotischen Charakter der biografischen Motivation für die Arbeit in diesem Bereich stand die Dimension der persönlichen Implikation (im Sinne von Betroffenheit, Verflechtungen und Verstrickungen auf einer mehr theoretischeren Ebene) im Mittelpunkt der Forschungsarbeit selbst. Hiermit reihen sich unsere Forschungsorientierungen zu einem entscheidenden Anteil in die »Institutionelle Analyse« (analyse institutionnelle), einer spezifischen Strömung der französischen Sozialpsychologie ein.[8]

Schließlich: Unser Anliegen zielt auf nichts geringeres, als die Grundlagen dafür zu legen, was eine »Psycho-Soziolinguistik« sein könnte, das erste Material herbeizuschaffen »*für* eine Dynamik zweisprachiger Gruppen«; auch deshalb bleiben unsere Schlussfolgerungen provisorisch und werden keine *Gesetze* sein können, nicht einmal in dem abgeschwächten Sinne, den dieser Begriff in den Geisteswissenschaften ohnehin nur annehmen kann.

Wir sind noch nicht im Stadium der »nosografischen« Diagnose, wie man in der Medizin sagt, sondern erst dabei, die ersten Elemente einer »Semiotik« zusammenzutragen. Mit anderen Worten, unseren Ansatz rechnen wir zu dem, was W. Windelband die »idiografischen« Wissenschaften nannte, deren Ziel es ist, das zu *beschreiben*, was das *Eigentliche* eines Phänomens (oder, wie man immer häufiger zu sagen pflegt, eines »Effektes« [effet]) ausmacht. Unser Anliegen besteht somit darin, die Elemente für einen Katalog der Phänomene in ihrer »klinischen« Komplexität herauszuarbeiten. Wie häufig in der sozialpsychologischen Praxis, besteht der kogniti-

8 Im übrigen ist es so, dass die Hypothesen der institutionalistischen Strömung historisch eine relativ wichtige Rolle für die Entstehung und Entwicklung des vom DFJW finanzierten Modells der fortbildungsorientierten Forschung gespielt haben; zahlreiche deutsch-französische Begegnungen wurden mitangeleitet von Forschern, die wie wir selbst am CRI (Centre de recherches institutionnelles) arbeiteten: Remi Hess, Pascal Dibie etc. – Die französische Literatur zur »Analyse institutionnelle« ist sehr reichhaltig: Der Laie wird in der diesem Thema von M. Authier und R. Hess gewidmeten Veröffentlichung in der Reihe »Que sais-je?« eine erste, besonders bibliographische Orientierung bekommen können. – Auf deutsch liegen vor: Gabriele Weigand: Erziehung trotz Institutionen? Die Pédagogie institutionelle in Frankreich. Würzburg (Königshausen & Neumann) 1983; G. Weigand / R. Hess / G. Prein: Institutionelle Analyse – Theorie und Praxis. Frankfurt (Athenäum) 1987.

ve Gewinn in einer Sensibilisierung für das Reale, wozu der *Diskurs* der Disziplin bereits beigetragen hat. Anders gesagt, es geht darum, die Phänomene zu verbalisieren, um sie zu »isolieren«, wobei sich die Konzeptualisierung im Wesentlichen auf der Ebene einer Bewusstwerdung der Komponenten eines Ganzen zu suchen ist, in welches das Subjekt völlig eingebettet ist,. In der Praxis versorgt der sozialpsychologische Jargon die Teilnehmer mit einer Terminologie, mit Konzepten, ja sogar nur mit Schlüsselwörtern, die ebenso sehr »Fenster« sind, die es ihnen erlauben, das Erleben der Gruppe zu ersehen, in die sie eingebunden sind.

Sehr wahrscheinlich muss hierin ein Begrenzungsfaktor, wenn nicht die »Bedingung« überhaupt, mancher Zweige der Sozialwissenschaften gesehen werden, die sich verstehen wollen als im direkten und aktiven Kontakt mit einer Praxis, aber gleichzeitig auch als deren genaue Verlängerung; deshalb verdienen sie, »praxeologische« Disziplinen genannt zu werden: Epistemologisch geht es dabei darum, konzeptuell betrachtet eine »gewappnete Beobachtung« zu fördern mit einem Diskurs, den wir bezüglich der Übersetzung als eine »Rhapsodie der, dem Sturm der Praxis gegenübergestellten, aus den Fugen geratenen Theoreme« bezeichnen möchten.

4. Zwei Sprachen im Kontakt

Wenn wir aus Bequemlichkeit von einer »Dynamik zweisprachiger Gruppen« sprechen, so müssen wir dies insofern präzisieren, als es keineswegs bedeutet, dass die Mitglieder der Gruppen, mit denen wir arbeiten, alle zweisprachig wären. Die Anwesenheit von einsprachigen Teilnehmern war keinesfalls ausgeschlossen. Ganz im Gegenteil, sie war sogar explizit erwünscht.

Im *Input*bereich der Ausschreibung haben wir darauf Wert gelegt, die zukünftigen Teilnehmer explizit wissen zu lassen, dass die Kenntnis der anderen Sprache keine notwendige Bedingung ist, um sich für die Begegnungen im Rahmen unseres Forschungsprogramms anzumelden. Mit diesem Vorgehen widersprachen wir einem gängigen Vorurteil. Es gibt nämlich viele Personen, die, obschon interessiert an diesem Typ Arbeit und Erfahrung, sich nicht zutrauen, an solchen deutsch-französischen Begegnungen teilzunehmen, weil sie sich selbst den Einwand liefern: »Aber! Ich kann doch kein Französisch (Deutsch) ...«

Die Anwesenheit einsprachiger Teilnehmer ist ein wesentlicher Punkt, und zwar vor allem, weil er der Realität entspricht. Dies gilt allgemein für den deutsch-französischen Jugendaustausch: Wo würde es hinführen, wenn nur diejenigen ihren Platz im Austausch hätten, die die andere Sprache beherrschen? Dann wäre dieser einer Art »linguistischer Aristokratie« vorbehalten, die die extreme Minderheit darstellt und mehr oder weniger professionalisiert ist. Dies würde eine elitäre und dem Vertrag über die deutsch-französische Zusammenarbeit völlig zuwiderlaufende Selektion bedeuten, einem Vertrag, in dessen Namen eine Institution wie das Deutsch-Französische Jugendwerk darauf abzielt, den Breitenaustausch zu fördern. Allerdings darf man nicht in einen zu naiven, internationalistischen und konfliktverdrängenden Optimismus verfallen oder den Stellenwert verkennen, den der Massentourismus heute eingenommen hat: Hierin liegt eine neue Art »internationaler Begegnung«, die fälschlicherweise als solche von den Fachleuten angesehen wird und deren Auswirkungen im Bereich der »interkulturellen Kommunikation« häufig zerstörend sind.[9] Dies gilt allgemeiner betrachtet generell jenseits des deutsch-französischen Phänomens und jenseits des Jugendaustausches. Genau hierauf, auf ihrer Übertragbarkeit, beruht übrigens das Interesse einer Forschungsarbeit wie der unsrigen: von der Ebene der deutsch-französischen Beziehungen aus auf diejenige Europas zum Beispiel (und dies ist eine explizit formulierte Perspektive in den Richtlinien des DFJW), aber ebenso weit darüber hinaus. Vor etwa zehn Jahren bereits hatte uns ein Tibor Olàh sein Interesse an dieser Arbeit bekundet, deren Erkenntnisse sich seiner Meinung nach *mutatis mutandis* auf den Kontext der sowjetisch-ungarischen Austauschbeziehungen anwenden ließen.

Es ist schwer, sich vorzustellen, dass die internationalen Begegnungen, die sich, wie man beobachten kann, zunehmend vervielfachen, nur zweisprachige oder gar mehrsprachige Personen beträfen. Wäre es so, bliebe interkulturelle Kommunikation die Angelegenheit mehr oder weniger professionalisierter (oder aber außerordentlich begabter) Spezialisten wäre. Bei einer derartigen Angelegenheit darf man den FaktorSprache nicht überschät-

9 Vgl.: Pagès, M./Müller, B. (et alii): Pour une animation existentielle.

zen. Und im Übrigen, müsste man dann alle für die erwünschte Kommunikation relevanten Sprachen perfekt können!

Freilich gäbe es auch in strikt zweisprachigen Gruppen einen möglichen, in gewisser Weise »reineren« Untersuchungsgegenstand. Vielleicht würde man dabei feststellen, dass Phänomene wie die *Wahl der Sprache* oder der *Wechsel der Sprache* von eher psycholinguistischen als soziolinguistischen Determinanten bestimmt wären. Dies würde den experimentellen und künstlichen Charakter der Forschung noch verstärken; und wir legten unsererseits Wert darauf, dass unsere »psycho-sozio-linguistische Forschung« näher an der Realität unserer Gesellschaften bleibt.

Eine Gruppe wie die unsere kann also nur global als Ganzes betrachtet und als *zwei-sprachig, bi-lingual*, bezeichnet werden. Eigentlich würden wir es vorziehen, von einer*»di-lingualen«*[11] Gruppendynamik zu sprechen, einer Dynamik der »dilingualen« Gruppen. Zwar verwendet man inmitten solcher Gruppen die beiden Sprachen, aber neben den zweisprachigen gibt es einsprachige Individuen, also Französisch-Einsprachige und Deutsch-Einsprachige (vielleicht sollte man besser noch von einsprachigen Franzosen und einsprachigen Deutschen reden.).

5. Die sprachlichen Spaltungen

Aber in der Praxis sind die Grenzen zwischen diesen zwei oder drei Untergruppen nicht so eindeutig. Von den Einen zu den Anderen existiert eine ganze Bandbreite von Abstufungen, ein *Kontinuum*, das vom idealen Zweisprachigen (im Sinne eines *Gleichsprachigen*, der nicht existiert) bis hin zum absolut Einsprachigen reicht (der ebenso unauffindbar ist, da man immer ein, zwei, mehrere Wörter der anderen Sprache kennt: Welcher Franzose beispielsweise kennt Wörter, wie *Achtung! schnell, Ersatz...*? nicht; und dies gilt selbstverständlich für beide Seiten. Zwischen den beiden Untergruppen der Einsprachigen (hier Französischsprechende und Deutschsprechende) ist die Undurchlässigkeit zwischen den beiden Sprachsystemen nie eine totale; sie kann es nicht sein.

11 Anm. des Übersetzers: Mit dieser Wortneuschöpfung stellt der Autor den Bezug zu der mit dem Terminus der Diglossie (vgl. bes. Kapitel I.1.) belegten Sprachsituation her.

Es gibt übrigens auch einen unmerklichen Übergang vom Verbalen, in diesem Fall den Bruchstücken der anderen Sprache, die man sich aneignen kann, zum para-verbalen Bereich, der ersteren fortsetzt, bis hin zum nicht-verbalen, der über alles Verbale hinausgehen soll. So kennt beispielsweise unser Kollege, der Sozialpsychologe Remi Hess, mit dem wir gemeisam einige deutsch-französische Begegnungen leiten konnten, die deutsche Sprache nur sehr schlecht (zumindest noch vor einigen Jahren), aber er bittet sehr selten um die Übersetzung dessen, was auf Deutsch gesagt wird. Nicht nur und nicht einmal in erster Linie aus Gründen der Zurückhaltung, und ganz sicher nicht, weil er sich etwa nicht für das Gesagte interessieren würde. Sondern weil die wenigen Scharnier-Wörter, die er aus dem Deutschen »aufschnappen« konnte, weil das, was er vom Leben der Gruppe und deren Geschichte in dem gegebenen Moment weiß, und weil das, was seine freie Aufmerksamkeit für das, was er selbst die »affektiven Ströme« innerhalb einer Gruppe nennt (»flux libidinaux«), ihn diese vorausahnen lassen – weil all dies ihm erlaubt, zu »folgen«, d.h. zu kommunizieren, indem er sich in adäquater Form in die Gruppe eingliedert. Anders gesagt: *Die Kommunikation ist ein besonderer Fall des Missverständnisses!* Das heißt, es vollzieht sich das, was wir eine »mimetische Synchronisation der Verhaltensweisen« genannt haben: die Unmittelbarkeit dieser Beziehungen stellt in gewisser Weise den »signifiant«[12] dar, der durch das in der Situation Erlebte seinen semantischen Gehalt erhält (s.u.). Jenseits gewisser persönlicher Talente zur Sensibilität, die wahrscheinlich bei einem Remi Hess weiter ausgebildet sind als bei anderen (und sei es nur aus beruflichen Gründen), handelt es sich hierbei um etwas, dessen Erfahrung jeder von uns mit mehr oder minder großer Intensität machen kann, sobald er darauf achtet.

Dieser durch die Präsenz der Einsprachigen charakterisierte Stand der Dinge genügt alleine schon, dass aus den Problemen »bilingualer« oder *dilingualer* Kommunikation, die sich in der Gruppe stellen, eben »Gruppenprobleme« werden, d.h. Probleme, die die Dynamik *dieser* Gruppe ins Spiel bringen und welche sie als Gruppe angehen muss. Ganz in dem Sinne einer substanziellen Interaktion der beiden ins Spiel gebrachten Typen von Phänomenen sprechen wir also hier von einer *Interferenz* zwischen der sprach-

---

12 Anm. d. Übers.: Saussure unterteilt das sprachliche Zeichen in signifiant (= Lautbild [image acoustique]) und signifié (= Vorstellung [concept]).

lichen Komponente der Zweisprachigkeit und der sozialpsychologischen der Gruppendynamik.

Insoweit die Gruppe, deren di-linguale Dynamik wir untersuchen, nicht eine homogene Gemeinschaft zweisprachiger Individuen ist, stellt sie nicht eine, sondern mehrere Gruppen dar: Die sprachliche Differenz bewirkt eine ganze Reihe von Spaltungen; und diese Disparitäten sind eines der Elemente des potenziell Konfliktträchtigen, aus dem sich die Gruppendynamik speist. Dies stellt einerseits eine Störung der kollektiven Aktivität der Gruppe in Bezug auf ein festgelegtes Leistungsziel (*performance!*) dar. Andererseits liefert es dem Sozialpsychologen aber auch eine Anordnung, die es erlaubt, besser mit der und über die Gruppe zu »arbeiten«. Hier schließen wir uns der von W. R. Bion erstellten Gegeneinanderstellung zwischen »Arbeitsgruppe« und »Basisgruppe« an.

Wie wir gerade gesehen haben, gibt es keineswegs auf der einen Seite die Deutschen und auf der anderen die Franzosen, ja nicht einmal einerseits die Deutsch und andererseits die Französisch Sprechenden. Die Aufteilung der Gruppe in zwei *nationale* Untergruppen erscheint sogar als sehr schwer zu überschreitendes Verbot und Tabu. Dies ist ein Anzeichen unter vielen anderen, das uns annehmen lässt, dass es sich hierbei um einen ganzen Komplex von noch immer verdrängten, unbewussten Problemen handelt: Daher rührt die Notwendigkeit dessen, was wir eine *Ethnopsychoanalyse* des »nationalen Bewusstseins« genannt haben (s.u. Kapitel IX und XI). Wenn die Aufteilung nach *sprachlichen* Gruppen erfolgt, geschieht dies häufig stellvertretend für eine »Verschiebung« (im psychoanalytischen Sinne) in Bezug auf das Tabu des Nationalen. Wenn sich die Gruppe als eine zweigeteilte herausstellt, dann eher bezüglich der Tatsache, dass auf der einen Seite die Einsprachigen sind und auf der anderen die Zweisprachigen. Allerdings müsste man eher drei Untergruppen unterscheiden: die Zweisprachigen, die Einsprachigen der einen Sprache und die Einsprachigen der anderen Sprache (genau genommen sogar vier Untergruppen, da die Zweisprachigen ihrerseits eine »Muttersprache« haben, als Korrelativ zu einer unterschiedlichen Sozialisation, die weiterhin bestimmend bleibt). Weit darüber hinaus hat sich gezeigt, dass, vom Gesichtspunkt der sprachlichen Fähigkeiten aus, die Gruppe sogar dazu tendierte, sich schließlich in beinahe ebenso viele Untergruppen zu zersplittern, wie sie Individuen hatte, je nach dem Grad der »Zweisprachigkeit«, der jeden Einzelnen charakterisierte (oberhalb von Null und unterhalb des Unendlichen, asymptotisch das Eine wie das Andere).

Selbstverständlich ändert dies nichts an der Tatsache, dass man nie gleichzeitig »in-den-beiden-Sprachen« spricht – so wie man, getreu dem von Ferdinand de Saussure aufgestellten Axiom der Linearität der »langage«[13] nie gleichzeitig zwei sprachliche Segmente ausspricht.[14] Auch in den deutsch-französischen Gruppen wird immer *eine* Sprache *oder* die *andere* gesprochen! Dies selbst dann, wenn man die zwei Sprachen häufig, regelmäßig oder gar systematisch alternieren ließe. So erwachsen notwendigerweise zwei Kommunikationsnetze, *zwei* einsprachige *Medien*, die parallel zueinander verharren und in sich selbst zutiefst undurchlässig für einander bleiben.

Im Übrigen bestimmt diese grundlegende Gegebenheit sowohl den für die *Zweisprachigen* in der Gruppe typischen Status als auch die Art und Weise, in der sie die dort gemachte Erfahrung erleben. Eine wohl bekannte Formulierung Sartres paraphrasierend,[15] möchten wir sagen, diese Tatsache instituiert die Zweisprachigen erst als solche; und, wie bereits angesprochen wurde, es geschieht nach und nach, dass sich der Platz eines jeden in relativer Bestimmung zu dieser »sprachlichen Institution« findet. Besonders diese sprachliche Dualität ist es, die die Übersetzung als Tagesordnungspunkt fällig werden lässt. Dies ist selbstverständlich richtig für die Einsprachigen; aber vielleicht genauso (wenngleich in unterschiedlicher Weise) für die Zweisprachigen, denen dadurch ein Element der Redundanz in der Kommunikation geliefert wird, das ihre Eingliederung in die Gruppe erleichtert und ihnen Zugang zu den »affektiven Strömen« eröffnet; hinzu kommt, dass die Übersetzung auch für sie einen Analyserahmen der interkulturellen Beziehung bietet, der die Arbeit sprachlicher Vermittlung im engeren Sinne umspannt.

---

13 Anm. d. Übers.: Vgl. die diesbezügliche Anm. 11 der Einleitung.

14 de Saussure, F.: Cours de linguistique générale; S. 103.

15 Anm. d. Übers.: Die Formulieung Sartres, auf die hier angespielt wird, findet sich in »Das Sein und das Nichts« (S. 341).

6. Sozialpsychologische Probleme der Übersetzung

Zunächst handelt es sich in dem Kontext, der uns beschäftigt, nicht um »Übersetzung« im eigentlichen Sinne. Bekanntermaßen geht es bei der Übersetzung darum, eine Mitteilung von einer Sprache (Ausgangssprache – [langue de départ ou langue-source]) in eine andere zu transferieren (Zielsprache – [langue d'arrivée ou langue-cible]). Im strikten Sinne des Begriffs handelt es sich um *geschriebene* Texte, die »literarische« oder »technische« Texte genannt werden können (in einem zugegebenermaßen extrem erweiterten Wortsinn).

Für den mündlichen Bereich spricht man vom »Dolmetscherwesen« (interprétariat) und in jüngster Zeit auch von »Interpretation« (interprétation) – die Unterscheidung zwischen diesen beiden Begriffen verweist auf die Dynamik dessen, was wir einen »Walzer der Etiketten« genannt haben. Er erlaubt es, eine Hierarchie zwischen konkurrierenden sozio-professionellen Kategorien zu etablieren, die eine Aristokratie so genannter »Konferenz-Dolmetscher« (interprètes de conférence) von einfachen »Vermittlungs-« oder »Kontakt-Übersetzern« (interprètes de liaison ou de contact) abgrenzt. Jedoch handelt es sich in beiden Fällen bei den Übersetzern um ausgebildete Fachleute (auch wenn man einräumen mag, dass es sich um unterschiedliche Stufen handelt), die als solche einen spezifischen Status innehaben.[16]

Die Gemeinsamkeit mit dem Problem der interkulturellen Kommunikation, dem sich die Gruppen, von denen hier die Rede ist, ausgesetzt sehen, liegt darin, dass es sich um etwas handelt, was man (wenngleich man hiermit einen Missbrauch mit der Sprache treibt und dies den Puristen Ohrenschmerzen verursachen mag) »*mündliche* Übersetzung« nennen kann. Wir wollen von Anfang an darauf hinweisen, dass es in den Begegnungen, die wir leiteten, niemals professionelle, in dieser Eigenschaft offizielle Dolmetscher gab. Dies hat mehrere Gründe: materielle und objektive Gründe, die mit den Kosten zu tun haben, die das Engagement eines wirklichen Pro-

16 Vgl.: Ladmiral: Traduire: théorèmes pour la traduction, S. 42 et passim. Einige deutsche Spezialisten wie O. Kade und nach ihm K.-R. Bausch haben vorgeschlagen, den angloiden Internationalismus Translation als generischen Begriff (im „Deutschen") zu verwenden, der uns hier aufgrund der fehlenden Trennschärfe, die er aufrecht zu erhalten erlaubt, als gelegen kommend erscheinen könnte. Wir ziehen es aber vor, das Wort traduction in einem erweiterten Sinn anzuwenden, sozusagen als Archilexem, womit wir der generellen und spontanen Tendenz der Teilnehmer folgen.

fessionellen verursacht; aber vor allem pädagogische, sozialpsychologische und selbst politische Gründe. Die »technische« Lösung, die darin besteht, auf die Kompetenzen (und dies ist der Augenblick, es zu sagen) eines professionellen Dolmetschers zu rekurrieren, wurde sozusagen »von der Anlage her« verworfen, um eine »natürliche« Situation der interkulturellen Kommunikation zu simulieren. Somit muss die Übersetzung von der Gruppe selbst bewerkstelligt werden, für die ihre eigene »zweisprachige« Arbeitsweise zu einem der Orte wird, die in der sozialpsychologischen Dynamik auf dem Spiel stehen. Infolgedessen wird die Übersetzung ein Strukturierungsmoment der Gruppe, ein »Analysator« der Gruppe. Das heißt, die *Sprachmittlung* (médiation interlinguistique) wird zum Gegenstand einer *Gruppenkommunikation* und zu dem, was dabei auf dem Spiel steht. Unsere Forschungsarbeit, jenseits der spezifischen Probleme besagter Übersetzung, nimmt die Gesamtheit all dessen zum Untersuchungsgegenstand, was die *»sprachliche Ökonomie«* (the speech economy of a community) jener Gemeinschaft anbelangt, die unsere Kleingruppe darstellt: den Gebrauch mehrerer sprachlicher Systeme sowie das Wechseln der Sprachen (*switching* und *shifting*), das eine konstitutive Rolle in der als ein Gesamtes betrachteten, sprachlichen Aktivität der Gruppe spielt. Wir nehmen hier Bezug auf die *Ethnografie der Kommunikation*, die besonders seit der inzwischen klassischen Studie von Dell H. Hymes[17] entwickelt worden ist. Halten wir nur fest, dass all diese Arbeiten in die Richtung dessen weisen, was eine »*Ethnosozio*linguistik« genannt werden könnte, während unser Ansatz eher *psychsozio*linguistisch inspiriert ist.

Diese Übersetzungsvorgänge – und, allgemeiner betrachtet, alle an die »Zweisprachigkeit« der Gruppe gebundenen Probleme – sind von den einzelnen Personen inmitten der Gruppe auszuhandeln und immer wieder aufs Neue zu verhandeln; die Übersetzung wird zu einem Gruppenphänomen. Umgekehrt verändern der Unterschied in den Sprachen und die Übersetzung in Form des Systems der Sprachmittlung das sozialpsychologische Kräftefeld der Gruppe von Grund auf; sie führen eine Neu-Verteilung der Prioritäten, der Trennungslinien und der Kräfte herbei, die in einer Gruppe am Werk sind. Auch hier wieder ist eine dialektische Interaktion oder »Interfe-

17 Hymes, D.H.: The ethnography of Speaking; etc. Vgl. auch die einführende Studie, die seinerzeit J. Lindenfeld publizierte: L'ethnographie de la communication a-t-elle un sens pour les linguistes?

renz« zwischen den beiden Komponenten festzustellen. Wenn also, um es noch einmal zu sagen, die technische Lösung des Dolmetschers – anwesend in der Gruppe wegen seines ihn als solchen ausweisenden, spezifischen *Status* – verworfen wurde, so geschah dies sehr wohl aus all diesen positiven Gründen, und nicht nur, um aus der Not eine Tugend zu machen, indem man Zwängen vorwiegend materieller und finanzieller Natur ein pädagogisches Mäntelchen überzöge; (gleichwohl würde die tatsächliche Wirkungsweise eines professionellen Dolmetschers in solchen Gruppen ein aufschlussreiches Untersuchungsobjekt darstellen.).

Dieser Faktor der zusätzlichen Störung, den die »Zweisprachigkeit« der Gruppe mit sich bringt, wirkt in gewisser Weise wie ein Katalysator der Gruppendynamik. In dem Feld der relativ geschlossenen Begegnung führt er dazu, die (interpersonalen und kollektiven) Konflikte zu verschärfen, die (positiven und besonders die negativen) Projektionen zu verstärken, das Bewusstsein über den Abstand zuzuspitzen, den das Individuum zwischen seinem eigenen Verhalten und den durch die Gruppe valorisierten Verhaltensweisen empfinden kann, und so auf drastische Weise die Integration jedes Einzelnen in die Gruppe zu problematisieren, etc. Die bi-nationale Gruppe bringt mehrere kulturelle Identifikationsmodelle miteinander in Konkurrenz und setzt somit starke Spannungen frei, deren Ambivalenz sich in Verhaltensweisen des Konflikts, der Verführung, etc. ausdrücken kann. Aber damit sind wir wieder bei dem Problem des Nationalen.

Insbesondere vollzieht sich eine Inflation des »Unausgesprochenen«. Oder um es im Bild einer anderen Methapher auszudrücken: Es handelt sich um einen entstellenden Spiegel, der eine Karikatur der gewöhnlichen und vertrauten Wirklichkeiten der Gruppendynamik liefert; aber es kommt häufig vor, wie man sagt, dass die Karikatur »wahrer ist als die Natur«, tiefgründiger wahr. So haben wir uns an einen schlechten »zweisprachigen« (französisch-englischen) und literarischen Kalauer herangewagt und Shakespeare verdreht (As you like it): »All the world's a stage!«, um ironisch auf die Inflation zu reagieren, die das Phänomen der *Kurse* (stages) in den letzten Jahren erfahren hat und das Jacques Guigou kritisiert, wenn er von »stagification« (»Verkursung«)[18] spricht. Ebenso wirft dieser »dilinguistische«

18 Guigou, J.: Les Analyseurs de la formation permanente; S. 76ff. – Im übrigen liefert eines der Kapitel dieses Buches (4.3) in einem etwas approximativen Französisch eine sehr »persönliche« und zum Teil erdichtete Zusammenfassung der ersten der Begeg-

Spiegel ein neues und sehr erhellendes Licht auf die Gruppenphänomene. Dadurch konnte er »in der Praxis« als Rahmen einer kollektiven und beschleunigten (»Selbst-«)Ausbildung für die Forscher-Betreuer fungieren, die, inmitten dieser Programme, anfänglich keine Sozialpsychologen waren.

In der gleichen Weise ist das Erleben einer auf Gruppendynamik angelegten Begegnung eine sehr künstliche Situation, völlig abweichend von dem normalen oder »natürlichen« Leben der Teilnehmer im Alltag. Aber dieses deformierte Bild, diese karikaturenhafte »Simulation« lässt manche bisher unbeachtete Elemente umso besser hervortreten – seien sie nun in der überwältigenden und anschwellenden Mannigfaltigkeit des alltäglichen Lebens zu sehr zerstreut, nicht beachtet und/oder mehr oder weniger bewusst skotomisiert oder verdrängt worden, bis sie schließlich in der durch die Begegnung künstlich geschaffenen, aber völlig risikofreien Krisensituation klarer zum Ausdruck gelangen konnten.

7. Interkulturelle Kommunikation und Sprachmittlung

Die übernommene sozialpsychologische Methode macht also aus der Übersetzung ein Gruppenphänomen, d.h. sie interferiert tief greifend mit der Gruppendynamik. Sie wird zum Mittel der Machtausübung, zur Quelle von Konflikten oder einfach zur Aufgabe, die es gemeinsam zu lösen gilt. Wie wir bereits angemerkt haben, hat uns darüber hinaus die Erfahrung so manche methodische Analogie zwischen der Gruppenpraxis und derjenigen der

---

nungen des Typs fortbildungsorientierte Forschung, die wir im Rahmen des Programms, von dem hier die Rede ist, geleitet haben. Im Grunde wird man daraus keinen großen Gewinn ziehen, insofern die besagte „Schrift" überhäuft ist mit Ticks, Koketterien und überholten „Alt-68er"-Ideologien, und insofern der Autor bei der Begegnung nur zeitweilig anwesend war (worauf er selbst anspielt) und insofern als er, da er am Programm nicht teilgenommen hat, überhaupt nicht verstanden hat, worum es eigentlich ging. Aber es handelt sich hierbei eben genau um ein symptomatisches Echo der erhitzten Stimmung solcher Begegnungen, wo die Forschung gleichzeitig eine Destabilisierung und eine Entdeckung seiner selbst (und des Anderen) bedeutet, und wo sich ein Zerspringen des Mechanismus vollzieht – so dass es jedem einzelnen gestattet ist, sich hinterher ein mehr oder weniger frei erfundenes Gruppen-Szenario zu rekonstruieren (a.a.O. S. 202ff.).

Übersetzung (*stricto sensu*) gelehrt, die wir woanders aufspüren konnten: und sei es nur die Konfrontation mit einem wirklichen »Terrain«; das mehr Bereicherung bietet als die theoretischen Konzeptualisierungen einer Linguistik, die noch bis vor kurzem zuweilen den Anschein erweckte, sich darin erschöpfen zu müssen, ihre eigenen epistemologischen Ansprüche auf Wissenschaflichkeit zu behaupten.[19] Die Übersetzung, nachdem sie eine Gruppenaufgabe geworden ist, gestaltet die Gruppendynamik nach ungewohnten Gesichtspunkten um; aber, parallel und umgekehrt, modifiziert diese die psychosoziale Dynamik die Produktionsbedingungen der Übersetzung von Grund auf, indem sie aus ihnen ein essentielles, strategisches Element der Netzwerke der interkulturellen Kommunikation und der Kommunikation überhaupt inmitten der Gruppe macht.

Faktisch handelt es sich nicht mehr um »Übersetzung« im engeren Sinne als vielmehr um *Sprachmittlung* (*médiation linguistique* ou *interlinguistique*). Wir haben es nicht nur nicht mit geschriebenem Texten zu tun, sondern gerade mit der kollektiven »parole« der Gruppe: Diese ist natürlich ausschließlich mündlich, aber auch zersplittert, je nach der Vielzahl der Gesprächsteilnehmer der Gruppe – und nach der Dualität der sich gegenüberstehenden Sprachen. Sie ist zerschnitten von den Unterbrechungen all derjenigen, die sich ins Wort fallen, und getrübt durch die Interferenz verschiedenartigster Faktoren. Es handelt sich hierbei um eine diffuse Teilnahme aller Anwesenden, die sich ausdrücken kann in Form von Stimmengewirr, Beschimpfung und anderer affektiver Einwürfe, in Form des Auftretens des »Non-Verbalen« sowie jeder Art von Geräusch (in dem weiten Sinne, den der Begriff in der Kommunikationstheorie einnimmt), das aus der äußeren und der »inneren« Umwelt, aus der Gruppe selbst, hervorgeht.

In einem Wort – und dies mit Nachdruck: Hier handelt es sich um *Gruppenkommunikation*. In dieser gilt es, ein spezifisches Phänomen herauszustellen. Der Gesprächsgegenstand wird hier nämlich tendenziell aufgelöst. Der Sprecher findet sich in gewisser Weise als ein in der Gruppendynamik desindividualisierter vor; infolgedessen wird die »parole« eine enteignete und objektivierte. Und noch weit mehr! Noch einmal: Es handelt sich um interkulturelle, bi- oder eher di-linguale Kommunikation; und die sprachlichen Spaltungen in der Gruppe tun sich zwischen drei Untergruppen auf:

19 Vgl. Dubois, J.: Grammaire scientifique et grammaire pédagogique; S. 29f.; sowie Ladmiral, J.-R.: Linguistique et pédagogie des langues étrangères; S. 5ff.

den »Zweisprachigen« (Sx + Sy), den Einsprachigen der einen (Sx) und den Einsprachigen der anderen Sprache (Sy). In der Realität sind die Grenzen zwischen den verschiedenen Untergruppen beweglich: Zwischen den fast »Zweisprachigen« und den Quasi-Einsprachigen oszillieren sie ständig – wie der kartesianische Taucher – abhängig von psychologischen Momenten wie der Müdigkeit, der Aufmerksamkeit oder der Unaufmerksamkeit, den Motivationen und den unterschiedlichen Implikationen der Individuen, etc. Im Prinzip geschieht dies zugunsten der beiden Untergruppen der Einsprachigen, wenn die Zweisprachigen ihr sprachliches Talent nutzen. Derjenige, der beide Sprachen gut genug beherrscht, um dafür sorgen zu können, dass das Gesagte verstanden werden kann, und der akzeptiert zu »übersetzen« – sieht sich somit veranlasst, dies in beide Richtungen zu tun. Damit nähert sich seine Situation auf den ersten Blick ein wenig derjenigen des Dolmetschers an.

Aber mehrere sprachliche Szenarios sind möglich: Entweder wird die eine der beiden Sprachen die dominierende oder die andere, oder aber man bedient sich beider Sprachen gleichzeitig. Dieser letzte Fall stellt das interessanteste Szenario dar; und letztlich ist es auch derjenige, den wir im Laufe unserer Gruppenpraxis am häufigsten erlebten. Allerdings geht unser eigenes pädagogisches (oder sozialpsychologisches) Projekt auch dahin, die betreffenden Gruppen zu dieser Kommunikationsstrategie zu bringen. Zudem ist festzustellen, dass manche Gruppen (oder Untergruppen) dahin kommen, sich gemäss eines traditionellen, eines »autoritäreren« Modells zu strukturieren. Dies beinhaltet vor allem, dass das Übersetzen »funktionalisiert« wird, d.h. manche Personen begeben sich (flüchten sich?) in die Position des »Übersetzers« für die Gruppe. Eine solche Vorgehensweise, die wir den »vertikalen« Modus nennen, entspricht viel eher Realitäten psychischer, psychosozialer oder kultureller Ausprägung als normalerweise vorgeschützten Überlegungen hinsichtlich objektiver sprachlicher Effizienz. Dies wird *e contrario* in der Beobachtung belegt, dass der »horizontale« Modus am häufigsten eingenommen wurde (wenngleich wir freilich auch dazu neigen, diesen in unserer Funktion als Teamer zu induzieren). Hier stoßen wir auf die paradoxe Dialektik, die sich in den Gruppen zwischen Macht und Kommunikation anbahnt.

Dennoch wird sich in dem Fall, in welchem wirklich beide Sprachen nebeneinander verwendet werden, derjenige, der »übersetzt« (den man *sprachlichen Mittler* nennen könnte), der nicht zu unterschätzenden Anstrengung ausgesetzt sehen, die Kommunikation immer wieder von neuem zu strukturieren. Er wird oft die laufenden Diskussionen auf den Punkt bringen und zusammenfassen müssen, was gesagt worden ist. Hierin, dass er eben in beide Richtungen übersetzt, unterscheidet er sich grundsätzlich vom »Dolmetscher« – insbesondere insofern er, der Sprachmittler, pausenlos *interpretiert*, was er übersetzt (oder nicht übersetzt ...), insofern als die Ziel-Nachricht, die er produziert, das Resultat einer Arbeit darstellt, die das Gesagte der Ausgangssprache nur als Rohmaterial nimmt. Die Übersetzung bedeutet dann nichts weniger als eine »opération linguistique«[20] (sprachliche Operation) darstellt; sie gewinnt die Dimension einer wahrhaften *Sprachvermittlung* (médiation). Dabei haben wir keineswegs zufällig, sondern sehr bewusst, für unseren Kontext beschlossen, den inadäquaten Begiff »Übersetzer« durch »*Sprachmittler*« (médiateur linguistique) zu ersetzen und diesen sogar demjenigen des »Sprachenmittlers« (médiateur interlinguistique), der scheinbar präziser ist, vorzuziehen: Ebenso und mehr noch als ein Mittler zwischen zwei Sprachen ist er letztendlich der Sprach*ver*mittler (médiateur du langage), kurz: der Vermittler der Kommunikation in der Gruppe. Er ist ein *Für-Sprecher* im originären Sinne des Wortes.

Nehmen wir ein Grenzbeispiel. Während seiner »Übersetzung« kann es passieren, dass der Sprachmittler dieselben Worte in derselben Sprache zu wiederholen, sie mehrmals zu sagen hat, d.h. in der Sprache, in der sie ausgesprochen wurden inmitten eines in der anderen Sprache ausgedrückten Kontextes. So wird er punktuell beispielsweise zu einem Französisch-Französisch-Übersetzer. Denn in diesem fremden Kontext (Deutsch zum Beispiel) hatten dieselben Worte tatsächlich einen anderen Sinn – einen anderen Sinn als denjenigen, den sie vielleicht in ihrer »Originalversion« haben, und auf jeden Fall einen anderen Sinn als den, den sie in der Ambiguität ihrer Herauslösung aus dem homogenen oder »homoglossen« (context-free) sprachlichen Kontext für die Einsprachigen bekommen hätten. Für diejenigen, die die beiden Sprachen verstehen, ist es die Gesamtheit aller »gleichzeitig« ausgesprochenen Worte in den beiden Sprachen sowie der Wechsel der Sprache selbst, die den Sinn ergeben; und noch einmal: besonders den Zweisprachigen scheint die Übersetzung manchmal am nützlichsten zu sein.

---

20 Mounin, G.: Les problèmes de la traduction; S. 11 et passim. Was uns betrifft, ziehen wir es vor, darin globaler eine „semiotische Praxis“ zu sehen.

In einem solchen Raum konkreter interkultureller Kommunikation vollziehen sich ständig lexikalische Übertragungen aus einer Sprache in die andere, mit denen semantische Verdrehungen einhergehen. In einer allgemeinen Weise kann man zum Beispiel sicher sagen, dass der Spielraum für die Verwendung von Metaphern im Französischen größer ist als im Deutschen. Wenn ich Ausdrücke wie »fasciste« oder »fasciser« in einem psychologisierenden und verwässernden Sinne verwende, wie dies im Französischen in einem Register mündlicher und approximativer Sprache geschehen kann, erzeuge ich einen massiven und schwer kontrollierbaren Effekt interkultureller Kommunikation. Da der Signifikant des Wortes im Deutschen »derselbe« ist, wird er sofort von den deutschen Einsprachigen wahrgenommen, aber er bekommt einen viel stärkeren und, genau genommen, sogar einen heftigen Sinn. Die richtige französische Übersetzung von deutsch *Faschist* wäre nämlich »Nazi«; und berücksichtigt man den deutsch-französischen Kontext, die nationalen Brüche in der Gruppe und besonders das Verhältnis der Deutschen (bzw. der Franzosen) zu einer noch jungen Vergangenheit, so versteht man, dass es nicht meh ein und dasselbe ist, was von den einen gesagt und von den anderen verstanden wird.

Was tun? Übersetzen oder nicht übersetzen? Es wird hier weniger darum gehen, ein Wort zu »übersetzen« – worin konkret bestünde in diesem Fall die »Übersetzung«? – als eher darum, einen kleinen soziolinguistischen Exkurs in die unterschiedliche semantische Wirkungsweise der beiden Sprachen zu unternehmen. Aber dies bedeutet, hier bereits eine »ethnolinguistische« Sensibilität ins Spiel zu bringen und sie in einem gewissen Maße vorauszusetzen, eine Sensibilität, aus der einzig die Zweisprachigen Nutzen ziehen können; und weiterhin bedeutet dies, die Übersetzung wie einen *Filter* der interkulturellen Kommunikation funktionieren zu lassen (s.u.).

In einem geringeren Ausmaß kann man als Zweisprachiger eben diese Erfahrung e contrario machen, wenn man sich in die Lage versetzt sieht, von einem Einsprachigen (Franzosen zum Beispiel) darum gebeten zu werden, (für die Deutschen) eine schlaue, raffinierte, lustige und selbst liebenswerte Bemerkung zu übersetzen, an der ihr eigener Autor zurecht hängt, die aber so sehr in dessen Herkunfts-Soziolekt verwurzelt ist, dass sie den Übersetzer nur entmutigen kann. Umgekehrt wird derjenige, der über eine zweisprachige Sensibilität verfügt, entdecken, dass er beinahe unbewusst dahin gelangt ist, seine eigenen Äußerungen in seiner Muttersprache (und auch in seiner »anderen« Sprache) auf ihre mögliche Übersetzbarkeit hin im

Voraus auszuwählen. Insofern ist die Erfahrung der Zweisprachigkeit und der interkulturellen Kommunikation eine Schule der Klarheit, sozusagen eine vortreffliche Schulung in den »Ausdruckstechniken« der Muttersprache.

Indem er die »gleichen« Worte von der einen zur anderen Sprache gleichermaßen oder eher ein bisschen anders wiederholt, um sie dabei ausdrücklich in einen adäquaten Kontext wiedereinzusetzen, und indem er insbesondere von erklärenden Paraphrasen Gebrauch macht, wird der Sprachmittler so die Ambiguität beseitigen können, die wahrlich zu manchen eingebildeten Projektionen Anlass geben kann in einer Atmosphäre, die von den durch die Gruppendynamik ausgelösten Spannungen belastet ist. Diese Gruppendynamik ist hier von den nationalen Spaltungen überdeterminiert, die – neben den sprachlichen Spaltungen – mit ihrer ganzen Bürde an mehr oder weniger unbewusster Ambivalenz selbst zum Untersuchungsgegenstand einer sozialpsychologischen Analyse werden. Es sei denn, der (Sprach-)Mittler beschließt im Gegenteil, die Ambiguitäten nicht aufzulösen, sondern mit ihnen zu spielen, um die Dynamik der Gruppen zu beschleunigen!

So viele Illustrationen der Verdrehung, zu der es zwischen Ausgangs- und Ziel-»parole« kommen kann! Aber innerhalb des allgemeinen Rahmens dieser »psychosoziolinguistischen« Untersuchungen möchten wir jetzt genauer auf einige Aspekte der quantitativen Variation eingehen, die zwischen diesen beiden ‚paroles« unterschiedlicher Sprachen existiert.

8. Das Ausufern der Übersetzung

Es geht hier um eine Problematik, die alle diejenigen kennen, die in der Praxis mit Übersetzung zu tun haben. Jeder Übersetzer weiß aus Erfahrung, dass der Ziel-Text einer Übersetzung im Prinzip etwas länger ist als der Ausgangstext des Originals. Diese Ausweitung bestimmt sich durch den *Quell-Koeffizienten* (coéfficient de foisonnement), der dazu tendiert, eine bestimmte Konstante in Funktion zum Binom der beiden sich gegenüberstehenden Sprachen zu sein und den zu fixieren man übereingekommen ist; beispielsweise beziffert sich das deutsch-französische Tandem (vom Deutschen ins Französische) auf etwa 1,3 (bzw. 1,33). Es handelt sich hierbei um den von einer Übersetzer-Gewerkschaft wie der S.F.T. (Société française des traducteurs) vorgeschlagenen Koeffizienten: Dies bedeutet eine Texterweiterung in einer Größenordnung um die 30 Prozent, was einen Höchstwert darstellt. In der Praxis hängt dies zum Teil von der Qualität des Übersetzers und derjenigen des Quelltextes ab: Je mehr Talent (und je mehr Zeit!) der Übersetzer hat und je literarischer der Text ist, desto mehr müsste die Ausweitung auf ein Gleichgewicht zwischen Ausgangstext und Zieltext hinstreben. Unter Berücksichtigung all dessen ist das Phänomen, auf dessen Existenz wir nun hinweisen wollen, gänzlich anderer Natur als jene Konstante sprachlicher Prägung: Es handelt sich um einen »klinischen«, extrem variablen Ausgangspunkt, der viel stärker durch psychosoziale denn durch im eigentlichen Sinne sprachliche Parameter determiniert ist.

Unter gewissen Umständen – sei es, dass es sich um konfliktträchtige Gegebenheiten zwischen Individuen, zwischen Untergruppen oder gar zwischen einer Gruppe und ihrer äußeren Umgebung handelte, sei es, dass sich ernsthafte Verständigungsprobleme stellten – kann man einer extremen Ausweitung der an der Einrichtung der Übersetzung selbst ansetzenden, *meta*sprachlichen Aktivität der Gruppe *über* »das Übersetzen« (la traduction) beiwohnen. Die Gruppe neigt also dazu, die Aktivität der Sprachenmittlung direkt zum Thema zu machen, die somit zum Wesentlichen des Inhaltes ihrer Aktivitäten, ihrer »Arbeit« wird; diese Sprachenmittlung beginnt nun in den Vordergrund zu treten, statt ein Mittel zu bleiben, d.h. den Austausch über einen Inhalt zu gewährleisten, ohne dabei an dessen Stelle zu rücken. Hierin liegt etwas wie ein »*Parkinson-Effekt*« der Übersetzung in der Gruppe. So lässt sich eine Inflation der übersetzenden Paraphrase beobachten, die weit über die Texterweiterung hinausgeht, die man aufgrund eines normalen Quell-Koeffizienten hätte erwarten können – und dies, so scheint es manchmal, aus Anlass eines minimalen Inhaltes.

Unter diesem Aspekt wird sich die Situation zumindest in den Augen des »Laien« darstellen, dessen erste Reaktion darin bestehen könnte, darüber in Zorn zu geraten und, »die Tür hinter sich zuschlagend«, zu gehen. In der Tat kann man versucht sein, die Dinge so zu sehen und bei seinem ersten Eindruck zu bleiben. Man weiß jedoch, dass »die Empfindung ein gemeinschaftlicher Akt des Fühlenden und des Gefühlten ist«, wie dies sehr richtig und bereits vor langer Zeit der Philosoph Aristoteles gesagt hat und worauf wir selbst auch in Hinsicht auf die psychologischen Verhältnisse Wert gelegt haben, die durch die interkulturellen, und insbesondere die deutsch-französischen Beziehungen in Frage gestellt werden (s.u. Kapitel IX). Anders gesagt, hier wie andernorts ist die Evaluation, die jedes Individuum anstellt, das sich am Prozess einer Gruppenkommunikation beteiligt, ein Gruppeneffekt – sowohl mit Blick auf sich selbst und sein Verhältnis zur Gruppe oder zu den anderen Individuen, die diese konstituieren (Selbst-Evaluation), als auch mit Blick auf die Art und Weise, in der sie die Geschichte der Gruppe in ihrer Gesamtheit interpretiert. Inhalte und Nährboden dieser Evaluationstätigkeit sind in großem Maße die Projektionen und die Übertragung, die das Individuum unbewusst auf die anderen oder die Gruppe wirft. Entscheidend hierbei sind mindestens ebenso sehr die eigenen psychologischen wie die »objektiven« Abläufe; letztere blieben sonst rein äußerlich und wären gänzlich den Signalen zuzuordnen, die tatsächlich im Rahmen der Gruppe ausgesendet werden. Das bedeutet, dass der Laie Gefahr läuft, seiner Unbefangenheit zum Opfer zu fallen, wenn er nicht für den »Rücklauf« eines *Feed-back*s sorgt, das es ihm erlaubt, seine »kommunikative Kompetenz« inmitten der Gruppe mit einer Steuerung zu versehen, und wenn er nicht lernt, diese unbewussten Reaktionen teilweise zu »kontrollieren« (mit Hilfe der Betreuer und im Rahmen der Gruppendynamik).

Konkret unser Thema betreffend, kann diese offensichtliche Hypertrophie der Übersetzung in der Gruppe mehrere latente Bedeutungen haben. Man kann darin zum Beispiel eine »*Flucht* der Gruppe« (genitivus subjektivus)[21] vor den zu übersetzenden Inhalten erkennen. Es kann nämlich geschehen, dass letztere in sich ein Problem darstellen, und zwar insofern sie ein Tabu, eine konfliktträchtige oder Angst hervorrufende Dimension, etwas, das abgelehnt wird, an die Oberfläche befördern würden. In einem solchen Fall erlaubt das Aufblähen der Übersetzungstätigkeit eine Flucht in die »Pedanterie« und kann unendliche Diskussionen auslösen, die, frühzeitig gespeist von Streitereien, persönlichen Empfindlichkeiten und abgestrittenen Unkenntnissen, letztlich zu einem Schutzwall werden. Auch ist bekannt, dass sich in Sachen Sprache jeder berechtigt fühlt, eine Meinung zu haben und diese zur Streitschlichtung vorzubringen. Wie Diskussionen über Ästhetik lösen solche über sprachliche Fragen im Allgemeinen bei jenen, die

---

21 Anm. d. Übers.: Es handelt sich hierbei um eine grammatische Ambiguität, die im Französischen wegen quasi nicht vorhandener Kasus-Markierung häufiger als im Deutschen zu Mißverständnissen führen kann. »La fuite du groupe« bedeutet sowohl »die Flucht der Gruppe (vor etwas)« als auch »die Flucht (von jemandem) vor der Gruppe«. Vgl. beispielsweise: »Roms Eroberungen« kann die erlittenen oder die unternommenen Eroberungen Roms meinen.

daran teilnehmen, eine starke psychologische Beteiligung aus, die die zudem – unbewusst – stark ideologisch geprägt ist: Während die noch so unüberlegten Gemeinplätze, die man über das Sprachliche haben kann, propagiert werden, wird ständig im Namen dessen geredet, wovon man glaubt, es sei sowohl der gesunde Menschenverstand als auch das eigene, absolut persönliche Gefühl. Die Fülle an Leserreaktionen, die die Zeitschriften über ihre Sprachberichte hervorrufen, zeigt anschaulich, welche eigenartige Beziehung wir zu unserer Sprache haben können. Die Übersetzung ist nun selbst zum Bestandteil der Dynamik der Gruppe geworden, wo sie eine Puffer-Rolle innehat.

Auf der individuellen Ebene kann das Aufblähen der übersetzenden Paraphrase auch eine »Flucht *vor* der Gruppe« sein, – diesmal im Sinne eines objektiven Genitivs – d.h. ein Fliehen vor der Gruppe und vor »dem Leben«, welches sie mit allen Unwägbarkeiten und Risiken repräsentiert. Dies kann die Einstellung jener sein, die für die Übersetzung verantwortlich sind, und zwar im Normalfall weil sie sich selbst in die Position gebracht haben, die Aufgabe des »Übersetzers« zu übernehmen, wie auch immer die objektiven Zwänge lauten, die sie vorbringen, um sich diese Aufgabe aufzuerlegen; und auch hier wieder erweist sich das Verhalten des Individuums als von unbewussten Mechanismen und Motivationen überdeterminiert. Die Übersetzungsarbeit kann zu einer Beschäftigungsaktivität werden, die es ängstlichen Personen erlaubt, sich in eine gut definierte, in gewisser Weise vorprogrammierte und im wörtlichen Sinne »repetitive« Aufgabe zu vertiefen. Sie können hier ihre Obsession einbringen und/oder ihr latentes Schuldgefühl tilgen, indem sie dem Kollektiv einen »Dienst« erweisen. So können sie die Chancen, aber auch die Gefahren umgehen, mit einem Wort: die Risiken einer echten Kommunikation vermeiden, deren Weg nicht im Voraus mit Grenzsteinen markiert ist, einer Kommunikation mit lebendigen, neuen und unbekannten Individuen.

Wie es auch um die inflationären Unternehmungen zur Umfunktionierung der Übersetzung bestellt sein mag, die letzterer einen unangemessenen Stellenwert einräumen – diese Unternehmungen können sich nur dann durchsetzen, wenn sie sich auf vorhandene Motivationen in der Gruppe stützen können. Das heißt, der »Erbsenzähler« gewinnt sein Spiel, weil die Gruppe »mitspielt«, weil sie es akzeptiert, diesen Weg zu gehen; das bedeutet, sie arbeitet an der narzisstischen Regression mit, die darin besteht, sich selbst über ihre zur Obsession gewordene »Text«-Produktion[22] zum Thema zu machen. Anders gesagt, es handelt sich um eine doppelte »Flucht« – diejenige *der* Gruppe und diejenige *vor* der Gruppe – also sowohl im Sinne eines objektiven als auch eines subjektiven Genitivs.

Aber dieser Effekt der *Ausweitung der Übersetzung* muss nicht immer notwendigerweise in Termini der Flucht und der Regression interpretiert werden. Auf einer tiefer liegenden Ebene kann es sich auch um *eine Arbeit über das Unausgesprochene* handeln. Der »Übersetzer« übersetzt im Prinzip, was gesagt wird – was eine Binsenweisheit ist – aber das Wichtige ist das Unausgesprochene! Und jener Sprachmittler erfüllt nicht wirklich seine Aufgabe, wenn er es versäumt, das Unausgesprochene zu »interpretieren«, wenn er ein einfacher »Dolmetscher«, und nichts als das im rein linguistischen und »technischen« Sinne des Wortes bleibt (interprète): Er muss auch im vollen oder »hermeneutischen« Sinne des Begriffs ein *Interpret* sein. Faktisch übersetzt man nicht so sehr den Text einer Botschaft, so wie sie ist, sondern das, was man denkt, das jener denken konnte, der gesagt (oder geschrieben) hat, was er gesagt (oder geschrieben) hat, als er es gesagt (oder geschrieben) hat. So könnte man sich als Hilfestellung zur Regel machen, immer nur in der indirekten Rede zu »übersetzen«, d.h. zu interpretieren, indem man alle seine Ziel-Sätze mit folgendem metalinguistischen Kupplungshebel beginnen lässt: »X denkt, dass ...« (oder »Ich denke, dass X denkt...«). Und die »Zweisprachigkeit« der Gruppe wirkt in dieser Hinsicht erhellend wie ein Analysator (»analyseur«) der interkulturellen Kommunikation: Indem sie die Winke (les indices) vervielfacht, deckt sie eben gerade auf, dass das Wesentliche noch nicht enthüllt ist.

9. Wer übersetzt?

Dass die technische Lösung des Dolmetschers verworfen und die Übersetzung eine Gruppenangelegenheit geworden ist, soll bedeuten, dass es in der Gruppe keine Person (auch nicht mehrere) gibt, der auf institutionellem Wege die Funktion (der »charge« in den verschiedenen Bedeutungen, die

22 Anm. d. Übers.: »Text« verstanden im erweiterten sprachwissenschaftlichen Sinne. Der Autor führt hier den Neologismus der „production parolique“ ein.

das Wort haben kann[23]) erteilt worden wäre, die Sprachenmittlung zu übernehmen. Dies trägt dazu bei, das, was wir die »Illusion der übersetzerischen Transparenz« genannt haben, zu entmystifizieren. Auf diese Weise wieder in den Kontext einer sozialen und in diesem Fall psycho-sozialen Praxis zurückgeführt, wird die Übersetzung – einem weit verbreiteten Irrtum zum Trotz – kaum mehr mit der »automatischen« Anwendung unauffindbarer »Übersetzungstechniken« verglichen werden können.[24]

Aber *wer*, konkret, wird nun übersetzen? Die »Zweisprachigen« natürlich. Aber welche? In welchem Verhältnis und unter welchen Bedingungen? Wie? Warum? Und zunächst, was hat man unter »zweisprachig« zu verstehen? Sicherlich nicht jene »perfekten Zweisprachigen« im Sinne der »Gleichsprachigen«, von denen Einsprachige abstrakt träumen mögen, die jedoch, um es noch einmal zu sagen, in der Realität nicht existieren. Die einzigen Zweisprachigen, um die es gehen kann, sind jene, die eine *real existierende Zweisprachigkeit* praktizieren (etwa wie es einen »real existierenden Sozialismus« gab), in dem Sinne, dass sie eine Zweitsprache ausreichend beherrschen, so dass diese kein Hindernis mehr darstellt wie eine zwischensprachliche Barriere, sondern als ein Kommunikationswerkzeug dient –wie ihre Erstsprache, die so genannte »Mutter-«Sprache, wenngleich auf einem niedrigeren Niveau. Ebenso wie auf Kriterien sprachlicher Objektivität sind wir auch hier, wie wir sehen, auf das Erleben einer psychologischen Subjektivität verwiesen sowie auf die relationale Intersubjektivität einer Eingliederung des Individuums in ein sozialpsychologisches Netzwerk. Hierin liegt eine erste Antwort auf die Frage »welche Zweisprachigen?«.

Aber wer von ihnen wird übersetzen? Die Erfahrung zeigt, dass nicht alle Zweisprachigen gleichermaßen und im selben Augenblick diese Tätigkeit der Übersetzung übernehmen. Im Laufe der Begegnung übersetzen manche immer mehr, andere immer weniger (ebenso wie manche immer mehr die andere Sprache sprechen, andere immer weniger, etc.). Manche weigern sich prinzipiell zu übersetzen, die anderen zu übersetzen, sich selbst zu übersetzen. Andere, im Gegenteil, lancieren, könnte man sagen, ein echtes »öffentliches Kaufangebot« bezüglich der Funktion des Übersetzers: Ohne

23 Anm. d. Übers.: mögliche Bedeutungen: Last, Bürde, Belastung, Auftrag, Amt, Stellung, Dienst, Verantwortung, Verpflichtung, etc.

24 Vgl. Traduire: théorèmes pour la traduction; S. 18, 21f., 230ff.

Unterlass sprechen sie in den Worten der anderen in einer anderen Sprache, etc. Was sind die Motivationen der einen, was die der anderen? Welchen Stellenwert nehmen die »objektiven« Zwänge im Bereich der psycholinguistischen Mechanismen ihrer zweisprachigen Wirkungsweise ein, in ihrem jeweiligen Verhalten? Und was wird hierdurch in der Gruppe induziert?

Auf die Frage nach den Motivationen kann kaum in einer einfachen und eindeutigen Weise geantwortet werden. Wir sind auf die individuelle Geschichte jedes Einzelnen verwiesen sowie auf die Art und Weise, wie er seine Beziehung zur Gruppe erlebt. Auch existiert eine »individuelle« Geschichte jeder Gruppe, jeder einzelnen Begegnung. Jenseits einer gewissen Sensibilisierung, eines wirklichen Erfahrungsschatzes und einer relativen Schärfung des Blicks, wie man sie in der »Gruppenpraxis« erwerben kann, gibt es auch hier, nicht anders als im Bereich der Übersetzung, keine linear anwendbaren »Techniken« oder automatischen Mechanismen. Deshalb haben wir von einer »idiografischen« oder auch klinischen Herangehensweise gesprochen.

Die Motivationen, zu übersetzen, können sehr verschiedenartig sein. Manche erkaufen sich so ihr Rederecht, sei es, dass sie gehemmt (schüchtern) sind, sei es, dass sie im Gegenteil versuchen, eine längere Redezeit zu belegen: Sie übersetzen, und bei dieser Gelegenheit lassen sie nebenbei als Kodizill eine kleine persönliche Bemerkung einfließen, oder sie mischen sich energisch mit einem kritischen Kommentar bzw. mit einer manipulatorischen Stellungnahme ein. Manche entschuldigen gleichsam ihre Anwesenheit, indem sie die anderen übersetzen. Manche, zum Beispiel unter den französischen Germanistik-Studenten (oder den deutschen Romanisten), sehen darin eine gute Gelegenheit, sich zu trainieren und erlegen sich diese Übung auf, um ihre Kenntnisse in der anderen Sprache zu verbessern – auf die Gefahr hin, sich am Ende eventuell in einer völlig marginalisierten Situation wiederzufinden: Indem sie, aus einer Art schulischer »Habsucht« heraus, gegen ihre eigene Sprache gespielt haben, haben sie sich der Möglichkeit beraubt, zu ihr Zuflucht zu nehmen, und sie sind die Geiseln der Sprache des Anderen geworden, was sich in dem Maße herausstellt, wie weit sie davon entfernt sind, die Sprache so gut zu beherrschen, wie sie gedacht hatten.

Dies ist das Szenario, dem wir im Rahmen einer deutsch-französischen Begegnung in Berlin[25] beiwohnen konnten. Die Zufälligkeiten der Teilnehmerwerbung waren die Ursache dafür, dass die Gruppe auf französischer Seite hauptsächlich aus Teilnehmern bestand, die gleichzeitig Frauen, also Teilnehmerinnen, und nach Deutschland hin orientierte Deutsch-Studentinnen (Germanisten) waren; auf deutscher Seite waren vor allem Studenten (männlichen Geschlechts). Man fand hier wieder die Konfliktlinie »französische Frauen und deutsche Männer« vor, die tiefe und alte Anklänge in der unbewussten Vorstellung der deutsch-französischen Beziehung hervorruft. Zu Beginn hatte die deutsche Untergruppe keine »berufliche« Homogenität aufzuweisen, die derjenigen der französischen Germanistinnen vergleichbar gewesen wäre; es handelte sich aber vor allem um Berliner Studenten, die meisten von ihnen relativ politisiert, einhergehend mit dem, was dies an Sicherheit im sozialen Verhalten bedeutet, an der Leichtigkeit, das Wort zu ergreifen und an der Übung im Strukturieren der Gedanken. Und insbesondere: »Die Deutschen« waren in der großen Mehrheit einsprachig (während man feststellen kann, dass in diesem Punkt die umgekehrte Konstellation für diese Art von Begegnung statistisch die weiter verbreitete zu sein scheint).

Da die genannte Begegnung in Berlin stattfand und die deutschen Studenten somit »bei sich zu Hause« waren, war es natürlich, dass die Gruppe dazu neigte, sich um sie zu zentrieren, zumal die Franzosen/Französinnen zurecht vieles über diese so faszinierende Stadt (»Berlin ist eine Begegnung wert«)[26] erfahren wollten. Hinzu kamen verschiedene Faktoren, deren jeweiliger Stellenwert genau zu ermessen schwierig ist, wie das Interesse, das ein Diskurs von Intellektuellen und Aktivisten hervorrufen kann, die Selbstsicherheit und die traditionelle Berliner Schnauze (la faconde berlinoise), eine gewisse (und nicht minder traditionelle) Dominanz der männlichen Rede. Infolgedessen erwies sich das Deutsche als erste Sprache (Ausgangssprache); und das Französische war hier tendenziell an die Stelle der zwei-

25 Reflexionen hierzu sind nachzulesen in: Hess, R. & Ladmiral, J.-R.: Emancipation personnelle et sociale.

26 Anm. d. Übers.: Die französische Formulierung »Berlin vaut bien un stage« verweist auf ein Zitat – das den meisten Franzosen geläufig ist – des Hugenotten Heinrich IV. von Navarra, der kurz nachdem er den Thron von Frankreich bestiegen hatte, 1593 zum Katholizismus übertrat, um die nationale Einheit und die Integrität Frankreichs zu wahren und dies mit den Worten kommentiert haben soll: »Paris vaut bien une messe!«

ten Sprache gerückt, sie war die Sprache der Übersetzung (Zielsprache), da die Informationen hauptsächlich von deutscher Seite kamen.

Da sich aber somit die »Übersetzung« in erster Linie an die französischen Teilnehmerinnen richtete, sahen letztere sich veranlasst, sie aus mehreren Gründen zurückzuweisen:

Zunächst aus Höflichkeit, um diese Aufgabe nicht wem auch immer (beispielsweise einer unter ihnen) aufzuerlegen und um die Dynamik der Kommunikation nicht zu bremsen (s.u.); und des Weiteren, um ein »sprachliches Vollbad« im Deutschen zu nehmen, was ihnen für ihre Ausbildung als Germanisten nützlich sein würde, aber auch aus dem herzlichen Spaß heraus, den man beim Sprechen einer anderen Sprache, einer »seiner« Sprachen, empfindet (s.u. Kapitel II); und wahrscheinlich auch noch ganz einfach deshalb, weil es ihnen, die im Prinzip beide Sprachen kannten, nicht zweckdienlich erschien; schließlich, weil die Tatsache, die Übersetzung zu akzeptieren (oder a fortiori um sie zu bitten) bedeutet hätte, einzugestehen, sich selbst einzugestehen, dass man das Deutsche nicht wirklich gut beherrschte, obschon man Germanist war – und hierin lag ein Tabu, das an das berufliche und damit auch an das persönliche Selbstverständnis der Teilnehmer rührte, als dessen Analysator (»analyseur«) sich die deutsch-französische Begegnung herausstellte.

So wohnte man der »natürlichen« Etablierung eines wohl bekannten und offensichtlich vernünftigen Handlungsmusters bei, dem entsprechend man nur auf den ausdrücklichen Wunsch einer der französischen Teilnehmerinnen hin (ins Französische) übersetzen würde, wenn sie es für nötig hielte. Aber man kann sich leicht vorstellen, dass das gerade angesprochene Tabu der sprachlichen Kompetenz der Germanisten dazu führte – psychologisch und sozialpsychologisch –, dass es ihnen extrem schwer fiel, jemals eine solche Bitte auszusprechen, denn genau hier hätte ein punktuelles und eingehendes Defizit im Deutschen eingestanden werden müssen.

Daher ist die französische Sprache aus dieser Begegnung sehr schell verschwunden; mit der Konsequenz, dass sich die französischen Teilnehmerinnen in verschiedenerlei Hinsicht mehr und mehr marginalisiert sahen. Deutsch war die Arbeitssprache der ganzen Gruppe geworden, und trotz allem konnten sie kaum so gut damit umgehen wie mit ihrer Muttersprache (dies ist nämlich eine Quasi-Unmöglichkeit, bis auf extrem seltene Ausnahmen!). De facto häuften sich die punktuell unverstandenen Stellen, für die man eine Übersetzung gebraucht hätte, nach denen man aber nicht zu fragen wagte, und so entstand eine immer weniger beherrschbare Verschwommenheit im Gesamtverständnis, das man von der Gruppenkommunikation noch haben konnte. Hinzu kam eine Art »Störung« (in dem abstrakten und allgemeinen Sinne, den der Begriff in der Informationstheorie besitzt), die durch die psychologische Anspannung, eine längere Zeit hindurch einer anspruchsvollen Diskussion in einer Fremdsprache zu folgen, in jeder Kommunikation zwangsläufig hervorgerufen wird, selbst wenn man die fremde Sprache im Prinzip ganz gut kennt und die sich in Müdigkeit, Unaufmerksamkeiten und Missverständnissen niederschlägt. Besonders die den deutschen Gesprächsteilnehmern gemeinsamen kulturellen, ideologischen, situativen und existenziellen Bezüge verharrten im Unausgesprochenen, obschon eine Übersetzung deren zumindest partielle Klärung erfordert hätte (s.o.). Hierin lag ein gewissermaßen skandalöses Paradox insofern, als eines der Hauptziele solcher Begegnungen die Mit-Teilung dieser kulturellen Referenzen ist, die nicht implizit bleiben dürfen, wenn man will, dass es zu interkultureller Kommunikation im eigentlichen Sinn kommt.

Letzten Endes hatten diese französischen Teilnehmerinnen sozusagen an ihrer eigenen kulturellen und Gruppen-»Exkommunikation« mitgewirkt. Zudem könnte man sagen, dass dieser Gang der Dinge im Rahmen der gegebenen »psychosoziolinguistischen« Ausgangsbedingungen vorhersehbar, gewissermaßen vorprogrammiert war. Halten wir dennoch fest, dass in der Praxis mit den Gruppen jede Begegnung ihre eigene und besondere Geschichte hat: Die Gruppen überraschen ihre Betreuer immer, gleich wie viel Erfahrung letztere auch haben mögen; und es besteht Anlass, sich vor jenen in Acht zu nehmen, die, meist im Nachhinein, alles schon gewusst haben wollen (nach dem Motto, »in der gegebenen Situation konnte sich nur noch das ereignen, was sich ereignet hat«), wobei der beteiligte Sozialpsychologe hier auftritt als ein Historiker, der in der Lage wäre, »die Vergangenheit vorherzusagen«! Allerdings lässt sich sagen, dass bei der gerade geschilderten Episode der Faktor der Sprache unterschätzt wurde und wir so das Risiko auf uns nahmen, dass sich eine solche *sprachliche Asymmetrie* entwickeln konnte. Von diesem Augenblich an gab es tatsächlich eine Kluft zwischen *dominierender Sprache* (hier das Deutsche) und *dominierter Sprache* (hier das Französische), die in soziolinguistischen und politischen Konstellationen der Zweisprachigkeit wohl bekannt ist, und wofür man hier also ein Äquivalent in der Dynamik dieser »dilingualen« Gruppe vorfand, verbunden mit einer entsprechenden Marginalisierung der dominierten sprachlichen Untergruppe.

In einer allgemeinen Weise erlaubt die Analyse dieser Begegnung (oder zumindest dieses besonderen Aspektes ihrer Geschichte insgesamt, die natürlich auf der Ebene des Erlebens der Teilnehmer viel facettenreicher ist), einen Effekt hervorzuheben, dessen Wiederkehr in derlei Situationen, die zwei (oder mehrere) Sprachen miteinander in Kontakt bringen, regelmäßig festzustellen ist – und sei es beispielsweise nur auf einem internationalen Kolloquium von Linguisten, die prinzipiell selbst mehrsprachig sind. Dies trifft insbesondere dann zu, wenn man das »vertikale« Verfahren (s.o.) sprachlicher Asymmetrie übernimmt, mit (und ohne) Übersetzung, das darauf hinausläuft, eine der sich gegenüberstehenden Sprachen zu bevorzugen – was zugegebenermaßen manchmal unvermeidbar ist, jedoch weniger häufig als man denkt. Denn man kommt nicht umhin zu sehen, dass sich manche Menschen selbstverständlich sehr leicht mit einer Situation sprachlicher Dominanz arrangieren, durch die sie de facto begünstigt werden! Es liegt auf der Hand, dass es sich hierbei um eine gefährliche Klippe handelt, an der viele – individuelle wie kollektive – Projekte der interkulturellen Kommunikation scheitern.

Um es genauer zu sagen, hier tritt, parallel zur Frage nach den Motivationen zur Übersetzung, eine bedenkenswerte Problematik der *sprachlichen Macht* hervor, die bei weitem über die Frage hinausgeht, wer übersetzen wird und warum.

10. Macht und Kommunikation

Für manche wird die Übersetzung nicht nur ein Austauschmittel, sondern auch ein Druckmittel, ein Mittel der Erpressung: Die Übersetzung erscheint ihnen wie eine Möglichkeit, die Macht in der Gruppe zu ergreifen. Dies kann eine sehr starke Motivation zur Übersetzung sein, und hierin liegt noch ein weiterer Aspekt, der beispielsweise die Dialektik von Macht und Kommunikation in zweisprachigen Gruppen verdecken kann. Diese Bemühung, mit Hilfe der Übersetzung sprachliche Macht in der Gruppe zu erlangen, kann »im Triumphzug« angegangen werden, darauf abzielend, das Gruppeninteresse auf den Sprachmittler, auf den besagten Übersetzer hin, zu konzentrieren. (Das Wort »Mittler« deckt nun die mögliche politische Konnotation einer Art schiedsrichterlicher Oberhoheit mit ab). In Wirklichkeit ist es aber nicht sicher, dass diese Funktion des Übersetzers tatsächlich auch immer honoriert wird: Das mythische Bild der Verkörperung magischer und fantasmatischer Macht durch den Polyglotten hat viel von seiner Anziehungskraft verloren und entspricht sehr wahrscheinlich einem archaischen Stadium, das sowohl im Bereich der individuellen als auch im Bereich der kollektiven Geschichte mittlerweile überholt ist. Erfahrungsgemäß sind die wirklichen *leaders* ziemlich selten diejenigen, die kontinuierlich den Dienst der Sprachenmittlung übernehmen. Häufiger kommt es vor – verfolgen wir die Spur der eben vorgestellten Untersuchungen –, dass die Übersetzerrolle eine Art Refugium für Personen bereitstellt, die sich auf dem Gebiet einer rein verbalen Aktivität wohler fühlen, in einem Modus der Beziehungen zu den anderen und zur Welt, der hauptsächlich im Gesagten verharrt.

Derjenige, der übersetzt, ist auch *per se* schon jemand, der spricht, der viel spricht, mehr als die anderen, weil er seine Zeit damit zubringt, ihnen seine Stimme zu leihen ([inter-]prêter). Er wird also mehr oder weniger bewusst als jemand wahrgenommen, der einen breiteren Rederaum einnimmt, als ihm vergleichsweise zusteht.

Hieraus ergibt sich eine Art Erosion seiner Redemacht, insofern sich das Ansehen eines Individuums in Gruppen tatsächlich sehr oft nach dessen unvorhersehbarem Charakter bemisst, nach dessen Fähigkeit, zu beunruhigen, kurz: nach seinem Schweigen, das etwa analog der Abschreckungsgewalt funktioniert, und wo all dem, was er nicht sagt, das Gewicht dessen beigemessen wird, was er sagen könnte (und erwartungsgemäß sagen wird).

Hinzu kommt sicher ein ganzes Bündel von Elementen der Ambivalenz in der Gruppe. Einige empfinden eine Art Identifikationsneid bezüglich dessen, was möglicherweise doch noch von dem erblassten Prestige des polyglotten Sprachmittlers übrig ist. Und dann kursiert freilich auch die Vorstellung, dass der Zweisprachige über eine wirkliche sprachliche Macht verfügt, wenn es darum geht, ein bestimmtes Ziel zu erreichen, wie zum Beispiel, eine Frau »zu erobern«; und es ist kaum zu leugnen, dass bei einer Gelegenheit dieser Art die Einsprachigen benachteiligt sind (wenngleich nicht immer!). In der Gruppe wird der zweisprachige Mittler häufig wie ein *would-be leader* wahrgenommen; und bekanntlich kommt in jeder Konklave derjenige, der als Papst eintritt, als Kardinal wieder heraus.

Grundlegend ist, dass die Gruppendynamik, die sich hier in der interkulturellen Kommunikation widerspiegelt, nichts anderes tut, als eine tiefer liegende anthropologische Struktur zu reaktualisieren – vielleicht eher eine religiöse denn eine psychoanalytische oder sozialpsychologische – und zwar, dass der »Schönredner« in gewisser Weise ein Lügner sein muss, ein Wundertäter, der uns »Sand in die Augen streut«, dass »les grands parleurs sont des petits faiseurs« (wie man in Québec sagt [etwa: »große Klappe und nichts dahinter!«]), etc. Genau dies haben wir den *Gorgias-Komplex* genannt. Darüber hinaus ist der Bedeutungswandel, den gerade der Begriff »Sophist« erfahren hat, recht bezeichnend, selbst dann, wenn man im Augenblick wieder die ursprüngliche Bedeutung anstrebt.

11. Die Grenzen der zwischensprachlichen Kommunikation

Man muss deutlich sehen, dass die Übernahme der Sprachenmittlung durch die Gruppe selbst gleichzeitig den Abschied von dem *Formalismus* einer systematischen Übersetzung sämtlicher Redebeiträge bedeutet – inklusive der dadurch möglicherweise entstehenden Schwerfälligkeit. Die Zweisprachigen, die in der Gruppe zwischen den beiden Untergruppen der Einsprachigen den Kommunikationsfluss gewährleisten, erfüllen nicht dieselbe Funktion wie ein Dolmetscher. Wenn dem so wäre, bedeutete dies eine wirkliche *Synchronisierung,*[27] d.h. eine vollständige Arbeit verbaler Produktion, die darauf hinausliefe, die Gesamtheit dessen, was in einer zur Ausgangssprache gewordenen Sprache gesagt wurde, in Form einer parallelen, simultanen oder vielmehr konsekutiven Rede in die Zielsprache hinein zu verdoppeln. Dies hieße gleichzeitig, die Kommunikation sehr schwerfällig zu gestalten; und nach und nach liefe die Einrichtung der Übersetzung Gefahr, so sehr auf der Gruppendynamik zu lasten, dass sie letztlich die Kommunikation unmöglich werden ließe, die zu fördern ursprünglich ihre Funktion war. So geschieht es also durchaus in einem besonderen, nicht

27 Anm. d. Übers.: Im französischen Original ist von „doublage" die Rede, was zunächst einfach »Doppelung«, im übertragenen Sinne dann aber vor allem auch »Synchronisierung« bedeutet (sowie »le double« = »stunt man«), weshalb der Autor anfügt: ... somit werden wir diesen Begriff aus dem Bereich des Films wörtlich verstehen ...

»technischen« Sinne, wenn die hier betrachteten Gruppen sich angewöhnen, von »dem Übersetzen« (la traduction) zu sprechen: und dies in einem ziemlich weiten und lockeren Sinne, so dass man versucht sein kann, von einer »geschluderten Übersetzung« zu sprechen.

Sich von dem Formalismus der Übersetzung, wie sie der Konferenz-Dolmetscher liefern kann, frei zu machen, bedeutet zunächst konkret, auf die Einrichtung der *Simultan*übersetzung zu verzichten. Man muss sich also mit einer *Konsekutiv*übersetzung zufrieden geben. Aber bekanntlich ist diese Vorgehensweise bereits in dem förmlichen Kontext internationaler Versammlungen schwerfällig und lästig; sie ist es *a fortiori* in dem Rahmen einer Gruppenerfahrung, die spontan und lebhaft sein will (und es ist). Diese Lösung der »zeitlich versetzten« Übersetzung ist zwar meist die erste, zu der man greift; sie ist und bleibt jedoch schwerfällig, ineffektiv und unvollständig.

Jedes Mal aufs Neue baut die Übersetzung eine Verzögerung ein, eine Art Auszeit; sie schiebt den direkten Dialog auf. Sie hat eine Bremswirkung, die jegliche Spontaneität im Zaum hält; und ohne dass man zunächst dessen gewahr wird, droht sie schließlich, jegliche wirkliche Diskussion zu blockieren. Es ist mit dieser Technik praktisch unmöglich, auf einen anderen Beitrag zu antworten, denn es existiert wegen der Übersetzung eine zuweilen ausgedehnte zeitliche Spanne (insbesondere wenn sich eines jener Ausdehnungs-Phänomene ergibt, von denen gerade die Rede war) zwischen dem Beitrag und der Antwort, die man gerne geben würde; die Debatte gestaltet sich dabei merklich verlangsamt und nur allzu häufig zusammengesetzt aus einer Folge nebeneinander gestellter Standpunkte oder Meinungen. Wenn man diese Vorgehensweise strikt anwendet – und sich damit nur an jene anlehnt, die die Reihenfolge der Wortmeldungen nach einer Rednerliste einrichtet – führt dieser doppelte Formalismus dazu, jeden Dialog zu entschärfen. Es genügt, an den Rückstand zu denken, den die großen internationalen Organisationen und insbesondere die Instanzen der Europäischen Union in analoger und paralleler Weise in Sachen Übersetzung ständig akkumulieren, und zwar in Bezug auf ihre eigene politische Aktualität, die die Quelle der Texte darstellt, deren Übersetzung sie selbst in die Wege leiten.

Abgesehen davon, bringt dies einen ständigen Druck zur Vereinfachung und Kürze mit sich: Um die Übersetzung zu vereinfachen – oder um sie überhaupt nur zu ermöglichen, denn, um es noch einmal zu sagen, wir haben es nicht mit professionellen Dolmetschern zu tun – muss der Beitrag kurz und in einfachen Begriffen ausgedrückt sein, was meist verbietet, seinen Standpunkt zu nuancieren. Jedes Mal, wenn ein Teilnehmer sich ein wenig ausführlicher äußert, wird ein mehr oder weniger expliziter, beinahe »poujadistischer«[28] Druck seitens derjenigen, die die Sprache nicht sprechen, auf den Sprachmittler ausgeübt, den Beitrag, wenigstens in der Übersetzung kondensiert und schematisiert zu halten; aber es ist offensichtlich, dass damit die interkulturelle Kommunikation selbst, ihr eigentlicher Reichtum, in Frage gestellt wird.

Hinzu kommt das Problem der Zweisprachigen, die sich in der anstrengenden und unwürdigen Rolle des Sprachmittlers der Rede der anderen gefangen sehen, der Möglichkeit beraubt, in eigener Sache einzuschreiten. Manch einer, bzw. manch eine protestieren schließlich gegen diese »Ausbeutung«, indem sie sich zu übersetzen weigern; und hier stoßen wir erneut auf die Frage, wer übersetzt.

In dem Handlungsrahmen, den wir uns zu Eigen gemacht haben, liegt etwas Paradoxes, als ob die selbstverständliche Position der Gruppe sich karikaturenhaft in einer Formulierung folgenden Typs resümieren ließe: »Wir wollen miteinander kommunizieren, aber unter Bedingungen, die dazu führen, jegliche Kommunikation unmöglich zu machen!« Um nicht mit dieser Aporie der interkulturellen Kommunikation konfrontiert zu werden und um den Anschein der Homogenität zu wahren, vermeidet es die Gruppe, dieses Problem frontal anzugehen. Außerdem geschieht es sehr spontan, dass sich die Teilnehmer in den informellen, sozusagen den privaten Situationen des Meinungsaustausches als sprachliche (wenn nicht nationale) Gruppen wiederfinden – Deutschsprachige und Französischsprachige – dem bereits angesprochenen Tabu des Nationalen trotzend, da auch die sprachlichen Untergruppen häufig Gefahr laufen würden, sozusagen stellvertretend als »Verschiebung« in Bezug auf die nationalen Trennlinien zu erscheinen (s.o.).

Man könnte daher nach originelleren Lösungen suchen und sich fragen, ob man es nicht wagen sollte, »nicht alles und nicht die ganze Zeit zu übersetzen.« Aber dies bedeutet, eine heikle Schwelle zu überschreiten. Soll man

28 Anm. d. Übers.: gebildet nach Poujade, Pierre: Chef einer kleinen (in den 50-er Jahren relativ erfolgreichen), am rechten Rand angesiedelten Partei kleiner Kaufleute und Gewerbetreibender, die sich selbst »poujadistes« nannten und in den letzten Jahren der IV. Republik Stimmung gegen die instabile Regierung Frankreichs machten.

alles übersetzen – eingeschlossen die Beleidigungen und andere Unterbrechungen bzw. Zwischenrufe?. Wenn man aber nicht alles übersetzt, betreibt man notgedrungen eine Selektion. Nur im Namen welcher Kriterien? Wer soll sie verantworten? Und bedeutet dies dann nicht, gerade die Einsprachigen von der Kommunikation auszuschließen, sie zu »minorisieren«? Noch weit darüber hinausgehend wird sich, in der Praxis, die eine der beiden Untergruppen der Einsprachigen als ausgeschlossen erleben, da es eine dominierende Sprache geben wird, wenn nicht für die gesamte Begegnung, so doch zumindest zeitweise, in bestimmten Untergruppen, je nach Themen, an bestimmten Stellen, etc.

Man trifft hier anscheinend noch einmal auf die wiederholt angesprochene soziolinguistische Konstellation, die die Zweisprachigkeit in den Termini der dominierenden und der dominierten Sprache artikuliert; allerdings mit jenem grundlegenden Unterschied, dass in einer Gruppe, wie jenen, mit welchen wir arbeiten, die Dominanz der einen oder der anderen Sprache ständig neu verhandelbar ist. Die Parameter sind zahlreich genug, so dass der Bewegungsspielraum (und das bedeutet auch Spielraum für »Bewegungen« im Plural und für Manipulation), über den die Individuen verfügen, ziemlich groß bleibt. Hierin liegt, ergänzend zum vorhergehenden, noch ein Aspekt des dialektischen Spiels, bei dem Macht und Kommunikation mit der Dynamik der zweisprachigen Gruppen aufeinander einwirken – und an dem man sieht, dass der jeweilige interkulturelle Hintergrund der Kommunikation das Wirken der sprachlichen Trennlinien in der Realität zu überdeterminiert.

Daher wird man nicht immer vermeiden können, dass die Sprachen im Kontakt auf der Ebene von Kleingruppen auch Sprachen im Konflikt sind, auch wenn sich dies, was die Heftigkeit angeht, auf einer niedrigeren Stufe bewegt als auf der (makro-)sozialen und politischen Ebene. Die Dynamik einer Gruppe wird von den durch die sprachlichen Spaltungen induzierten Konflikten gebeutelt, sprachliche Spaltungen, die ihrerseits von dem gesamten Rest dessen überdeterminiert werden, was das Leben der Gruppe ausmacht, der Individuen, die daran teilhaben, und der Gesellschaften, aus denen sie kommen. Demnach ist es die Kommunikation selbst, die die Frage nach der Macht in der Gruppe aufwirft; und hierin liegt eine permanente Konfliktquelle. Die Wahl der Sprache wird je nach dem Kräfteverhältnis ständig neu verhandelt, woraus ein »kleiner Krieg« um die Sprache entsteht; und es kommt immer mehr oder weniger zum relativen Ausschluss mindestens einer Untergruppe von Einsprachigen. Im Gegensatz zu dem, was eine bestimmte, ziemlich weit verbreitete, idealisierende Auffassung von Kommunikation glauben machen könnte, bringt die Übersetzung hier keine Wunderlösung. Die Übersetzung als Arbeitsmethode wird selbst zum Einsatz dessen, was bei Konflikten in der Gruppe auf dem Spiel steht, und dies aus vielerlei Gründen: aus technischen Gründen, die an der Realität der tatsächlichen Wirkungsweise dieser »Mittlung« liegen, die die Übersetzung darstellt. Denn es ist nicht möglich, alles und in völlig transparenter Weise, ohne Interferenz von individuellen und gruppenabhängigen Faktoren, zu übersetzen – aus Gründen, die an der Gruppendynamik selbst liegen. Die Übersetzung stellt – aus kulturellen und nationalen Gründen – das Problem der »leadership«; notgedrungen findet eine Filterung der zu übersetzenden Informationen statt. Sie verweist auf ein sozio-kulturelles Raster selektiver Wahrnehmung und von Verhaltensgewohnheiten. Hinzu kommen die Probleme, die aus der Stellung des »Non-Verbalen« erwachsen, sowie die (im besten Fall) latenten Konflikte, die zwischen Mitgliedern unterschiedlicher Gesellschaften existieren können (wie dies zwischen Franzosen und Deutschen der Fall sein kann, also in jenem binationalen und zweisprachigen Tandem und Terrain, auf dem diese sozialpsychologische Studie über den Sprachkonflikt erstellt wurde).

12. Die selektive Übersetzung

Wenn man niemals alles übersetzt, so geschieht dies nicht nur aufgrund einer Art Schwäche von der Größenordnung eines Entropie-Koeffizienten. Wenn die Übersetzung zu einigen Verdrehungen der Kommunikation führt, so entspricht dies ihrer Struktur, denn hierin liegt sozusagen ihre transzendentale Bedeutung, insofern sie ein Modus der realen Produktion der sprachlichen Mittlung ist. Im Gegensatz zu den sozialpsychologischen Phänomenen inflationärer Ausweitung, die weiter oben dargelegt wurden und welche Grenzfälle bleiben, geht die Tendenz eher in die Richtung einer quantitativ reduktionistischen Selektion der Kommunikation – bei der die Übersetzung dann als Puffer, als Schutzschirm, als Filter wirkt.

Während Yves Gentilhomme[29] von »Puffer-Übersetzung« (»traduction-tampon«) spricht, zieht auch er ein Beispiel gelebter persönlicher Erfahrung der ihn prägenden, französisch-russischen Zweisprachigkeit heran: Er berichtet, wie er (noch zur Zeit des real existierenden Sozialismus) während des Besuches einer Kolchose die Art und Weise des offiziellen Dolmetschers beobachten konnte, bestimmten Antworten auszuweichen, etc. Es herrscht Übereinstimmung zwischen der introspektiven Psycholinguistik eines Gentilhomme, der die Selbst-Analyse seiner eigenen (französisch-russischen) Zweisprachigkeit betreibt, und der sozialpsychologischen Forschung, die wir auf dem Terrain der Dynamik zweisprachiger (deutsch-französischer) Gruppen anstellen. Der sowjetische Dolmetscher erfüllte hier an zweiter Stelle und parallel zu seiner eigentlich zwischensprachlichen Aufgabe dieselbe *diplomatische* Funktion, die auch die sprachlichen »Mittler« in unseren deutsch-französischen Gruppen zu übernehmen veranlasst werden. Jedoch unterscheiden sich die Tabus, um die es geht. In dem einen Fall handelt es sich aus ideologischen und politischen Gründen um eine bewusst und sogar professionell ausgeübte Zensur. In unseren deutsch-französischen Beispielen sind die Verbote, die zu überschreiten man zögert, teilweise unbewusster Natur und beziehen sich auf eine wesentlich komplexere Konstellation: In dieser interferieren die Ambivalenz der Individuen, die zwischenmenschlichen Konflikte, die die Gruppe durchziehenden Spannungen, die sozialen Unterschiede oder ideologischen Gegensätze und besonders die, wie wir sagen möchten, nationalen Spaltungen, die letztlich all dies überdeterminieren oder diesem das Einlösen einer ganzen historischen Schuldenlast auferlegen, welche schwer auf sich zu nehmen und teilweise verdrängt ist. Im Übrigen, um bei dem deutsch-französischen Austausch zu bleiben, hätten wir im früheren ostdeutschen Kontext gewiss selbst eine der von Gentilhomme angesprochenen analoge Erfahrung machen können, parallel zu der hier behandelten, mit westdeutschen Partnern durchgeführten Untersuchung. Aber es muss auch klar gesagt werden, dass dieser Typ der »diplomatischen« Übersetzung bei unzähligen Gegebenheiten praktiziert wird.

Die Puffer-Übersetzung kann gerade zu einer Verkürzung der Ziel-Mitteilung führen – ebenso wie zu deren Streckung, die eine Projektions-

29 Dies war der Gegenstand seines mündlichen Beitrags auf dem Kolloquium in Giessen (Februar 1980); vgl. Gentilhomme, Y.: Expérience autobiographique d'un sujet bilingue russe-français.

schirm bilden soll. Es handelt sich hierbei um die verschiedenen speziellen Aspekte, welche der sprachliche Mittler bei der Verarbeitung der Ausgangs-Information berücksichtigen muss. All dies soll auf eine Arbeit über das Unausgesprochene zeigen, wie weit die sprachliche Dimension der interkulturellen Kommunikation uns an die Antipoden »der Illusion der übersetzerischen Transparenz« heranbringt, weiter noch, als es die Übersetzung (stricto sensu) ohnehin schon tut. Wir haben das sehr weit verbreitete Trugbild kritisiert, nicht nur, weil dies eine idealisierte Auffassung von Kommunikation ist, sondern weil es dazu verleitet, zu verkennen, dass eine Sprache *eine* bestimmte Sprache ist – und keine andere. Jede Art von Übersetzung wirkt wie ein *Filter*, versehen mit dem ihm eigenen Merkmal sprachlicher Brechung.

Im allgemeineren Sinne jedoch muss klar gesehen werden, dass die Übersetzung nicht nur eine Einrichtung zwischen Sprachen ist. Wenn die Übersetzung allerdings ein besonderer, sogar beachtlicher Fall der Kommunikation ist, so lässt sich diese Aussage auch umkehren. Tatsächlich ist Kommunikation selbst eine Art der Übersetzung: Kommunikation erhält ihren vollen Sinn erst, wenn sie im Lichte des Paradigmas der Übersetzung interpretiert wird. Hierin liegt eine Umkehrung der Perspektiven analog dem, was bei Ferdinand de Saussure mit Semiologie und Linguistik geschieht. So empfange ich von der Ausgangs-Mitteilung, die an mich adressiert ist, immer nur den Ziel-Text, der sich spürbar von dem unterscheidet, was meine vielfältigen Befähigungsgrenzen mir davon zu verstehen und zu »empfangen« erlauben, indem ich einen beträchtlichen Anteil von dem hinzufüge, was ich selbst bin. Und was für die Beziehungen verbaler Kommunikation gültig ist, gilt vielleicht ebenso für andere Arten der Beziehung zwischen den Menschen (unter Männern und Frauen). So besteht guter Grund, die interkulturelle Kommunikation mit dem Paradigma der Übersetzung (lato sensu) zu identifizieren und zu sehen, dass sie ein Filter ist, der sprachliche, aber auch psychologische und sozialpsychologische (wie im vorliegenden Kapitel gezeigt) sowie soziokulturelle und – tiefer liegend – anthropologische (wie im weiteren Verlauf des Buches in allgemeinerer Weise entwickelt werden soll) Ungleichgewichte mit sich bringt.

Konkret, auf der psychologischen Ebene des individuell Erlebten, können im Kontext der Dynamik zweisprachiger Gruppen diejenigen, die die Aufgabe der Sprachenmittlung – was man die »Übersetzung« nennt – übernommen haben, davor zurückweichen, was sie als »unangebracht«, heftig, als taktlos an dem empfinden, was man ihnen zu übersetzen zumutet. Wenn es vorkommt, dass den »Zweisprachigen« etwas zu übersetzen widerstrebt, so liegt dies daran, dass ihre Sensibilität in bestimmten Dingen nicht mehr dieselbe ist wie diejenige der Einsprachigen. Ihre *doppelte* sprachliche *Tastatur* ist zunächst einmal nicht eine ausschließlich linguistische, sondern auch eine »perilinguistische«[30] und eine interkulturelle. Vor allem kommt sie nicht nur im Bereich der Produktion (Enkodierung) zum Tragen, die ihnen erlaubt, die Übersetzung einer Aussage zu liefern, sondern auch in jenem der Rezeption (Dekodierung) und selbst im Bereich der Aufnahmefähigkeit: Sie ist integrierender Bestandteil all jener Bereiche. Diese sprachliche Sensibilität bewegt diejenigen, die »übersetzen« auf eine Art transnationalen Bikulturalismus zu, der sie in Kommunikationssituationen und in Sprachspielereien verwickelt, die völlig anderer Natur sind als diejenigen der Einsprachigen – und, in einem gewissen Sinne, *können* sie manche Dinge *nicht* übersetzen! Wir hatten dieses Problem weiter oben bezüglich der von uns so diagnostizierten »Ausweitung der Übersetzung« angesprochen; es liegt aber auf der Hand, dass eine gegenteilige Auswirkung ebenso möglich ist.

13. »Trad'rire« – Übersetzen und Lachen

Der Humor und das Lachen sind, wie man manchmal sagt, nicht übersetzbar. Auf jeden Fall scheint es so, dass interkulturelle Kommunikation hierin eine Begrenzung erfährt. All diejenigen, die echte Erfahrung mit einer zweisprachigen und bikulturellen Situation haben, kennen die Lage, in die man versetzt ist, wenn man persönlich und an sich selbst (und vielleicht könnte man sagen, »über« sich selbst) die Unmöglichkeit zu spüren, sein eigenes Lachen zu übersetzen, es aus der einen in die andere »seiner« Sprachen zu transponieren; von einer in die andere derjenigen Sprachen, die man genügend beherrscht, so dass die Zweitsprache – um es noch einmal zu sagen – »wie« die Erstsprache funktioniert, eher also wie ein Kommunikationsmittel denn als das Hindernis einer sprachlichen Barriere.

30 Anm. d. Übers.: Vgl. frz. »langue« = dt. »Einzelsprache«; griech. »perí-« = dt. »um – herum«.

Hier vollzieht sich eine Art sprachliche (und kulturelle) Spaltung des psychischen Erlebens, bei der sich die individuelle Problematik der Zweisprachigkeit zu verschärfen scheint. Im Rahmen des sozialpsychologischen Forschungsprogramms, von dem im vorliegenden Kapitel die Rede ist, wie auch hinsichtlich unserer eigenen Biografie, hat uns gerade die deutsch-französische Begegnung Gelegenheit gegeben, hierzu reichhaltig Erfahrung zu sammeln. Hierin liegt etwas besonderes, was sich beispielsweise vom französisch-italienischen »Gespann« unterscheidet.

In letzterem existiert ein solcher Verwandtschaftsgrad zwischen den Sprachen, dass man von einem »*diasprachlichen* Kontinuum« sprechen kann, in dem die Übersetzung von vorneherein weniger problematisch, weniger »schwer« ist. Jedenfalls erlaubt die Übersetzung bei der Konstellation Französisch-Ausgangssprache/Italienisch-Zielsprache (aber vielleicht nicht in umgekehrter Richtung?), eine weitaus beachtlichere *Transparenz* aufrechtzuerhalten und fordert viel weniger *Verstellungen*. Mit anderen Worten, dies ist es, konkreter betrachtet, was uns die große Toleranz des Italienischen vorführt, d.h. seine größere Aufnahmefähigkeit für Ausgangs-Signifikanten des Französischen – muss man sagen: *beispielsweise* des Französischen? Und ist das Italienische als Zielsprache nicht gleicherweise gegenüber vielen anderen Ausgangs-Sprachen besonders aufnahmefreundlich? Wie es um dieses Problem auch bestellt sein mag, seine Erörterung würde eine vertiefte Studie erfordern. Wenn es sich um das Deutsche handelt und wenn dieses mit dem Französischen konfrontiert wird, liegen die Dinge völlig anders. Es handelt sich hier mehr noch um das heiklere und komplexere Problem einer interkulturellen Distanz, als um ein »nur« sprachliches Problem (welches darin besteht, dass hier eine romanische und eine germanische Sprache und nicht zwei romanische, zwei verschwisterte Sprachen, miteinander in Kontakt geraten). Denn im Humor, allgemeiner im Lachen, liegt eine nationale Komponente, die es nun nicht mehr einfach zu übersetzen, sondern eher zu »transferieren«, oder häufiger, ganz einfach unter den Tisch fallen zu lassen gilt!

In dieser Angelegenheit existiert ganz sicher eine sehr verwandte, eigentlich gemeinsame Sensibilität zwischen Franzosen und Italienern. Mit den Deutschen hingegen ist man sich häufig darüber einig (und als Erste sie selbst), ihren Mangel an Humor zu bedauern: Und diese Stereotype entbehrt vielleicht nicht völlig der Wahrheit. Man muss jedoch auch der Tatsache Rechnung tragen, dass man von einer Sprache zur anderen nicht über dieselben »Witze« (mots) lacht. Genauer: Man lacht nicht von einer Sprachgemeinschaft zur anderen über dieselben Dinge. Hieraus resultiert ein gewisses Unverständnis, bzw. eine gewisse Erregung über die unterschiedlichen Mechanismen des Lachens zwischen Individuen, die verschiedenen nationalen Gruppen angehören. Selbstverständlich fällt eine Erklärung schwer, warum beispielsweise die Deutschen anders lachen als die Franzosen. Allgemein betrachtet ist das, was zum Lachen anregt, sehr häufig eine Spaßhaftigkeit über etwas Implizites, das auf die Versprachlichung einer von da ab als komisch wahrgenommenen Situation verweist.

Wenn gesagt wird, »die Deutschen sind schwerfällig«, schreibt man ihnen eine Art ethnopsychologische *Natur* zu und verkennt gleichermaßen die *inter*-kulturelle wie die *relationale* Dimension, die eine solche Wertung in sich birgt. Einerseits definiert sich eine Kultur durch eine Reihe impliziter Bezüge, auf denen das Komische basiert: Was für jegliche Übersetzung gilt, nämlich, dass es darum geht, einer Problematik (und nicht *einem* »Wort«) Eingang zu verschaffen, gilt a fortiori für diese extrem heikle Form der interkulturellen Kommunikation, für die Übersetzung des Lachens; denn in dem Fall wäre eine große Zahl jener Züge zu mobiliseren, die eine Semiotik der Kulturen definieren müsste. Andererseits wird das Lachen vor Ort von der tatsächlichen Wirkungsweise des konkreten und genau desjenigen kommunikativen Netzwerkes hervorgerufen, in dessen Mitte es ausbricht.

In zweisprachigen Gruppen wie denjenigen, die uns beschäftigen, kommen kollektive Lachanfälle vor (wohlgemerkt: kollektive, nicht generelle), an denen eine der beiden sprachlichen Untergruppen (die derjenigen Einsprachigen, in deren Sprache der Witz geäußert wurde, aber auch »Zweisprachige«) partizipiert, und dieser Fall ereignet sich ziemlich häufig. Es liegt auf der Hand, dass die andere sprachliche Untergruppe dann um »die Übersetzung!« bitten, ja nach ihr verlangen wird.

Eine solche Übersetzung wird nun sehr häufig nicht die erwartete komische Wirkung erzielen, sondern vollkommen am Ziel vorbeischießen und dazu beitragen, das Unverständnis zwischen den sich gegenüberstehenden nationalen Gruppen zu verstärken, wobei jede der Gruppen von der anderen denken wird, sie weise einen Mangel an Humor und Esprit auf; die eine, weil sie in den Augen (um nicht zu sagen: vor der Nase!) der anderen über Dummheiten lacht, und die zweite, weil sie es versäumt, über etwas zu lachen, das der ersten als wirklich komisch erscheint. Hieraus resultieren die beiden reziproken, gemeinsamen, sich widersprechenden und komplementären Urteile: »Sie sind nicht gewitzt!« und »Sie sind nicht witzig!« Ein Effekt paradoxer Kommunikation wie jener ist, wie man sieht, sehr bezeichnend für das, was sich sehr häufig in Situationen interkultureller Kommunikation abspielt.

Wenn wir uns persönlich in einer solchen Situation befinden und beispielsweise gefragt werden, »was die Deutschen zum Lachen gebracht hat«, passiert es uns recht häufig, dass wir eine Übersetzung ablehnen und vorbringen, dass der Witz auf Französisch verloren ginge, denn wir antizipieren diese zwischensprachliche Schlappe der *vis comica*. Eine solche aufschiebende Antwort jedoch wird in der Regel von unseren Landsleuten, die ihrerseits auch »davon profitieren« wollen, nur äußerst unwillig hingenommen; zudem sind sie umso weniger geneigt, uns zu glauben und das zu akzeptieren, was ihnen wie eine Ausflucht unsererseits vorkommt, als wir über besagten Witz auf Deutsch aus vollem Halse lachten. Und es liegt auf der Hand, dass Effekte dieser Art ständig in beiden Richtungen zu beobachten sind.

Hierher rührt jedes Mal (in der punktuell betroffenen sprachlichen Untergruppe) ein im jeweiligen Moment recht heftiges Gefühl der Frustration, das sich gegen die andere sprachliche Untergruppe in mehr oder weniger diffuser Aggressivität kristallisieren kann, bzw. auch gegen den sprachlichen Mittler (traduttore, traditore!), der sich in der entsprechenden Situation zu übersetzen weigerte – oder, naiver, sich dazu hat verleiten lassen, auf die Erwartungshaltung zu reagieren und es riskierte, die Entsprechung einer Übersetzung vorzuschlagen, wobei die Wirkung der Komik oft verloren geht. Es ist festzustellen, dass besagte Frustration nicht nur demjenigen eigen ist, dem die Übersetzung verwehrt wurde, der somit von der Kommunikation scheinbar ausgeschlossen wird: Frustration entsteht auch bei demjenigen, den zu übersetzen man sich weigerte, so als ob man ihn nicht ernst nähme (wenn man so sagen kann) und als ob man in Abrede stelle, dass es sich lohne, ihm zuzuhören.

Hinzu kommt die spezifische Dimension der sozialpsychologischen Wirkungsweise von Gruppen, wobei die Dynamik der betrachteten Gruppe bereits ihre eigenen Elemente an Ambivalenz, Frustration, Aggressivität, etc. beisteuert. Im Übrigen liegt es auf der Hand, dass darüber hinaus in einer Gruppe, die derart von der Dynamik ihrer Konflikte und ihrer eigenen Geschichte durchdrungen ist, man auch nicht über dieselben Dinge lacht, je nach der Position, die man darin als Individuum einnimmt. Es gibt einen ganzen Komplex unterschwelliger Mechanismen von der Art, wie sie die Psychoanalyse zu ergründen sucht. Hierin wird eine verlockende und vielversprechende Richtung aufgezeigt, von der man zudem weiß, dass sie in allgemeinerer Hinsicht und über das gerade geschilderte Problem hinausreichend sehr grundlegend ist (sowohl in Hinsicht auf die kollektive Psychologie als auch in Hinsicht auf die Analyse des Lachens und dessen Bezug zum Unbewussten).

Man wird bemerkt haben, dass ein schlecht »verstandenes« Lachen, um das es sich handelt, diese Disharmonie im Lachen (das jeweils sprachlichen, nationalen, kulturellen, sozialen Gemeinschaften eigen ist, jedoch somit auch den Individuen in den Gruppen, in denen sie sich befinden), ein *Kommunikations*problem darstellt. Ein solches ist es in dem Sinne, dass Kommunikation immer mehr zum Untersuchungsgegenstand spezifischer Studien wird, die sich über das einfache Vermitteln verstreuter Einblicke hinaus, welche dem »Spürsinn« zu verdanken sind, es einer Disziplin zuordnen, die sich in der Phase der Institutionalisierung befindet. Ohne diesen Strang weiter zu verfolgen, begnügen wir uns mit der Wiederholung einer Formulierung, für die wir eine Vorliebe haben: Kommunikation ist ein Spezialfall des Missverständnisses. Somit geht es in dem Fall, der uns beschäftigt, nicht so sehr darum, dass die einen mehr oder weniger Humor besäßen als die anderen. Vielmehr ist es so, dass zwischen ihnen eine unterschiedliche Verteilung des Unausgesprochenen und des Impliziten vorliegt, d.h. der Aufnahmestrukturen, die notwendigerweise vorhanden sein müssen, damit die Mitteilung empfangen werden kann – eine Mitteilung, deren semantischer Inhalt komischer Natur ist.

14. Epilog

Was gerade bezüglich einer Interferenz zwischen der kulturellen, hier der nationalen, Komponente und der sprachlichen Dimension eines zum Beispiel (teilweise) deutsch-französischen lauten Gelächters angesprochen wurde, zeigt, dass das Dekodierungsraster, welches das Lachen erlaubt, auf (mindestens) zwei Ebenen anzusiedeln ist: auf der Ebene der »parole«, d.h. der verbalen oder sprachlichen, und auf der paraverbalen Ebene, um nicht zu sagen der definitiv nicht-sprachlichen, die man in einem Wort die soziokulturelle nennen könnte.[31] Daher kann man im Lachen und seiner »Übersetzung«, d.h. in den Schwierigkeiten seiner Ein- bzw. Ausfuhrmöglichkeiten, ein paradigmatisches Beispiel für die Aporien der interkulturellen Kommunikation sehen. Das Vorhandensein dieser doppelten, sprachlichen wie kulturellen Kodierung, die dem psychologischen und dem sozialpsychologischen Mechanismus des Lachens zugrunde liegt, spricht für eine linguistische oder, wenn man so will, semiotische Lektüre.

Nicht, dass das Lachen immer durch ein »unübersetzbares Wortspiel« ausgelöst würde (wie in der Fußnote eines Übersetzers notiert, die im Nachhinein die Erinnerung an unsere Lektüren, von Shakespeare beispielsweise, mit Glanz versieht). Wenn man lacht, so nicht ausschließlich über ein »*mot* d'esprit«, um die französische Übersetzung des deutschen Wortes *Witz* zu übernehmen, das Freud bekanntlich als Titel für seinen wichtigsten Beitrag zu einer Analyse des Lachens gewählt hat: In der Tat ist diese Übersetzung trügerisch, weil zu restriktiv, und geht aus dem hervor, was man ein »Übersetzungsartefakt« nennen muss, welches hier einen Widersinn produziert. Denn der »Sinn«, das, was uns lachen lässt, siedelt sich keineswegs nur auf der Ebene der Form des Signifikanten an, des »Buchstabens«.

Wenn die vorliegende Veröffentlichung mit der Erörterung der sprachlichen Probleme beginnt, so geschieht dies nicht nur aus den Gründen, die eingangs angedeutet wurden – weil das Hindernis der Sprache das Erste ist, auf das man stößt, wenn man mit einer von der eigenen unterschiedlichen Kultur in Kontakt kommt –, sondern auch, weil man sich vorstellen könnte, ein sprachliches Paradigma für die interkulturelle Kommunkation vorzuschlagen. Ob es sich um das Lachen oder um jedweden anderen Inhalt handelt, die kulturelle Kodierung, die die übersetzende Kommunikation von einer Kultur zur anderen erlaubt, ist von ihrer Anlage her vergleichbar mit der unterschwellig verlaufenden sprachlichen Kodierung. Genauer gesagt, kann in Analogie zur fonologischen Wirkungsweise der Sprache eine Semantik interkultureller Kommunikation entworfen werden. Damit der Übergang von einer soziokulturell geprägten Sprache in die andere möglich wird, müssen nämlich in der Zielkultur bereits, zumindest implizite Aufnahmestrukturen vorhanden sein, die die Rezeption des Originals erlauben. Analog und e contrario nehmen wir die »unerhörten« Laute einer uns fremden Sprache buchstäblich nicht auf.

---

31 Anm. d. Übers.: Zum Begriff der »parole« siehe auch Anm. 11 der Einleitung.

Mit anderen Worten, die gefährlichste Klippe, an der interkulturelle Kommunikation scheitern kann, ist häufig unsichtbar, d.h. sie ist nicht sprachlicher Natur; wohl ist sie kultureller Natur, aber sie tut so, als ob die Kultur ein System sprachlichen Typs sei: Es handelt sich um den der Kommunikation zugrundeliegenden *interkulturellen Non-Isomorphismus der impliziten kognitiven Raster*. Daher, um es noch einmal zu sagen, gibt es so viele Missverständnisse in der interkulturellen Kommunikation. Ich kann die Worte, ja sogar die Sätze des Anderen verstehen; es kommt vor, dass seine Rede für mich nicht »sprechend« ist; ich sehe ihn, so weit das Auge reicht, über Dinge diskutieren, die mir evident erscheinen, – während er die echten Probleme, die sich mir stellen, »überspringt«. Er ist gewissermaßen kulturell anders, in meinen Augen abwegig programmiert. In diesem Sinne – mangels einer echten Erklärungsanstrengung – kann die offensichtliche sprachliche Nicht-Kommunikation mit einem unbemerkten kulturellen Bann einhergehen.

II. Der Körper zwischen zwei Sprachen

Stellt sich interkulturelle Kommunikation immer mehr oder weniger direkt als eine Interaktion zwischen sozialen Gesamtheiten dar, die sich in Sprache und Kultur unterscheiden, so scheint sich der Kontakt selbst auf unterschiedlichen Niveaus situieren lassen zu können. Er kann auf dem makrosozialen, oder besser makro-kulturellen Niveau der Kollektivrepräsentationen stattfinden, die dazu tendieren, sich in Form von Ideologien zu konstituieren (wie im dritten Teil des Buches zu sehen sein wird), oder aber auf dem mikrosozialen und sozialpsychologischen Niveau von Kleingruppen (wie dies im vorigen Kapitel angeschnitten worden ist und und in unserem zweiten Teil fortgeführt werden wird); es ist jedoch ebenso möglich, dass der Kontakt, der zwischen zwei Kulturen geknüpft wird, im Wesentlichen individueller Natur ist.

Man wird hierin erneut eine Analogie zur Problematik der »Sprachen im Kontakt« herstellen können. Man kann sich fragen, ob der Ort des Kontaktes, bei interkultureller Kommunikation wie bei dem Sprachkontakt, immer ein individueller Sprecher ist, wie es Uriel Weinreich und Georges Mounin wieder und wieder betonen.[32] Wenn freilich sämtliche kulturellen Repräsentationen nur in den Individuen existieren, welche deren lebendes Substrat bilden, so wird man auch kaum leugnen können, dass es entlang der interkulturellen und bilingualen Grenzen Bevölkerungen gibt, deren alltägliche Praxis auf das Vorhandensein partiell homogener, bikultureller Bevölkerungsteile hindeutet.

Wie es auch immer um dieses methodologische Problem bestellt sein mag, so liegt auf der Hand, dass es ein individuelles Erleben interkultureller Kommunikation gibt. Dies gilt selbstverständlich für die Teilnehmer der bilingualen oder dilingualen Gruppen, von denen gerade die Rede war. Aber

32 Mounin, G.: Les Problèmes théoriques de la traduction; S. 3.

es kommt auf einer tieferliegenden Ebene ebenso vor, dass sich der Bilingualismus und die interkulturelle Kommunikation in der Lebensgeschichte eines Einzelnen ansiedeln; konkret gesagt, führt diese Personalisierung des Problems zu den Grundlagen jeglicher existenziellen Erfahrung, d.h. zuerst zum Körper. In diesem Kapitel, das im folgenden gewissermaßen als ein wenig spielerisches Intermezzo, als »Zwischenspiel« erscheint, geht es um die Dimension des körperlichen Erlebens interkultureller Kommunikation.

Die Besonderheit des behandelten Themas freilich führte dazu, einen eher impressionistischen oder »literarischeren« Schreibstil zu wählen. Denn es handelt sich hier kaum mehr um einen wissenschaftlichen (oder didaktischen), sondern um einen persönlichen und kontingenten Diskurs, der an die Seinserfahrung einer individuellen, real existierenden Person rührt. Deshalb erschien es mir angebracht, das hier Geäußerte (oder genauer die einzelnen Äußerungen) in einer anderen Form vorzubringen und die gewohnte rhetorische Zurückhaltung aufzugeben, die zur Regel macht, im Diskurs der »Wissenschaft« immer nur den Pluralis modestiae (bzw. Pluralis majestatis?) zu verwenden. Somit vom *wir* zum *ich* zu wechseln bedeutete also, einen weiteren Schritt in die Richtung des Sich-persönlich-Einbringens, ohne den sicherlich kaum eine »Aktionsforschung« über die Dynamik zweisprachiger Gruppen möglich geworden wäre, der aber darüber hinaus nun eher den Sinn hat, dem »internen«, interkulturellen Erleben des eigenen Körpers Aufmerksamkeit zu widmen und nicht mehr so sehr der Öffnung auf die Anderen in der interkulturellen Kommunikation.

Dieses Interesse am Körper zog mich nicht auf die Seite eines wie auch immer gearteten, mit dem mehr oder weniger starken post-Reichschen Beigeschmack versehenen dionysischen der körperlichen Kommunikation (dem viele jener »Neuen Therapien« huldigen, die man jüngst Furore machen sehen konnte). Es hätte mich von meinem Untersuchungsgebiet, den deutsch-französischen Guppen, entfernen können. Wenn ich selbst dazu die Initiative zu sehr »speziellen« Erfahrungen ergriffen hätte, wäre die eigentliche Forschung darüber vom Weg abgebracht und in eine Richtung gelenkt worden, die mir mein Berufsethos versagte, selbst wenn hierin eine sehr »anregende«[33] Perspektive lag, die bei dieser Art von Jugendaustausch freilich

33 Anm. d. Übers.: Der Autor spricht von »une pespective excitante«, was er in der »Franglais«-Bedeutung des Wortes verstanden wissen will (vgl. zum Begriff des franglais: Kapitel IX., Anm. 202).

niemals wirklich fehlt. (Ihre weitere Erörterung würde den Rahmen meines Themas jedoch sprengen).

Das körperliche Erleben des individuellen Bilingualismus beinhaltet eine besondere Betroffenheit: Deshalb schien mir, dass es im zentralen Diskurs darum ginge, eine *existenzielle linguistische Phänomenologie* zu entwickeln; der hierfür notwendige Diskurs bedeutet Zurückhaltung oder *mezzo voce*. Dadurch kann einer der möglichen Wege (Stimmen[34]) der Selbstanalyse der Gegenübertragung geöffnet werden, die erlaubt, über die Art der Eingliederung des Subjekts in die interkulturelle Kommunikation nachzudenken. Einerseits sah ich mich auf einen »Individualismus der persönlichen Reflexion und des speziellen Schreibstils« zutreiben; andererseits mündet diese Dynamik der Individualisierung paradoxerweise in eine Logik der Generalisierung, die mich dazu brachte, mir einen in gewisser Weise »essayistischen« Schreibstil zu Eigen zu machen, den man philosophisch nennen kann. So verallgemeinere ich von dem allein persönlich oder individuell, bzw. kollektiv Erlebten auf die universalistischen Horizonte einer pluralen *sprachlichen Identität*, einer Identität, die zerschlagen wäre wie vom Fluch von Babel.

Es handelte sich somit, will man die religiöse Methapher weiterführen, um denselben Fluch, der die Einheit des Menschengeschlechts hat zerbersten lassen und in die Pluralität der Sprachen einsperrt wie in jene der einzelnen Körper – als ob der platonische Mythos der Androgynen sein Echo im biblischen Mythos vom Turm zu Babel fände.

Einer dieser Schnittpunkte, die die Verbindung zwischen Körper und Geist oder, wenn man so will, zwischen Seele und Körper herstellen, ist die menschliche Stimme, die das konvergierende Interesse vieler zeitgenössischer Denker wie Roland Barthes oder Michel Bernard, Daniel Charles, etc. »hervor-ruft« (das Wort [frz. »appeler«] ist genau das passende). Mutatis mutandis könnte man hier gewissermaßen von einer Version jüngeren Datums – unter mehreren denkbaren – der berühmten »Epiphyse« sprechen, von der Descartes verlangte, sie möge Seele und Körper zu einer Einheit verschweißen. In der Stimme vergeistigt sich der Körper, wird zur expliziten und vokalisierten Semantisierung; der Geist nimmt Gestalt an, er »verkörpert« sich. Dies geht so weit, dass ein Heiliger Augustinus in dieser

34 Anm. d. Übers.: Im Original handelt es sich hierbei um ein Wortspiel, da »voies« und »voix« die gleiche Lautung haben.

»Entität ... mit zwei Seiten«, die das miteinander verbinden, was wir heute »le signifiant« und »le signifié« nennen würden,[35] ein *Analogon* zu der paradoxen Union von Seele und Körper ausfindig machen konnte.

Man wird die Verschiebung von »Geist« zu »Seele« bemerkt haben, die ich beinahe im Verborgenen vollzogen habe. In dem Kontext, in dem sie gerade verwendet wurden, sind die beiden Wörter freilich quasi synonym und austauschbar (und im Gefolge des Verweises auf Descartes, der ihnen eine gewisse philosophische »Autorität« verleiht, wird man feststellen, dass sie – das eine wie das andere – zwei mögliche französische Entsprechungen für die Übersetzung des lateinischen Begriffs *mens* liefern). Außerdem ist die konnotative Nuance, die sie voneinander unterscheidet, genau der Anhaltspunkt, der es uns ermöglichen wird, die Analyse zu verfeinern.

Auf den ersten Blick und in einer hier angebracht erscheinenden, geläufigen semiotischen Analogie hat es den Anschein, dass die Stimmen und das Gesagte eines jeden die gemeinsame und universelle »Syntax« der menschlichen Sprache mit individuellen »semantischen Einheiten« auffüllen. In dieser Perspektive stellt die Materie unseres je eigenen Körpers das Prinzip der Individuation dar, das für eine bestimmte Existenz sorgt, die für die intelligiblen Formen des Sprachlichen, einem von Natur aus gemeinsamen Gut, empfänglich und geeignet ist. Aber sicher muss dieser Blick auf die Dinge, der metaphysisch und zu schematisch ist, wenn er die Probleme im spekulativen Bereich eines generischen *homo loquax* hypostasiert, nuanciert werden.

Dies hieße, den Pluralismus der Sprachen als unwichtig abtun. Es ist angebracht, zwischen dem im Einzelnen Gesagten der individuellen Stimme und den der generellen Funktion des Sprachlichen inhärenten Universalien ein *tertium quid* einzufügen, jenes nämlich der zahlreichen und spezifischen Einzelsprachen. Es handelt sich nicht um jene abstrakte und generelle Fiktion eines »Langage« an sich (den hier mit einem polemischen Großbuchstaben metaphysischer Erhabenheit zu schreiben gestattet sei), den die persönliche »Seele« eines jeden von uns mittels ihres Körpers in ihrer Stimme Gestalt annehmen ließe; konkreter betrachtet, zeigt sich die Sprache des Men-

35 Vgl. Gori, R.: Le Corps et le code dans l'acte de parole. Und Picard, D.: Du Code au désir. Was im übrigen die berühmte Formulierung von Saussure angeht, sie ist zu finden in: Cours de Linguistique générale, S. 99.

schen ausschließlich in Form der natürlichen Sprachen – und eben in deren Vielzahl.

Wenn wir, dem Beispiel Kants folgend, die Liste der von der Scholastik geerbten Kategorien durchgehen, so lassen sich drei Ebenen deutlich voneinander unterscheiden. Es gibt das *Universelle*, die allgemeine Ordnung, die der Horizont eines vergeistigten Logos ist, ein Bereich, der möglicherweise Gott allein vorbehalten ist. Es gibt das *Einzelne*, d.h. die Individualität der *Seele* und ihres reinen Körpers, mit der persönlichen Stimme, die sie beide gleichzeitig und ungeteilt[36] zum Ausdruck bringt. Aber es gibt auch die Ordnung des *Kollektiven*, spezifisch oder speziell, d.h. die Sprachen im Plural, die die konkrete Vermittlung einer anthropologischen Subjektivität liefern, die in gewisser Weise erhabener als unsere empirischen Subjektivitäten ist – im vorliegenden Fall ein sprachlich Quasi-Transzendentales: sozusagen ein Geist (frz. Esprit), den ich diesmal mit einem Großbuchstaben versehe, um bewusst einen mit Hegel oder Humboldt konnotierten semantischen Germanismus zu gebrauchen. Im Gegensatz zu der Tradition darf der Akzent hier nicht auf die Besonderheit der Einheiten, sondern muss auf die Mehrzahl der Besonderheiten gelegt werden: auf die nicht zurückführbaren, transzendentalen Kontingenzen einer philosophischen Anthropologie der Sprachen; und hierin liegt etwas sehr Wichtiges. Das Auftreten dieses Sprachen-Geistes als vermittelndes Drittes zwischen dem Individuum und dem Sprachlichen, »seinem« Sprachlichen, ist ganz das Gegenteil einer anekdotischen und zufälligen Störung. Es ist vielmehr von fundamentalem philosophischen Stellenwert, der im Übrigen weit über das Problem hinausgeht, das ich hier behandle, jenes des Körpers zwischen den Sprachen.

Weil sie dies vergessen haben, können so viele helle Köpfe und Philosophen der Naivität einer vorsprachlichen, substanzialistischen Metaphysik des Sprachlichen nicht widerstehen,[37] und es ist mitnichten auszuschließen, dass jene immer diesem Trugschluss entgingen, die sich Linguisten nennen und uns eine »Sprachwissenschaft« anbieten wollen. Es herrscht die allgemeine Tendenz, und die Versuchung ist groß, das Sprachliche (»le Langage« – egal, ob groß oder kleingeschrieben) und die Einzelsprache, die man spricht, miteinander zu verwechseln und dann auf andere, auf alle

36 Anm. d. Übers.: Im Original lautet es: » ...de façon indivise – au sens étymologique: individuellement.«

37 Vgl. Ladmiral, J.-R.: Traduire: théorèmes pour la traduction; S. 67 et passim.

Sprachen zu extrapolieren – und dies mit umso größerer Sicherheit, als man keine einzige davon kennt (keine andere als seine eigene)! Freilich entspricht der Erwerb der eigenen Muttersprache gleichzeitig auch dem Erwerb der Funktion von Sprache allgemein, worauf der Erwerb einer Zweitsprache dann aufbauen kann. Daher ist auch dieses falsche Alltagsbewusstsein bezüglich der Worte – der *Glottozentrismus* – eines der auf der Welt am weitesten verbreiteten Phänomene. Und wahrscheinlich ist er noch schwieriger nachzuweisen als der Ethnozentrismus, der durch eine jüngst stattfindende Öffnung unserer Mentalitäten auf »planetarische« Horizonte hin in letzter Zeit etwas aufgehellt werden konnte.

Man muss in gewisser Weise ein wenig *in* den Sprachen gereist sein, um seine intellektuellen, sprachlichen und philosophischen Horizonte zu erweitern. Aber darüber hinaus handelt es sich hierbei auch um die unersetzliche Gelegenheit einer besonderen Selbsterfahrung, selbst bezüglich seines eigenen Körpers. Vielleicht gibt es nichts, was besser gestattet, die vokalische Materialität, den körperlichen Gehalt seiner Sprache – und jeder Sprache – wahrzunehmen, zu empfinden und zu spüren, als der Ausflug in die Sprache der anderen. Die sprachliche Willkür tritt also mit ihrem ganzen Luxus an Offenheit und ins Auge springender Fülle in Erscheinung. Die Erfahrung der Zweisprachigkeit (bzw. der Mehrsprachigkeit) schärft ein spezielles Feingefühl – und lässt dieses manchmal gewiss erst entstehen – für das, was Barthes auf eine so treffende Art »le grain de la voix«[38] nannte; und ich spreche hier vom real existierenden Bilingualismus, den jene kennen, für die eine Zweitsprache den vorrangigen Charakter eines zwischensprachlichen Hindernisses verloren hat und zuvorderst zu einem Instrument gelebter interkultureller Kommunikation geworden ist. Für Goethe gilt: »Wer fremde Sprachen nicht kennt, weiss nichts von seiner eigenen«,[39] und wenn er diese Überlegung notiert, denkt er vor allem daran, eine literarische Sensibilität angesichts der Erfahrung mit dem Leben zu kultivieren. Aber es

38 Anm. d. Übers.: Dieser Begriff taucht bei Barthes an verschiedenen Stellen auf (z.B. in Le plaisir du texte, Ed. du Seuil, Tel Quel, 1973:104 oder in Les Fantômes de l'Opéra. In: Le grain de la voix, Seuil, 1981:175-178). Er müßte etwa übesetzt werden mit »das besondere Etwas der Stimme«. Barthes denkt dabei an die körperliche Facette des Sprechens, die ein erotisches Verhältnis zwischen der Stimme und dem Zuhörer herstelle und beim Übergang von der Mündlichkeit in die Schriftlichkeit unwiderbinglich verlorengehe.

39 Maximen und Reflexionen, II.

ist ebenso sehr unser Körper, der von unseren Sprachen bewohnt wird. Wenn für Schelling die Natur eine Odyssee des Geistes darstellt, so gilt ebenso, dass die Reise durch die Sprachen für den Körper selbst eine Odyssee ist. Nach einer solchen sprachlichen Odyssee feiert man gerade auch ein physisches Wiedersehen mit seiner Sprache, seiner Muttersprache. Man kennt die berühmte Formulierung Rimbauds: »Ich ist ein anderer.«

Nun, die Tatsache, eine *andere* Sprache zu sprechen (d.h. entsprechend den Anregungen der Etymologie von französisch »autre«: eine zweite Sprache sowie eben eine unterschiedliche Sprache [une langue »seconde« et une langue autre]) *entfremdet* mich von mir selbst, von Körper und Seele. Hier kommt eine regelrechte Dialektik zwischen dem Eigenen und dem Anderen in Gang, bei der ich mich in jeder Sprache als einen anderen entdecke; und dies bis hinein in meinen Körper, der mich mit der seltsamen Erfahrung konfrontiert, die ungewöhnliche Bekanntschaft mit diesem Anderen zu machen, der ich selbst in einer anderen Sprache bin. Empfahl nicht bereits Alain klugerweise demjenigen, der, wie man sagt, die Sprache Shakespeares (oder im vorliegenden Fall eher diejenige Dickens') sprechen will, sich die »englischen Grimassen«, wie er es nannte, zu Eigen zu machen? Und hierin antizipierte er auf treffende Weise den globalen linguistischen Begriff der »artikulatorischen Basis«, und er ging noch weit darüber hinaus, da er ihn um genau jenes Körperliche erweitert, das hier unser »Anliegen« ist – jene »körperliche Ergänzung«, wie wir in ironischer Verdrehung der bekannten Formulierung[40] Bergsons sagen wollen; eine Verdrehung, die der neokartesianische und radikale Lehrer der Vorbereitungsklassen der *Ecole Normale Supérieure* nicht von sich gewiesen hätte.

Eine andere Sprache sprechen bedeutet gewissermaßen, mich in die Haut eines Anderen zu begeben, den ich als mich selbst entdecke; es bedeutet, meinen Körper so etwas wie einem sprachlichen Spiegel auszusetzen, der ihn verzerrt und mir das Bild fremden Mienenspiels zurückwirft, das wohl das meinige ist und in welchem ich mich dennoch nicht erkenne. Meine Stimme liegt anders, weiter vorne im Italienischen, weiter hinten, wenn ich kastilisch spreche. Offen oder geschlossen, die artikulatorische Basis einer »jeden Sprache« bringt weit mehr ins Spiel als das Ohr und den Mund und

---

40 Anm. d. Übers.: Henri Bergson (1859-1941) sprach im Zusammenhang des »Leib-Seele-Verhältnisses« von einem »supplément d'âme«, also einer Art Erweiterung der physiologischen, körperlichen Prozesse durch die Seele.

als die darüber hinausgehenden stimmbildenden Organe. Auch der gesamte Brustkorb, der Leib selbst und schließlich die Gesamtheit des Körpers sprechen wie im Chor. Wie im Theater muss ich eine völlig neue Rolle lernen, um die einer anderen Sprache eigene Intonation zu spielen oder zu vollziehen. Mit jeder Sprache muss ich einen neuen Text kennen, aber es existiert ebenfalls eine ganze Inszenierung, an die mich anzupassen ich lernen muss,. Ich muss ein Kostüm, ein melodisches Kleidungsstück anziehen, das wie eine zweite Haut sitzt und welches zunehmend nach einem ganzen Inventar an zu der Sprache gehörender Gestik verlangt: Hierin liegt etwas, das Teil dessen ist, was ich »la périlangue«[41] genannt habe und was den »wissenschaftlichen« Gegenstand detaillierter Untersuchungen darstellen kann, wie dies in neuen Disziplinen wie der Proxemik und der Kinesik geschieht.

Ich ziehe es jedoch vor, mich hier auf die Ebene einer reinen und einfachen existenziellen sprachlichen Phänomenologie zu beschränken, die impressionistisch, unmittelbarer und näher am introspektiv Erlebten interkultureller Kommunikation ist. Wenn ich von »Rolle« spreche, ist darunter eine Theatralisierung des sprechenden Körpers zu verstehen, die, wie ich gerade gezeigt habe, den Körper als globale sensorisch-motorische Erfahrung betrifft, wo die fremde Stimme, die ich mir in den Mund gelegt habe, nur das Zentrum darstellt, welches das Ganze bündelt. Aber es muss darin ebenfalls ein *role-playing* in dem Sinne gesehen werden, den dieser Anglizismus im sozialpsychologischen Jargon hat: Auch hier wird der Körper inszeniert und übernimmt eine »Funktion sozialer Vermittlung«, wie Michel Bernard[42] von Anfang an unterstreicht; und ich würde im vorliegenden Falle noch lieber von einer *Beziehungs*-Funktion sprechen.

So findet eine Verführung im Allgemeinen auf Französisch nicht in der gleichen Weise wie auf Deutsch statt; zum Beispiel bedingt die verwendete Sprache in gewisser Weise den zu haltenden Diskurs sowie die Haltung, die er erfordert, ob es sich nun um die Haltung der Stimme (Klang, Rhythmus, Intonation, etc.) oder um die globalere des Körpers handelt, der Gestik insbesondere. Es geht hierbei um ein subtiles Spiel, bei dem die Seite der in dieser oder jener Sprachgemeinschaft sozial vorgeschriebenen Rolle mit derjenigen, die der Übernahme der Rolle(n) zukommt, interferiert. Im Übrigen kann die Fremdsprache – wie auch die Rollen, die sie ermöglicht – als

41 Anm. d. Übers.: Vgl. Kapitel I, Anm. 31.

42 Bernard, M.: Le Corps; S. 4.

Schutzschild dienen, als Maske, hinter der man sich versteckt. Aber man kann darin auch ein Mittel suchen, sich in den Vordergrund zu stellen (sich aufzuwerten?). So hatte ich im Rahmen der Forschungen, die ich über die Dynamik deutsch-französischer Gruppen anstellte und von der weiter oben die Rede war, sehr häufig die Gelegenheit, zu ermessen, wie weit die andere Sprache es manchen ermöglichen kann, sich selbst zu inszenieren und das zu tun, was man auf Deutsch übrigens bezeichnenderweise *»Selbstdarstellung«* nennt (und mit »[re]présentation de soi« übersetzen könnte).

Stärker noch und mich noch mehr meiner introspektiven Intuitionen zuwendend, die ich aus meiner Erfahrung mit dem deutsch-französischen Sprachenbinom entwickelt habe, möchte ich es wagen, folgende Alternative zwischen zwei *psycho*sozialen Rollen aufzustellen, die ich als jeweils an das Französische bzw. an das Deutsche gebunden empfinde (oder vielleicht an meine Art, meine Beziehungen zu den anderen in diesen beiden Sprachen zu leben).

Französisch sprechen heißt demnach, in der Verpflichtung zu stehen, schnell zum Ende zu kommen und die Zeit des Gesprächspartners nicht zu sehr zu beanspruchen, dessen Aufmerksamkeit durch die Inszenierung des Körpers und der Stimme spielerisch und über das Prinzip der Verführung im Sinne dessen, auf sich zu ziehen, was von einer bestimmten Charakterologie die »Venus-Polarität« genannt wurde. Diese sprachliche Rolle wird in phonetischer Hinsicht mittels eines artikulatorischen *Staccato*-Rhythmus des Französischen umgesetzt, dessen Phasen der Muskelanspannung lockere Einheiten sind, welche dem gleichförmigen und regelmäßigen Springen der Silben entsprechen, die ihrerseits behutsam akzentuiert und kaum voneinander abgegrenzt werden. Deutsch sprechen heißt hiergegen, sich sprechen zu hören, sich Zeit zu lassen und an den Windungen einer sehr strukturierten Syntax wie an einer Phonetik Gefallen zu finden, deren längere Phasen den Sprecher zur Anspannung nötigen, wenn nicht erneut Atem zu holen, so doch zumindest etwas entscheidendere und folglich weniger unmittelbar aneinander gereihte Wellen artikulatorischer Energie zu mobilisieren (denn sie müssen in der Lage sein, schwerer mit Konsonanten beladene Silbengruppen »zu transportieren«). Somit erscheint die Mitteilung sehr senderorientiert (*centré sur l'émetteur*) und das Gesamte erweckt leicht den Eindruck eines schwerfällig pedantischen Narzissmus. Wer würde nicht erkennen, dass sich in diesen Elementen einer psychologisierenden Phänomenologie der Sprachen ein körperliches Substrat offenbart, ohne welches keinerlei

Habitus denkbar ist, der die Gewährleistung der verbalen Kommunikation zum Ziel hat?

Es sei gestattet, noch weitere Beispiele dieses Typs anzuführen und somit diese gewissermassen »monadologische« Galerie der sozialpsychologischen Rollen zu vervollständigen, die den Sprachen eigen zu sein scheinen. Zum Beispiel: Welches Vergnügen bereitet es uns, nicht nur die besagten »englischen Grimasssen« *nachzuäffen*, sondern auch noch »den Affen zu spielen«, indem wir diese übertriebene Komödie imitieren, die die Sprechweise so vieler Anglofoner ausmacht und die in unseren Augen und Ohren an Hysterie zu grenzen scheint, so sehr, wie sich die Gesichter, die Stimmen und vor allem die Intonation dabei verzerren! Fast fände man, ohne die Bemerkung zu sehr strapazieren zu wollen, an diesen Freuden der Verstellung das zweideutige Vergnügen, das gewiss ein Transvestit dabei empfindet, wenn er sich wie eine Frau kleidet: wie ein »travelo«[43] zwischen den Sprachen! Und kennt man nicht den gegenteiligen Fall, bei dem der »neutrale« Ton einer beliebigen banalen Konversation zwischen einem Paar, das sich völlig entspannt auf Französisch unterhält, in den Ohren mancher wie mit Aggressivität beladen wirken kann, ohne dass dem so ist; so beispielsweise in den Ohren eines schwedischen Kindes oder einer gewöhnlichen deutschsprachigen Familie, die sich dann darüber wundern und unpassend fragen: Aber warum streitet Ihr euch denn?

Dies zeigt, wie wenig eine »Körpersprache« (langage du corps) existiert, die naturgegeben und universell wäre. Gewiss gäbe es allen Grund, eher im Plural von *Körper-Einzelsprachen* (langues du corps) zu sprechen, denn besagte Körpersprache ist nun einmal sprachlich kodiert. Eben weil sie etwas von dem Geist der Sprachen verstanden hat, kann unsere Seele ihren Körper besser in Besitz nehmen und findet den Atem seiner Stimme in ihren Worten. Der Körper *zwischen zwei Sprachen* ist also sehr viel weniger etwas Aufgespaltenes, als vielmehr etwas Zusätzliches, das sich entfalten kann; auf der Ebene der Ausdrucksmöglichkeiten ihres Körpers erscheinen Einsprachige so etwas wie »Einbeinige des Sprachlichen«!

Wenn ich an das Mysterium der *Inkarnation* denke – und auch über die faszinierende Häresie der *Brotwerdung* nachsinne, dies nicht ohne einen Voyeurismus, bei dem die Philosophie auf beinahe blasphemische Art mit

43 Anm. d. Übers.: »travelo« ist die Übersetzung von »Transvestit« in ein populäres Register des Französischen.

diesem theologischen Exotismus flirtet (den das Luthertum im Übrigen akzeptiert), ein bisschen wie es Luis Buñuel tut, wenn er *La Voie Lactée* dreht (beinahe hätte ich geschrieben: »La voix lactée«![44]) und das Personal eines großen Restaurants sich fragen lässt, ob »Christus in der Hostie gegenwärtig sei wie der Hase in der Pastete« – bin ich stark versucht, den Neologismus *Inverbation* zu wagen; wodurch das göttliche Wort der Sprachen, nachdem diese das Schicksal von Babel erfahren haben, im »ungeteilten« Fleisch der Körper Gestalt annimmt, die nun ihrerseits dasselbe Schickal erleiden.

Das Problem der Einheit von Körper und Geist, von Seele und Körper, stellt sich somit von neuem in Form des Pluralismus der Sprachen (*philosophia perennis...*), aber in einem erneuerten Geist, der einer *konkreten Metaphysik* ist. Da es um Einzelsprachen und nicht mehr um das Sprachliche an sich geht, handelt es sich auch nicht mehr um den Körper an sich, um die »körperliche Substanz«, sondern um einen jeweils bestimmten Körper und sogar um ein jeweils bestimmtes körperliches Erleben. Dies spiegelt sich hier anekdotisch darin, dass die Erzählperspektive des Autors vom *Wir* zum *Ich* hinübergleitet.

Man hätte es falsch verstanden, hätte man gedacht, es ginge hier um »unseren Körper«, so, als ob wir alle denselben hätten! (wie es bei Mönchen vorkommt, die ein Armutsgelübde abgelegt haben, dieselben Kleidungsstücke für die gesamte Gemeinschaft haben und die zum Beispiel »unser Hut« für denjenigen sagen, den sie haben oder eher, den einer von ihnen auf dem Kopf trägt, wenn er sie besucht). Bekanntermaßen besagt die Regel, dass man »wir« verwendet, wenn ich es als ich selbst bin (in diesem Fall: Jean-René Ladmiral), der spricht oder schreibt, und »ich«, wenn ich mich auf den willkürlichen Fall irgendeiner Person beziehe. Man sieht, es genügt beinahe, die Begriffe zu vertauschen, sobald es sich, wie hier, um persönliche Erfahrung handelt: »Ich«, das bedeutet also *ich* (das ist wohl das wenigste!); und »wir«, das bedeutet also *Sie* und ich (soweit ich berechtigt bin, mehr oder weniger willkürlich zu verallgemeinern). Dieses Detail führt mich dazu, noch ein wenig »intimer« als bisher von der sprachlichen Inkarnation zu sprechen.

---

44 Anm. d. Übers.: Es handelt sich hierbei um ein Wortspiel, das mit der gleichen Lautung von »voie« [Weg] und »voix« [Stimme] spielt. Und so egäbe sich bei der im Text angedeuteten Verwechslung »Milchstimme« statt »Milchstraße«, dem tatsächlichen Titel der deutschen Fassung des Films von Buñuel.

Im Sinne der differenziellen sprachlichen Aneignung, wie sie durch unseren Körper erfolgt, möchte ich jetzt die persönliche und körperliche Beziehung unterstreichen, die wir mit unseren Sprachen eingehen. Hierin liegt etwas Psychologisches, aber auch etwas zutiefst Körperliches. Und noch einmal: Es ist die Stimme, die Seele und Körper zu einer Einheit verbindet. So gibt es in den Sprachen, auf die ich mich eingelassen habe, einzelne Laute, denen ich auf eine besondere und sehr sensible Weise zugetan bin – so, als ob manche Phoneme eine Art Gesang der Sirenen ertönen ließen, wie ich sagen würde, um die Metapher der Odyssee zwischen den Sprachen, die ich weiter oben verwendet habe, weiterzuspinnen. In ihnen liegt etwas Unheimliches, eine »anheimelnde« Unheimlichkeit (um hier ein wohlbekanntes Grundmuster in umgekehrtem Sinne aufzunehmen, das aus dem Deutsch Freuds[45] übernommen wurde), die mich anzieht. Anheimelnd, wahrscheinlich weil vertraut: Die Sprachen sind wie »Eroberungen«, denen man die Liebe zuteil werden lässt, die man jenen schuldet, die man bezwungen hat und die uns das Glücksgefühl geben, sie zu »besitzen«. Bei dem Polyglotten, und einfacher: bei dem Plurilingualen, zu dem die meisten von uns eher werden, handelt es sich um etwas wie einen sprachlichen Don Juanismus. Darüber hinaus wird man in dem doppelten Sinn der Worte, mit denen ich hier spiele, nicht nur rhetorische Spielereien sehen dürfen: Er ist hier nochmals das Zeichen einer Gegenwart des Körpers auf der Oberfläche der Worte; und die Schrift, ihrerseits Spiel der Einzelsprache(n), bietet die Möglichkeit, etwas sprießen zu sehen, was dem Bereich des Unbewussten angehört, wie die Narbe einer Nahtstelle zwischen Seele und Körper, oder um die Begrifflichkeiten des psychoanalytischen Diskurses zu verwenden: zwischen einem psychischen Apparat und dem Organismus, aus dem er hervorgeht.

So ist es mit dem dem Deutschen eigenen Ich-Laut (im A.P.I., dem Internationalen Phonetischen Alphabet, als ç notiert), der für mich nach so vielen Jahren der Vertrautheit mit dieser Sprache noch immer den Charme besitzt, bei dem sich die Eleganz einer ein wenig harten und geschraubten, fast snobistischen Distinguiertheit, die seiner eigenen Aussprache zugrundeliegt, mit der kaum wahrnehmbaren Affektiertheit mischt, die sein Auftauchen im größeren Kontext einer realen Äußerung mit sich bringt, wo seine beinahe »schelmenhafte« Erscheinung die kalte phonetische Reinheit des *Hochdeut-*

---

45 Anm. d. Übers.: Der Autor spricht von „... le germano-freudien ...“.

schen hervortreten lässt. Und wenn ich hier von »Distinguiertheit« spreche, so im doppelten Sinne von deutlich (d'une netteté discriminative) und vornehm (de l'élégance d'une certaine tenue). Wenn er im Mund das Gaumensegel streift (weniger sanft, freilich, als seine stimmhafte Entsprechung im Flämischen) und gleichzeitig wie verstohlen in das Ohr schlüpft, dann habe ich den Eindruck, dass der *Ich-Laut* – der sich zwischen dem, was die Phonetiker eine »Palatalisierung« nennen, und einer diskreten »frikativen« Liebkosung situieren lässt – die Wahnvorstellungen um den blauen Engel widerhallen lässt, die in mir die Stimmen der deutschen Frauen (besonders jener aus dem Norden) mit ihrem blonden Haar und dem hellen Teint hervorrufen.

Täusche man sich hierin nicht! Eine solche »psycholinguistische« Phänomenologie, die ich im Übrigen noch um einige Variationen hätte verlängern können, tut nichts anderes, als sich eines psychologisierenden Vokabulars zu bedienen, das die Ausdrucksseite der Metaphorisierungen annimmt. Diese Metaphorisierungen sind nötig, um das zu verbalisieren, was im Grunde körperliche Mysterien nur angedeuteter und zurückgehaltener Bewegungen, geahnter und sich ins Gedächtnis zurückgerufener Empfindungen, artikulatorischer Subvokalisation und mit diesen verbundener psycho-akustischer Nachklänge sind. Es handelt sich hier allgemeiner gesagt um das, was ich einen *semiotischen Hiatus* nennen möchte, der uns mit jenem zur Empfindung unfähigen Sprachlichen konfrontiert und der uns schon von daher dazu verurteilt, die quasi-literarischen Umwege einer metaphorischen Rhetorik zu beschreiten und somit die psychologisch-assoziativen »Entsprechungen« widerhallen zu lassen, die jene anfänglichen Regungen (mouvements inchoatifs) eines sich verflüchtigenden, körperlichen Erlebens in uns hervorrufen. Man muss nur an die fortwährende, inflationistische Verschiebung des »signifiant« denken, die der Diskurs der musikologischen Kritik inszeniert, oder aber (sofern es sich bei diesem Vergleich nicht um ein Sakrileg handelt) an die farbenfrohe, hübsch folkloristische Ausdrucksweise, von der die Beschreibungen der »Weinbaukunde« Gebrauch machen! Und was könnte ich diesbezüglich noch jenen sagen, um wieder auf meinen *Ich-Laut* zurückzukommen, die ihn niemals im Munde führten – wie jene, die Weine, von denen zu sprechen so angenehm schwierig ist – und der ihnen ebenso wenig je im Ohr klang, etwa wie eine Musik der Stimme?

Gerne hätte ich diese Variationen über den *Ich-Laut* noch fortgeführt und auch noch andere Beispiele herangezogen, die Phoneme vorgestellt, die mir teuer sind: Beispielsweise der *Ach-Laut* (von dem man weiß, dass er sich mit demselben Graphem *ch* schreibt, aber in distributioneller Komplementarität zum *Ich-Laut* steht) und das spanische *jota*, die gerne miteinander verwechselt werden, ebenso wie das griechische *ceta* und das schwierige englische *th* . Ich werde dies jedoch nicht tun, da es für jedes dieser Paare über einzelsprachliche Varianten den unterscheidenden Wert gibt, den ihnen allein die phonetische Umgebung ihrer jeweiligen Sprache und der entspechenden umfassenden artikulatorischen Basis verleiht.

Ich hätte ebenfalls gerne etwas über das schwierige, russische *i* gesagt, über manches geschlossene *o* des Italienischen, über das *ayn* des Arabischen, etc. Die der vorliegenden Studie auferlegten Grenzen jedoch drängen mich, es bei diesem, im Bereich der Beispiele provisorischen Stand bewenden zu lassen.

Außerdem lässt bereits das eine verkürzt dargestellte Beispiel eines Einzelfalles, wie jenes des *Ich-Lautes,* gut erkennen, wie eine minimale *psychophonetische Synergie* komplett um den speziellen Laut oder das Phonem herum entsteht. Denn man wird bemerkt haben, dass gleichzeitig viele »Entsprechungen« hervorgerufen werden, die die verschiedenen Modalitäten eines gemeinsamen *Sensoriums* ins Spiel bringen, bei dem ebenso sehr die akustische Dimension und die artikulatorischen und kinetischen Empfindungen interferieren, wie auch die psychologisch-assoziativen Verlängerungen des Tons selbst. Und noch mehr: Jenseits jener psycho-sensorischen *Gestalt* muss der Stellenwert des körperlichen Substrats als Ganzes betont werden. Es gibt eine sensorisch-motorische Koppelung: Das phonetische »Fleisch« einer erlebten Sprache ist die verschachtelte Koinzidenz von spezifischer artikulatorischer Motorik und spezifischer akustischer Empfindungsfähigkeit, die beide von der Sprache mobilisiert werden und die ihrerseits so etwas wie eine reziproke Immanenz zwischen sich sichtbar werden lassen, die somit der holistischen Vorstellung von »Bedeutung« (so wie dies von einigen Zeitgenossen bevorzugt interpretiert wird) Substanz zu verleihen scheint.

Wohlgemerkt, um es noch einmal zu sagen, der »psychologisierende« Ansatz, den ich mir hier zu Eigen gemacht habe, strebt nicht danach, über das, was ich eine existenzielle, impressionistische und introspektive »linguistische Phänomenologie« genannt habe, hinauszugehen. Ich werde mich eher damit begnügen, auf eine sozialpsychologische Erfahrung interkultureller Kommunikation zu verweisen, die all jene gut kennen, die sich schon einmal in einer Fremd(en)sprache zurecht finden mussten, als mich so weit nach vorne zu wagen, aus zweiter Hand nach den Grundlagen einer wissenschaftlichen Psycho-Physiologie zu forschen. In der Situation und in concreto erscheint die »Gabe der Sprachen« somit nicht wie die Fähigkeit zum Erlernen einer klar abgegrenzten Kompetenz, die dem didaktischen Kanon eines linearen und kontrollierten Fortschritts in Richtung Norm nachkommt, sondern viel eher wie eine *Wundertat der Kommunikation*. Der »Lernende«, der hier besser ein »Kommunizierender« genannt werden sollte, ist ein Spieler: in dem Sinne, dass er die spielerischen Reserven des gelebten Beziehungsgefüges mobilisiert, aber auch und ebenso sehr in dem Sinne, dass er hohe Einsätze wagt und mit dem Feuer spielt.[46] Sein Lächeln, das Lächeln »eines Kenners«, antizipiert ständig ein Verständnis, das er noch nicht hat, von Intersprache zu Intersprache (interlanguages); und wenn er den Ball der Kommunikation zurückwirft, dann geschieht dies stets ein wenig aufs Geratewohl. Hier vollzieht sich deutlich eine »mimetische Synchronisierung der Verhaltensweisen«, und es bestätigt sich, dass »die Kommunikation ein Spezialfall des Missverständnisses« ist. Indem er jedoch ständig in die Kommunikation eingreift und diese dabei zum Thema macht, mobilisiert dieser sprachliche Abenteurer zu seinen Gunsten ein konstantes kommunikatives *feed-back* und bringt die sensorisch-motorische »Sympathie« einer sozialpsychologischen Synchronisierung der körperlichen Rollen zum Einsatz, wobei die jeweils sich anpassende Mimik ihm den Schlüssel zu den Sprachen gibt. Daher rührt der paradoxe und unverhoffte Erfolg mancher schlechter Schüler, aber auch die Notwendigkeit, »das Kauderwelsch zu rehabilitieren«.

Die Fremdsprache wie auch die interkulturelle Kommunikation sind zu einem *Sport* geworden. Als solche lässt sie den Körper sich selbst ein wenig besser erkennen, indem sie ihn an die Disziplin neuer Bewegungen gewöhnt, die ihrerseits an neue Empfindungen gebunden sind. Die besagte Sprache präsentiert und lebt sich wie die *Physiognomie* einer körperlichen Idiosynkrasie, wie ein »auf-der-Welt-Seiendes«. Sie stellt – qualitativ und

46 Anm. d. Übers.: Der Autor macht hier von einer Metapher Gebrauch, die keine exakte Entsprechung im Deutschen kennt. Der Originaltext lautet: „... c'est un »flambeur« qui fait ce qu'on appelle en matière d'emprunts de la »cavalerie«."

praktisch – das Objekt einer globalen Aneignung dar, vergleichbar beispielsweise dem Erlernen des Schreibmaschine-Schreibens, das, wie Michel Bernard erklärt,[47] den Raum der Tastatur in den körperlichen Raum des lernenden Subjekts integriert. Und wenn er uns vorführt, wie der Organist sich das Funktionieren einer neuen Orgel *einverleibt*, die er vor kurzem noch nicht kannte, sehe ich hierin mehr als nur eine Analogie zu dem Übergang von einer Sprache in die andere: Es ist exakt dasselbe und es ist kein Zufall, wenn ich selbst von einer doppelten Tastatur gerade bezüglich des Bilingualismus gesprochen habe (s.u.).

Ich habe bereits aufgezeigt, wie mein Körper zwischen zwei Sprachen wie aufgeteilt, eigentlich »abgeändert« oder durch *andere Ichs* vervielfältigt ist. Diese zwei, verschiedene Sprachen sprechenden Körper sind zwei Varianten des Gleichen; diese zwei sprachlichen Rollen verweisen auf das sprachliche Kontinuum, das mein Körper ist. So wie für die Psychoanalytiker der Körper das Substrat des Ichs ist und das Ich nur eine Projektion des Körpers, ebenso stellt sich hier mein Körper als das wahre *Substrat meiner Sprachen* heraus, wie deren »Archi-signifiant«. Dies zeigt, in welchem Maß unser Körper zwischen zwei Sprachen *ist* und dass er dort »mehr« ist. Daher werde ich im Geiste des Beitrags zu einer die interkulturelle Kommunikation betreffende »konkreten Metaphysik«, den die eben vorgetragenen phänomenologischen Variationen sprachlicher Anthropologie liefern wollen, damit schließen, die Intuition von Gabriel Marcel fortzuführen und zu sagen, dass »ich [nicht nur] mein Körper bin«, sondern, dass ich auch gleichzeitig meine Sprachen bin.

Man wird bemerkt haben, dass ich hier nun meinerseits diese durch den Bilingualismus möglich gemachte Erfahrung des »kulturellen Verrates« positiv bewertet habe. Tatsächlich stellt sie für mich das Unterpfand einer hinreißenden Freude dar, aber auch die Aussicht auf einen Zuwachs an kommunikativer Stärke; diese dank der erworbenen sprachlichen Eigenschaften gewonnene Stärke wiederum stärkt auch meinen Körper. Andere mögen diese Erfahrung als Mangel erleben (oder denken); so etwa Julia Kristeva.[48] In ihren Augen wäre der (oder die?) Polyglotte einem Schweigen anheim gegeben, selbst inmitten eines regelrechten Redeschwalls, der in der neuen

---

47 Le corps; S. 50f.

48 Kristeva, J.: Etrangers à nous-mêmes; S. 26ff. et passim; aus dieser Veröffentlichung stammen auch die Zitate weiter unten.

Sprache unversiegbar sein mag. Beide entgegengesetzte Positionen lassen sich vertreten.

Was lässt sich also sagen? Zunächst: dass es sich hier um zwei unterschiedliche Arten existentiellen Erlebens handelt. Sicherlich teilweise deshalb, weil die Entwicklungslinie der beiden »sprachlichen Biografien« nicht in dieselbe Richtung weist. Vielleicht ist daher auch das Glas »halb voll« oder »halb leer«, je nach den ideologischen Spaltungen, die unterschiedlichen, philosophischen Entwürfen entsprechen, etc. Aber gibt es nicht darüber hinaus einen unterschiedlichen Bezug zur Sprache, hervorgerufen durch die geschlechtsspezifische Sozialisation, die jeweiligen Geschlechteridentitäten, ob realer oder psychologischer Natur? Der eine lebt seine sprachliche Stärke in phallischer Weise aus. Und wenn freilich jeder Mann sagen kann: »ma langue m'habite«,[49] so kann der Zweisprachige besser als jeder andere derb kontern und verkünden: »Moi, j'en ai deux!« (Ich habe zwei davon.)

Eine andere wird ihren Bilingualismus über den Modus des Mangels und einer symbolischen Kastration erleben: wie eine Verurteilung zur »Stille, die den Geist leert und das Gehirn mit Niedergeschlagenheit anfüllt, so wie der Blick trauriger Frauen, der in irgendeine nicht existiernde Ewigkeit gerichtet ist;« (S. 29) denn »seine Muttersprache nicht sprechen« (S. 26) ist, »sie wie eine heimliche Gruft in sich tragen, oder wie ein behindertes Kind – geliebt und unnütz – diese Sprache von einst, die welk wird, ohne Sie je zu verlassen« (S. 27); vergleichbar unserem Körper, der im Lauf all der Jahre und trotz der durch sie verursachten Veränderungen immer der unsrige bleibt, der jedoch von einem persönlichen Schicksal zwischen zwei Sprachen geworfen wurde und uns so zur interkulturellen Kommunikation zwingt.

49 Anm. d. Übers.: Es handelt sich hierbei um ein unübersetzbares anzügliches Wortspiel, das – erst einmal ausgesprochen – vulgär zweideutig wirkt (korrekte Übersetzung: »Meine Sprache wohnt in mir«. »Phonetische« Übersetzung: »Meine Sprache [oder auch: »Zunge«], mein Penis«.

III. Von der Sprache zur Kultur

Sprache im Allgemeinen ist nicht nur Kommunikationsinstrument, sondern stellt auch eine symbolische Ordnung dar, die das Fundament für die Repräsentationen, die Werte und die sozialen Praktiken einer Gesellschaft liefert. Diese Dimensionen des Sozialen sind nicht voneinander getrennt, sondern durchdringen sich gegenseitig. Die Repräsentationen und die Werte, mittels derer eine Gesellschaft ihre Sicht auf die Welt und ihre Identität konstruiert, sind im Wesentlichen sprachlich verankert; Sprache ist somit der entscheidende Träger der Sozialisation des Individuums und seiner Integration in die Kultur. Aber die Kultur steht ihrerseits nicht außerhalb der Ordnung des Diskurses: Sprache begnügt sich nicht damit, den physischen und den kulturellen Dingen einen »Namen« zu geben, sondern sie stellt den Bereich dar, innerhalb dessen diese Dinge als soziale Repräsentationen erzeugt werden (Repräsentationen, die die praktischen Erfahrungen strukturieren und sie lenken); mehr als der bloße Widerschein der kulturellen Realität, ist die Sprache vielmehr deren *conditio sine qua non.*

Schließlich sind Sprache und Repräsentation Dimensionen – und vielleicht die wichtigsten –, auf denen kollektive Identitäten aufbauen. Denn im Diskurs findet die Gruppe zur Formulierung ihrer Einheit und zum Bild ihrer Identität, und zwar über das Prinzip der Unterscheidung von anderen Gruppen.

Nachdem wir diese Problematik der Beziehung zwischen einer Sprache, dem Diskurs, den sozialen Repräsentationen und der jeweils entsprechenden Identität entwickelt haben, möchten wir dies am Beispiel der Beziehungen zwischen der französischen und der deutschen Kultur illustrieren.

1. Identität, Sprache und Kultur

Der Zusammenhang zwischen Sprache und Kultur

Zu denken, dass ein tiefgründiger und subtiler Zusammenhang zwischen einer Sprache und den typischen Charakterzügen der sie umgebenden Kultur bestehe, beruht auf einer Intuition, die eine lange Tradition aufweist. Der Philosoph Alfred Fouillée schrieb am Ende des 19. Jahrhunderts: »Die Sprache einer Nation verhält sich zu ihrem Charakter ebenso wie die Gesichtszüge zu dem Charakter des Individuums.«[50]

Diese These ist sehr alt; sie wird schon in Rivarols *Discours sur l'universalité de la langue française* von 1784 entwickelt. Auch Renan könnte man zitieren, der sagte, er könne nicht umhin, »das Sprachliche als auf einen Schlag gebildet und wie plötzlich aus dem Wesen einer jeden Rasse entstanden« zu verstehen. Es handelt sich um eine These, die noch fast bis in die Mitte des 20. Jahrhunderts fortgeführt wird; noch bei Valéry findet man die Behauptung, dass bereits eine oberflächliche Untersuchung in der Sprache Frankreichs Züge und Besonderheiten, die ich mir nur über die Charakterzüge der Nation selbst erklären kann,[51] ans Tageslicht kämen.

Wenn auch heute ein solcher Vorschlag nicht mehr tragbar ist und die Linguistik dessen in weiten Teilen mythischen Charakter aufgezeigt hat, so fand die ihm zugrundeliegende Intuition von der Verbindung zwischen Sprache und Kultur in neuen Formulierungen ihren Niederschlag. Cl. Lévi Strauss stellte die Hypothese einer strukturellen Homologie zwischen der Sprache und den unterschiedlichen symbolischen Codes auf, über welche sich die jeweilige Kultur konstituierte; der von der Linguistik inspirierte strukturalistische Ansatz erwies sich als sehr fruchtbar für das Studium der Verwandtschaftsverhältnisse, der Mythen oder anderer symbolischer Systeme; eine stichhaltige Beweisführung für diese Homologie hingegen wurde nie erbracht. Eine weitere Formulierung stammt von den amerikanischen Anthropologen und Linguisten E. Sapir und B. L. Whorf. Nach ihrer Auffassung überträgt die morpho-syntaktische Struktur der Sprachen die Denkart und spiegelt die einer gegebenen Zivilisation eigene »Sicht auf die Welt« wider; die Umgebung und die soziale Wirklichkeit sind demgemäß teilweise

50 Alcan, F. (1898): Psychologie du peuple français.

51 Valéry, P.: Regards sur le monde actuel; (coll. »Idées«), S. 116.

von den eine jede Kultur charakterisierenden sprachlichen Gewohnheiten ausgehend konstruiert. Der Übergang von einer Sprache in eine andere setzt somit den Übergang in andere Modi der Repräsentation, des Räsonierens und des Denkens, also in eine andere Form von Kultur voraus. Diese recht überzeugende These hat indessen ebenfalls ihre Grenzen; denn ein und dieselbe Sprache kann in kulturell sehr unterschiedlichen Gegenden gesprochen werden,[52] andererseits kann sich in einem einzigen Land die Kultur in einigen Jahrhunderten radikal verändert haben, während die morphosyntaktischen Strukturen der Sprache keinesfalls ebenso heftige Veränderungen erfahren haben.

Wie es auch immer um die nicht zu leugnenden Beziehungen zwischen einer Sprache und einer Kultur auf der Ebene ihrer Struktur, der Morphosyntax (und der Lexikologie) bestellt sein mag – Sprache und Kultur scheinen zwei Bereiche voneinander völlig unabhängiger Phänomene darzustellen, die zueinander in einem arbiträren Verhältnis stehen.

Die Perspektive verändert sich vollständig, sobald man Sprache in einem weiteren Sinne mit Kultur in Beziehung setzt und man sich nicht mehr nur die Frage nach der sprachlichen Form, sondern auch die nach dem Sinn stellt.

Die Sprache und die Konstruktion der sozialen Welt

Etwas schematisierend gesagt, gibt es zwei Arten, das Verhältnis von Sprache und Kultur, bzw. weiter gefasst, von Sprache und physischer und sozialer Umwelt zu betrachten. Gemäß der ersten Konzeption stellt die Wirklichkeit eine Größe dar, die es für das menschliche Bewusstsein zu erfassen und zu speichern gilt. Die Welt spiegelt sich im Bewusstsein, wie sie es in einem Spiegel täte, und die Sprache ist der rationale Ausdruck dieses Widerscheins. Leicht lassen sich die Grenzen einer solchen Konzeption erkennen, die von der gesamten modernen Philosophie kritisiert wurde. Schon Kant hatte gezeigt, dass die Wahrnehmung der Wirklichkeit den Charakter einer Synthese hat, die nicht in den Objekten selbst gefunden werden kann, sondern die von dem Subjekt in einem spontanen Akt der Vorstellungsfä-

52 Auch wenn sich hiergegen vorbringen ließe, dass es sich niemals exakt um die gleiche Sprache handelt.

higkeit hergestellt wird. In dieser zweiten Konzeption stellt die Sicht auf die Welt kein passives Aufnehmen, sondern eine aktive Konstruktion des Geistes dar, eine Konstruktion, die sich im Wesentlichen sprachlich artikuliert, jedoch auch in anderen Formen des Ausdrucks (etwa Kunst, Malerei, Architektur).

Sprache im Allgemeinen gibt sich nicht damit zufrieden, eine vorher bereits existierende Realität zu »übersetzen«, sie stellt das Feld dar, in dem diese sich erst konstituiert. Das ist die These, die insbesondere Ernst Cassirer vorgebracht hat, für den die »objektive« Repräsentation nicht der Ausgangspunkt des Entstehungsprozesses der Sprache ist, sondern das Resultat, zu dem dieser Prozess führt.[53]

Dieser kreative Aspekt der Sprache gilt nicht nur im Bereich der physischen Realität, sondern weit mehr für das psychische und das soziale Universum. Ganz besonders bemerkbar macht er sich, wenn man ihn unter entwicklungstheoretischen Gesichtspunkten betrachtet:

Wie findet das Kind den Zugang zur Kultur, wenn nicht über die Sprache, die bereits vor ihm existiert, die es sich jedoch über eine Art innerer Neuschöpfung aneignen muss? Erst dieser Erwerb lässt es zum Mitglied einer Gemeinschaft werden, integriert es in eine Kultur und in eine Gesellschaft. Cassirer unterstreicht (a.a.O.; S. 58) die fundamentale Rolle, die die »Fragen« des Kindes spielen: »Während der Entwicklung des menschlichen Bewusstseins gibt es vielleicht keinen größeren und wichtigeren Schritt als denjenigen, der vom stimmlichen Ausdruck in Form des Schreis oder jeder anderen emotionalen Interjektion zum Ausdruck in Frageform führt.«

Denn die ersten vom Kind geäußerten Laute teilen nur Bedürfnisse und Wünsche mit; in der Befragung durch das Kind drückt sich eine Neugier aus, die nicht mehr auf den Besitz von Objekten gerichtet ist, sondern auf Erkenntnis. Dies ist die erste Manifestation des für die Kultur konstitutiven sozialen Bindeglieds.

Diese hat Jacques Lacan wieder aufgenommen und weiterentwickelt; für ihn ist nicht nur die Kultur, sondern der Mensch selbst ein Produkt der Sprache. Denn das Sprachliche und seine Struktur, von ihm als »symbolische Ordnung« bezeichnet, existiert bereits, bevor das Subjekt in einem gegebenen Moment seiner geistigen Entwicklung dieser Ordnung betritt. Jenes

53 Cassirer, E. (1969): Le langage et la construction du monde des objets. In: Essais sur le langage; Paris (Ed. de Minuit).

Subjekt ist also »Leibeigener« der Sprache, und mehr noch des Diskurses. Die Erfahrung einer Gemeinschaft schöpft ihre wesentlichen Bedeutungen aus der vom Diskurs erstellten Tradition, einer Tradition, die »die elementaren Strukturen der Kultur begründet. Und diese Strukturen selbst decken eine Ordnung der Tauschbeziehungen auf – und sei sie unbewusst –, die jenseits der durch das Sprachliche autorisierten Permutationen unerklärlich ist.«[54]

So erscheint der Diskurs, weil er die einer Kultur eigenen Repräsentationen vermittelt (Werte, Mythen, Überzeugungen, Konzepte, Ideologien, Erkenntnisse, etc.), als einer der wesentlichen Träger der Sozialisation.

Nach und nach bildet sich das Kind zunächst über den familiären Diskurs (der sich dann auf die Umgebung und die Schule ausweitet) eine Sicht auf seine Umwelt und die Lebewesen, aber auch auf die Werte (»das ist gut«, »das ist nicht gut«, »das ist sauber«, »das ist dreckig«, etc.) heraus und erarbeitet sich über diesen Diskurs fortschreitend »seine« Kultur, die jedoch auch diejenige seines Milieus und der Gruppe ist, zu der es selbst gehört. Genau in diesem Sinne konnte A. Greimas hervorheben, dass Sprache nicht ein einfaches Instrument der Kommunikation ist, sondern eine konstitutive Dimension der Gesellschaft darstellt, in welcher sich die Werte ansiedeln und sich die kollektiven praktischen Erfahrungen begründen. Er schreibt: »Man wird zugeben, dass die konnotativen Systeme sozialer Natur das Wesentliche der Repräsentationen in sich tragen und in ihrer Wirkungsweise veranschaulichen; Repräsentationen, die, indem sie die Kultur in den Menschen einschreiben, ihm ihr Bild in Form von ihm äußerlichen kulturellen Objekten vor Augen führen.«[55] Man kann also behaupten, dass die Kultur auf der Ebene der Repräsentationen praktisch mit dem Feld des Diskurses verschwimmt und dass »die Menschen die Sprache nicht anwenden, sondern teilweise durch sie konstituiert sind.«

Aber gilt dies nicht in gleicher Weise für die sozialen Praktiken und Verhaltensweisen? Diese sind strukturiert, kodifiziert, zweckbestimmt über Normen, Werte und Modelle, die ihrerseits im Diskurs erarbeitet und durch diesen übermittelt werden. Beispielsweise hat jede Gesellschaft ihre eigene Vorstellung von Arbeit, deren Wert und Stellenwert im Leben, welche, ebenso wie die Techniken, das Verhalten in diesem Bereich anleitet und or-

54 Lacan, J.: Ecrits; S. 496.

55 Greimas, A.: Du sens; S. 100.

ganisiert. Dieser Prozess vollzieht sich ebenso bei Praktiken, die als universal erscheinen und in der biologischen Natur des Menschen verwurzelt sind, wie die Nahrungsaufnahme und die Sexualität. Diese beiden Bereiche sind stark geformt durch eine Ansammlung von Diskursen (medizinischer, religiöser, moralischer, ästhetischer Diskurs, etc.), die darauf abzielen, das Verhalten zu determinieren und diesem eine Bedeutung zuzuordnen. So hat Sexualität jeweils nicht die gleiche Bedeutung in Zivilisationen, in denen sie mit Repräsentationen der Sünde, der Zeugung oder des Hedonismus in Verbindung gebracht wird; die Verhaltensweisen selbst sowie die sie begleitenden Gefühle unterscheiden sich je nach den in der Sprache eingeschriebenen Modellen und Normen.

So bemächtigen sich die sprachlich getragenen sozialen Repräsentationen der natürlichen, biologischen, technischen Gegebenheiten, um diese in kulturelle Praktiken zu transformieren und um den Verhaltensweisen Gestalt zu geben, so dass die Bedeutung der – einer sozialen Gruppe eigenen – Verhaltensweisen viel eher im Diskurs zu finden ist, der diese begleitet, als in ihrer faktischen und objektiven Erscheinung.

Auch die materiellen Produkte sind durchtränkt von Bedeutung. Wie R. Barthes und J. Baudrillard gezeigt haben, besitzt jedes banale Ding eine funktionale Dimension, verhüllt aber ebenso eine symbolische Dimension; Kleidung etwa dient dazu, sich zu bedecken, gleichzeitig aber auch dazu, ein bestimmtes Bild von sich zu erzeugen; sie ist gleichzeitig Sinnbild und Zeichen der Zugehörigkeit, und in dieser Eigenschaft reiht sie sich ein in ein vollständiges System, in dem jeder Kleidungsstil in seinem Verhältnis zu anderen Stilen Bedeutung erhält.

Auf diese Weise kann Sprache – sofern man mit ihr umzugehen weiß – zu einem Mittel des privilegierten Zugangs zur Kultur werden; nicht nur, weil sie uns einen vom sozio-historischen Kontext bedingten Widerschein liefert; sondern noch mehr, weil sie darauf abzielt, die Kultur in einem steten Prozess der Semiotisierung der Natur, der materiellen und symbolischen Produktionen, der Umwelt und der sozialen Praktiken zu erzeugen. In diesem Sinne übt Sprache etwas aus, das man eine *symbolische Macht* nennen könnte, die von P. Bourdieu definiert wird als »Macht, durch den Sprechakt das Gegebene zu konstituieren, die Sicht auf die Welt vorzuführen und an sie glauben zu lassen, sie – und damit das Eingreifen in die Welt, bzw. die Welt selbst – zu bestätigen oder sie zu verändern.«[56]

Man findet hier etwas wie ein Echo auf die von Valéry angestellten Überlegungen vor, für den die Kultur im Wesentlichen in der Macht der Bilder und der Worte, im Reich der Symbole und der Zeichen bestand, was er in seinem Vorwort zu den *Lettres persanes* unterstrich: »Die soziale Welt erscheint uns ebenso natürlich wie die Natur, wo sie doch nur dank der Magie besteht. Handelt es sich bei diesem System nicht in Wirklichkeit um ein Gebäude der Verzauberung, ein System, welches beruht auf Schriften, auf sich gebeugter Rede, auf eingehaltenen Versprechen, auf wirksamen Bildern, auf beobachteten Gewohnheiten und Übereinkünften – auf purer Fiktion?«[57]

Der Kampf der Klassifizierungen

Sprache und Kultur konstituieren hingegen keine homogenen Gesamtheiten; und der für das eine wie das andere verwendete Singular kann eine trügerische Sicht nahe legen. Auf beide wirken gleichermaßen integrative wie segregative Kräfte ein.

Aber wie insbesondere P. Bourdieu und M. Foucault gezeigt haben, ist die Auffächerung von Sprache nicht nur ein Produkt der sozialen Stratifikation und Dynamik, sondern sie stellt auch das Feld dar, in dem die Pluralität und die Hierarchie der Kulturen (die in ein und derselben Gesellschaft nebeneinander oder gegeneinander existieren) versuchen, in Erscheinung zu treten und sich Ausdruck zu verleihen; ein Feld, in dem sich diese Konflikte gleichzeitig Ausdruck verschaffen und sich verbergen, als gerechtfertigt anerkannt werden und aufs Neue entstehen (wie in Frankreich der Kampf der regionalen Identitäten um ihre Sprache). Der Diskurs ist niemals ein neutraler Raum; er ist es, um den es bei einem »Kampf der Klassifizierungen« (Bourdieu) geht, in dessen Verlauf jede Gruppe darauf hinarbeitet, dass ihre Sicht auf die Welt, ihre Werte und ihre Kultur anerkannt werden und sich durchsetzen mögen. Die Vielfalt des Sprachlichen reflektiert die kulturellen

56 Barthes, R.: Mythologies. Sowie ders.: Systéme de la mode. Und Baudrillard, J.: Le système des objets; Pour une critique de l'économie politique du signe; La société de consommation (alle drei Publikationen bei Ed. Gallimard).

57 Vgl. Bourdieu, P. (1982): Ce que parler veut dire; Paris (Fayard).

Identitäten, produziert sie aber auch und neigt wie diese dazu, im sozialen Raum eine instabile Geografie zu entwerfen, bei der sich die kulturellen Diskurse je nach Lage der Dinge gegenseitig durchdringen oder sich gegenüberstehen, sich gegenseitig hervorrufen oder sich ausschließen, sich aufeinander beziehen oder sich ignorieren.

Wie P. Bourdieu betont, stellen die kommunikativen Beziehungen, d.h. der sprachliche Austausch, auch symbolische Machtbeziehungen dar, bei denen sich das Kräfteverhältnis zwischen den Gruppen je nach ihren Sprechern aktualisiert. Die Identität ist nicht alleine in ihrem strukturellen Verhältnis zur Gemeinschaft zu erfassen, das sie zu begründen neigt. Sie entwickelt sich auch aus einer ständigen Konfrontation mit anderen Identitäten heraus.

Wir werden dies an einem Beispiel aus den Beziehungen zwischen der französischen und der deutschen Kultur illustrieren.

2. Zwei Konzeptionen nationaler Identität

Wir beschäftigen uns mit dem semantischen Feld der Begriffe *civilisation* und *Kultur* in Frankreich und Deutschland zu Beginn des zwanzigsten Jahrhunderts und wollen zeigen, dass diese Begriffe, die auf der sprachlichen Ebene wie sich entsprechende Übersetzungen erscheinen könnten, de facto sehr unterschiedliche soziale Repräsentationen widerspiegeln; sie konstituieren sogar antagonistische Konzeptionen nationaler Identität. Um diesen Gegensatz zu verstehen, muss man die beiden Begriffe im Kontext der Geschichte der beiden Länder und der Dynamik ihrer kulturellen Beziehungen neu einordnen.

Kultur contra Civilisation

Der Ausgangspunkt dieser Analyse ist die »Polemik«, die die französischen und deutschen intellektuellen Kreise besonders in den Anfängen des zwanzigsten Jahrunderts über die Frage nach Bedeutung und Gebrauch von *Zivilisation* und *Kultur* gegeneinander aufbringt, wobei sich jede Seite zum Verteidiger eines der beiden Begriffe gegen den anderen macht.

Der Philosoph E. Curtius beispielsweise schreibt: »... sowohl von deutscher wie von französischer Seite wurden die beiden Worte und Begriffe in einen Gegensatz gebracht.«[58]
Die Begriffe sind in beiden Ländern mit Bedeutungen und mit Emotionen aufgeladen; in ihnen ballen sich Erfahrung, Geschichte und Konzeption nationaler Identität zusammen, wie dies für Frankreich folgende Inschrift bezeugt, die man auf mehreren Kriegerdenkmälern des Ersten Weltkrieges findet: »All jenen, die für die Zivilisation gestorben sind.« Oder auch folgender Zweizeiler eines populären Lieds aus der damaligen Zeit: »Um ihre Kultur besser geltend zu machen/ drücken sie die Greise an die Wand/ Und knallen alles ab, sogar unsere Knirpse/ Les Boches.«[59]

Für die Franzosen ist der Begriff der Zivilisation der stärkste Ausdruck ihrer Identität. So scheibt der Philosoph P. Gaultier: »Die französische Zivilisation ist die schönste Schöpfung des Geistes von Frankreich und diejenige, in der dieser in seiner ganzen Fülle erscheint.«[60]

Auch F. Sieburg bemerkt (a.a.O.; S. 135) die enge Verbindung zwischen diesem Begriff und dem Bild der »nationalen Seele«:

> »Je mehr wir uns unsere Begegnungen mit dem französischen Geist vergegenwärtigen, um so deutlicher offenbart sich uns sein Verhängnis darin, dass jede seiner Äußerungen gleichzeitig auch ein Werturteil zu seinen Gunsten enthält. Meistens erscheint uns dies Urteil als eine organische Ausdeutung seines Zivilisationsbegriffs, das gleichzeitig auch sein Verhältnis zur übrigen Welt mit einer oft beängstigenden Starrheit festlegt.«

Was aber hat man unter Zivilisation zu verstehen? Wenn man die Bedeutung untersucht, in der der Begriff von den französischen Autoren verwendet wird, findet man immer zwei fundamentale Seme inmitten anderer, die variabler sind. Diese definieren ihn einerseits als eine Art in der Gesell-

58 Curtius, E.R./ Bergsträsser, A.: Frankreich; 2 Bde., Stuttgart/Berlin/Leipzig 1930. Erster Band von Curtius: Die französische Kultur. Eine Einführung. S. 3.

59 Anm. d. Übers.: Noch heute in Frankreich bekanntes, seit dem ausgehenden 19. Jahrhundert die Deutschen bezeichnendes Schimpfwort. Es existieren die verschiedensten (Volks?)-etymologien, z.B.: boches < alboche < allemoches < allemand [frz. moche = häßlich]; oder aus frz. »tête de caboche« = Dickkopf, Holzkopf, etc.

60 Gaultier, P. (1936): L'âme française; Paris (Flammarion), S. 304.

schaft zu leben und andererseits als das Ergebnis eines Prozesses, der bewirkt, dass die Menschen in ihren Institutionen und ihrem Geist menschlicher werden. Nehmen wir zum Beispiel eine von P. Gaultier vorgeschlagene Definition:

> »Die französische Zivilisation stellt eine Gesamtheit von Regeln, Sitten und Gebräuchen dar, deren Ziel darin besteht, das allgemeine Niveau oberhalb der rohen Natur zu halten. In der Realität erkennt sich der Franzose sofort, wenn er diesem Ideal entsprechend erzogen wurde, der Zuvorkommenheit seiner Umgangsformen, der Korrektheit seines sprachlichen Ausdrucks, der Würde seines Geistes und seines Herzens, in dem sich eine mächtige griechisch-lateinische Kultur mit einer christlichen Natur- und Lebensauffassung verbindet.«

Nach dieser Konzeption stellt sich die Zivilisation der Barbarei entgegen; sie umfasst eine Gesamtheit von Normen und Gebräuchen, deren Ziel es ist, die rohe Natur erträglich zu gestalten, die Sitten zu verfeinern, die Individuen zu humanisieren. Sie erstreckt sich auf jegliche Manifestation menschlicher Aktivität, der sie ihren Stempel aufdrückt; überall führt sie von der Vernunft bestimmte Formen ein und unterwirft die Verhaltensweisen einer ästhetischen oder moralischen Ordnung.

Die Zivilisation umfasst für die französischen Autoren der Zeit drei wesentliche Attribute: Sie verschmilzt mit der Idee der Nation; sie ist von universeller Tragweite; und schließlich stellt sie den höchsten Ausdruck des Humanismus dar.

Zunächst fallen in ihren Augen die Idee der Nation und diejenige der Zivilisation völlig zusammen. Die Nation ist nicht nur das Produkt eines Bodens, eines Volks, eines Staates. Sie lässt sich nicht auf eine juristische, ethnische oder historische Definition reduzieren. Sie ist zuerst Ausdruck einer bestimmten Konzeption der Zivilisation. »Ohnehin bedeutet Franzose zu sein weniger einer Nation als einer Zivilisation anzugehören.«[61]

Die Größe der französischen Nation liegt darin, dass sie es ihre gesamte Geschichte hindurch verstanden hat, ihr Schicksal mit demjenigen der Zivilisation zu verbinden; sie war in gewisser Weise die gelungene Verkörperung eines Prinzips, das über sie hinausragt, das aber für sie ihr Wesen selbst dargestellt hat.

---

61 A.a.O.; S. 310.

> Eine gewisse »französische« Lektion drängt sich somit der Zivilisation des Universums auf. Sie stellt keine einem Volk oder einer Rasse eigene Wahrheit mehr dar. Weder ist sie keltisch, noch gallo-romanisch oder fränkisch, sondern sie ist die perfekte Assimilation einiger großer, menschlicher Wahrheiten durch ein privilegiertes Volk, das es verstanden hat, diesen eine originelle eigene Schattierung zu verleihen.[62]

Wenn der Begriff der Zivilisation mit der nationalen Idee identifiziert wird, so ist er nichtsdestoweniger universell zu verstehen. Hierin liegt keineswegs ein Widerspruch. Wenn Frankreich sein Antlitz als dasjenige der Zivilisation selbst beschreibt, ist nicht von französischer Zivilisation die Rede, sondern schlicht von Zivilisation. Weil sie von Anfang an zu Qualitäten gelangt, zu Fähigkeiten des Geistes, gilt ihre Kultur von Natur aus als universell: Wenn sich der Franzose ohne Anstrengung aus dem besonderen in den universellen Bereich erhebt, so weil das Besondere in ihm bereits die universelle Gestalt der Vernunft angenommen hat. Für ihn ist die Zivilisation nicht einer Zeit oder einem Land vorbehalten. Sie ist das gemeinsame Werk und das ureigenste Gut der Menschheit. Eine von einer französischen unterschiedene, deutsche Zivilisation, eine Zivilisation, die nur französisch wäre, ohne das gemeinsame Erbe eines jeden Menschen, der auf diese Welt kommt, zu sein, ist für ihn ein Anstoß des Ärgernisses wie ein Widerspruch in sich.[63]

Demzufolge wird man nicht von Imperialismus oder Nationalismus sprechen können: Frankreich trachtet nicht danach, seine Zivilisation zu verordnen; es kämpft für ein universelles Ideal und steht im Dienste der Menschheit. Wenn Deutschland dies nicht anerkennen will, so definiert es sich dadurch selbst als eine »Anti-Zivilisation«. Es ist verständlich, dass die Deutschen von diesem Winkelzug gleichzeitig fasziniert wie verärgert waren, von dieser unwiderlegbaren Verkörperung der französischen Logik. Somit konnten sie sich nur auflehnen gegen diesen »französischen Zivilisationsbegriff, der alles, was sich ihm nicht unterwerfen will, außerhalb der menschlichen Gesittung stellt, der jeden politischen Schachzug, den Frankreich

62 Krakowski, E. (1946): France et Civilisation; Paris (A. Michel), S. 63.

63 Rougier, L.: La France en marbre blanc; Genf (Bourquin), S. 53.

ausdenkt, in eine Keuzzugsparole umwandelt und der alle Welt zu einer Stellungnahme herausfordert.«[64]

Aber die französische Logik war nicht um Argumente verlegen. Sie hat bereits das nationale Projekt mit dem Ideal der Zivilisation zusammenfallen lassen; letzteres hat sie mit dem Siegel des Universalismus markiert; und schließlich führt sie auf die Identifikation der französischen Zivilisation mit der Humanität hin. Dies gelingt ihr nicht allein durch Entsprechung von Nation und Menschheit, sondern auch, indem sie die erkennbare Markierung ihres Wesens in all den Formen der nationalen Existenz enthüllt, und seien diese auch noch so bescheiden. Die Zivilisation findet sich ebenso in der Abfolge eines Menüs wie in den Tragödien Racines, in dem vom Handwerker angefertigten Gitterstab des Stuhls wie in der gothischen Kathedrale. Wenn sie universeller Natur ist, dann ganz einfach, weil sie eben ein Produkt der Menschen ist; und da sie nichts anderes als die Realisierung und die Entfaltung der Humanität ist, kann sie nur universeller Natur sein. Diese beruhigende Versicherung kommt in den folgenden Zeilen zum Ausdruck, mit denen ein Lehrbuch zur Geschichte schließt, das von Lavisse geschrieben und während der III. Republik von Millionen von Schülern gelesen wurde: »Frankreich und Humanität sind nicht zwei Wörter, die einander entgegenstehen, sie sind untrennbar miteinander verbunden. Unser Vaterland ist von allen das menschlichste.«

Kultur – Ausdruck der »deutschen Seele«

Bei einem mit so viel Überzeugung erhobenen Anspruch kann Deutschland nicht mithalten; es hätte von vornherein verloren. Da Frankreich die Zivilisation auf alle Ewigkeit mit Beschlag belegt hat, bleibt Deutschland nur noch, diesen Begriff gering zu schätzen und im Kontrast die *Kultur* zu rühmen. E. Curtius schreibt, »dass wir [in Deutschland, J.S.] unter Zivilisation ausschließlich oder vorwiegend diese neuen Errungenschaften des Maschinenzeitalters verstehen.«[65]

Eine solche Definition stellt sich als Antithese zur französischen Konzeption dar; indem man so ihre Bedeutung einschränkt, gelangt man fata-

64 Sieburg, F.: op. cit., S. 81.

65 Curtius: A.a.O., S. 25.

lerweise dazu, die Zivilisation der Kultur entgegenzustellen, der Kultur, die man als Reich des Geistes definiert. Diese Unterscheidung findet ihren besonders betonten und radikalen Ausdruck im Werk Nietzsches. Für ihn ist die Zivilisation nichts als das mittelmäßige Ideal des Herdenmenschen, eines degenerierten Volkes; sie kann sich nur der Kultur entgegenstellen, die die großen Epochen auszeichnet, dort wo freie und kühne Menschen, heroische Persönlichkeiten der Geschichte ihren originellen Stempel aufdrücken. Somit sind die beiden Begriffe nicht nur unähnlich, sondern sie weisen in diametral entgegengesetzte Richtungen, wie dies beispielsweise im folgenden Zitat zum Ausdruck kommt:

> Will man die deutsche Seele ad oculos demonstriert, so sehe man nur in den deutschen Geschmack, in deutsche Künste und Sitten hinein: welche bäurische Gleichgültigkeit gegen »Geschmack«! Wie steht da das Edelste und Gemeinste nebeneinander! Wie unordentlich und reich ist dieser ganze Seelen-Haushalt![66]

Darüberhinaus unterscheidet sich die deutsche Konzeption der Kultur von der französischen Auffassung von Zivilisation darin, dass erstere ihren Schwerpunkt auf das Spezifische und nicht auf das Universelle legt. Die Kultur ist all jenes, was das deutsche Wesen im Unterschied zu demjenigen der anderen Nationen definiert:

> »... das Verhältnis von universaler und nationaler Idee ist in Deutschland das der Spannung, in Frankreich das der Bindung. In der deutschen Geschichte wirkt es als sprengender Faktor, in der französischen als verschmelzender.«[67]

In der Vorstellung von der Zivilisation kommt die Position einer dominierenden Kultur zum Ausdruck, die als solche darauf abzielt, die Unterschiede zwischen den Völkern zu minimieren bzw. sie sogar zum Verschwinden zu bringen; die Vorstellung der Kultur unterstreicht im Gegenteil die nationalen Besonderheiten, die Identität einer dominierten Gruppe: Sie ist im Lichte

66 Nietzsche, F.: Jenseits von Gut und Böse; Berlin (Goldmann), S. 135. Es bestätigt sich, dass diese Definition die Antithese zu jener der Seele und der französischen Zivilisation ist.

67 Curtius, E.: A.a.O., S. 25.

der Ideologie eines Volkes zu sehen, das, im Verhältnis zu den anderen europäischen Ländern, erst sehr spät die nationale und politische Einigung und sogar die kulturelle Identität errungen hat. Der deutsche Soziologe N. Elias bemerkt:

> »In dem Kulturbegriff spiegelt sich das Selbstbewussstsein einer Nation, die immer wieder fragen musste: »Was ist eigentlich unsere Eigenart?«, die immer von neuem und auf allen Seiten ihre Grenzen im politischen wie im geistigen Sinne suchen und zusammenhalten musste.«[68]

Hier treffen wir auf einige typische Züge der Vorstellung von der »deutschen Seele«; diese wird immer als problematisch, vielschichtig, unsicher, sich verflüchtigend dargestellt. Nietzsche bereits unterstrich diese Besonderheit. Am Ende des 19. Jahrhunderts schrieb er:

> »Die Deutschen sind unfassbarer, umfänglicher, widerspruchsvoller, unbekannter, unberechenbarer, überraschender, selbst erschrecklicher, als es andere Völker sich selber sind – sie entschlüpfen der Definition und sind damit schon die Verzweiflung der Franzosen.«[69]

So viel dazu, wie sich die Begriffe *Civilisation* und *Kultur* zu Beginn des 20. Jahrhunderts voneinander unterschieden und sich mit ihnen zwei antithetische Konzeptionen des nationalen Gedankens verbanden. Wir haben überdies gesehen, wie diese Divergenz der Identität eines jeden Volkes bestimmte Charakterzüge zuwies. Nun soll gezeigt werden, worauf sich diese Gegensätzlichkeit erstreckt, wie sie zustande kam, welche Funktion sie in den Beziehungen zwischen den beiden Ländern einnimmt und welche Bedeutung ihr in Bezug auf deren soziale und historische Entwicklung zukommt.

Historische und ideologische Entwicklung

In Frankreich erscheint der Begriff der *civilisation* in der zweiten Hälfte des 18. Jahrhunderts; gemeinhin verweist man auf seine erste Verwendung bei

68 Elias, N.: Über den Prozeß der Zivilisation (2 Bd.); Fft/M. (Suhrkamp) 171992, S. 4.
69 Op. cit., S. 134.

Turgot; aber die Frage nach dem genauen Datum seiner Erscheinung und der Vaterschaft des Wortes ist hier sekundär.

Es verdient hervorgehoben zu werden, dass dieser Begriff gerade in dem Moment aufscheint, in dem eine Zivilisation, das Ancien Régime, an ihr Ende gelangt; er ist zutiefst in der Ideologie der »Aufklärung« verankert. So ist beispielsweise bei Mirabeau dem Älteren folgende charakteristische Definition nachzulesen: »Die Zivilisation eines Volkes bedeutet die Ausbildung weniger rauher Umgangsformen, Urbanität, Höflichkeit und weit verbreitete Kenntnisse, so dass dort gute Sitten einziehen und von Rechts wegen herrschen.«

Zu dieser Definition ist zweierlei anzumerken: zunächst ist sie nicht weit entfernt von der von P. Gaultier vorgeschlagenen; man findet bei ihr die selben Vorstellungen von der Verfeinerung der Sitten, der Soziabilität, der Höflichkeit, der Anstandsnormen und der Kultur wieder. Sie bietet ein Bild des zivilisierten Menschen an, das exakt dem Modell des »honnête homme« entspricht, welches für die höfische Gesellschaft des 18. Jahrhunderts typisch ist. Dieses Modell, das die Vorstellung der Zivilisation inspiriert, ist folglich aristokratischer Herkunft; es ist das Ideal eines Milieus, das seine Lebensart wie die vollendete Offenbarung einer höflichen Gesellschaft vorführt; alle Verhaltensweisen gehorchen hier sorgsam kodifizierten, strikten Regeln, die genau jenes darstellen, was in den Jahrhunderten vorher mit dem Begriff der »courtoisie« belegt war: gute Manieren, gepflegte Sprache, die Kunst der Konversation und der Zuvorkommenheit, Sinn für die Form, anspruchsvolle Ausdrucksweise, Beherrschung der Gefühle und klassische Kultur. Genau diese Charakterzüge sind es, mittels derer sich die Angehörigen der oberen Klassen der monarchischen Gesellschaft von den Volksklassen absetzen. Wohl war diese Zivilisation in einer gewissen Weise universell, denn sie war diejenige der höfischen Kreise in allen europäischen Ländern dieser Zeit. Und die bürgerliche intellektuelle Elite – wird sie in dem Augenblick, in dem sie die Strukturen des Ancien Régime angreift, dieses Ideal in Frage stellen? Keineswegs (abgesehen von einigen Ausnahmen wie J.-J. Rousseau); sie gibt nur vor, dieses Ideal auf ein höheres Niveau der Vollendung zu bringen, indem sie ihm noch die Begriffe der Tugend, des Rechts und der Freiheit hinzufügt. Nietzsche merkt dazu in einem Aufschrei an: »Wir haben uns vom höfischen Geschmack emanzipiert, während Voltaire ihn zur Vollendung gebracht hat.«

Der Gegensatz zwischen Aristokratie und Bürgertum manifestierte sich viel schärfer im Bereich der Politik als in dem der Kultur. Von dem Ehrgeiz beseelt, die in den Händen des Adels ruhende Macht zu übernehmen, machte sich das Bürgertum dessen Geschmack zu Eigen und wollte den Lebensstil imitieren, der ihm als Referenzmodell diente. Dies erklärt sich aus dem Umstand, dass die bürgerliche »Intelligentsia« in Frankreich sehr früh in die höfischen Kreise und in die Salons der Aristokratie integriert wurde. Die einen wie die anderen sprechen dieselbe Sprache, lesen dieselben Werke, akzeptieren dieselben Normen. Bereits der Herzog von Saint-Simon beklagte sich, dass der Hof von Ludwig XIV. nichts war als eine »Herrschaft des hässlichen Bürgertums«.

So schafft das Bürgertum in dem Moment, in dem es die Herrschaft des Adels angreift, ein Konzept, jenes der Zivilisation, das ein umfassendes kulturelles Erbe darstellt, das es sich aneignen will und an dem es bereits seit geraumer Zeit partizipiert. Demzufolge wird das Bürgertum dieses bewahren, indem es die fundamentale Bedeutung beibehält, von der der Begriff seinen Ausgang nahm. Dies lässt sich beispielsweise an F. Guizot zeigen, der ein Repräsentant der intellektuellen Bourgeoisie des 19. Jahrhunderts war. In seiner *Histoire de la civilisation en France* gibt sich dieser alle Mühe, aufzuzeigen, dass kein Land besser als Frankreich in der Lage sei, den Lauf der allgemeinen Zivilisation zu repräsentieren, da letztere erst durch Frankreich ihre höchste, vollständige und am besten übertragbare Form erreicht habe; und er fügt an, dass diese höhere Würde nicht alleine an der Soziabilität der Franzosen hinge, an der Zuvorkommenheit und der Annehmlichkeit der Sitten, die in ihrem Land herrschen; er verteidigt sie auch gegen den Vorwurf, nur eine aristokratische Lebensart zu verewigen; er gibt vor, dass diese höhere Würde auf der Herrschaft der Vernunft und dem menschlichen Urteilsvermögen gründet, auf dem Gleichgewicht zwischen Mensch und Gesellschaft.

Mit der definitiven Etablierung der Macht des konkurrierenden Bürgertums, wird sich die Akzentuierung der Definition von Zivilisation verschieben: von der bisherigen Definition einer fortschreitenden Entwicklung hin zu der eines quasi vollendeten Zustandes; von diesem Augenblick an gilt die Zivilisation als in ihrer ganzen Perfektion in Frankreich umgesetzt, und sie muss nun nur noch erhalten oder den anderen Völkern übermittelt werden. In ihrem Namen fanden die Eroberungen Napoleons statt und wurden die Kriege gegen Deutschland geführt; unter ihrer Ägide wird man das gesamte kolonale Unternehmen entwickeln. Der Universalismus, der als Charakterzug der französischen Konzeption unterstrichen wurde, hat somit einen zweifachen Ursprung; zunächst setzt er in dem Augenblick, da sich die Kultur der höfischen Kreise Frankreichs auf ganz Europa ausdehnt, nichts anderes als eine aristokratische Tradition fort; hierin liegt eine historische Bestimmung. Hinzukommt eine soziologische Begründungskomponente: die Ideologie des Bürgertums, die in dem Begriff der Zivilisation eine ihrer Ausdrucksmöglichkeiten gefunden hat, ist darum bemüht, ihre Klassenherkunft zu verbergen; sie stellt dieses Ideal nicht als dasjenige einer besonderen Gruppe, sondern als das der Vernunft dar und identifiziert es so mit dem Ideal der Menschheit; die Zivilisation ist nicht mehr die Kultur und die Lebensart der dominierenden Klasse; sie ist die gelungene Manifestation menschlicher Natur in Form von universeller Substanz.

Der Kulturbegriff ist im Lichte der Entwicklung der deutschen Gesellschaft zu sehen, die sehr verschieden von der ist, die wir gerade für Frankreich skizziert haben. In dem Augenblick, in dem Frankreich unter dem Sonnenkönig seine politische Einheit und kulturelle Hegemonie bestätigt, ist Deutschland u.a. als Ergebnis des Westfälischen Friedens in Einzelstaaten aufgesplittert wie ein Flickenteppich und tritt aus dem Dreißigjährigen Krieg erschöpft heraus, der besonders das städtische und das Handelsbürgertum ruiniert hat. Dieser Sachverhalt erklärt zum Teil das geringe politische wie ökonomische Gewicht dieser Klasse bis etwa in die Mitte des 19. Jahrhunderts. Das Gefälle zwischen ihr und dem Adel, der eine extrem abgeschlossene Kaste bildet, ist besonders groß. Diese Kaste ist vollständig der französischen »civilisation« ergeben. Sie imitiert die Verhaltensweisen des Hofes von Versailles; sie begeistert sich für die »politesse« und die sozialen Gepflogenheiten; sie drückt sich ausschließlich auf Französisch aus, das als die Sprache der Intelligenz, der Klarheit und der Eleganz gehandelt wird; so bezichtigte Friedrich II. das Deutsche einer »halbbarbarischen Sprache«, er warf ihr Schwerfälligkeit vor, Grobheit, ihren Mangel an Klarheit und Leichtigkeit. Fern von jeglicher politischen Aktivität und von einem mit unzähligen Vorrechten ausgestatteten Adel auf Distanz gehalten, ohne jede Hoffnung, Zugang zu den höfischen Kreisen zu erlangen, wird ein Bildungsbürgertum in dem Wert seiner intellektuellen Leistungen eine Daseinsberechtigung und eine Rechtfertigung finden. Um aber seine Existenz und Besonderheit geltend zu machen, macht es sich Vorlieben und Vorbilder zu Eigen, die jenen des Adels entgegengesetzt sind. Diese Ausrichtung ist von der zweiten Hälfte des 18. Jahrhunderts an sehr klar erkennen; so ist beispielsweise festzustellen, dass die deutschen Schriftsteller dieser Epoche sich von Shakespeare anregen lassen, der von der Aristokratie für flegelhaft, barbarisch und vulgär gehalten wird. Ebenso tritt die Intelligentsia in Reaktion auf die Vorherrschaft des Französischen für den Gebrauch des Deutschen ein. Unter diesen Bedingungen entsteht der Begriff der *Kultur*, die das intellektuelle Bürgertum als seine spezifische Form umfassender Bildung einfordert und die es der vom Adel aus Frankreich eingeführten Zivilisation entgegenstellt. Goethe erzählt in seinen Memoiren, dass er als junger Student in Strassburg zur Universität ging, um die französische Zivilisation ganz in sich aufzunehmen, und sich dort plötzlich seiner Kultur und seiner Identität bewusst wurde. Er schreibt:

> »So waren wir denn an der Grenze von Frankreich alles französischen Wesens auf einmal bar und ledig. Ihre Lebensweise fanden wir zu bestimmt und zu vornehm, ihre Dichtung kalt, ihre Kritik vernichtend, ihre Philosophie abstrus und doch unzulänglich, so dass wir auf dem Punkte standen, uns der rohen Natur wenigstens versuchsweise hinzugeben.«

Die Leiden des jungen Werther spiegelt diesen Geisteszustand des großen deutschen Schriftstellers eindrücklich wider; gegenüber dem fest gefügten Zeremoniell, der Unbesonnenheit und den oberflächlichen Beziehungen, die im Hochadel die Regel sind, rühmt der Held die Wahrheit der Gefühle, die Liebe zur Natur, den spontanen Ausdruck der Erregungen des Herzens und das einsame Schwärmen.

Norbert Elias unterstreicht die Tatsache, dass diese Opposition zweier Konzeptionen von Kultur »das, was weiterhin als Nationalcharakter der Deutschen in Erscheinung tritt, für lange Phasen entscheidend bestimmt hat.« Und er fährt fort, indem er zeigt, dass »fast die ganze im Schrifttum niedergelegte, neuere, geistige Tradition die entscheidenden Impulse und das Gepräge von einer mittelständischen Intelligenzschicht empfing, die reiner und weit spezifischer mittelständisch war, als die entsprechende französische Schicht.«[70]

Dies liegt einerseits daran, dass sie, durch die Aristokratie von der Macht fern gehalten, ihre Absonderung akzentuierte wie auch verstärkt nach ihrer Besonderheit suchte und sich zugleich zum Fahnenträger einer nationalen

70 Op. cit., S. 24.

Kultur machte. Sie hängt dem vagen und unschlüssigen Traum eines vereinten und erneuerten Deutschland nach; sie gleicht ihre politische Ohnmacht dadurch aus, dass sie auf das Reich des Geistes Anspruch erhebt und sich in die sentimentale Schwärmerei und in die Poesie flüchtet; sie predigt ein »natürliches Leben«, das in Kontrast stehe zu dem Formalismus der aristokratischen Kultur; an dieser kritisiert sie die Unbekümmertheit, den Mangel an Aufrichtigkeit, die Urbanität, den konventionellen Geschmack und setzt all diesem den Sinn für die Natur, die Sorge um Aufrichtigkeit und Tiefgründigkeit, die Bedeutung der Gefühle, der Vorliebe für tief schürfende intellektuelle Untersuchungen und für die Geistigkeit entgegen. All dies findet seinen Ausdruck im Begriff der Kultur und schlägt sich als literarische Form in der Romantik nieder. Um es noch einmal zu sagen, später bei Nietzsche findet sich die radikalste Form der Bestätigung dieses Erbes sowie der immer implizit mitgedachten Opposition von Kultur und Zivilisation wieder. So schreit er auf: »Durch unsere Halbbarbarei in Leib und Begierde haben wir geheime Zugänge überallhin, wie sie ein vornehmes Zeitalter nie besessen hat ...«, und er bringt eine solche Ausrichtung mit dem nicht-adeligen Geist in Verbindung; weiter unten fügt er hinzu: »Gestehen wir es uns schließlich zu: Was uns am schwersten zu fassen, zu fühlen, nachzuschmecken, nachzulieben ist, was uns im Grunde voreingenommen und fast feindlich findet, das ist gerade das Vollkommene und letzthin-Reife in jeder Kultur und Kunst (...). Das Maß ist uns fremd, gestehn wir es uns; unser Kitzel ist gerade der Kitzel des Unendlichen, Ungemessenen.«[71]

So wird nach und nach aus dem Gegensatz zwischen zwei Begriffen, die unterschiedliche Konzeptionen der Kultur ausdrückten und mit einem sozialen Antagonismus (den zwischen dem Bürgertum und der Aristokratie) konnotiert waren, eine Opposition verschiedener Charakterzüge.

Wir haben zunächst betont, dass sich diese Verlagerung in Deutschland vollzog, wo das Bügertum zum Wortführer des nationalen Bewusstseins geworden ist und fortschreitend an ökonomischer und sogar politischer Macht gewinnt; in dieser Epoche (der zweiten Hälfte des 19. Jahrhunderts) werden die Züge, die die Kultur und die bürgerliche Sensibilität definierten, charakteristisch für die nationale Mentalität, wie wir insbesondere an Nietzsches Charkterisierung der »deutschen Seele« feststellen konnten. Es lässt sich sogar beobachten, dass nach 1872 – nachdem Deutschland seine politi-

71 Op. cit., S. 113f.

sche Einheit hergestellt hat, zur Wirtschaftsmacht geworden ist und eine Kolonialmacht zu werden sich anschickt – die Unterscheidung von Kultur und Zivilisation eine merkliche Abschwächung erfährt. Sie wird zur Zeit des Ersten Weltkrieges von neuem in Erscheinung treten und ihren stärksten Ausdruck finden; jedoch wird sich dann ihre Bedeutung ändern und das Aufeinanderprallen zweier Nationalismen meinen.

Wir treffen hier auf einen Vorgang der »Re-Interpretation«: Während sich zu Beginn ein sozialer Antagonismus mit dem Begriffspaar konnotieren ließ (wobei das Bild Frankreichs häufig implizit in dem Begriff der Zivilisation gegenwärtig war), wird dies nun Ausdruck eines nationalen Antagonismus. Die historischen Umstände bringen die Franzosen und die Deutschen so weit, eine Opposition wieder heftig aufleben zu lassen, die tief in der nationalen Kultur verwurzelt ist und die es erlaubt, den gewaltigen Konflikt zwischen zwei Nationen in einer sehr prägnanten antithetischen Form Ausdruck zu verleihen (*Kultur* contra *Civilisation*).

Die vorangehende Analyse hat einen Prozess erhellt, den man als »Psychologisierung« bezeichnen kann. Jede soziale Gruppe ist Sender eines Diskurses, in dem ihr Wertesystem, die Verhaltensnormen, ihre Rollenvorbilder offenbar werden. In dem Maße, wie diese Regeln und Werte sich den Individuen aufdrängen, werden sie als Charakterzüge und als Substanz der Identität wahrgenommen; diese Züge verlieren das Merkmal ihrer sozialen Herkunft und Bedeutung, um einer Psychologie der menschlichen Natur zugeschrieben zu werden.

Dieses Beispiel zeigt auf, wie sich die Werte, die die Position einer Gruppe inmitten eines sozialen Ganzen ersichtlich werden lassen, häufig in ein Spiel sozialer Repräsentationen einreihen, die ihrerseits durch den von dieser Gruppe ausgehenden Diskurs verbreitet werden. Diese Repräsentationen werden durch die Definition einer kollektiven Identität unterstützt, die innerhalb einer Dynamik von Identifizierung und »Unterscheidung« entsteht. Sie bieten den Individuen Modelle für Einstellungen und Verhalten an, die, sobald sie mittels des Prozesses der Sozialisation internalisiert sind, einen Gruppen-»Habitus« herstellen, der als ein Ganzes von Charakterzügen empfunden und erlebt wird und der dann die »kollektive Mentalität«, den sozialen Charakter dieser Gruppe definiert.

Zweiter Teil

Identitäten
und interkulturelle Beziehungen

IV. Identität und Alterität

Kommunikation zwischen Personen, die unterschiedlichen Nationen oder Kulturen angehören, wirft zunächst Probleme spachlicher Art auf (über die wir im ersten Teil gesprochen haben). Aber diese Kommunikation ist ebenso verankert in Einstellungen und psychosozialen Mechanismen, die unser Verhalten in diesem Bereich bestimmen.

Um diese Einstellungen und Mechanismen zu erfassen und zu verstehen, erscheint es geboten, genauer zu untersuchen, wie es zu diesen kommt und deren Entstehung von der Kindheit bis ins Erwachsenenalter nachzuzeichnen. Diese entwicklungspsychologische Herangehensweise wird uns erlauben, die Problematik der Ähnlichkeit und des Unterschieds in interkulturellen Beziehungen zu erhellen.

1. Das Gleiche und das Andere in der Entwicklung der Persönlichkeit

Selbstbewusstsein und Bewusstsein

Eine Strömung innerhalb der Philosophie (die Phänomenologie) hob deutlich hervor, dass das Selbstbewusstsein als spezifische Identität, als besondere Individualität, sich erst in enger Interaktion mit dem Anderen konstituiert. So ist für Hegel das Selbstbewusstsein nur über das Erkennen eines anderen Bewusstseins zu erfassen; um sich jedoch aus dieser Abhängigkeit zu lösen, neigt es gleichzeitig dazu, seine Einzigartigkeit geltend zu machen und somit das andere auszuschließen. Jedes von beiden ist bemüht, das andere zu überragen oder es zu unterdrücken, um so Sicherheit über sich selbst zu erlangen:

> »Das Verhältnis beider Selbstbewusstseine ist also so bestimmt, dass sie sich selbst und einander durch den Kampf auf Leben und Tod bewähren. – Sie müssen in diesen Kampf gehen, denn sie müssen die Gewissheit ihrer selbst, *für sich zu sein*, zur Wahrheit an dem Anderen und an ihnen selbst erheben.«[72]

Das Identitätsgefühl kommt somit nur zustande und erlangt nur Zugang zum Bewusstsein seiner selbst, indem es sich dem widersetzt, was es in der Ablehnung oder Unterwerfung des Anderen nicht selbst ist. Diese Problematik hat Sarte wieder aufgenommen und fortgeführt. Für ihn ist Selbstbewusstsein eine » synthetische und aktive Verbindung zweier Elemente, von denen sich jedes durch die Negation des anderen konstituiert.«[73]

Der Andere existiert als Anderer für mich nur, indem ich ihn als nicht ich seiend erkenne, ebenso wie ich nur existiere, indem ich einem Dritten als nicht er seiend erscheine. Aber gleichzeitig kann ich mein Bild einzig im Blick des anderen zu greifen bekommen, in einem Blick, der mich von außen als Objekt erfasst, mich lähmt und mich entfremdet. Sartre unterstreicht, dass dieses Phänomen für die Gruppe wie für das Individuum gilt; die Gruppe nimmt sich nur von außen als *wir* wahr, im Blick des Dritten, und jene kollektive Entfremdung ist es, die in dem *wir* übernommen wird.[74] Wenn nun diese philosophische Problemstellung die Dialektik von Identität und Alterität auch zu beleuchten erlaubt, so muss sie dennoch erneut auf der Ebene der gelebten Erfahrung, wie sie uns die Psychologie zu fassen und zu verstehen hilft, wieder aufgenommen und untersucht werden.

Der Aufbau des Identitätsgefühls

Die Psychologie zeigt uns, dass sich das Identitätsgefühl beim Kind fortschreitend und stets in direkter Interaktion mit einem Anderen entwickelt.

72 Hegel, G.W.F.: Phänomenologie des Geistes. Frankfurt/M. 1986; S. 148f.

73 L'être et le néant; S. 289.

74 So zeigt Sartre in Réflexions sur la question juive, dass erst der Blick des Antisemiten den Juden „schafft".

Denn von den ersten Lebensmonaten an entfaltet sich der Prozess, über den es dem Individuum gelingen wird, seine eigene Individualität als unterschiedlich und getrennt von den anderen wahrzunehmen, dies über affektive, kognitive und semantische Mechanismen.

Die Psychoanalyse hat die herausragende Bedeutung der affektiven Beziehung zwischen Mutter und Kind während der Herausbildung des Identitätsgefühls unterstrichen; besonders der mütterliche Blick ist es, in dem sich das Kind entdeckt und der für dessen Narzissmus entscheidend ist.

R. Spitz hat auf die fundamentale Rolle dreier »Ordnungsprinzipien« für die Herausbildung des Identitätsgefühls hingewiesen: das *Lächeln* (als Antwort auf das Lächeln und auf die Reize aus der Umgebung), das »den Prototyp und die Basis aller späteren sozialen Beziehungen darstellt«;[75] die *Angst* des achten Monats vor einer fremden Person (worin der Eindruck des Kindes von der Mutter als von einer autonomen Person zum Ausdruck kommt, die von ihm und von dem Band der Vertrautheit losgelöst ist; diese Erfahrung führt schließlich dazu, Vertrautes von Fremdem zu unterscheiden). Denn das Neugeborene zeigt sich beim Anblick eines fremden Gesichts zunehmend zurückhaltender: Es rührt sich nicht, fixiert den Eindringling mit Nachdruck, runzelt die Stirn. Etwa im achten Monat kann es in Gegenwart einer unbekannten Person Furcht an den Tag legen. Selbst auf dem Arm seiner Mutter getragen, wird sich ein Kind einem Fremden gegenüber abwenden, schreien und zu weinen beginnen. Diese Reaktion wechselt selbstverständlich je nach Personen und Umständen, die Angst jedoch scheint eine universelle zu sein und ist in sämtlichen Milieus und in allen Gesellschaften vorzufinden. Angst ist ein wesentliches Moment in der Entwicklung der Ausdifferenzierung und der Integration des Ich. Man kann hierin auch die Basis einer fortdauernden Haltung der Beklemmung gegenüber allem Fremden sehen. Ein drittes Ordnungsprinzip ist die etwa für das zweite Jahr anzusetzende Beherrschung des *nein*, die die absichtliche Manipulation semantischer Symbole kennzeichnet, die der verbalen Kommunikation zugrundeliegen und gleichzeitig die Fähigkeit des Kindes aufzeigt, sich selbst zu bestätigen, indem es sich dem Anderen entgegenstellt. Diese drei Ordnungsprinzipien erscheinen wie äußere Anzeichen und entscheidende Momente einer archaischen Konstituierung des Identitätsgefühls. Auch

75 Spitz, R.A. (1968): De la naissance à la parole; PUF, S. 81.

die von M. Klein zutage geförderten Mechanismen müssten erwähnt werden, wie die Spaltung, die zwischen dem introjektierten »guten Objekt« und dem nach außen projizierten »bösen Objekt« stattfindet; dieser Mechanismus wird zum Entstehen eines Feindlichen und bedrohlichen *Anderen* beitragen, das später, im Kontakt mit einer unbekannten Realität oder einem unbekannten Gegenüber immer wieder in Erscheinung treten kann.

Wenn auch diese Gefühlsabläufe eine fundamentale Rolle für das Verständnis der Identität spielen, so sind sie nicht von der Entwicklung der Wahrnehmung und der Kognition zu trennen, die dem Kind erlaubt, eine Unterscheidung zwischen dem Eigenen und dem Anderen vorzunehmen. In diesem Bereich haben die Arbeiten von J. Piaget in hohem Maße dazu beigetragen, die Art und Weise zu erhellen, in der das noch ganz kleine Kind nach und nach seine Vorstellung über die äußere Welt bildet.

Piaget zeigt, wie das Kind, nachdem es sich seiner eigenen Empfindungen bewusst geworden ist, in dem Altersabschnitt zwischen sechs Monaten und zwei Jahren fortschreitend zu empfinden, zu fürchten und schließlich die Existenz einer Nicht-Ich-Umwelt (Dinge und Personen) anzuerkennen lernt.[76] Auf die Bedeutung des *Spiegelbildes* (im konkreten und übertragenen Wortsinn) während dieser Entwicklung wurde ausführlich hingewiesen, insbesondere von J. Lacan: »... symbolische Matrix, an der das *Ich* in einer ursprünglichen Form sich niederschlägt, bevor es sich in der Dialektik der Identifikation mit dem Anderen objektiviert ...«[77]

In der Folge hat R. Zazzo in einem experimentellen Ansatz die These vertreten und dargestellt, dass »das Doppel die notwendige Bedingung der Identität darstellt«.[78]

Diese verschiedenen Untersuchungen lassen erkennen, dass bei der Herausbildung der Identität das Gegenüber eine ambivalente Rolle spielt, und zwar gleichzeitig die eines Spiegels des Selbst, eines Duplikats, eines alter ego, wie auch die des Anderen, des Fremden, des Gegnerischen.

Alles geschieht so, als ob sich das Kind der Alterität als einer unumgänglichen Stütze bediente, um seine eigene Identität zu entwickeln und zu

76 Vgl. insbesondere die beiden Werke von Piaget, J.: La formation du symbole chez l'enfant & La construction du réel chez l'enfant.

77 Lacan, J.: Ecrits; S. 94.

78 Zazzo, R.: Les dialectiques originelles de l'identité. In: Identité individuelle et personalisation; S. 209.

behaupten. Bald vollzieht sich die Bewusstwerdung des Ich und jene des Gegenübers über das Spiel der Opposition (Abschließung), bald über jenes der Assimilation (Öffnung). In beiden Fällen indessen kommt es zur Kommunikation, d.h. zu einem interaktiven Prozess, der sich durch die Tatsache charakterisieren lässt, dass die Wahrnehmung des Gegenübers und diejenige von sich selbst zur gleichen Zeit stattfinden und miteinander korrelieren.

Rollen und soziale Differenzierung

Dieser Prozess vollzieht sich zunächst im familiären Rahmen. In dem Maße, wie das Kind jedoch wächst, erweitert sich unaufhörlich seine Umwelt. Mit dem Eintritt in die Schule, mit dem Einströmen der Medien (und insbesondere des Fernsehens) stützt sich die Identifikation auf umfassendere Gruppen: Nachbarschaft, Altersgruppe, soziale Klasse, konfessionelle Zugehörigkeit, nationale Identität, etc.

Im Schulalter von sieben bis acht Jahren taucht beim Kind eine neue Fähigkeit auf, die sein Beziehungsleben tief greifend verändern wird: die Fähigkeit zur Dezentrierung im Verhältnis zu seiner unmittelbaren Umgebung, dank derer es sich an die Stelle seines Gegenübers versetzen und die Dinge und sich selbst so sehen lernt, wie es denkt, dass die anderen sie sehen. Das Kind entdeckt also das soziokulturelle Anders-Sein, im vollen Sinne des Begriffs, d.h. »das äußere Andere«. Andere Verhaltensweisen, andere Gewohnheiten, andere kulturelle Bezugspunkte, andere Niveaus und Lebensarten, andere Religionen, andere Rassen, etc. Es lernt all diese Unterschiede zu identifizieren, die Subtilität besonderer Situationen zu erfassen, die jedes Mal aufs Neue verschiedenartig angepasste Verhaltensweisen erfordern. Nachdem es sich bis dahin mehr oder weniger zurückgezogen und geschützt in einem Netz leicht zu identifizierender affektiver Beziehungen befunden hat, beginnt seine Persönlichkeit nun mit dem Erlernen der kulturellen Mannigfaltigkeit. Es lernt jetzt, sich zahlreiche Identitäten zuzugestehen (Kind, Schüler, Freund, etc.), sein Verhalten auf sein Gegenüber einzustellen und sich verschiedener Rollen bewusst zu werden. Während sich seine Freundschaftsbeziehungen zu gleichaltrigen Kindern verstärken und dazu neigen, unvereinbar zu werden, entwickelt sich auch das Bewusstsein über soziale Unterschiede ebenso, wie sich gleichzeitig eine Tendenz zur Segregation bemerkbar macht, und zwar nach den Geschlechtern in den Freundeskreisen und, wie von Stendler gezeigt wurde, in der Anerkennung der sozialen und rassischen Positionen.[79]

Diese Identifizierung der kulturellen und sozialen Unterschiede vollzieht sich zunächst in einer Bewegung, die von der Umgebung aus in Richtung Kind geht; es ist die Umgebung, die es seine Nationalität lehrt, den Beruf seiner Eltern, ob es weiß ist oder schwarz, katholisch oder islamisch, etc. ist, ob es einem geschätzten oder gering geschätzten Milieu angehört.

So internalisiert das Kind nach und nach seine *Zugehörigkeitsgruppen*, die »wir«, an denen es teilhat; jene »wir« wurzeln in einer sozialen Stratifikation, innerhalb derer sie sich untereinander nach Macht-, Prestige- und Geldbeziehungen einreihen sowie nach einer Geschichte, die im Gedächtnis der Gruppe eine Gesamtheit an Ereignissen niedergelegt hat – an Erfahrungen, Modellen und Repräsentationen. Aber sie reihen sich ebenso in eine Strategie individueller oder kollektiver Natur ein, die die Gruppe in die Zukunft projiziert, in einen Wettbewerb um soziale Anerkennung, Aufstieg, Wertschätzung oder Veränderung. So gehen die Identifizierungen nicht nur aus den Zugehörigkeitsgruppen hervor, sondern auch aus den *Referenzgruppen*, aus welchen das Subjekt seine Vorbilder schöpft, oder in die es sich zu integrieren bemüht; sie enthalten nicht alleine die Position des Individuums, die durch dessen Geschichte und soziale Stellung determiniert ist, sondern auch dessen Antizipationen und Vorhaben.

So entwerfen sich Identität und Alterität in jener zunehmenden Extensionsbewegung, in der das Individuum durch Unterscheidung vom Anderen und Assimilation an das Gleiche Zugang zum Selbstbewusstsein findet, indem es sich in immer feiner gegliederte, stärker funktionale und ausgeprägter ideologische Gruppen einreiht. Dort schöpft es ein Gefühl der Nähe und der Solidarität mit verschiedenen »wir« (die sich den »Anderen«, den »Gegnern«, den »Fremden« entgegenstellen). Überdies handelt es sich um eine Bewegung, in der das Gegenüber dem Subjekt ständig ein Bild seiner selbst zurückwirft, das darauf abzielt, ihm einen Platz, eine Position und eine Rolle zuzuweisen, es entsprechend seiner verschiedenen Gruppenzugehörigkeiten in eine Kategorie einzuordnen.

Am Ende dieser doppelten Bewegung erarbeitet das Kind ein relativ genaues Bewusstsein über seine (persönliche und soziale) Identität sowie über

---

79 Stendler, C.: A study of children awarness of social class; zit. nach: Jersild, A.T.: Child psychology (3. Aufl.), New York, Prentice Hall; S. 196-198.

seine Zugehörigkeit zu einer Kultur, die sich von »fremden« Kulturen unterscheidet. Es wird auch die in seinem Milieu dominierenden Repräsentationen und Ideologien weitgehend internalisieren, die sich auf seine Kultur und auf jene der Anderen beziehen, eingeschlossen alle Stereotype und Vorurteile wie aber auch die positiven Werte, die in jenen transportiert werden.

Beständigkeit und Brüche

Es muss also unterstrichen werden, wie dies insbesondere George Herbert Mead getan hat, dass, wenn sich das Individuum als solches empfindet, es dies zunächst tut, indem es sich den Blickwinkel der Anderen, der sozialen Gruppe, zu der es gehört, und der anderen Gruppen zu Eigen macht:

Das *Selbst* ist im Wesentlichen eine kulturelle und soziale Struktur, die aus den täglichen Interaktionen entsteht; »es entwickelt sich bei einem gegebenen Individuum als Ergebnis der Beziehungen, die es mit der Gesamtheit der sozialen Prozesse und den daran beteiligten Individuen unterhält.«[80]

In diesen Prozessen spielt die Trennung von dem Eigenen und dem Anderen, von dem »sie« und »wir«, dem Vertrauten und dem Fremden eine fundamentale Rolle und determiniert dauerhaft die Strukturierung des Zusammenhangs zwischen Identität und Alterität. Diese Strukturierung ist jedoch keine erstarrte. Die Dialektik von Identität und Alterität entwickelt sich während des ganzen Lebens ständig fort; dies geschieht weniger in additiver Weise, als vielmehr in Form von Neubearbeitungen und Versuchen von mehr oder weniger gelungener Integration. Hierbei kommt es notgedrungen zu Brüchen und Krisen.

Die Psychologen haben als besondere Krise die der Pubertät hervorgehoben, die eine einschneidende Verschiebung der Identitätsproblematik mit sich bringt. Wie P. Tap unterstreicht, drückt sich dies aus in einer Gemütsbewegung »des Sich-Freimachens und der Restrukturierung, wodurch eine Neuorientierung, eine Veränderung auf dem Lebensweg und in der Geschichte der betreffenden Person begünstigt wird.«[81]

Der Jugendliche reißt sich zunehmend aus dem familiären Rahmen los und muss, um seine eingeschriebene Position innerhalb der symbolischen

80 Mead, G.: L'esprit, le soi et la société; S. 115.

81 Tap, P. La société pygmalion; S. 45.

Ordnung verändern zu können, in gewisser Weise den Mord an den elterlichen Bildern auf sich nehmen, sowie die Trauer und die Schuld, die sich daraus ergeben. Die Identität erwächst, wie der Psychoanalytiker E. Erikson betont, »aus der selektiven Verwerfung und der wechselseitigen Assimilation von Kindheitsidentifizierungen und ihrer Aufnahme in eine neue Gestaltung, die ihrerseits von dem Prozess abhängt, durch den eine Gesellschaft (häufig über die Vermittlung von Subgesellschaften) das junge Individuum identifiziert, es als jemanden bestätigt und anerkennt, der zu werden hatte, was er nun ist.«[82]

Ein weiteres Element, welches Erikson herausstellt, ist, dass die Identität ein dynamisches und konfliktträchtiges Phänomen und keineswegs ein statisches Gefüge von Charakterzügen und Rollen darstellt. Innerhalb dieses Gefüges lassen sich Spannungen wie zwischen einem positiven und einem negativen Pol feststellen: »Die psychosoziale Identität umschließt eine Hierarchie positiver und negativer Elemente, wobei letztere aus dem Umstand resultieren, dass das heranwachsende menschliche Wesen während seiner ganzen Kindheit mit idealen Prototypen konfrontiert wird.«[83]

Diese Prototypen setzen sich aus Mustern all dessen zusammen, was anzustreben ist, jedoch auch dessen, was es zu vermeiden gilt (die negative Identität, die häufig auf eine fremde Gruppe projiziert wird).

Übergang und Rückzug

Man trifft in sämtlichen Kulturen auf »Initiationsriten«, die das Eintreten ins Erwachsenenalter mehr oder weniger erleichtern; der junge Mensch, nachdem er die Position des Kindes besetzt hatte, wird jetzt jene des Vaters oder der Mutter einnehmen und Zugang zur Sexualität und zur Arbeitswelt finden. Für die Identität des Jugendlichen wurde häufig die narzisstische Faszination unterstrichen, das Mischungsverhältnis von Konformität (in Bezug auf die Gruppe seinesgleichen) und Revolte (in Hinsicht auf das elterliche Universum), die keinen Widerspruch duldende Behauptung und die Zerbrechlichkeit, die leidenschaftliche Schwärmerei für bestimmte Identifikationsfiguren (Helden, Stars, berühmte Personen) und Ideale (politische, reli-

82 Erikson, E.H.: Adolescence et crise; S. 157.
83 A.a.O., S. 305.

giöse, humanitäre, etc.). All diese Charakterzüge hängen jedoch in ihrer Akzentuierung von den Antworten ab, die die Kultur und die Gesellschaft auf die Stimmungen und das Drängen des Jugendlichen anzubieten haben.

In der heutigen Zeit stellt die wachsende Marginalisierung der Jugendlichen in unseren Gesellschaften ein entscheidendes Element für deren identifikatorische Dynamik dar.[84] Der zunehmende Kontrast zwischen ihrer Ausbildung und den realen Möglichkeiten eines beruflichen Einstiegs, ihr Ausschluss vom Arbeitsmarkt, ihre geringe Beteiligung in politischen und sozialen Organisationen, die kulturelle Kluft, die sie von der Welt der Erwachsenen trennt, all dies führt tendenziell zu einem sozialen Nicht-Einstieg; dieser drückt sich in einem generellen Misstrauen gegenüber der Gesellschaft aus (die wie eine böse Stiefmutter erlebt wird), in der Ablehnung der traditionellen Institutionen und auch im Vertrauensverlust gegenüber Ideologien und Parteien; es ist eine Oszillation zu beobachten zwischen der utopischen Erwartung eines radikalen Wandels und dem Rückzug auf alltägliche begrenzte und unmittelbare Ziele (kleine Jobs, Freunde, Musik, etc.). Die identifikatorischen Rückhalte siedeln sich eher im privaten Bereich und in dem der Beziehungen an, in den kleinen Gruppen oder in den »neuen Identitäten« des Protests (politisch-extremistisch, feministisch, pazifistisch, punk u.a.) als in den traditionellerweise der Jugend angebotenen Idealen.

Das Verhältnis zum Anderssein ruft beim Jugendlichen eine ambivalente Haltung hervor:

> Er kann sich und seine Verhaltensweisen in zwei entgegengesetzte Richtungen orientieren:
> – jene der Öffnung und des *Übergangs*, die den Zugang zu einer Symbolik des kooperativen und pluralen Austauschs fördert,
> – oder jene der *Wiederholung*, der *Fixierung*, des *Rhythmus*, des Rückzugs und der daraus resultierenden Gewalt. (P. Tap; S. 43).

Diese Ambivalenz findet sich auf der Ebene der interkulturellen Kontakte wieder; häufig legen die Jugendlichen eine ihrer Meinung nach echte Öffnung an den Tag, eine große Neugierde, einen Wunsch, über den eigenen nationalen Tellerrand hinauszusehen und Neues zu entdecken; gleichzeitig können sie von den kulturellen Unterschieden verwirrt sein, Mühe haben,

84 Vgl. insbesondere Paolicchi, P.: Identité et marginalité sociale dans la jeunesse. In: Identité individuelle et personnalisation; S. 65.

sich von ihrem eigenen Universum zu lösen und andersartige Wertesysteme und Verhaltensweisen zu verstehen.

Selbstverständlich erstarrt die bei der Herausbildung der Persönlichkeit wirkende Dialektik von Identität und Alterität nicht mit dem Eintritt ins »Erwachsenenalter«; es handelt sich hierbei um einen ewig unvollendeten Prozess, dessen Grundfeste jedoch zumindest weitgehend durch die Entwicklung bestimmt werden, die wir in ihren groben Tendenzen nachzuzeichnen versucht haben.

2. Von der Person zur Kultur

Dieser Blick auf die Entstehung des Identitätsgefühls hat uns erlaubt, den Prozess der *Interstrukturierung* hervorzuheben, der zwischen dem Subjekt und den Institutionen, der Gesellschaft, der Kultur zum Tragen kommt.[85] Während dieses Prozesses ist die Dialektik von Identität und Alterität von zentraler Bedeutung und durchdringt sowohl das Individuum als auch die Kultur; sie erscheint als eine der fundamentalen Problemstellungen der sozialen Interaktion.

Einheit und Vielfalt

Das Identitätsphänomen nämlich strukturiert die zwischenmenschlichen Beziehungen wie den sozialen Raum; es bewirkt, dass eine Spannung und ein Gleichgewicht aufrechterhalten werden zwischen Ähnlichkeit und Andersartigkeit, zwischen Einheit und Vielfalt, zwischen Kontinuität und Differenzierung. Dort, wo die Diskontinuitäten starr und vorherrschend werden, bricht das Soziale auseinander und endet im Schisma beziehungsweise in einer Explosion bruder- und schwestermörderischer Kämpfe; löst die Vereinigung sämtliche Unterschiede auf, so bricht das Soziale unter der Last des Homogenen in Form einer Implosion der vereinheitlichenden Nivellierung zusammen. Beide Bewegungen können sich treffen. Es kann gezeigt wer-

85 Dieser Begriff der wechselseitigen Interstrukturierung des Subjekts und der Institutionen wurde insbesondere von P. Tap (in: La société pygmalion) herausgearbeitet.

den, dass ein atomistischer Individualismus häufig dem Totalitarismus den Weg bereitet; und mit der Uniformität einer sozialen Gruppe gehen gewöhnlich Spaltungsphänomene einher, Phänomene der Trennung und der Aggression gegenüber der *Out-group*. Das Spannungsumfeld der Identität bewegt somit sämtliche Ebenen des Sozialen, von der Einzelperson bis zum Staat und der internationalen Gesellschaft; ein Gleichgewichtsverlust auf einer der Ebenen wirkt sich auf die anderen aus. Auf diese Weise können sich beispielsweise die individuelle und die kollektive Paranoia gegenseitig verstärken, wie dies auf tragische Weise durch das Phänomen des Nazismus illustriert wurde.[86]

Gegensätze und Bindungen

Die Identität befindet sich am Schnittpunkt zweier Bewegungen, die darauf abzielen, gleichzeitig Differenz und Verbindendes aufrechtzuerhalten, *Paradigma* und *Syntagma*, beides konstitutive Dimensionen der symbolischen Ordnung, die ihrerseits das Fundament der Kultur darstellt. Paradigmatisches herstellen, das bedeutet Gegensätze herzustellen, die Signifikanten erzeugen, welche für das Funktionieren der sozialen Codes zuständig sind (das Eigene/das Andere, vertraut/fremd, männlich/weiblich, dominierend/dominiert, Kind/Erwachsener, Freund/Feind, etc.): Jeder Begriff erhält ausschließlich in seiner Beziehung zu einem anderen seinen Wert.

Diese Bewegung, in der sich die Identität zu erkennen gibt und sich selbst bestätigt, kann in jeder Situation interkultureller Begegnungen beobachtet werden; sie stützt sich auf die der Realität inhärenten Kontraste, wo das offensichtlich Hervorstechende (physisch wie moralisch) sich für die Herstellung dieser Gegensätze in besonderer Weise anbietet. Alle Anzeichen einer Differenz werden reinterpretiert als Zeichen der Zugehörigkeit und als Signifikanten bei der Herausarbeitung der symbolischen Codes. Diese Gegensätze erzeugen Spannungspole und Strömungen, die gleichzeitig die Konflikte und den Austausch zulassen; wenn die Gegensätze schärfer werden, kommt es zu Rissen, die die Kommunikation zum Abbruch kommen lassen können; werden sie völlig abgestritten, so versiegen die Ströme

86 Vgl. die Studie von E. Erikson, die die Persönlichkeit Hitlers mit den sozialen Strukturen des damaligen Deutschlands in Beziehung setzt; in: Enfance et société.

des Austauschs, und die Gruppe empfindet ihre Einheit im Schweigen oder der Rezitation eines ideologischen Glaubensbekenntnisses.

Aber die Identitätsprozesse bringen nicht nur Paradigmen hervor, sondern sie haben auch eine fundamentale syntagmatische Dimension. Die Signifikanten bekommen ihren Sinn erst im Innern eines Bezugssystems, welches zwischen ihnen Bindungen, Netze, assoziative Ketten herstellt. Wenn beispielsweise – um hiermit eine Illustration des deutsch-französischen »Bilderspiels« zu bemühen – die Disziplin und Ordnung der Deutschen gewöhnlich der Neigung der Franzosen zum Tohuwabohu entgegengestellt werden, so erscheinen selbst diese unmittelbar mit der Repräsentation der deutschen Identität verknüpften Attribute wie eine Reaktion auf die Faszination des Chaos, auf den Reiz am Unklaren und plötzlich Hervortretenden; dies würde eine andere Dimension der »deutschen Seele« darstellen.[87] Auf einem anderen Gebiet stellt die Unterscheidung Mann/Frau nicht nur Gegensätze, sondern auch Verbindung her: eheliche Bande, sexuelle Verhältnisse, Beziehungen zwischen Männern, die miteinander um die Verführung der Frauen rivalisieren oder sich ihre Abenteuer erzählen, geheimes, stilles Einverständnis unter den Frauen, etc. Es wäre also falsch, in den kollektiven Identitäten eine einfache spaltende Strukturierung des sozialen Raums zu sehen; sie stellen ebenso ein Mittel dar, Kommunikation und Austausch zu begründen.[88]

Die Identität als Knotenpunkt

Die meisten sozialpsychologischen Studien heben die Tatsache hervor, dass die Koexistenz von Gruppen zur Herausbildung von Selbst- und Fremdbildern dieser Gruppen führt und dass diese Repräsentationen darauf abzie-

87 Vgl. den dritten Teil der vorliegenden Studie: Die Dynamik der Repräsentationen.

88 In diesem Sinn wäre es interessant, den Begriff der Städte-»Partnerschaft« (frz.: »jumelage«) zu untersuchen, der als bevorzugte Stütze für eine bestimmte Form des internationalen Austauschs dient; er unterstellt, dass selbst im Herzen des Fremden eine Art alter ego existiert, ein gleichzeitig ähnlicher und unterschiedlicher Doppelgänger, mit dem man eine Vorzugsverbindung eingeht: Die Tatsache, dass es beim Anderen etwas identisches geben muß, ist eine Bedingung der Kommunikation.

len, die Ähnlichkeit der Elemente der *In-group* zu akzentuieren und den Unterschied zu denen der *Out-group* zu übertreiben.[89]

Aber die Umkehrung ist nicht weniger wahr. Die Offenbarung von differenzierten Repräsentationen führt dazu, die Gruppen zu begründen, das Solidaritäts- und Einheitsgefühl zu verstärken, das die Individuen miteinander verbindet, die einen bestimmten sozialen Raum besetzen. Die Bestätigung einer Identität ist dann ein Mittel, einer Gruppe zu ihrer sozialen Existenz zu verhelfen, wie dies P. Bourdieu unterstreicht: »Die Macht über die Gruppe, die es als solche ins Leben zu rufen gilt, ist in davon nicht trennbarer Weise eine Macht, die Gruppe herzustellen, indem man ihr gemeinsame Prinzipien des Sehens und der Aufteilung auferlegt, also eine einheitliche Vision ihrer Identität und eine identische Vision ihrer Einheit.«[90]

Die Repräsentationen der Identitäten erzeugen ebenso sehr soziale Stratifikationen wie die soziale Stratifikation sich häufig in Repräsentationen der Identitäten spiegelt.

Somit erscheint die Identität als ein »Knotenpunkt«, der gleichzeitig verbindet und trennt und den Verkehr im Innern des sozialen Raums gewährleistet. In diesem Sinne ist ihre Stellung der des Totemismus (und im weiteren Sinne des Mythos) vergleichbar, so wie diese von Lévi-Strauss analysiert wird; der Totemismus strukturiert diesen Raum in Form eines Spiels von Gegensätzen und erlaubt gleichermaßen die Verbindung und die Kommunikation zwischen den Gruppen.[91] Das Totem, wie auch die Identität, besitzt für jedes Gruppenmitglied eine substanzielle Realität, die an dessen Attribute geknüpft ist; aber de facto fungiert es im sozialen Kontext als Signifikant innerhalb eines symbolischen Codes, wo sein Wert weniger von seinen spezifischen Eigenschaften abhängt als viel mehr von dem Bezugssystem – von Abweichung und Nähe – in dem es mit anderen Signifikanten steht. »Der Totemismus lässt sich somit auf eine besondere Art zurückführen, ein generelles Problem zu formulieren: darauf achten, dass die Gegensätze, statt ein Hindernis für die Integration darzustellen, viel eher dazu dienen, diese herbeizuführen.«[92]

---

89 Vgl. Kapitel VII.

90 Ce que parler veut dire; S. 157.

91 Wenn es beispielsweise einen Unterschied zwischen den Unterfamilien des Adlers und des Falken gibt, so liegt dieser im Kern des Bindegliedes begründet, das beide zur Familie der Raubvögel gehören läßt.

92 Lévi-Strauss, Cl.: Le totémisme aujourd'hui.

V. Die Öffnung hin zum kulturellen Anderssein

Im vorausgehenden Kapitel haben wir gesehen, dass die Dialektik von Identität und Alterität sowohl das Individuum als auch die Kultur kennzeichnet. Wir möchten nun ihre Auswirkungen auf die interkulturelle Kommunikation verorten.

Das Phänomen, das sich von Anfang an der Beobachtung aufdrängt, ist die prägende Kraft des Ethnozentrismus; unser Blick auf das Andere hat immer projizierenden Charakter und kann als Grundlage und Referenz einzig unsere eigene Kultur haben. Das Bewusstwerden der Probleme jedoch, die diese Haltung mit sich bringt, ist beinahe ebenso alt wie die Haltung selbst. Montaigne bemerkte bereits: »Jeder nennt Barbarei das, was nicht seinen Gewohnheiten entspricht.« Und J.-M. de Gérando schrieb zu Beginn des 19. Jahrhunderts: »Nichts ist gewöhnlicher, als die Sitten der Wilden in Analogie zu unseren eigenen Sitten zu beurteilen, die doch so wenig mit ersteren gemein haben.«[93]

Will man diesen Problemen entkommen, so fordert dies die Arbeit der Dezentrierung in Bezug auf die eigene Identität. Wir werden daher den Einfluss der Dimension der Identität auf die Kommunikation bzw. genauer auf die Situation interkultureller Treffen analysieren.

---

93 Considérations sur les diverses méthodes à suivre dans l'observation des peuples sauvages.

1. Die verschiedenen Verhaltensweisen gegenüber dem Anderssein

Es ist illusorisch, zu glauben, guter Wille, Toleranz, Neugierde genügten, damit sich eine Öffnung gegenüber dem Anderssein einstelle. Zwar können diese Haltungen einen günstigen Ausgangspunkt darstellen. Aber sie alleine genügen nicht, um zu einem authentischen wechselseitigen Verständnis zu kommen. Die Akzeptanz des Anderen in seiner Differenz ist alles andere als eine spontane Verhaltensweise; am häufigsten ist sie das Ergebnis einer schwierigen Entwicklung, in deren Verlauf wir uns über den Ethnozentrismus bewusst werden müssen, der in unserem Blick auf den Anderen liegt.

Der Ethnozentrismus

Der Ethnozentrismus stellt sich als die natürliche und erste Reaktion auf das Anderssein heraus und bedeutet keineswegs automatisch eine Art deformiertes Erfassen der Realität oder eine Pathologie der Beziehung. Unsere Werte, unsere Art zu denken und zu leben können uns nur als natürlich erscheinen und als unabdingbare Grundlage des Menschlichen. Dass andere diese nicht teilen könnten, kann nur ein Zeichen für Abwege oder Perversionen sein. Die Verschiedenartigkeit der Kulturen und Identitäten erscheint also selten als ein Phänomen, das sich aus sich selbst heraus versteht. Sie wird eher wie eine Art Aufsehen erlebt: »Wie kann man Perser sein?«

Dieser Ausruf von Montesquieu bringt die Gefühle der Skepsis, des Unverständnisses und der Ablehnung treffend zum Ausdruck, die häufig den Kontakt zwischen Identitäten leiten. Überall und zu allen Zeiten hat jede Kultur vorgegeben, die eigentliche Essenz der Menschheit zu verkörpern und dabei die anderen Völker in die »Barbarei« oder »Wildheit« verstoßen, beides Begriffe, die an eine Art tierischen Lebens denken lassen. Wie Claude Lévi-Strauss bemerkte, geben sich manche primitiven Stämme einen Namen, der »Die Menschen« bedeutet. Für sie »endet die Menschheit an den Grenzen des Stammes, der Sprachgruppe, manchmal gar des Dorfes.«[94]

Der Ethnozentrismus erscheint als die häufigste Haltung, die sowohl die modernen Gesellschaften wie die »primitiven« Kulturen kennzeichnet. Um

94 Lévi-Strauss: Race et histoire; S. 21

nur ein Beispiel zu geben, zitieren wir folgende Zeilen Giraudoux aus *Siegfried*: »Deutschland ist kein soziales und menschliches Unternehmen, sondern eine poetische und dämonische Verschwörung.« Claude Lévi-Strauss vermutet (a.a.O.; S. 19), dass diese Haltung aufbaut »auf einer stabilen psychologischen Grundlage, weil sie dazu neigt, bei jedem von uns aufs Neue zu erscheinen, wenn wir uns in einer unerwarteten Situation befinden.«

Der Ethnozentrismus ist jeder Zugehörigkeit zu einer sozio-kulturellen, ethnischen oder nationalen Gruppe inhärent. Er korreliert mit dem Mechanismus der Unterscheidung, der das Meinige von dem Deinigen trennt, die Verwandten von den Fremden, die »Leute von hier« von den »Leuten von anderswo«. Erik Erikson spricht von dem Bedürfnis der definierten Distanzierung als von einer Neigung, diejenigen zu isolieren, abzulehnen oder sogar sie zu zerstören, deren Wesen zur Bedrohung für einen selbst zu werden scheint. »Die bleibende Folge des Bedürfnisses nach Distanzierung besteht in der Eilfertigkeit, das eigene Territorium der Intimität und Solidarität zu befestigen und alle Außenseiter mit fanatischer »Überbewertung der kleinen Unterschiede« zwischen dem Vertrauten und dem Fremden zu betrachten.«[95]

So stellt sich der Ethnozentrismus als ein universell verbreiteter kultureller Charakterzug dar. Er ist ein projektives und diskriminatives psychologisches Phänomen, bei dem jegliche Wahrnehmung durch einen »Filter« geleitet wird, der unbewusst auf der Basis dessen arbeitet, was uns vertraut ist und unseren eigenen Werten entspricht; dieser Filter stellt eine Art Selektion her und übersetzt das, was sich unterscheidet, in unsere gewohnte Art zu sprechen, indem er die Alterität entweder innerhalb des Registers des Gleichen interpretiert oder sie verwirft.

Vorurteile und Stereotype

Selbstverständlich kann der Ethnozentrismus sehr verschiedenartige Formen annehmen: aktive oder passive. In letzterem Fall lässt er sich meist auf die Internalisierung der extrem vereinfachten und elementaren Ausdrucksformen sozialer Repräsentation begrenzen, die Stereotype und Vorurteile. Die

95 Adolescence et crise; S. 132.

Vorurteile – Variationen vorgefertigter Urteile und »prêts-à-penser«[96] – haben die Besonderheit, dass sie ein Erklärungsmuster anbieten, das beruhigt, da es von der Allgemeinheit akzeptiert wird und erlaubt, sich eine persönliche Reflexion zu ersparen. Was die Stereotype angeht, so folgen sie aus einer spontanen Tendenz zur Schematisierung und Rationalisierung. Wie Jean Maisonneuve gezeigt hat, »erscheint dieser Vorgang der Vereinfachung und der Generalisierung als das Typische jeglichen menschlichen Denkens, das versucht, seine Umwelt zu schematisieren, um sich inmitten der Mannigfaltigkeit und des Wandels besser zurechtzufinden.«[97]

Dieser Vorgang zeigt eher das Eingeschrieben-Sein in eine kulturelle und soziale Situation auf, als dass er etwas über das Objekt aussagt, auf das er sich bezieht. Zu dieser Schlussfolgerung gelangt beispielsweise eine Untersuchung von Hartley über die Vorurteile gegenüber den Schwarzen in den USA: »Die Einstellungen gegenüber den Schwarzen sind derzeit hauptsächlich von dem Kontakt mit der vorherrschenden sie betreffenden Einstellung bestimmt und nicht von dem Kontakt mit ihnen selbst.«[98]

Tatsächlich spiegeln Vorurteile und Stereotype insbesondere die Beziehungen wider, die sich zwischen soziokulturellen Gruppen etablieren. Größtenteils werden sie durch die Eigenschaften dieser Beziehungen provoziert. So wird eine Konfliktsituation zwischen zwei Ländern gewöhnlich zu negativen Repräsentationen von einander führen. Die Stereotype dienen ebenfalls dazu, die existierenden Verhältnisse zu rechtfertigen. Man stellt zum Beispiel fest, dass zu allen Zeiten Eroberer, Kolonisatoren, Unterdrükker ihre Macht durch ein herabwürdigendes Bild der unterworfenen Ethnien und Völker gerechtfertigt haben. Während der Eroberung von Amerika entwarfen die Spanier eine Theorie, nach der die Indianer nicht von derselben Gattung wie sie selbst seien und dass man sie folglich auch unmenschlich behandeln könnte.

Dieses Phänomen spielt häufig auch gegenüber Immigranten eine Rolle: Sobald die wirtschaftliche Konjunktur ihre Anwesenheit nicht mehr erfordert, werden sie leichter zum Objekt der Ablehnung und xenophober Einstellungen. O. Klineberg unterstreicht (Klineberg; S. 689): »Nicht die Ei-

96 Anm. d. Übers.: Dieser Neologismus ruft die Analogie zu »prêt-à-porter« hervor, der serienmäßigen Herstellung von Kleidung, im Gegensatz zur individuell angepaßten »haute couture«.

97 Maisonneuve, J.: Introduction à la psychosociologie; S. 138.

98 Zit. nach Klineberg, O.: Psychologie sociale; S. 591.

genschaften der Immigranten sind Grund der ihnen entgegengebrachten Antipathie, sondern man weist ihnen eher Eigenschaften zu, die diese Antipathie augenscheinlich rechtfertigen.«

Die Stereotype können auch eine antizipatorische Funktion haben; sie bereiten der Situation, die eine Gruppe herbeiführen will, im Bereich der Vorstellung den Boden bzw. einer Aktion, die sie zu unternehmen plant. So gingen im Nazi-Deutschland die negativen Stereotype bezüglich der Juden deren Verfolgung voraus und begünstigten diese. Doch sind die Stereotype bezüglich des Fremden nicht immer negativ. Sie können sogar sehr positiv sein, wie dies häufig beim Exotismus der Fall ist.

Der Exotismus

Der Exotismus ist in eigentlich das Pendant zum Ethnozentrismus; da, wo letzterer die Werte der eigenen Kultur bevorzugt, bewertet der Exotismus den Anderen und das Anderswo: Aber dieses Andere ist häufig ein mythisches, idealisiertes Anderes, konstruiert durch den Wunsch und den Traum, das eigene Land zu verlassen. Es stellt eine Art verlorenes Paradies dar, das in das entfernte Anderswo projiziert wird, in ein radikales Anderssein, das als die Umkehrung der Unzufriedenheit und der Frustrationen erscheint, die mit der Kultur, der man angehört, verbunden sind. Aber dieser Mythos lässt sich im Allgemeinen nur auf der Basis der Unkenntnis der Realität aufbauen, die ihrerseits notwendigerweise prosaischer ist als der Traum. Deshalb definiert T. Todorov den Exotismus als »Lob trotz Unkenntnis«.[99]

Was dieses Lob zum Ausdruck bringt, ist häufig ein nostalgisches Gefühl gegenüber dem Ursprünglichen, gegenüber einer nicht-pervertierten oder durch die technische Kultur herabgesetzten Natur, einer einfachen und authentischen Menschlichkeit, die Verbote und Tabus nicht kennt (in der Tradition des Mythos vom »guten Wilden«); oder aber die Faszination für die Zivilisationen der Vorfahren, denen man eine Feinheit zuschreibt, eine Lebenskunst, eine Weisheit, für die wir das Gespür verloren hätten; oder aber eine Begeisterung für die fortschrittlichste Modernität, für die technologischen Erfolge, die mechanischen Raffinessen. Man sieht, dass der Exotis-

99 Todorov, T.: Nous et les autres; S. 298.

mus eher eine Einstellung darstellt, als dass er an die spezifischen Merkmale des Objektes gebunden wäre, das er sich auswählt.

Der Tourismus unserer Zeit repräsentiert die aktuelle und allgemein verbreitete Ausprägung des Exotismus, und zwar insofern er die Reise und die Entdeckung des Anderswo als einen Wert an sich darstellt. Der Tourismus ist zunächst eine Konsum-Handlung; es handelt sich darum, das kulturelle Anderssein in ein Spektakel zu verwandeln, in eine Quelle der Unterhaltung. Der Tourist konsumiert Landschaften, Städte, Kunstwerke; er ist begierig nach allem, was »typisch« ist; den einzigartigen Aussichtspunkt, die lokale Küche, die Dorffeste, die Folkloretänze, das Kunsthandwerk. Er »ist bemüht, auf seiner Reise so viele Sehenswürdigkeiten wie möglich abzuhaken. Deshalb zieht er das Bild der Sprache vor, der Fotoapparat ist sein emblematisches Instrument – jenes, das es ihm erlauben wird, seine Monumentesammlung zu objektivieren und zu verewigen.«[100]

Die besuchte Kultur bleibt exotisch, d.h. ihm äußerlich. Die Medien verstärken häufig diese Tendenz nur noch; sie präsentieren das Fremde als eine Folge pittoresker Bilder, als ein reines Spektakel, bei welchem die Kultur zur Folklore erstarrt; sie liefern die Illusion eines Kennenlernens ohne Kontakt.

Dieser Massenkonsum des Anderswo jedoch bewirkt seine eigene Infragestellung; der intelligente Tourist will nicht mehr »reisen oder sich bräunen wie ein Idiot« (die italienischen Städte, das Niltal oder Thailand »abzugrasen« genügt nicht mehr); als Beigabe ist heute der persönliche Kontakt gefragt. Die Reise muss eine ethnologische Neugierde befriedigen (sehen, wie die Eingeborenen leben, ihre vor dem Fremden am besten gehüteten Sitten und Gebräuche kennen lernen, etc.); sie muss die Begegnung und den Dialog imitieren (in Kontakt treten mit den Autochthonen, zusammen mit den Einwohnern leben, etc.), selbst wenn sich diese auf den Schein von Austausch reduzieren lassen.

Sicher, es lässt sich auch anders reisen, das erfordert dann allerdings mehr Zeit, stärkeres Engagement und näheren Kontakt.

100 A. a. O.; S. 378.

Jeglicher ernsthafte Versuch interkultureller Kommunikation kann wie ein paradoxer Schritt erscheinen. Er setzt voraus, dass jener, der sich darauf einlässt, den Fremden gleichzeitig als *ähnlich* und *unterschiedlich* anerkennt.

Den Anderen als unterschiedlich anerkennen, bedeutet, die Relativierung meines eigenen Wertesystems zu akzeptieren; es bedeutet zuzugestehen, dass es andere Motivationen, Referenzen, Gewohnheiten geben kann als die meinen; es bedeutet, zu vermeiden, die Verhaltensweisen des Fremden innerhalb meines sprachlichen Codes zu interpretieren und stattdessen zu versuchen, die Bedeutung zu verstehen, die sie für ihn selbst haben. Es handelt sich um eine Bewegung der Dezentrierung im Verhältnis zu der »egozentrischen« Position, die der Ethnozentrismus einnimmt. Aber eine solche Dezentrierung setzt die Bewusstwerdung der eigenen kulturellen Identität voraus. Es geht darum, in den Wahrnehmungen, den Repräsentationen, den Wertschätzungen, die ich vom Anderen habe, meinen eigenen Blick wiedereinzufangen; der Diskurs, den ich über ihn halte, spiegelt zunächst meine eigene Identität wieder: »Die Werturteile, die die Nationen übereinander abgeben, informieren uns über jene, die sprechen, nicht über jene, von denen gesprochen wird.«[101]

Man stößt hier erneut auf einen Prozess, mit dem uns die Psychologie vertraut gemacht hat: Erst indem man sich seiner eigenen Subjektivität bewusst wird, kann man diejenige des Nächsten verstehen. Wie T. Todorov (S. 27) unterstreicht, verweist uns die interkulturelle Begegnung erneut auf »diese banale Wahrheit, dass man niemals dahin gelangen wird, die Anderen zu verstehen, wenn man sich selbst nicht kennt; dass den Anderen kennen und sich kennen, ein und dieselbe Sache ist.«

Gleichzeitig den Anderen als ähnlich anzuerkennen, bedeutet zuzugestehen, dass die Differenz die Gemeinsamkeit nicht ausschließt; das bedeutet, ihn als jemanden zu betrachten, der eindeutig derselben Menschheit angehört wie ich; das bedeutet, davon auszugehen, dass die Differenz nicht nur ein Hindernis für die Kommunikation ist, sondern einen Anreiz darstellen und bereichernd sein kann. Es geht dabei darum, das ästhetische Stadium des Exotismus hinter sich zu lassen, in dem die Alterität wohl geschätzt

101 A.a.O.; S. 28.

wird, jedoch als äußeres Objekt der Neugierde, des Verlangens oder der Faszination.

Wenn der Fremde ähnlich sein kann, dann unter der Bedingung, ihm nicht als bloßes Objekt, sondern als Subjekt zu begegnen. Ebenfalls ist der Anteil des Andersseins zu akzeptieren, den jeder von uns in sich trägt, sowie die Entdeckung, dass »ich ein anderer ist« (»je est un autre«), wie es Rimbaud scharfsinnig ausdrückte.

Die Psychoanalyse hat uns jenen Teil des Andersseins näher gebracht, der in uns ist, den wir niemals völlig greifen können und von dem wir meistens nichts wissen wollen. Seither wissen wir, dass wir uns selbst fremd sind, wie es J. Kristeva ausdrückt; indem wir die Fremdheit in uns zulassen, sind wir vielleicht eher in der Lage, sie außerhalb von uns selbst zu tolerieren; umgekehrt »versöhne ich mich vom Anderen ausgehend mit meinem eigenen Anderssein-Fremdheit,«[102] und ich vermeide, sie auf den Anderen zu projizieren, um den Unterschied zu verstärken. Denn wenn der Akzent auf ihn gelegt wird – selbst unter dem Deckmantel der Anerkennung und des Respekts –, halte ich den Anderen auf subtile Weise weiterhin auf Distanz und verweigere den Kontakt. Und schließlich bedeutet das Anderssein, in uns selbst anerkennen, uns darüber bewusst werden, dass wir alle kulturelle »Mestizen« sind.

Kulturelle Identitäten stellen keine homogenen Gebilde dar – wie botanische oder zoologische Arten. Es sind dynamische Phänomene, die ständig durchkreuzt werden von Kräften der Angleichung und jenen der Unterscheidung. Wie Michel de Certeau bemerkt, »produzieren die größere Mobilität und Durchmischung der sozialen Gruppen eine Fragmentierung der sozio-kulturellen Identitäten und außergewöhnliche Kombinationsmöglichkeiten zwischen diesen Fragmenten. Von den Bezugssystemen von gestern (selbst durchdrungen und beeinflusst von anderen), bleiben häufig nur die Reliquien; Gesten, Erzählungen oder Zeichen, die losgelöst von dem Ganzen sind, zu dem sie gehörten.«[103]

Unsere Kultur ist mehr und mehr eine transnationale Kultur, die ihre Elemente aus der Gesamtheit der Kulturen des Planeten schöpft und sie verschiedenartig kombiniert (dieses Phänomen tritt in den Medien besonders

102 Kristeva, J.: Etrangers à nous-mêmes; S. 269.

103 Idéologie et diversité culturelle; in: Diversité culturelle, société industrielle, Etat national; S. 236.

hervor, die eine in weiten Teilen kosmopolitische »Mosaik-Kultur« anbieten, wo sich amerikanische Fernsehfilme mit japanischen Comics abwechseln). Diese Wirklichkeit bietet einen starken Kontrast zum nationalen Egozentrismus, der sich verzweifelt an die Illusion seines Inselcharakters klammert und sich naiv im Chauvinismus des politischen Diskurses oder des Sports Ausdruck verschafft.

2. Identität und Kommunikation

Kommunikation reiht sich in das Spannungsfeld zwischen dem Anderen und dem Gleichen ein, in einen Raum, der sich zwischen den beiden Polen totaler Identifikation oder radikaler Alterität auftut. Mit dem Ähnlichen, dem Identischen weicht die Kommunikation der Kommunion, Kommunion der Blicke, des Lachens, der geteilten Mahlzeiten, der kollektiven Lieder und Rituale. Mit dem völlig Anderen, dem Fremden, ist die Kommunikation unmöglich: Er hat nicht dieselbe Art zu sprechen, dieselben Werte, dieselben Gewohnheiten; man hat nichts zu teilen, sich nichts zu sagen (diese Grenze ist schneller erreicht, als man glauben könnte; wie oft scheint das Auftreten eines Unterschieds in Wahrnehmung, Einschätzung oder Beurteilung die Kommunikation in Gruppen vollständig lahm zu legen: »Wenn du das denkst, so etwas behaupten kannst, dann lohnt es sich wirklich nicht mehr, mit dir zu diskutieren, ich habe dir nichts mehr zu sagen«). Auf der einen Seite das alter ego, der Doppelgänger, der mein eigenes Bild zurückwirft; auf der anderen der Gegner, für den man nur Aversion empfindet und der schnell zum Feind wird, den es abzulehnen oder auszuschalten gilt. Diese Spannung zwischen zwei Gesprächsteilnehmern, die sich nah genug sind, damit »der Funke überspringt«, ohne dabei völlig ineinander aufzugehen, liefert der Kommunikation die nötige Energie; die Spannung erklärt die paradoxe Position der Identität, gleichzeitig das zu sein, was die Kommunikation ermöglicht, sie begünstigt – und das, was ihr im Weg steht.

Tatsächlich gibt es keine Kommunikation ohne Identität und Identifikation der sich gegenüberstehenden Personen; nur schwerlich entkommen die ersten Kontakte diesem Deklinieren der Identität (wer bin ich? wer bist du? etc.), die gleichzeitig eine Art ist, den Kontakt herzustellen, wie ihn zu verhindern oder ihn zumindest einzugrenzen.[104] Ich kann nicht kommunizieren, wenn ich nicht weiß, mit wem und in welcher Absicht. Es handelt sich darum, gleichzeitig die Identität des Gesprächspartners wie denjenigen (geschlechtsspezifischen, sozialen, beruflichen, nationalen, ideologischen, etc.) Bestandteil meiner eigenen Identität zu erfassen, der für unseren Austausch nötig ist.

Identität ist hier ein Element der Beruhigung, eine Art, der Angst vor dem Unbekannten entgegenzutreten, diese mit Hilfe von Markierungen und Begrenzungen in Schranken zu halten. Ihr entspricht im Bereich des Diskurses »der Allgemeinplatz«, der ein vertrautes Gebiet der Begegnung eröffnet; die stereotypen und ritualisierten Gesprächsthemen (das Wetter, die Landschaft, die Reisen, die Ernährung, die neuesten Ereignisse, etc.) schaffen ein relativ neutrales und allgemein zugängliches Terrain, auf dem Interaktion ohne zu großes Risiko möglich wird. Dies ist die positive Seite des *Banalen* – antagonistischer Begriff zum Fremdartigen –, die eine Basis der Identität konstituiert. Denn unser Identitätsgefühl ist zu einem Teil von diesen Ritualen, diesen gewohnheitsmäßigen Gesten, diesen in ihrer beruhigenden Vertrautheit wieder erkannten Allgemeinplätzen abhängig; es schöpft daraus den Eindruck der Unveränderlichkeit, in der jeder das Bewusstsein über seine Einheit und Kontinuität inmitten sich verändernder Umstände bestärkt.

Das Banale konstituiert wie die Identität eine Begrenzung und sogar ein Sich-Zurückziehen, aber ebenfalls die Basis, aus der das *Außer-Gewöhnliche* hervortreten und die Kommunikation sich für den Austausch und das Fremde öffnen kann. So erscheint es als » die Stelle der Verankerung der realen oder imaginären »Abweichungen«, deren Plan oder Notwendigkeit

104 Frz. »décliner« bedeutet nach dem Wörterbuch, alle Endungen anzugeben (»seine Namen, Vornamen, Titel und Qualitäten deklinieren«), aber es bedeutet auch zurückweisen, verweigern (»eine Einladung zurückweisen«).

(»Reiz«) das Individuum an den Stellen durchkreuzen, an denen es sich mit sich selbst am stärksten identisch fühlt.«[105]

Wenn man oft trotz des Reizes und der Faszination des Unbekannten zögert, sich aus diesem Schneckenhaus hinauszuwagen, das gleichzeitig hart und zerbrechlich ist, so liegt dies zum Teil » an der Weigerung, sich von dem Ort fortreißen zu lassen, an dem sich die hauptsächlichen und rekurrenten Bedeutungen seines Lebens bilden.« (ibid.) Sobald ich mich in meiner Identität gefestigt genug fühle, kann ich es riskieren, sie in der Kommunikation offen darzulegen, bei der sie in Frage gestellt, erschüttert werden oder eine Modifizierung erfahren kann.

Wenn Identität erlaubt, den Gesprächsteilnehmern Gestalt zu verleihen und das Unbekannte mit Hilfe des Vertrauten zu vertreiben, so ist sie ebenfalls eine Art, die Erwartungen, den Austausch und die Verhaltensweisen zu harmonisieren. Das Verhältnis, das die Interagierenden in ihrer jeweiligen Identität miteinander verbindet, definiert einen Kanal, eine Art »Wellenlänge« und Beziehungsschemata, die die wechselseitige Abstimmung erleichtern. So hat die »Galanterie« über lange Zeit ein bevorzugtes Interaktionsmodell zwischen Mann und Frau dargestellt; es lieferte gleichzeitig eine Rollendefinition (bei der der Eifer des Eroberers und Verführers auf eine Reaktion in Form der Koketterie und der geschmeichelten Empfänglichkeit seines Gegenübers stieß), ein Szenario (mit einem Ziel – der Verführung –, mit den notwendigen Etappen, den Intrigen und den verschiedenen Arten der List) und die entsprechende Rhethorik (einer gewählten Marivaudage[106]).

Eine wichtige Funktion der Kommunikation, die einen nicht zu unterschätzenden Anteil des Austauschs ausmacht, besteht darin, die Identität der Gesprächspartner implizit zu bestätigen oder sie für nichtig zu erklären. In Form ihrer Beiträge oder ihrer Verhaltensweisen geben sich jene wechselseitig eine Beschreibung voneinander, (die unverblümt etwa lauten könnte: »So also sehe ich Sie und mich; und so hätte ich gerne, dass Sie mich sehen und, dass Sie sich in Bezug zu mir positionieren, wie ich dies in Bezug zu Ihnen tue«). Der Andere kann daraufhin diese Definition akzeptieren, zu-

---

105 Javeau, Cl. (1983): Les symboles et la banalisation. In: Cahiers internationaux de sociologie, vol. LXXXV.

106 Anm. d. Übers.: »Marivaudage«, ein Substantiv, das in Anlehnung an Marivaux, den »Schöpfer der Liebeskomödie« aus dem 18. Jahrhundert gebildet wurde, der die besonders ausgefeilte Sprache der Galanterie in seinen Stücken kultivierte.

rückweisen oder korrigieren; in dieser Bewegung der Bestätigung, der Ablehnung oder der Verweigerung von Identität liegt die Grundlage für die meisten Gefühle, die die Menschen übereinander empfinden und die von der Angst bis zur Lust reichen, von der Freude bis zur Wut und von der Liebe bis zum Hass.

Diese Identitätsbeziehung dient als Unterbau von Kommunikation und beeinflusst deren Inhalt; so sind zahlreiche Konflikte unterschiedlicher Vorstellungen, Meinungen, Interpretationen de facto Identitätskonflikte. Sehr richtig bemerkt dies Jeanne Kraus in einer Diskussion, wenn sie sagt: »Zu beobachten ist auch, dass die Äußerung eines Teilnehmers, er habe nicht verstanden, nicht unbedingt ein reales Nicht-Verstehen bedeutet, sondern meist Ausdruck dafür ist, dass er mit dem Gesagten nicht einverstanden ist.«[107] Der Vorgang der Identifikation ist also gleichzeitig die Bedingung und die eigentliche Absicht eines wichtigen Anteils der Kommunikation.

Die Identität als Grenzwert

Doch Identität kann auch als Hindernis für Kommunikation erscheinen. Sie bringt zunächst eine Begrenzung mit sich. Je nach der Identität meines Gesprächspartners werden mir ein bestimmter Sprachstil, bestimmte Themen als »angemessen« erscheinen und andere nicht; somit definiert die Identität der Gesprächspartner für den einen wie den anderen einen fest abgesteckten und mehr oder weniger beschränkten Bereich des Gesprächs und Austauschs.

Sie hat auch die Tendenz, den Austausch auf einem relativ vorgeformten und oft stereotypisierten Niveau zu halten (so wird der Erwachsene dem Kind gegenüber sehr häufig Fragen zu Schule und dem schulischen Erfolg stellen; zwischen unterschiedlichen Nationalitäten wird sich die Konversation auf touristische Erinnerungen oder die fremde Kultur betreffende Informationen erstrecken, etc.). Das heißt, Identität verweist sehr häufig auf eine Rolle, und diese Rolle impliziert bei Interaktion mit derjenigen des Gesprächspartners ein bereits etabliertes und ritualisiertes Register der Kommunikation. Die Erfahrung zeigt, dass man im allgemeinen zunächst die

---

107 DFJW (Hg.): Interkulturelle Kommunikation und nationale Identität. Arbeitstexte Nr. 2 (1983).

Phase dieses Registers durchlaufen und überwinden muss, um eine echte Kommunikation zu entwickeln, in der die Personen sich dann wirklich persönlich einbringen.

Andererseits kommt es häufig zu einer konfrontativen Situation, wenn die Gruppen von ihrer sozialen Identität ausgehend interagieren; in dieser Situation handelt es sich weniger darum, sich dem Anderen zu öffnen, als vielmehr darum, die Identität der eigenen Gruppe gegenüber dem »Gegner« (jenem, der einem gegenübersteht) zu festigen, der ständig eine potenzielle Gefahr darstellt, die Einheit der Gruppe in Frage zu stellen, oder der die Rolle der »negativen Identität« spielt, auf die die inneren Spannungen der Gruppe, ihre beunruhigenden und unerwünschten Bestandteile projiziert und abgeleitet werden können. So betrachtet, entpuppt sich die Mannigfaltigkeit der nationalen Identitäten, die auf einen ersten Blick als anregend und wie ein Bereicherungsfaktor für die Begegnung erscheinen kann, als ein Hindernis einer authentischen Kommunikation. Sofern dieses Hindernis abgestritten wird, begünstigt es idealisierende Haltungen, die die sozialen Rollen und die künstlichen Beziehungen festigen. Im Übrigen lässt sich beobachten, dass außerhalb der Situationen, in denen interkulturelle Kommunikation formalisiert und in Schranken gehalten wird, das Gesetz der Homophilie wieder seine Rechte einfordert; während der Pausen, der Mahlzeiten, in interpersonalen Beziehungen gruppieren sich die Teilnehmer häufig nach der Nationalität; wenn auch in der Anfangszeit eine »Anstrengung« unternommen worden sein mag mit dem Ziel, die Nationalitäten zu »mischen«, so findet man sich nach einigen Tagen wieder unter seinesgleichen, es sei denn, es hätten sich individuelle Affinitäten gebildet, die es erlauben, dem Gewicht der nationalen Identitäten etwas entgegenzusetzen.

Der kulturellen Identität kommt somit im Bereich der Begegnung eine ambivalente Funktion zu; wie jede soziale Identität erlaubt sie es, den anderen zu situieren, sich von ihm ein bestimmtes Bild zu machen, seine Verhaltensweisen und Einstellungen zu antizipieren; sie erleichtert also die Kommunikation und ruft ein Gefühl der Neugierde hervor (woraus die Illusion resultiert, die Leute im Ausland seien kommunikativer, umgänglicher). Aber sehr schnell entpuppt sich ihr defensiver Charakter. Den Anderen als Objekt der Neugierde zu treffen, bedeutet zu vermeiden, ihm als Subjekt, als »alter ego« zu begegnen, mit dem Konfrontation und Konflikt möglich sind; in gewisser Weise bedeutet dies, die Person-zu-Person-Beziehung zu vermeiden. J. Kristeva merkt hierzu subtil an: »Die Begegnung in der Form einer gegenseitigen Anerkennung schuldet ihr Glück dem Provisorischen, und die Konflikte würden sie zerreißen, wenn sie länger währte.«[108]

Deshalb nimmt die kulturelle Identität eine Rolle ein, die das Gefühl der Geborgenheit vermittelt; sie erlaubt es, der Kommunikation einen Rahmen, eine Begrenzung aufzuerlegen und rationalisierende Erklärungen für das Unverständnis und die Schwierigkeiten des Austauschs zu liefern (»die Deutschen haben keinen Sinnn für Humor«, »die Franzosen verzetteln sich immer in theoretischen Debatten«, »die Amerikaner sind große Kinder«, etc.). Irgendwann kommt es fast immer zu dieser Art der Rationalisierung.

3. Die interkulturelle Begegnung

Nachdem wir die generelle Problematik der Zusammenhänge von Identität und Kommunikation untersucht haben, werden wir uns nun den Auswirkungen in den konkreten Situationen der interkulturellen Begegnung zuwenden.[109]

Die nationale Dimension

Wir möchten von Anfang an betonen, dass das Interkulturelle nicht auf die Dimension des bloß Internationalen reduziert werden kann. Genau besehen, neigt jede genügend stabile soziale Gruppe dazu, eine eigene Kultur zu konstituieren (die sozialen Klassen, die regionalen Identitäten, die geschlechtsspezifischen Identitäten, die sozioprofessionellen Gruppen, etc.). Zumeist handelt es sich um einen Mythos, eine Ideologie oder eine Illusion, zu glauben, die Nationen stellten kulturell homogene Gesamtheiten dar. Die interkulturelle Begegnung kann als Zusammenkunft von Personen verstanden werden, die verschiedenen Kulturen angehören, darunter auch national un-

---

108 Etrangers à nous-mêmes; S. 22.

109 Wir werden uns speziell auf die Erfahrung mit Jugendbegegnungen, internationalen Forschungsseminaren, Treffen mit Teilnehmern gleichen Status, aber unterschiedlicher Nationalitäten (Dozenten, Gewerkschafter, etc.) stützen. Diese Begegnungen fanden insbesondere im Rahmen des Deutsch-Französischen Jugendwerks (DFJW) und des Centre International de Formation Européenne (CIFE) statt.

terschiedlichen Kulturen (die jedoch quer zu anderen Elementen der Identifikation wie Geschlecht, soziale Herkunft, Alter, Beruf, religiöse und ideologische Einbindung liegen)[110] und mit diesen interferieren.

So stellt die Nationalität eine soziokulturelle Variable unter anderen dar; das soll nicht heißen, dass man diese Variable vernachlässigen sollte, sondern es muss versucht werden – ohne ihr einen exklusiven Stellenwert einzuräumen –, ihre Auswirkungen abzuwägen.

Eine erste Ebene ist offenkundig, nämlich die sprachliche. Da die Kommunikation in weiten Teilen im Sprechen manifest wird (besonders in einem intellektuellen Kontext), bedingt die Kenntnis einer Fremdsprache sehr direkt die Möglichkeit zur Kommunikation mit jenen, die diese sprechen. Ohne uns an diesem Punkt (der im ersten Teil des Buches behandelt wurde), zu lange aufzuhalten, wollen wir lediglich die Tatsache hervorheben, dass diese Dimension bei dieser Art von Begegnung nicht immer in ausreichendem Maße Berücksichtigung findet. Ist auch die Frage nach der Übersetzung eine der wichtigen Dimensionen des Problems, so stellt sie selbstverständlich nicht die einzige dar. Denn Sprache ist nicht einfach ein Instrument der Kommunikation; gleichzeitig handelt es sich dabei, wie wir gesehen haben, um den Ausdruck sozialer Repräsentationen, mentaler Strukturen und schließlich der Kultur. Die sprachliche Differenz verweist auf eine kulturelle Differenz, deren Einfluss auf die Formen der Kommunikation nicht zu leugnen ist. Aber diesbezüglich kommt es zwischen der Nationalität und anderen Formen sozialer Identität zu Interferenzen; denn ebenso wichtig sind soziale Identitäten auf der Basis von sozialer Klasse oder Altersklasse, von Geschlecht oder Ideologie (unter der Voraussetzung, dass die sprachliche Barriere überwunden ist). Die nationale Identität – dies sei wiederholt – stellt nur eine der Ebenen soziokultureller Differenzierung dar. Heute neigen jedoch zahlreiche ideologische Strömungen dazu, entweder diese Ebene zu leugnen (die nationalen Identitäten sind überholt, wir sind alle Brüder, wir sind in erster Linie Proletarier, Jugendliche, Frauen oder Mohammedaner, etc.) oder aber aus ihr das einzige positive Element der Kommunikation zu machen (man muss sich verstehen, sich in seiner Verschiedenartigkeit

---

110 Manchmal fühlen sich Personen unterschiedlicher Nationalität, jedoch gleichen Berufs und mit den gleichen Interessen, Werten und vergleichbaren praktischen Erfahrungen (beispielsweise die Kultur junger Studenten) zueinander mehr hingezogen als zu Leuten derselben Nationalität, die jedoch einem anderen soziokulturellen Milieu angehören.

entdecken, sich aus unseren Unterschieden heraus bereichern, etc.); diese Ideologien sind häufig »Reaktionsbildungen« auf die spontane Haltung, die jegliche fremde Identität als störend wahrnehmen lässt (eine Haltung, die in extremer Weise in jeder Form von Rassissmus zum Ausdruck kommt). Diese Ideologien werden durch einen heute besonders lebendigen Mythos vom Fremden verstärkt; dieser Mythos speist einen weitläufigen Konsumbereich (das Reisen, den Tourismus), ein gesamtes Beziehungsritual (die internationale Begegnung, das Leben mit den Einheimischen, etc.); ein mit den edelsten humanistischen Gefühlen bestückter ethnologischer Wissensdurst ist völlig durchdrungen von ihm und läuft häufig auf Formen des Pseudo-Austauschs und der Pseudo-Kommunikation hinaus.

Das Ritual der Begegnung

Jede soziale Interaktion tendiert dazu, sich nach einem bestimmten Ritual, d.h. nach Normen, Regeln, Konventionen auszurichten, die die Beziehungen zwischen den Beteiligten regeln und die eine Art Modell, etwas wie ein »Szenario« der Kommunikation[111] darstellen. Die interkulturelle Begegnung entkommt einer solchen Ritualisierung nicht.

Dieser Typus der Begegnung ruft bei den Teilnehmern zwei Reaktionen hervor: einerseits einen Schritt hin zur Öffnung, den Wunsch, mit Personen einer anderen Identität in Kontakt zu kommen; andererseits ein Gefühl der Unsicherheit, das aus der Konfrontation mit eben dieser unterschiedlichen Identität resultiert (ambivalente Gefühle, die beispielsweise eine französische Teilnehmerin einer Begegnung zwischen jungen Berufstätigen anschaulich zum Ausdruck brachte: »Ich war neugierig auf das Treffen mit diesen Deutschen, aber es machte mir auch ein wenig Angst, ..., aber letztendlich sind sie wirklich in Odnung und haben eine gute Mentalität«).

Genau in diesem Sinne bemerkt Hans Nicklas:[112]

> »Weitere erwartete positive Aspekte sind oft die neuen Kontakte, die Erfahrung von Kollektivität und Selbstorganisation, die Möglichkeit des af-

111 Vgl.: Marc, E./ Picard, D.: L'interaction sociale. In: Maisonneuve, J.: Les rituels.

112 Nicklas, H.: Alltag, Vorurteile und interkulturelles Lernen. DFJW Arbeitstexte Nr. 1 (21989).

fektiven Auslebens und die Hoffnung, sich als ganze Person einbringen zu können.«

Das Gefühl der Unsicherheit entsteht durch den Bruch mit den Gewohnheiten und den alltäglichen Beziehungen, durch die Bedrohung, die die anderen Denk-, Ausdrucks- und Verhaltensweisen für die eigene Identität darstellen, durch die Existenz von Vorurteilen und mit ihnen einhergehenden Bildern, wie durch das Bedürfnis, in der Gruppe anerkannt und in sie integriert zu sein.

Man kann sagen, dass das Ritual der Begegnung im Idealfall eine Beruhigungsfunktion ausüben und gleichzeitig den Ausdruck und die Realisierung der positiven Erwartungen erleichtern sollte. Wie H. Nicklas weiter schreibt:

> »Es ist ein behutsames pädagogisches Szenario notwendig, das es möglich macht, dass die Teilnehmer alle die hemmenden Faktoren, die neuer Erfahrung entgegenstehen, wie Blockierungen, Projektionen, selektive Wahrnehmung, Abwehr und Flucht vor dem Anderen, Fremden produktiv bearbeiten können.«

Anders gesagt, die Aufgabe des Rituals besteht darin, die Angst zu entschärfen, die triebhaften, individuellen und kollektiven Empfindungen einzudämmen und zu kanalisieren, die durch die Situation hervorgerufen werden, und die Verteidigungsmechanismen abzuschwächen (hierin finden sich übrigens die Charakteristika des Rituals wieder, wie es beispielsweise die Ethologie beschreibt, eines Rituals nämlich, welches eine dreifache Funktion erfüllt: die Unterdrückung der Kämpfe im Innern der Gruppe, die Konsolidierung der Einheit der Gruppe und die Gegenüberstellung der Gruppe als unabhängiger Entität zu anderen ähnlichen Gruppen).

Die Ableitung der triebhaften Gefühle (aggressiver und libidinöser Art) ist ein wichtiger Prozess der Gruppenkonstitution. Die durch den Schock der Kulturen hervorgerufene potenzielle *Aggressivität* kann durch eine Ritualisierung des Kontaktes neutralisiert werden (der auf einen harmlosen und höflichen Austausch über »Gemeinplätze« oder stereotype Themen begrenzt ist, wie Tourismus, Reisen, allgemein bekannte Orte, etc.); zudem kann sie durch die Unterdrückung der Gefühle und das vorherrschende Engagement für die Begegnung oder die Aneignung der Sprache neutralisiert werden,[113] auch der Prozess der Idealisierung des Anderen kann hierzu führen (Idealisierung des Fremden, seiner Kultur, der Begegnung, der Völkerverständigung, etc.). Letztlich kann die Aggressivität in sozial akzeptierte Formen umgeleitet werden, wie in den sportlichen Wettkampf oder in »sarkastische Bemerkungen« und »Sticheleien«, die eine Gruppe an eine andere richtet und umgekehrt. In diesem Sinne muss der Stellenwert der Mahlzeiten und gemeinsam veranstalteter »Koch-Aktionen« unterstrichen werden, die, kaum überraschend, eine Verschiebung der kannibalischen Triebe darstellen: Jede Identität hat – ebenso wie die Angst, vom Anderen eingenommen zu werden – den Wunsch, zu zeigen, dass sie sich anpassen kann, dass sie nahrhafte und essbare Dinge anzubieten hat; es liegt den Teilnehmern am Herzen, die anderen ihre lokale Küche kennen und schätzen zu lehren; dies bedeutet bereits soviel, wie in gemeinsamen Werten übereinstimmen, »Kum-pan« (französisch: co-pain)[114] sein.

Auf der *libidinösen Seite* wird das Geschlecht schon durch den Begriff der Begegnung und des Kontaktes angesprochen und gleichzeitig durch die Ritualisierung blockiert. Diese Ambivalenz kann man insbesondere an der Einstellung gegenüber den sich gegebenenfalls bildenden »gemischten Pärchen« (zweier Nationalitäten) wahrnehmen; häufig sind sie das Ziel von Scherzen und Hänseleien; man sieht darin eine Symbolik der Verständigung zwischen den beiden Ländern, aber auch eine Bedrohung für die Einheit der Gruppe und das gute Gelingen der Begegnung (wird sich das Paar nicht in eine rein private Selbstgenügsamkeit zurückziehen und sich so der gemeinsamen Arbeit entziehen?). Bei der Begegnung werden der zu offensichtlich sexuell motivierten Paarbildung Gruppenfestivitäten vorgezogen, bei denen sich die Partikularismen in einer Fusion geselliger Art aufheben können. Das Ritual wacht ebenfalls darüber, dass das Sexuelle umgeleitet und gewinnbringend kanalisiert wird; die Begegnung muss Früchte tragen; sie muss dafür sorgen, dass aus diesem Kontakt eine dauerhafte Allianz und Völkerverständigung erwächst; das Austauschen der Adressen beim Auseinandergehen wie das Versprechen, sich wieder zu sehen und die in der

113 So sind manche Teilnehmer unersättlich in ihrem Begehren, alles von der fremden Kultur zu erfahren, und akkumulieren Informationen, Detailfragen, statistische Angaben.

114 Anm. d. Übers.: Vgl. die aufschlußreiche Etymologie: mittelhochdeutsch: kompan < altfranzösisch: compain < spätlateinisch: companio = Gefährte < Latein: cum = mit, panis = Brot.

Gruppe geknüpften Kontakte zu verewigen, sind bezeichnend für das Bedürfnis, das Entstehen einer stabilen Verbindung und einer Nachwelt zu begünstigen, die als Garant für die Zukunft verstanden wird.[115]

Das Ritual des interkulturellen Seminars hat somit zur Aufgabe, das Aufeinandertreffen der Identitäten mit einem geringst möglichen Risiko an Konflikten und Blockaden zu gestatten und dabei die Ableitung und die Sozialisation einzelner Triebe mit dem Ziel der Konstitution einer geeinten und relativ homogenen Gruppe zu gewährleisten.[116] Um dieses Ziel zu erreichen, braucht die Gruppe Vorbilder, die als Bezug dienen, die Verhaltensweisen steuern und die Reaktionen der einen wie der anderen vorwegnehmen können. Die Kultur bietet eine ganze Palette an Ritualen, die der interkulturellen Begegnung Vorbild sein können, zum Beispiel das Ritual des »Empfangs«: Die Teilnehemer des Landes, in dem die Begegnung stattfindet, können etwa die Rolle des Gastgebers spielen und diejenigen, die angereist sind, die des Gastes; wie bei jedem guten Empfang wird sich der Gastgeber um den (relativen) Komfort des Gastes sorgen, er wird sich um das Programm kümmern, für das Essen und um die Unterhaltung des Gastes sorgen (mit ihm gemeinsam die Gegend erkunden, ihm Sehenswürdigkeiten vor Ort zeigen, Kontakte und Treffen mit Honoratioren organisieren, etc.); der Gast wird sich interessiert zeigen, staunen, wenn es sich gehört, er wird sich höflich und zurückhaltend verhalten, um nicht wie ein Eindringling zu wirken.

Auch das Ritual der sportlichen Begegnung kann hier als Beispiel figurieren mit Fan-Clubs, erbitterter aber loyaler Rivalität und einem Handschlag am Ende; oder aber das Diplomatentreffen so wie es die Medien popularisieren, d.h. mit seinem starren Protokoll, seinem Pomp und der Zelebrierung der »Freundschaft« zwischen den Völkern...

115 Es fällt auch auf, dass das Thema der international gemischten Ehen während der Begegnungen recht häufig angesprochen wird.

116 Wenngleich das Verdrängte der nationalen Identität unwillkürlich wiederkehrt, wie während jener Bilanz am Ende einer Begegnung, wo sich alle Teilnehmer gegenseitig ob des guten Verständnisses und der Einigkeit, die geherrscht habe, beglückwünschten; während sie dies sagten, saßen sicher nicht zufällig sämtliche Franzosen nebeneinander.

Pädagogische Betrachtungen

In pädagogischer Hinsicht lässt sich angesichts des Rituals der interkulturellen Begegnung die Frage nach der Evaluation der Art und Weise stellen, in der das Ritual den Ausdruck von Differenzen mit dem Einsetzen eines Dialogs versöhnt, in der es eine gewisse Beruhigung der Teilnehmer sowie Toleranz einerseits mit den auftretenden Debatten und Konflikten andererseits versöhnt, die Erleichterung der gegenseitigen Verständigung mit der Authentizität des Austauschs. Dieses Gleichgewicht hängt stark von dem Mischungsverhältnis zwischen Formalismus und Spontaneität, zwischen Organisation und Improvisation, zwischen dem Rationalen und dem Gefühl, der Erfüllung individueller Bedürfnisse und dem Verfolgen des gemeinsamen Ziels ab, das das Ritual jeweils ausmacht.

Auch hier lässt sich unter verschiedenen Bezugsmodellen auswählen: die Pauschalreise, der Freizeitclub, ein wissenschaftliches Kolloquium, die politisierende Begegnung und so fort. Die Erfahrung zeigt, dass das (im weiteren Sinne gefasste) Schulmodell eine stark prägende Kraft besitzt und dass die interkulturellen Begegnungen nur schwerlich dem Schema Referat-Diskussion entrinnen (selbst wenn es durch das touristische Modell abgeschwächt ist). Das Problem, das sich hier stellt, ist jenes des Registers der Kommunikation. Denn jede Redesituation erfordert einen bestimmten Diskurstyp. Die Referat-Diskussion-Situation bringt einen Diskurs der *Repräsentation* mit sich (in sämtlichen Bedeutungen des Begriffs). Zunächst spricht man hier vor einem Publikum, das alle Arten der »Theatralisierung« begünstigt; es ist schwieriger, authentisch zu bleiben, schwieriger, vor etwa dreißig Personen nicht eine Rolle zu spielen als in einer Beziehung zwischen einzelnen Personen; was in der Öffentlichkeit zum Ausdruck kommt, ist eher eine Rolle und weniger die Person an sich. Diese Wahl ist nicht notwendigerweise bewusst getroffen; sie ist sogar häufig unbewusst und kann einen Verteidigungsmechanismus gegen die Angst darstellen, die durch die Tatsache hervorgerufen wird, vor einer Gruppe sprechen zu müssen (auf der Bühne stehen, das heißt auch, sich zeigen, sich ins rechte Licht rücken). Man hat ein Bild durchzusetzen und zu verteidigen, das vom Publikum bestätigt werden will; die Rede wird zur Verführungs- oder Machtstrategie; sie sucht sich Gegner und Fans; eher handelt es sich um eine Zurschaustellung als um Kommunikation.

Schließlich wird jener, der in einer öffentlichen Situation redet, häufig in eine Situation gebracht, in der er sich situieren muss, und zwar als *Repräsentant* eines Kollektivs: Er drückt sich im Namen einer Gruppe aus, als deren Wortführer er sich fühlt (im Namen der Franzosen, der Frauen, der unterdrückten Minderheiten, der schweigenden Mehrheit, etc.). Diese Position der Repräsentation ruft ganz natürlich die »Rezitation« eines ideologischen Diskurses hervor, der jener seiner Bezugsgruppe ist. Diese Eigenschaft der Repräsentation ist der Grund dafür, dass es so schwer ist, in einer großen Gruppe eine Rede zu halten, die Ausdruck von tatsächlich gelebter Erfahrung ist, die authentische Rede ist; denn das individuell Erlebte und die Authentizität verschaffen sich unmittelbaren und konkreten Ausdruck und sind mit jeglicher Re-präsentation unvereinbar (außer im Paradoxon des Schauspielers).

Keines dieser Hindernisse, die sich der Gruppenkommunikation in den Weg stellen, ist unüberwindbar; meiner Ansicht nach können sie in zweierlei Richtung überwunden werden: sei es in der Hervorhebung der Ritualisierung des Austauschs und in der Intellektualisierung (etwa in Form von Kolloquien, Kongressen, umfangreichen Vorträgen, etc.), sei es in einer Metakommunikation der Gruppe über ihre Kommunikationsform (etwa in Form von gruppendynamischen Sitzungen, Begegnungsgruppen, Gesprächsgruppen). Das Dazwischen stellt häufig am wenigsten zufrieden, denn hierbei kommt es weder zu der versichernden Behaglichkeit der akademischen Kommunikation, noch zur Reichhaltigkeit und dem »auf-regenden« Potenzial (das auch ein durcheinander bringendes ist, d.h. es ist in der Lage, eine Veränderung und eine Infragestellung fest gefügter Gesichtspunkte nach sich zu ziehen) des authentischen Austauschs.

Deshalb kann in Hinblick auf eine Pädagogik der Begegnung das Alternieren von kleinen und großen Gruppen als geeignetes Verfahren erscheinen, die Fallen, auf die wir gerade hingewiesen haben, zu entschärfen und Möglichkeiten zu vertieftem und engagiertem Austausch anzubieten. Doch man stellt fest, dass dieses Vorgehen auf Widerstand stößt. Die Verteilung der Teilnehmer auf Kleingruppen wird häufig als ein Element der Trennung und der Verzettelung empfunden. Um dieses häufig zum Ausdruck gebrachte Gefühl zu verstehen, muss man die unbewusste Analogie betrachten, die zwischen der Gruppenidentität und der persönlichen entsteht; die Gruppe wird als ein Vorstellungsobjekt nach dem Modell der projizierten individuellen Identität wahrgenommen.[117] Das Verlangen nach der Einheit der Gruppe ist Ausdruck des Verlangens nach der Einheit des Ich. Die Aufteilung des Gruppenkörpers kann Ängste der Zerstückelung des eigenen Körpers hervorrufen.[118] Die Konflikte in der Gruppe werden als intrapsychische Konflikte erlebt, mit welchen die Teilnehmer dann in Resonanz treten. Sind diese kleinen, auf Affinitäten beruhenden Gruppen jedoch erst einmal akzeptiert und konstituiert, können sie im Gegenteil eine unterstützende Rolle für das Ich spielen und Rahmenbedingungen bereitstellen, die eine authentische Rede sowie das Aussprechen und das Anschneiden der Identitätskonflikte erleichtern.

Wir möchten unterstreichen, dass dieses Vorgehen nicht immer formalisiert werden muss: Die spontanen Gruppierungen, die sich an den Tischen zum Essen bilden, erfüllen diese Funktion häufig sehr gut. In diesem Sinne muss die Tendenz erneut in Frage gestellt werden, die »Begegnung« bzw. die »Tagung« auf die formalisierten Momente des Treffens zu begrenzen. Häufig scheint uns die Zeit, die nicht explizit als Arbeits- oder Diskussionszeit ausgewiesen ist, fruchtbarer und produktiver, auch wenn eine gewisse Strukturierung des Austauschs in manchen Fällen ebenfalls hilfreich sein kann.

Die interkulturellen Begegnungen, sofern sie nicht rein instrumentell bestimmt sind (kommerziell, politisch oder wissenschaftlich), zielen häufig darauf ab, ein besseres Verständnis und ein größeres Einvernehmen zwischen den Völkern zu begünstigen und dadurch Ursachen von Konflikten, Missverständnis und Xenophobie aus der Welt zu schaffen. Es ist nicht sicher, dass dieses Ziel immer erreicht wird. Zahlreiche Erfahrungen zeigen, dass das Aufeinandertreffen von Identitäten häufig Phänomene der Diskriminierung, Stereotype und Vorurteile verstärkt.[119] Man denke nur an den Schüleraustausch, um sich darüber klar zu werden, dass das erreichte Ergebnis nicht immer mit dem angestrebten Ziel übereinstimmen muss.

Michel Bernard, Hochschullehrer und praxiserfahren im Schüleraustausch zwischen verschiedenen Gymnasien unterschiedlicher Länder (insbesondere der Bundesrepublik Deutschland, Großbritanniens und Frankreichs)

---

117 Vgl. Kaes, R.: L'appareil psychique groupal.

118 So spricht man von „esprit de corps“, um die Kohäsion der Gruppe zu bezeichnen, und die Beziehung Individuum-Gruppe wird häufig mit Metaphern vom Körper und seinen Gliedern umschrieben.

119 Vgl. Kapitel VII.

hat bemerkt, wie sehr diese Art von Austausch einer subjektiven und egozentrischen Beziehung Vorschub leisten kann, die mit den ursprünglichen erzieherischen und kulturellen Finalitäten nicht besonders viel zu tun hat.[120] Er schreibt:

»Der Austausch spricht bei den Schülern ganz einfach deren unbewusstesten Wünsche und uneinschätzbaren Begeisterungen, ihre tiefsten subjektivsten Fantasmen und ihre heimlichsten Sehnsüchte an und bringt diese ins Spiel. Anders ausgedrückt, das schulische Austauschverfahren vermischt sich mit dem interpersonellen Bereich und überlagert sich mit der äußerst sensiblen und verwirrten Verkettung der vermeintlichen Geschichte der »Impulse« und Wunschvorstellungen heranwachsender Schüler – nämlich ihrer »ängstlichen Suche nach dem Anderen«««.

Diese programmierte Koexistenz nationaler Gruppen auf deren jeweiligem Territorium führt, in der Sicht dieses Beobachters, de facto und im Wesentlichen einzig dazu, das nicht zu unterdrückende Bedürfnis der *Unterscheidung* heftig und naiv hervortreten zu lassen, das durch die protektionistische Ideologie der Kernfamilie weitergegeben wird und durch den normativen Geist der Unterrichtstradition konsolidiert wird. Daher nehmen die Jugendlichen in demselben Maße zunehmend Unterschiede wahr (in der Art zu leben, zu denken, zu empfinden, zu arbeiten, etc.), in dem sich ihre Herkunfts-Gesellschaft abschottet und befürchtet, von einer anderen eingekreist zu werden (Angst um den Verlust der Identität). Tatsächlich ist der Mechanismus der Differenzierung untrennbar mit jenem der Identifikation verbunden. Sie stellen in gewisser Weise Vorder- und Rückseite ein und desselben Versuchs dar, der darauf abzielt, jegliche Form der Ambiguität – eines Faktors der Unsicherheit – auszuräumen, um die eigene Selbstsicherheit weiter zu festigen.

Deshalb, so führt Michel Bernard für den Schüleraustausch weiter aus,

»... nimmt die Suche nach interpersonalen Wahlverwandtschaften tatsächlich überhand über die Entdeckung der spezifisch kulturellen Eigenschaften des Anderen: der interkulturelle oder binationale Austausch re-

120 Bernard, M.: Zur Philosophie des Schulaustauschs. In: Lucette Colin, Burkhard Müller (Hrsg.): Europäische Nachbarn – vertraut und fremd, Pädagogik interkultureller Begegnungen, Campus 1998 (Europäische Bibliothek interkultureller Studien, Bd. 2.).

duziert sich zu der einfachen Gelegenheit affektiver und narzisstischer Beziehungen im Bereich der Sympathie, der Freundschaft oder gegebenfalls Liebe mit einer »gleich gesinnten Seele«.«

Doch im Falle sich nahe stehender Länder (wie beispielsweise Frankreich und Deutschland) scheint die ethnologische Neugierde kein ausreichendes Motiv zu sein (das häufig durch die schlichte touristische Neugierde ersetzt wird), um die Begegnung zu motivieren. Zudem haben die Jugendlichen nicht dieselben Gründe für den Wunsch einer Annäherung wie die Älteren; wie wir bereits gesehen haben, ist ihre Identifikation über die Nation (zumindest im Bereich der Ideologie) häufig schwach und wenig entschlossen; es sieht ganz danach aus, als ob sie neuen grenzüberschreitenden Formen ideologischer Identifikation einen höheren Stellenwert beimessen, wie etwa den von den Alternativbewegungen bereitgestellten (die Grünen, die Pazifisten, die Dritte-Welt-Aktivisten, etc.). Außerdem liegt in der Möglichkeit einer gemeinsamen, jenseits der kulturellen Unterschiede angesiedelten Identifikation die Tendenz, die unterscheidenden Auswirkungen der dichotomischen Begegnungen zu entschärfen. Die meisten Studien über Vorurteile und Stereotype haben Situationen untersucht, in denen eine Identität in Opposition zu einer anderen stand, ohne dass dabei die gemeinsamen Zugehörigkeiten (wirklich existierende oder potenzielle) hervorgehoben worden wären. Aber die Arbeiten, wie diejenigen von Willem Doise, über die Folgen einer Überlagerung kategorieller Zugehörigkeiten zeigen, dass »die Einführung gemeinsamer Zugehörigkeiten oder die Tatsache, diese hervortreten zu lassen, die Diskriminierung zwischen den Gruppen vermindert.«[121]

Auch die Tatsache, nicht die nationale Identität alleine bevorzugt zu betrachten und sie mit anderen Faktoren gemeinsamer Identifikation zu kreuzen, die die Teilnehmer einander näherbringen, scheint ein wichtiges Element der interkulturellen Begegnung zu sein.

Der Prozess, den man somit bei den Teilnehmern bewirken kann, ist vielleicht einer der Identifikation/Desidentifikation. Während einer ersten Phase zielt die Identifikation mit der eigenen nationalen Identität auf eine Bewusstwerdung dessen, was diese bedeutet, und auch darauf, auf die Versuchungen der Verneinung zu reagieren, von denen weiter oben gesprochen wurde; sie führt dazu, dass man sich als Franzose (oder Deutscher) mit be-

121 Expériences entre groupes; S. 325. Diese Aspekte werden in Kapitel VII nochmals eine Rolle spielen.

stimmten Gewohnheiten, Denk-, spezifischen Beziehungsformen, bestimmten Bildern oder Vorurteilen über die Deutschen (oder Franzosen) erkennt. Man kann jedoch in einem zweiten Anlauf Distanz zu jener Identifikation gewinnen und sich von ihr frei machen, um für sich andere Identitäten anzuerkennen, aber auch, um über die ideologischen Identitäten und die Rollenidentitäten hinauszugehen, so dass der Zugang zu einer authentischen persönlichen Kommunikation möglich wird (immer unter der Bedingung, dass der sprachliche Unterschied kein Hindernis darstellt). In dieser Richtung stellt die Identität »Teilnehmer einer internationalen Begegnung« eine derjenigen Identitäten dar, über die es hinauszukommen gilt, und es obliegt dem Animateur, diese nicht durch das Ritual der Begegnung zu zementieren. Der Weg, das Feld der Freiheit zu erweitern und Zugang zu einer nichtdefensiven Kommunikation zu gewinnen, bei der es möglich ist, sich vom Anderen durchdringen zu lassen und diesen zu durchdringen, führt vielleicht zu der umfassenden Anerkennung der eigenen Identitäten wie derjenigen der anderen, aber auch zu der Einsicht, dass wir in keiner dieser Identitäten vollkommen aufgehen: Besteht hierin das mögliche Ziel einer Pädagogik der Begegnung?

VI. Die nationale Identität innerhalb der Dynamik der Begegnung

Bisher haben wir in einem sehr umfassenden Sinne von kultureller Identität gesprochen und dabei gezeigt, dass dieser Begriff auf Einheiten anzuwenden ist, die qualitativ wie quantitativ sehr unterschiedlich sein können. Wir möchten uns nun gerne auf den Begriff der *nationalen Identität* im spezifischeren Sinne konzentrieren. Welcher Status und welche Inhalte lassen sich der nationalen Identität zuordnen? Über welche methodologischen Herangehensweisen wird sie greifbar? In welcher Beziehung steht das (individuelle oder kollektive) Subjekt zu ihr? Welche Arten von kognitiven und affektiven Phänomenen sind es, in deren Kontext sie anzusiedeln ist?

Ebenso werden wir die Art und Weise, in der die subjektive nationale Identität auf die interkulturellen Begegnungen einwirkt, eingehender betrachten und uns dabei auf die Erfahrung mit der Dynamik plurinationaler Gruppen stützen.

Methodenprobleme

Obwohl man intuitiv für die kulturelle und psychologische Spezifität eines jeden Volkes sensibel sein mag, so erscheinen das Erfassen und die Formalisierung einer solchen Spezifität besonders problematisch. Man sieht sich einer Vielzahl von Ansätzen gegenüber, von denen keiner völlig befriedigend ist. Eine erste Methode, die sich an der Ethnologie orientiert, basiert auf einer Beschreibung der Verhaltensweisen, die sich in einer gegebenen Kultur ständig beobachten lassen, um davon ausgehend ein theoretisches Modell zu erstellen, beispielsweise jenes der »Basispersönlichkeit«; dieser Ansatz, den sich die amerikanische Kulturanthropologie zu Eigen gemacht hatte (Kardiner, Linton, Mead, et al.), erwies sich als einer der fruchtbarsten. Er wurde jedoch nur auf so genannte primitive Gesellschaften angewendet, und seine Übertragung auf moderne Gesellschaften ist sehr fragwürdig. Daher waren manche versucht, einen »nationalen Charakter« über einen statistischen und typologischen Ansatz zu definieren und zu beschreiben.

Diese im Wesentlichen europäische Herangehensweise, die sich auf den Begriff des »recrutement caractérologique« (charakterologische Erfassung) stützt, hat versucht, eine Bestandsaufnahme der dominierenden psychologischen Merkmale einer Bevölkerung vorzunehmen und so einen Modalcharakter freizulegen (Wiersma, Le Senne, Grieger); besonders auffällig sind ihre methodologischen Schwächen, die insbesondere in der Übertragung eines charakterologischen Modells vom Individuum auf das Kollektiv liegen – ein Kollektiv, das man über die reine Addition individueller Charakterzüge ermittelt. Schließlich hat sich ein ganzer Forschungszweig bemüht, über Tests, Umfragetechniken oder dokumentarische Analysen die Stereotype und Bilder zu fassen zu bekommen, die sich die Völker über sich selbst (Selbstbilder) und über andere Völker (Fremdbilder) machen; dieser Bereich darf in seiner offensichtlichen Schlichtheit keineswegs vernachlässigt werden; er ist sogar der solideste, jedoch darf er nicht mit dem objektiven Erfassen der ethnischen Persönlichkeit[122] verwechselt werden. Denn diese stellt sich der Beobachtung unter einem doppelten Aspekt dar: als Objekt und als Subjekt, als Ding und als Repräsentation. Sie ist gleichzeitig in einer Gesamtheit von Einstellungen und Verhaltensweisen zu erkennen, die einer gegebenen Gruppe eigen sind, und als subjektive Realität im Bewusstsein der Individuen, wo sie sich in Form von Bildern, Stereotypen und Ideologien ausdrückt. Um eine weitere Unterscheidung einzuführen, die sich an die vorhergehende anschließt, ohne indes mit dieser zusammenzufallen, kann man, G. Devereux folgend, auch »ethnische Persönlichkeit« und »ethnische Identität« einander gegenüberstellen. Erstere kann definiert werden als »ein konzeptuelles, über induktive Generalisierungen

122 Der Begriff Ethnie verweist hier auf die Vorstellung von einer linguistisch, kulturell und historisch relativ homogenen Gruppe; er fällt nicht notwendigerweise mit dem Konzept der Nation zusammen. In der Tat ist die Unterscheidung eine sehr komplexe, da die beiden Begriffe zwei verschiedenen semantischen Codes angehören (dem kulturellen und dem juristischen). Vgl. zum Konzept der Ethnie im Verhältnis zu dem der Nation: Michaud, Guy (1971): Un concept à définir: l'ethnie. In: Ethnopsychologie, Nr. 2-3. Im folgenden werden wir diese beiden Begriffe nicht immer in signifikant unterschiedlicher Weise verwenden.

auf der Basis konkreter Daten erstelltes Schema,«[123] und genauer gesagt, auf der Basis von Verhaltensweisen und Formen des Benehmens, die direkt oder indirekt zu beobachten sind. Zweitere resultiert aus einem Existenzpostulat, aus einer Bewegung des Anschlusses an eine Gesellschaft, aus einem Bewusstsein der Zugehörigkeit; sie besitzt taxonomischen Wert. Sie entsteht aus einer Konfrontation mit den »Anderen« und einer Abgrenzung von den »Anderen« (»Ich bin Franzose und nicht Deutscher«). Hingegen muss festgestellt werden, dass diese beiden Ideen in der Realität miteinander interferieren und nur schlecht voneinander isoliert werden können. Die ethnische Persönlichkeit aktualisiert sich meist unbewusst, kann aber auch bewusst »zur Schau gestellt« werden und dann zur Bestätigung einer Identität werden.

Andererseits ist die Identität häufig mit bestimmten Verhaltensnormen verbunden (»Franzose sein« wird eins mit »wie ein Franzose handeln«) und funktioniert dann wie ein ideales Persönlichkeitsmodell (was ein »guter« oder »authentischer« Franzose ist). So kann die ethnische Persönlichkeit subjektiv erlebt werden ebenso, wie sich die Identität in Repräsentationen, Meinungen, Reden, in denen sie inszeniert und beschrieben wird, objektivieren kann oder eher »zum Objekt werden« kann. Hierher gehört die Tatsache, dass die subjektive Identität gemeinhin leichter zu erreichen ist als die objektive Persönlichkeit. Es handelt sich hier lediglich um den Anschein eines Paradoxons. Die Repräsentationen sind oft das, was sich am unmittelbarsten der Beobachtung und der Analyse aufdrängt. Für die Ethnopsychologie tun sich somit zwei Wege auf: Fasst man die ethnische Persönlichkeit ins Auge, wird man eine eher soziologische Perspektive einnehmen, bei der das Psychologische auf die soziale und historische Gesamtheit bezogen wird, in der es steht; fasst man jedoch die Identität ins Auge, so verkehrt sich die Perspektive: Das Soziale wird in seiner psychologischen Brechung erfasst. Dieser zweite Ansatz ist nicht weniger wichtig als der erste; in jedem Fall verhält er sich komplementär zu ihm. Wie Lévi-Strauss unterstreicht: »Wir können nie sicher sein, den Sinn und die Funktion einer Institution erfasst zu haben, wenn wir nicht in der Lage sind, ihre Auswirkung auf ein individuelles Bewusstsein nachzuerleben.«[124]

---

123 Devereux, G.: Ethnopsychanalyse complémentariste; S. 134.

124 Sociologie et Anthropolgie (Introduction à l'œuvre de Marcel Mauss); Paris (PUF) 1966; S. XXVI.

Die Komplementarität ist hier dynamisch. Einerseits ist die Art und Weise, in der die Identität subjektiv angenommen wird, integrativer Bestandteil der Persönlichkeit. Aber andererseits findet die ethnische Persönlichkeit in der Identität, in der sie sich als Bewusstsein erfasst, ein Modell, das sie in sozialer Hinsicht definiert. Die Repräsentationen der ethnischen Identität verleihen dem Verhalten durchaus eine Struktur, sie präformieren es sogar. Doch sind diese Repräsentationen soziale Repräsentationen. Die Gesellschaft begnügt sich nicht damit, Formen vorzuschlagen, in denen die psychische Realität eine Ausdrucksweise finden kann; in gewissem Sinne drückt sie ihr eine Rolle auf, eine Gestalthaftigkeit und eine Bedeutung – insbesondere mittels der Sprache, die festlegt, was über sie gesagt werden und in welcher Weise sie konzeptualisiert werden kann. Es ist unwahrscheinlich, dass man eine psychische Realität isolieren kann, die der Kultur nicht verpflichtet wäre. Das Individuum erfasst sich selbst als Subjekt, es erkennt seine Identität über semantische Systeme und symbolische Universen, die parallel zu jeder Gesellschaft existieren und die Verhaltensweisen lenken, da sie ihnen Sinn und Realität verleihen[125] Somit lässt sich die Ethnopsychologie inmitten eines Feldes situieren, das von jenen komplexen Interaktionen zwischen dem Sozialen und dem Psychologischen konstituiert wird, zwischen der Persönlichkeit und der Identität, zwischen dem Objektiven und dem Subjektiven.

In der vorliegenden Studie wollen wir an die nationale Identität als an eine subjektiv erlebte und von den Individuen wahrgenommene herangehen. Genauer gesagt, werden wir uns alle Mühe geben, das Konzept der subjektiven nationalen Identität zu analysieren und uns daraufhin bezüglich der Methoden Gedanken zu machen, die es erlauben sollen, ihren Inhalt fassbar zu machen und sie zu erkunden (als spezifischen Modus der Untersuchung schlagen wir insbesondere vor, die in der Gruppendynamik ruhenden Möglichkeiten zu nutzen).

---

125 Die Unterscheidung selbst schon von individueller und sozialer Identität (wobei die ethnische Identität Teil der letzteren ist) ist eine kulturelle Tatsache, die sich historisch in einen bestimmten Zivilisationstypus einreiht und die eine topische Zerlegung vornimmt, die weit davon entfernt ist, sich in anderen Gesellschaften in ähnlicher Weise wiederzufinden. L.V. Thomas zeigt beispielsweise, dass das Persönlichkeitsmodell in der afrikanischen Kultur sehr verschieden von demjenigen der westlichen Welt ist (Un bilan africaniste. In: Ethnopsychologie, vol. 2-3 (1971); S. 293-310).

1. Die subjektive nationale Identität

Mit dem Begriff der »psychosozialen Identität« hat man diejenige Dimension der Identität bezeichnet, die sich auf die Zugehörigkeit des Individuums zu verschiedenen Gruppen bezieht. Dieser Begriff legt nahe, dass sich das Individuum über diese Zugehörigkeit zum Teil identifizieren lässt und dass es diese subjektiv als verantwortlich für einen Bereich seines »Selbst« wahrnimmt. Das Wort *Gruppe* bezeichnet hier soziale Kategorien ebenso wie das Alter, das Geschlecht, die Nationalität und Rollen oder Stellungen wie den Beruf, Zugehörigkeit zu einer politischen oder konfessionellen Gruppierung.[126] Diese einfache Auflistung zeigt, dass es sich hierbei um relativ heterogene Kategorien handelt, bezüglich derer man sich fragen kann, ob sie wirklich auf einer gleichen Ebene angesiedelt werden dürfen.

Ist die nationale Identität von der gleichen Art wie die geschlechtliche Identität oder wie die berufliche Zugehörigkeit? Und, ist dem nicht so, worin unterscheidet sie sich dann von anderen Kategorien? Es scheint, dass diese Frage bisher nicht eingehend untersucht worden ist und dass die Antwort, die man beisteuern kann, schwer zu formulieren bleibt.

Die nationale Ideologie

Was bei einer ersten Betrachtung auffällt, ist der beachtliche Mobilisierung , den die nationale Identität bei manchen hervorrufen kann. Sie kann die schlimmsten Verirrungen wie die größten Opfer provozieren, zum aggressivsten Chauvinismus animieren wie zum selbstlosesten Heldentum. Für das Vaterland sterben war schon immer von der nationalen Ideologie als ruhmreiches Schicksal präsentiert worden. Wird man in dieser Hinsicht eine Entsprechung für die geschlechtliche und berufliche Identität ausfindig machen können? Dies scheint zweifelhaft; vielleicht würde die politische oder die religiöse Identität vergleichbarere Beispiele liefern. Die Kraft der subjektiv erlebten nationalen Ideologie variiert zweifelsohne je nach der Epoche und den Umständen; sie nimmt nur dann einen sehr heftigen Charakter an, wenn sie sich extrem bedroht fühlt oder durch Ereignisse oder Propaganda beson-

126 Vgl. Zavalloni, M.: L'identité psychosociale. In: Introduction à la psychologie sociale (Bd. 2).

ders aufgestachelt wird. Doch lässt sich feststellen, dass sie fast immer gegenwärtig ist, selbst wenn sie sich hinter einer universalistischen oder internationalistischen Ideologie verbirgt. Der Mensch kann auf jegliche Art der individuellen oder sozialen Eitelkeit verzichten; weniger leicht verzichtet er auf nationalen Stolz.

Gerade haben wir aufeinander folgend von nationaler Identität und nationaler Ideologie gesprochen. Die beiden Begriffe stehen wohl in enger Beziehung zueinander, vermengen sich jedoch nicht. Die nationale Ideologie kann von einem subjektiven Standpunkt aus wie die Rationalisierung des Identitätsbewusstseins erscheinen; sie kann jedoch auch als etwas aufgefasst werden, das dem nationalen Bewusstsein eine Form gibt oder es sogar erst hervorruft. In diesem Sinne könnte man versucht sein, in dem Gefühl nationaler Identität ein reines Produkt der Ideologie zu sehen, hergestellt und manipuliert von den Machthabern. Sicherlich wäre dies eine vereinfachende Sichtweise. Es existiert eher eine Entsprechung zwischen dem individuellen (und sozialen) Bewusstsein und dem ideologischen Diskurs; das Subjekt erkennt sich in diesem nicht nur wegen der sozialen Bestätigung, die mit ihm einhergeht, sondern weil es in ihm eine Form erkennt, auf die es seine Identität zu stützen und sie zu benennen vermag. Das bedeutet, eine Repräsentation wie jene der nationalen Identität ist nicht nur das Produkt einer sozialen Gruppe – Produkt, das durch seine historischen Bedingungen prädeterminiert wäre und anschließend passiv von den Adressaten gebilligt würde. Seine sozialen Entstehungsbedingungen erhellen die Inhalte und den sie strukturierenden Code, aber sie sagen nicht viel über die Art und Weise aus, in der die Individuen daran beteiligt sind und sich darin wiedererkennen. Es liegt nahe zu denken, dass eben genau eine der Aufgaben einer sozialen Repräsentation darin besteht, Kommunikation und Übereinstimmung zwischen den sozialen und den psychischen Strukturen zu gewähren, zwischen dem, was der Logik der sozialen Beziehungen gehorcht, und dem, was sich in die Dynamik der Individualpsychologie einreiht.

Soziale und psychische Strukturen

Eine Illustration dessen, wie soziale und psychische Strukturen in Form einer sozialen Repräsentation zueinander in Beziehung stehen, kann, um ein Beispiel zu nennen, mit der Studie E. Eriksons über die in »Mein Kampf«

zum Ausdruck kommende »Legende von der Kindheit Hitlers« geliefert werden.[127] Der Autor zeigt, dass die von Hitler inszenierte Familiengeschichte erneut die Motive eines nationalen Bilderspiels ausgräbt, worin sich symbolisch die Situation des damaligen Deutschland mit seinen Frustrationen und Hoffnungen ausdrückt, die aber auch in der Art der Strukturierung der deutschen psychosozialen Identität auf Resonanz stößt, die durch ein bestimmtes Familienmodell hervorgerufen wird. E. Erikson schreibt: »Es geschieht häufig in der Geschichte, dass eine extreme und gar atypische persönliche Erfahrung so sehr einem latenten universalen Konflikt entspricht, dass sie mit einem Schlag zu einer repräsentativen Situation wird.«[128]

Diese »kollektive Wahnvorstellung«, die sich in folgendem Schema zusammenfassen lässt: »junge Mutter verrät die Sehnsüchte ihres Sohnes zu Gunsten eines senilen Tyrannen«, bringt den Verdruss einer jungen Generation über die Erniedrigung Deutschlands ebenso zum Ausdruck, wie er an die ödipale Thematik anknüpft. So verschwimmt die Erfahrung des kleinen Adolf mit jener der deutschen Minderheit in Österreich, die sich weigert, »Gott erhalte Franz den Kaiser« zu singen, dies durch »Deutschland über alles« ersetzt und dabei in dem latenten Konflikt einen Resonanzkörper findet, den die jungen Deutschen inmitten einer streng patriarchalisch zu charakterisierenden Familienstruktur erlebten, die völlig der Macht eines rigiden und autoritären Vaters unterworfen war. Die Revolte Hitlers gegen seinen Vater, um 20 Jahre älter als die Mutter, symbolisiert den Eifer der Patrioten für die »Mutter, ... das junge Deutschland«, dem die »unselige Verbindung mit dem alten, österreichischen Scheinstaat« vorgeworfen wird (Mein Kampf); auch die in der deutschen Jugend schwelende Rebellion klingt hier mit an. Aber damit dieses Schema wirksam werden konnte, musste die ökonomische, soziale und politische Krise noch die Passivität und die Unterwerfung der Mittelklassen unter die Führungsklassen in eine Revolte transformieren, die es ihnen erlauben sollte, sich in dem Bilderspiel Hitlers widerzuerkennen.

Sicher ist, dass die dramatisierte Verwendung dieses Familienschemas das naive Bekenntnis und eine geschickte Beeinflussung kunstvoll miteinander zu kombinieren vermag. Die Übereinstimmung mit der biographi-

---

127 In: Enfance et Société; S. 211-235.

128 A.a.O., S. 219.

schen Realität ist dabei von geringem Belang. Um es noch einmal zu sagen, und wie Erikson selbst betont, »ein Mythos, ob alt oder modern, ist keine Lüge. Es ist nutzlos nachweisen zu wollen, dass er keine faktische Grundlage habe oder dass seine Fiktion Schwindel sei und keinen Sinn mache. Ein Mythos verschmilzt historische Fakten und bedeutsame Fiktion in einer Weise, die zu einer bestimmten Epoche oder in einem bestimmten Land »wahr klingt« und frommes Staunen oder leidenschaftlichen Ehrgeiz verursacht.«[129]

Die Wirksamkeit des Schemas rührt von seiner Fähigkeit, eine kulturelle, ökonomische oder politische Problematik mit einem psychischen Schema in Übereinstimmung zu bringen, das darin besteht, innerhalb einer einzigen Repräsentation soziologische und psychologische Dimensionen zu artikulieren.

Nach dieser Skizzierung des Rahmens, innerhalb dessen die Beziehungen zwischen Gesellschaft, Ideologie und Identität erfasst werden können, soll nun der Begriff der nationalen Identität unter einem subjektiven Blickwinkel genauer umrissen werden. Wie entwickelt sie sich, wie ist sie innerhalb der psychischen Struktur zu situieren, welche Funktion übernimmt sie hinsichtlich der Strukturierung des Individuums?

Die Notwendigkeit der Differenzierung

Bei einer ersten Annäherung an die Problematik lässt sich annehmen, insbesondere wenn man Devereux folgt, dass sich die nationale Identität über den Prozess definiert, bei dem sie sich als von den anderen zu unterscheiden behauptet. Devereux legt sogar nahe, dass das Erkennen einer anderen Identität der Spezifizierung dessen vorausgeht, was die eigene ethnische Identität konstituiert. Kollektive Identitäten lassen sich unter dem Aspekt der Diversität, der Differenz und sogar der Gegensätze betrachten. Jede Einzelne präsentiert sich als spezifische, von allen anderen unterschiedene Individualität. Diese Mannigfaltigkeit entspricht der gleichen Mannigfaltigkeit der Kulturen, die durch die geographische Entfernung, durch besondere Bedingungen der Geschichte oder des Milieus erzeugt wird; aber sie ist nur im Spiel der Beziehungen nachzuvollziehen, die die Kulturen miteinander verbinden. So

129 A.a.O., S. 212.

lässt sich zeigen, dass sich die französische Identität zu Beginn des 20. Jahrhunderts zu einem Teil aus der Polarität zu Deutschland heraus definiert. Neben durch die Distanz hervorgebrachten Unterschieden, »gibt es auch jene, die ebenso wichtig sind und durch die Nähe hervorgebracht werden: der Wunsch, sich zu widersetzen, sich zu unterscheiden, man selbst zu sein,«[130] wie Cl. Lévi-Strauss bemerkt.

Viele Identitätszüge entstehen weniger aus einer internen Notwendigkeit, sie sind vielmehr Folge eines Bündels von Beziehungen zu Nachbarn; die Verschiedenheit hängt hier weniger von der Distanz der Gruppen ab als von deren Interaktionen.

Diese Mechanismen interferieren mit jenen, die innerhalb des nationalen Rahmens zwischen positiven und negativen Zügen der Identität oder zwischen dominierender und dominierter Gruppe vor sich gehen. Das Individuum, das einer dominierten oder ausgebeuteten Minderheitengruppe angehört, wird die positive Identität der dominierenden Gruppe als ideales und gleichzeitig unerreichbares Modell präsentiert bekommen; dies wiederum wird dazu führen, dass es das ihm von der dominierenden Gruppe vermittelte, negative Bild seiner eigenen Identität internalisiert.[131] Dies illustriert eindrücklich etwa das Selbstbild des schwarzen Anteils der Bevölkerung der Vereinigten Staaten während einer bestimmten Epoche, wie dies in zahlreichen Studien belegt ist.[132]

Die dominierende Klasse (innerhalb einer Nation) kann sich das negative Bild zu Eigen machen, das ihr das Ausland zukommen lässt. Wird beispielsweise Frankreich in der Zeit zwischen den beiden Weltkriegen nicht dazu gebracht, das durch Deutschland herangetragene Bild des leichtlebigen, eingebildeten, aufsässigen, anarchistischen und in Gewohnheiten verhafteten Franzosen, der eine dekadente und zum Scheitern verurteilte Gesellschaft repräsentiert, zu billigen? Das Akzeptieren der eigenen negativen Identität seitens des Dominierten[133] erfüllt eine offensichtliche soziale Funktion: die der Rechtfertigung der Dominierung. » Aber es besteht auch

130 Lévi-Strauss, Cl.: Race et histoire; S. 17.

131 Vgl. z.B. zum Mechanismus der Internalisierung einer negativen Identität die Arbeiten von Hanna Malewska über die Einwanderer.

132 Vgl. besonders das Kapitel »Race et élargissement de l'identité« in dem zitierten Werk von E. Erikson (Adolescence et crise).

133 Anm. d. Übers.: In den deutsch-französischen Beziehungen dieser Zeit kann Frankreich als dominiert erscheinen, zumindest in ideologischer Hinsicht.

noch die weitere Tatsache, dass der Unterdrücker ein wohlbegründetes Interesse an der negativen Identität des Unterdrückten hat, da diese eine Projektion seiner eigenen negativen Identität ist – eine Projektion, die ihn bis zu einem bestimmten Punkt sich überlegen fühlen lässt, jedoch auch auf prekäre Weise im vollen Besitz seiner selbst.«[134]

Die auf den Anderen projizierte negative Identität erlaubt somit, die nationale Identität zu »reinigen«, sie zu vereinen und zu stärken; aus diesem Prozess geht die nationale Identität wie von verdrängten und als für die soziale Kohäsion bedrohlich eingestuften Elementen befreit hervor; dies hat auch A. Mitscherlich gezeigt.[135]

Es wird deutlich, dass wir auf einen psychoanalytischen Ansatz zurückgreifen müssen, um den psychischen Ablauf zu erhellen, der der Konstituierung der subjektiven nationalen Identität vorausgeht.

Psychoanalytische Perspektiven

Um Unklarheiten vorzubeugen, soll hier präzisiert werden, dass es uns weniger darum geht, eine psychoanalytische Interpretation der Repräsentationen nationaler Identität zu unterbreiten (wenngleich sich diese Herangehensweise in bestimmten Fällen als fruchtbar erweisen mag), sondern darum, zu verstehen, welche subjektive Investierung diese erhalten kann.

Obschon sich das Libidinöse nicht radikal losgelöst von dem Kollektiven betrachten lässt, ist es allerdings notwendig, insbesondere in der Folge von M. Mauss und Cl. Lévi-Strauss, den sozialen Symbolismus von dem Symbolismus des Unbewussten Freuds zu trennen. Wie der Schläfer in den Träumen seinen verdrängten Wünschen hinter der Maske sozialer Symbole Ausdruck verleihen kann, so können soziale Repräsentationen bestimmte soziale Phänomene in der Sprache der Sexualität ausdrücken (so werden die Beziehungen Frankreich – Deutschland innerhalb des Bezugsschemas weiblich – männlich abgebildet). Roger Bastide schreibt hierzu: »Bedeutet dies, dass die Symbole der Sinnlichkeit und die sozialen Symbole miteinander verschmelzen können? Nein, die Sinnlichkeit setzt das Soziale ein und

134 Erikson, E.: A.a.O.; S. 306. Halten wir fest, dass diese Rolle der negativen Identität und des „Gegen-Ideals" einer Gruppe häufig von den Juden verkörpert wurde.

135 Mitscherlich, A.: Auf dem Weg zur vaterlosen Gesellschaft.

das Soziale verwertet die Sinnlichkeit, es handelt sich um den Übergang von einer Ebene auf eine andere, nicht um Übereinstimmung von Natur aus.«[136]

Es scheint schwierig, die alte psychoanalytische Soziologie aufrechtzuerhalten, die vorgab, die Gesamtheit der sozialen Institutionen aus dem Ödipus-Komplex heraus erklären und darauf zurückführen zu können, so wie es Freud in *Totem und Tabu* versucht hat.[137] Eher kann man, bildhaft gesprochen, mit R. Bastide das soziale Leben mit einem Gewebe vergleichen, bei dem die Fäden zweier Farben (der Libido und des Sozialen) ineinander verwoben werden. Die Gesellschaft setzt sich zusammen aus Bezügen und Institutionen, in die sich die Libido einbringen und von daher sogar zu deren Unterstützung beitragen kann; dies bedeutet nicht, dass sie deren Ursprung wäre und dass sie alleine den Schlüssel ihrer Strukturierung liefere.

Nachdem wir somit unsere Herangehensweise genauer dargestellt haben, möchten wir darauf hinweisen, dass das Konzept der Identität nicht im Reigen der fundamentalen Konzepte der Psychoanalyse erscheint, die ihrerseits vor allem von Identifikation spricht. Es wurde erst nachträglich und insbesondere in der Nachfolge der »Ich- Psychologie« von H. Hartmann eingeführt. Vermutlich wurde der Begriff der Identität nur ein einziges Mal von Freud selbst verwendet, und dies interessanterweise, um seine eigene ethnische Identität zu bezeichnen. Nachdem er in einer Rede im Jahre 1926 in Wien vor einer jüdischen Vereinigung erklärt hatte, er habe immer dem nationalen Hochmut misstraut, fügt er an: »Aber es blieb genug anderes übrig, was die Anziehung des Judentums und der Juden unwiderstehlich machte, viele dunkle Gefühlsmächte, umso gewaltiger, je weniger sie sich in Worten erfassen ließen, ebenso wie die klare Bewusstheit der inneren Identität, die Heimlichkeit der gleichen seelischen Konstruktion.«[138] Jedoch hat Freud nicht – zumindest nicht direkt – versucht, jene »dunklen Gefühlsmächte« oder jenes »klare Bewusstsein« weiter aufzuhellen.

Zweifelsohne hat Erik Erikson sich der größten Mühe unterzogen, um durch die Integration einer psychosozialen Dimension das Konzept der Identität weiter auszuarbeiten und zu vertiefen (wie in Kapitel IV zu sehen

136 Bastide, R.: Sociologie et psychanalyse; S. 285 (zit. nach der Ausgabe von 1972).

137 In dem genannten Aufsatz schreibt Freud (in: Studienausgabe, Bd. IX »Fragen der Gesellschaft. Ursprünge der Religion«; herausgegeben von Mitscherlich, A. et al.; S. 439): »... im Ödipuskomplex die Anfänge von Religion, Sittlichkeit, Gesellschaft und Kunst zusammentreffen ...«.

138 Zit. nach Erikson: A.a.O; S. 15.

war). Auf seinen Überlegungen aufbauend, lässt sich behaupten, dass die kulturelle Identität Anteil am *Ich-Ideal* hat. Diese Hypothese entspricht den Schlussfolgerungen Freuds sowohl in *Massenpsychologie und Ich-Analyse* als auch in *Zur Einführung des Narzissmus*, wo er beispielsweise schreibt:

> »Vom *Ich-Ideal* aus führt ein bedeutsamer Weg zum Verständnis der Massenpsychologie. Dies Ideal hat außer seinem individuellen einen sozialen Anteil, es ist auch das gemeinsame Ideal einer Familie, eines Standes, einer Nation. «[139]

So rührt die Konstituierung des Ideals nicht alleine von dem Mechanismus der Idealisierung der elterlichen Bilder her; sie erstreckt sich auf Repräsentationen, Symbole, Werte. Auf dieser Ebene wird die Unterscheidung zwischen Selbstbildern und Objektbildern nicht aufgrund von Mechanismen der Introjektion und der Identifikation getroffen. Deshalb führt die Idealisierung der elterlichen Bilder und der kulturellen Modelle gleichzeitig zu einer Idealisierung der subjektiven Identität, womit die Verbindung von Identität und Narzissmus besiegelt wird. (In der Perspektive von Klein, bei der die Idealisierung begleitet wird von einer Spaltung zwischen gutem und bösem Objekt, lässt sich dieser Prozess in der Bewegung der Idealisierung der *Ingroup* und der Abwertung der *Out-group* erkennen). Die ethnische Dimension der Identität verstärkt somit den Narzissmus des Individuums, indem sie ihm erlaubt, sich die Leistungen der Kultur anzueignen. Freud selbst betont:

> »Die Befriedigung, die das Ideal den Kulturteilnehmern schenkt, ist also narzisstischer Natur, sie ruht auf dem Stolz auf die bereits geglückte Leistung. Zu ihrer Vervollständigung bedarf sie des Vergleichs mit anderen Kulturen, die sich auf andere Leistungen geworfen und andere Ideale

139 Freud; S.: Zur Einführung des Narzißmus. In: Ders.: Studienausgabe, Bd. III »Psychologie des Unbewußten«; S. 68. Ebenso schreibt Freud in Massenpsychologie und Ich-Analyse (in: Studienausgabe, Bd. IX; S. 120): »Jeder Einzelne (...) hat sein Ich-Ideal nach den verschiedensten Vorbildern aufgebaut. Jeder Einzelne hat so Anteil an vielen Massenseelen, an der seiner Rasse, des Standes, der Glaubensgemeinschaft, der Staatlichkeit usw. ...« – Vgl. auch A. und M. Mitscherlich: Die Unfähigkeit zu trauern; S. 233: »In der psychoanalytischen Strukturlehre kann der soziale Aspekt der Identität in eine enge Beziehung zum Bereich der Ich-Ideal und der Über-Ich-Bildung gebracht werden ...«

entwickelt haben. Kraft dieser Differenzen spricht sich jede Kultur das Recht zu, die andere geringzuschätzen.«[140]

So autorisiert die ethnische Dimension der Identität eine Verstärkung des Narzissmus, der sich bei der Internalisierung der persönlichen Identität aus Idealen speist, die der Gesellschaft angehören. In der Tat kann eine Gemeinschaft leichter als das einzelne Individuum zur Stütze solcher Bilder der Macht und Überlegenheit werden.

Insofern die Identität eine Zustimmung zu Werten, Erfordernissen und Normen impliziert, von denen einige vor allem verbietenden Charakter haben, hat sie auch teilweise Anteil am Über-Ich. Auch hier hat Freud wiederholt auf die soziale Dimension dieser Instanz hingewiesen: Denn er hat gezeigt, dass das Über-Ich des Kindes sich nicht wirklich nach dem Vorbild der Eltern, sondern nach dem des elterlichen Über-Ichs aufbaut, seinerseits beinflusst von den kulturellen Vorbildern; auf diese Weise verbreiten sich Werte, Normen und Ideologien einer Gesellschaft: »... in den Ideologien des Über-Ich lebt die Vergangenheit, die Tradition der Rasse und des Volkes fort ...«[141] Somit gibt es eine Koinzidenz zwischen dem Über-Ich des Individuums und dem Kultur-Über-Ich (*le Surmoi collectif d'une société*).[142]

Identität und Narzissmus

Die narzisstische Befriedigung, die an die ethnische oder nationale Identität gebunden ist, wie auch die Internalisierung des Kultur-Über-Ich sind entscheidende Faktoren für die soziale Kohäsion. Sie erlaubt jedem Einzelnen, so bescheiden es auch um seine individuelle wie soziale Situation bestellt sein mag, sich mit den höchsten Leistungen einer Gemeinschaft zu identifizieren (oder mit jenen, die diese Gemeinschaft in Situationen, die keine

140 Die Zukunft einer Illusion (II); in: Studienausgabe Bd. IX; S. 147. Es sei im Übrigen hervorgehoben, dass Freud in dem Augenblick, da er Massenpsychologie und Ich-Analyse verfaßt, das Überich noch nicht vom Ich-Ideal abgegrenzt hat (und während dieser Zeit nur letzteren Begriff verwendet).

141 Freud: Die Zerlegung der psychischen Persönlichkeit; in: Studienausgabe, Bd. I »Vorlesungen zur Einführung in die Psychoanalyse und Neue Folge«; S. 505.

142 Freud verwendet diesen Begriff in Das Unbehagen in der Kultur, wo er diese Konzeption der sozialen Natur des Überich entwickelt.

glänzenden sind, zu erreichen anstrebt, wobei eine solche Hoffnung dann in Form messianischer oder revolutionärer Ideologien rationalisiert wird). Die kompensatorische Rolle der ethnischen Identität kommt in der Tatsache besonders zum Vorschein, dass sie in Phasen des Niedergangs oder der Krise stark betont wird, wie dies für Frankreich nach der Niederlage von 1870 der Fall war (die Amputation der Ost-Provinzen wird damals als ein substanzieller Verlust, eine Art kollektiver Kastration erfahren). Ebenso kann in persönlicher Hinsicht das Überengagement der ethnischen Identität dazu beitragen, ein Gefühl des persönlichen Mangels auszugleichen.

Devereux spricht in diesem Kontext von »Unterstützungsidentität« oder von einer »Krücke«. Ein solches Überengagement neigt häufig dazu, die Identität innerhalb eines eindimensionalen, in sich geschlossenen Systems rein dissoziativer Funktion zu konstituieren. Diese Identität spielt die Rolle einer Prothese, die den Zusammenbruch des Ich verhindert, jedoch um den Preis einer Starrheit, die ihr jegliche Autonomie und Initiative entzieht.[143] »Eine Tendenz, seine eigene ethnische Identität (oder jede andere Klassenidentität) mit Nachdruck und regelrecht besessen hervorzuheben und sich daran festzuklammern (...) hat einfach nur zum Ziel, den Zusammenbruch eines angeschlagenen Selbst und einer unsicheren Bewusstwerdung bezüglich der eigenen Identität als Person zu verhindern.«[144]

Der Bestätigung der ethnischen Identität kommt hier eine Aufgabe der Verteidigung gegen ein Gefühl des Verlusts oder der Vernichtung der Identität des Ich zu.

Wie P. Castoriadis-Aulanier bemerkt, »deckt der Kern einer wie auch immer gearteteten neurotischen Symptomatologie stets einen Identifikationskonflikt auf. Das dem neurotischen Ich Eigene liegt darin, einem unerträglichen Zweifel bezüglich seiner Wahrhaftigkeit und derjenigen seiner Affekte ausgesetzt sein.«[145]

Es ist denkbar, dass der Rekurs auf die nationale Identität – eine Identität, die meist hoch bewertet ist und breite Anerkennung genießt – eine Linderung dieses Zweifels bewirkt, ebenso wie Freud in *Die Zukunft einer Illusi-*

---

143 Ebenso führt der Versuch, ein Individuum auf seine ethnische Identität reduzieren zu wollen, letztlich dazu, es als Person zu ignorieren; dies war der Fall der Juden unter dem Nazismus und geschieht allgemeiner betrachtet bei jeder rassistischen Verhaltensweise.

144 Devereux, G.: Ethnopsychologie complémentariste; S. 165.

145 Savoir et certitude. In: Topique, Nr. 13 (1974), Ed. Epi; S. 7.

on gezeigt hat, dass der Anschluss an religiöse Glaubensformen das Individuum davon entbinden kann, die Erklärung für dessen Konflikte in einer persönlichen Neurose erkennen zu müssen. Zudem erlaubt die Teilhabe an der nationalen Identität mittels einer formalen Gleichheit, die sie hervorbringt, die realen Ungleichheiten zu verdecken, seien sie individueller oder sozialer Natur. Freud schreibt:

> »Nicht nur die bevorzugten Klassen, welche die Wohltaten dieser Kultur geniessen, sondern auch die Unterdrückten können an ihr Anteil haben, indem die Berechtigung, die Außenstehenden zu verachten, sie für die Beeinträchtigung in ihrem eigenen Kreis entschädigt.«

Die Nation als abstrakte, die realen Gruppen transzendierende und mit Attributen der Einheit, der Unteilbarkeit, der Souveränität und der Macht betraute Entität eignet sich ganz besonders für eine solche identifikatorische Aufgabe. »Diese Identifizierung der Unterdrückten mit der sie beherrschenden und ausbeutenden Klasse ist aber nur ein Stück eines größeren Zusammenhangs. Andererseits können jene affektiv an diese gebunden sein, trotz der Feindseligkeit ihre Ideale in ihren Herren erblicken.«[146]

Um dieses Phänomen zu verstehen, lässt sich hier der Mechanismus der Identifikation mit dem Angreifer sowie die Tatsache heranziehen, dass eine dominierende Gruppe als Abbild der Eltern und des Über-Ich eingesetzt wird, wodurch Mechanismen der Idealisierung und der Internalisierung der Herrschaft hervorgerufen werden und so eine ambivalente Haltung der Revolte und der Unterwerfung, der Feindschaft und der Zuneigung entsteht.

Die Tatsache, dass die nationale Identität in den idealen Ich-Über-Ich-Gesamtzusammenhang gestellt werden kann, erhellt mehrere Aspekte des Nationalgefühls; hingegen werden andere Charakterzüge dadurch nicht klar. Wir fassen hier eine bestimmte Symbolisierung der Nation ins Auge und eine Beziehung, die die Individuen zu dieser Symbolisierung unterhalten. Denn bei der vaterländischen Bilderfabrikation wird die Nation häufig in Form der »mère Patrie« dargestellt, eine Ausdrucksweise, deren Begrifflichkeit bereits klar die symbolische Dimension aufzeigt. Dieses Bild trägt eine so große Konstanz in sich, dass es ebenso zum Klischee der poetischen Sprache wie zu dem des politischen Diskurses geworden ist, so, um hier nur

146 Freud: Die Zukunft einer Illusion (a.a.O.); S. 147.

einige Beispiele zu nennen, von Du Bellay »Frankreich, Mutter der Künste, der Waffen und der Gesetze, lange hast du mich an deiner Brust genährt.« bis zu Général de Gaulle zum Ausdruck kommt: »Mein ganzes Leben schon hatte ich eine bestimmte Vorstellung von Frankreich, die gleichermaßen aus meinem Gefühl und der Vernunft heraus erwuchs. Was in mir an Zuneigung existiert, erweckt in mir ganz natürlich die Vision von einem Frankreich, gleich der Prinzessin im Märchen oder der Madonna der Wandfresken, wie für ein hervorragendes und außergewöhnliches Schicksal auserkoren.«

Auch soll festgehalten werden, dass es ein weibliches Bild ist, das in Frankreich zur Personifizierung der Republik dient.[147] Es ist also die Mutter-Kind-Beziehung, die hier Modell steht für eine soziale Symbolisierung der Beziehung des Bürgers zur Nation. Das Vaterland nimmt die Charakterzüge der idealisierten Mutter an.[148] All dies ließe sich sehr gut einreihen in die Perspektive des Ich-Ideals. Doch es scheint, dass wir einem älteren Mutterbild gegenüberstehen als jenem, das aus dem Prozess der Idealisierung hervorgeht, dessen Wurzeln in der ödipalen Phase anzusiedeln sind. Diese archaische Eigenschaft bewahrheitet sich insbesondere in der Tatsache, dass die Metapher der *terre natale et nourricière* (des Bodens, auf dem wir geboren werden und der uns ernährt) sehr häufig die nationale Gemeinschaft bedeutet, wie sich in der gesamten Literatur über die »Seele der Völker« feststellen lässt; »die Nation ist ein Territorium«, sagte Maurice Barrès. In seinem Essai über *Die Französische Kultur* bemerkt E. R. Curtius das Festhalten der Franzosen an der Scholle ihrer Vorfahren, an der fruchtbaren und nahrhaften Erde. Er schreibt:

---

147 Anm. d. Übers.: Obwohl Marianne bereits seit 1791 als weibliches Symbol des republikanischen Frankeichs existiert und ihr Name während der Restauration und des Bürgerkönigtums (1815-1848) als Code eine republikanische Geheimgesellschaft bezeichnet, personifiziert sie erst ab 1880 (gleichzeitig mit der Institutionalisierung des 14. Juli als Nationalfeiertag) als kämpfende Freiheitsgestalt offiziell die französische Republik.

148 Und dennoch bedeutet der Begriff des Vaterlandes an sich, im Französischen (frz. »patrie«) wie im Deutschen „Land der Väter". Es wäre interessant, dieser Tatsache sowohl aus einer linguistischen, wie einer historischen und ethnologischen Perspektive auf den Grund zu gehen. Gab es zu einem bestimmten Zeitpunkt eine Umwendung oder besser eine Regression vom Vater- zum Mutterbild? Diese Hypothese könnte mit der von G. Mendel entwickelten einhergehen, die mit der Entwicklung der technischen Gesellschaft die Rückkehr der archaischen Mutterbilder beobachten will (vgl. La révolte contre le père).

»Der bebaute Boden seines Landes ist dem Franzosen heilig. Er empfindet es als Entweihung, wenn der Feind diesen Boden betritt. Der erbitterte Hass Frankreichs gegen den deutschen Eindringling in den großen Kriegen wurzelte nicht zum mindesten in diesem Gefühl, das einer ursprünglicheren Schicht der französischen Seele angehört als das Staatsbewusstsein.«

Kann man in diesem Bild von der durch den Fremden entweihten »mère patrie« nicht etwas wie die Reminiszenz einer Vorstellung von einer archaischen Ur-Szene erkennen? Curtius fügt noch an: »Diese enge Verbindung von Bodengefühl und Vaterlandsliebe hat zu allen Zeiten das französische Nationalbewusstsein bestimmt. «[149]

Selbst wenn wir einräumen, wie es der Autor unterstellt, dass hierin ein spezifisch französischer Charakterzug zu sehen ist, so lässt sich beobachten, dass die Bindung des Individuums an seine nationale Gemeinschaft in der verschmelzenden Beziehung mit dem Mutter-Land dargestellt werden kann. Es sei noch G. Roupnel zitiert, der mit lyrischem Nachdruck »die unzerstörbaren Züge, die uns von unserer Mutter, der uns ernährenden Erde mitgegeben wurden und die noch immer unsere Felder, unsere Gesellschaften und unsere Seelen bilden,« feiert und ausruft: »Hört in euch selbst hinein, wie die autoritäre Stimme der Erde spricht!«[150]

Alles ruft hier die erste verschmelzende Beziehung des Kleinkindes mit seiner Mutter wach, die es ernährt, die seine Bedürfnisse befriedigt und es vor äußeren Gefahren schützt – den Prototyp des narzisstischen Ideals darstellt. Bei Aufrechterhaltung dieser Hypothese könnte man vorbringen, dass die Basis des Gefühls nationaler Identität in der Internalisierung dieser Beziehung zur Mutter anzusiedeln ist, die das *Ideal-Ich* (le Moi-idéal) spezifiziert.[151] Im Übrigen ist D. Lagache, der dieses Konzept ausgeführt hat, der Meinung, dass das Ideal-Ich Unterstützungsfunktion hat bei der »Identifika-

149 Curtius: A.a.O., S. 29.

150 Roupnel, G. (1932): Histoire de la campagne française; Grasset (zit. nach: Ed. »Plon«, 1974; S. 322).

151 Erhellt diese Perspektive nicht den Begriff der »Mutter-«sprache (entscheidendes Element der Ethnie), bei dem das Adjektiv weniger den Erzeuger des Phänomens Sprache als vielmeht die erste Kommunikationssituation bezeichnet, in der das Sprachliche für das Kind entsteht?

tion mit Helden, bei der leidenschaftlichen Bewunderung von großen Persönlichkeiten aus der Geschichte oder dem heutigen Leben.«[152]

Es sieht ganz danach aus, dass ein stark exaltiertes Nationalgefühl sich an solche Identifikationen anschließt. Die beachtliche Kraft dieses narzisstischen Ideals, die auf die nationale Gemeinschaft projiziert wird, manifestiert sich in der Tatsache, dass es mehr als alles andere die Hingabe und das Opfer des Lebens rechtfertigt (»Für die Heimat sterben ist ein so ehrenhaftes Schicksal, dass in Scharen nach einem so schönen Tod getrachtet wird«). Vielleicht kommt dies daher, dass der Tod die wieder gefundene Vereinigung mit der Erde bedeutet, die Rückkehr an den Busen der »mère patrie«; man denke an die Verse von Valéry:

»Den Toten geht es gut in dieser Erde, die sie wärmt.«

an jene bittereren von Vigny:

»man sagt, ich sei eine Mutter, und ich bin ein Grab.«

oder des Weiteren an die Definition der Nation nach Barrès:

»Die Erde und die Toten«.

Da wir hier schon Barrès zitieren, lässt sich anmerken, dass sein persönlicher Lebensweg als besonders aufschlussreich erscheinen kann; ausgegangen vom »Kult des Ich« kommt er schließlich ohne Bruch beim Kult der Nation an; er erklärt sich dies selbst, wenn er schreibt:

---

152 Zit. nach Laplanche, J. / Pontalis, J. B.: Das Vokabular der Psychoanalyse; Frankfurt/M. (Suhrkamp) 1973, S. 217. Man findet hier folgende Definition des Ideal-Ich nach D. Lagache: »Das Ideal-Ich, als ein narzisstisches, mit Allmacht begabtes Ideal läßt sich nicht auf die Vereinigung des Ichs mit dem Es zurückführen, sondern enthält eine primäre Identifizierung mit einem anderen, mit Allmacht besetztem Wesen, d.h. mit der Mutter.« Weiterhin hat nach D. Lagache die Herausbildung des Ideal-Ich in seinem narzisstischen Gefühl der Allmacht, welches der Überrest der Identifikation mit dem Angreifer (der allmächtigen Mutter) ist, sado-masochistische Implikationen, insbesondere die mit der Bestätigung des Selbst korrelierende Negation des Anderen, auf die man, worauf wir bereits hingewiesen haben, im Ethnozentrismus stößt.

»Nachdem ich über lange Zeit den Gedanken des »Ich« alleine über die Methode der Dichter und Schriftsteller, die innere Beobachtung, vertieft hatte, war ich durch keinerlei Widerstand bietenden Sand hinabgeglitten, bis ich auf dem Grund und als Halt die Gemeinschaft fand.

Inmitten dieser maßlosen Demütigung besänftigt uns eine wunderbare Sanftheit; sie regt uns dazu an, all unser Knecht-Sein und den Tod zu akzeptieren (...). Es ist ein regelrechter Taumel, in dem das Individuum versinkt, um in der Familie, der Rasse, der Nation wieder zu sich zu finden.«[153]

Wir sind hier ganz nahe an dem ozeanischen Gefühl, das für die verschmelzende Beziehung im frühen Alter zur Mutter charakteristisch ist.

Auch wir sind hinabgestiegen, die tiefsten psychischen Fundamente der nationalen Identität zu suchen. Vielleicht wird man uns vorwerfen können, bei dieser Herangehensweise unterschiedliche Begriffe wie jenen der ethnischen Identität, des Nationalgefühls, des Patriotismus, der kollektiven Identität, etc. miteinander vermischt zu haben. Wir sind uns sehr wohl dessen bewusst, dass es sich hierbei um Begriffe handelt, die es bei einer anderen Betrachtung nicht zu vermischen gälte.

Wir hatten jedoch den Eindruck, dass, wenn wir sie in ihrer subjektiven Dimension betrachteten und unter dem Blickwinkel des Engagements des Individuums, das sie auf sich zu ziehen in der Lage sind, dass wir dann diese Unterschiede ignorieren könnten, zumindest bei einer Annäherung, die so allgemeiner Natur ist wie diese.

Ein weiterer Vorwurf könnte sein, dass wir die Unterscheidungsfaktoren individueller Natur ausgeklammert haben. Ohne Zweifel kann das Gefühl nationaler Identität deutlich von einer Person zur anderen variieren und je nach der Persönlichkeit eines jeden verschiedene Färbungen annehmen.

153 Barrès, M. (1902): Scènes et doctrines du nationalisme. Paris (F. Juven). Gleichzeitig erscheint die nationale Identität durch ihre Eigenschaft der Beständigkeit wie eine Verteidigung (in derselben Weise wie die Religion) gegen die Furcht vor dem Tod. Ist es nicht eben diese Funktion, die in den folgenden Gedanken von A. Memmi (in Portrait d'un Juif)zum Ausdruck kommt: »Ich mache mich lustig über »das unsterbliche Frankreich«, das »unvergängliche Tunesien« oder das »ewige Judentum«. Ich glaube, dass der Tod früher oder später in Allem zum Vorschein tritt und dass jene so vorteilhaft geltend gemachten Ewigkeiten und Unsterblichkeiten nur armselige Versicherungen sind, die wir uns selbst gegen ihn [den Tod, J. S.] zu geben versuchen.

Auch hier sind wir das Problem auf der allgemeinsten Ebene angegangen. Was wir zeigen wollten, ist, dass bei diesem Gefühl verschiedene Niveaus existieren, die den verschiedenen Entwicklungsstadien der Identität entsprechen, von frühester Kindheit an bis in das Erwachsenenalter; wenn sich die soziale Identität vor allem nach der Krise der Pubertät behauptet, so wird sie sich daraufhin in Strukturen des Ich eingliedern, die weit vor dieser Periode angelegt worden sind. P. Castoriadis-Aulanier schreibt sehr richtig: »Der Erwerb durch das Ich eines Wissens um die identifikatorischen Bezugspunkte, die es für den Blick eines Anderen definieren und die ihm erlauben, diesen Anderen in einem Verhältnis der Reziprozität zu definieren, dehnt sich mit seinem Betreten der Bühne der Psyche aus.«[154]

Man kann hier als Ausgangspunkt jenes von J. Lacan beschriebene Spiegelstadium ansetzen, bei dem das Kind – noch in der motorischen Ohnmacht befangen und abhängig davon, ernährt zu werden – die jubilatorische Aufnahme seines Spiegelbildes entdeckt. Lassen Sie uns in Erinnerung rufen, dass das Spiegelstadium nach J. Lacan den Weg zum Register der Vorstellung bereitet, die die Beziehung des Subjekts zu seiner eigenen Identität und zu der des Anderen spezifiziert.

2. Identität und Gruppendynamik

Die Frage nach den methodologischen Ansätzen

Nachdem wir versucht haben, das Konzept subjektiver nationaler Identität zu vertiefen, müssen wir uns nun fragen, wie man zu dieser Identität gelangen und wie sie analysiert werden kann.

Nach einer Bestandsaufnahme der bisher angewendeten Herangehensweisen werden wir eine neue Methode vorschlagen, die sich nach einer ersten Erfahrung als sehr fruchtbar zu erweisen scheint.

Wir haben gezeigt, was eine auf die Probleme der Kultur gerichtete psychoanalytische Reflexion für das Verständnis der nationalen Identität beizutragen vermag (E. Erikson, G. Devereux, A. Mitscherlich, et al.). Jedoch

154 Savoir et culture. In: Topique, Nr. 13, S. 6.

verbleibt ihr Herangehen zumeist in der Theorie, selbst wenn diese sich bemüht, konkrete Fälle zu bearbeiten, da sie nicht auf einer Praxis basiert, die vergleichbar mit der individuellen Heilung wäre und sie meist nur Dokumente oder Material interpretiert, das von Ethnologen oder Soziologen zusammengetragen wurde. Diese Beobachtung soll im Übrigen nicht den Wert dokumentarischer Studien schmälern, für welche der psychoanalytische Ansatz nur eine Ebene möglicher Interpretation darstellt. Allgemeiner betrachtet kann sich eine »literarische Imagologie« (etwa: Wissenschaft von den Bildern in der Literatur) als extrem reichhaltig erweisen, die als semiologische Analyse der in einem literarischen Korpus (verstanden im weitesten Sinne des Begriffs, so dass er sowohl die Presse als auch Romane und Essays einschließt) gesammelten Repräsentationen der nationalen Identität konzipiert ist; dies wurde bisher nur sehr partiell unternommen. Neben der Untersuchung von Essays, der besondere Aufmerksamkeit zuteil wurde,[155] müssten auch die Romanproduktion,[156] die Autobiografien[157] oder die Poesie[158] betrachtet werden. Ebenso würde das Kino ein interessantes Untersuchungsfeld abgeben, wenngleich es auf den ersten Blick stärker stereotypisierte Repräsentationen transportiert.

Die sozialpsychologischen Forschungen über die ethnische oder nationale Identität haben reichlich Material hervorgebracht; sie wurden besonders in den Vereinigten Staaten vor dem letzten Weltkrieg entwickelt.[159] Aber meist behandelten sie Meinungen, Vorurteile und Stereotype; wenn sie auch die soziale Dimension der Identität erhellen, so tragen sie nur wenig zu ihrer subjektiven Dimension bei. Deshalb haben einige Sozialpsychologen versucht, über die Meinungsforschungen hinaus, Tests zu erarbeiten, die spezifisch auf die Erfassung der subjektiven Identität gerichtet waren, wie etwa der von Kuhn und Mc Partland entwickelte Test »Wer bin ich?«. Der

155 Wir spielen hier auf die literarische Gattung der Nationalcharakterstudien an, vertreten durch Autoren wie S. Madariaga, Keyserling, A. Siegfried, Daninos, etc. (vgl. Kapitel IX und X).

156 beispielsweise Les déracinés von M. Barrès.

157 Von den Mémoires von de Gaulle bis hin zu Portrait d'un Juif von A. Memmi.

158 Jene eines Péguy beispielsweise, aber auch die verschiedenen poetischen Kreationen, die von der Suche nach der ethnischen oder nationalen Identität inspiriert sind, von der Strömung der „négritude“ bis hin zur jungen Poesie aus Québec.

159 Eine Gesamtschau hierzu findet sich besonders bei Klineberg, O.: Psychologie sociale (Bd. II).

interessanteste Hier ist der Versuch von Marisa Zavalloni besonders bemerkenswert, der auf der »gebündelten Introspektion«[160] beruht. Sie siedelt sich innerhalb einer Strömung an, die sich bemüht , die Kulturforschung als eine Erforschung derjenigen kognitiven Systeme neu zu definieren, mittels derer sich die Wahrnehmung der sozialen Welt konstitutiert.[161]

Eingedenk der Grenzen von Fragebogen-Untersuchungen wollten wir einen anderen Weg einschlagen – und würde er auch nur zu einer heuristischen Erfahrung führen – und zwar jenen der *Gruppendynamik.* Die Hypothese, die dieser Ausrichtung vorausging, ist jene in der alltäglichen Erfahrung häufig verifizierte, dass sich die ethnische oder nationale Identität besonders in einer Situation aktualisiert, in der sie mit anderen Identitäten konfrontiert wird.[162] Wir dachten, dass eine plurinationale Kleingruppe, deren Blick auf die Beziehungen ihrer Mitglieder untereinander gerichtet ist, eine solche Situation darstellen kann, die dem Animateur wie den Teilnehmern eine Analyse erlaubt, die gleichzeitig die Ebenen der manifesten Verhaltensweisen, der explizit verbalisierten Repräsentationen wie die den beiden ersteren zugrundeliegenden Symbolik einbezieht.

Andererseits lässt sich von der Ausgangssituation her – einer nichtdirektiven Gruppe, die keine Aufgaben hat, die bei den Teilnehmern regressiven Verhaltensweisen Vorschub leisten können – hoffen, ein höheres Maß an Implikation zu erreichen als bei einem simplen Test.

So haben wir mehrere Gruppen dieses Typs angeleitet, indem wir uns an Jugendliche (meist Studenten) wendeten, die Interesse an interkulturellen Kontakten hatten[163]

---

160 Vgl. (a) Zavalloni, M.: L'identité psychosociale, un concept à la recherche d'une science. In: Introduction à la psychologie sociale (Bd. 2); und (b) dies.: L'identité sociale subjective et l'étude du caractère national. In: Ethnopsychologie, Nr. 2-3 (1974); S. 145-154.

161 Vgl. besonders Triandis, H. C.: The subjective culture.

162 So bemerkt G. Devereux, dass »häufig eine Tendenz besteht, Ausländern gegenüber eine die ethnische Identität charakterisierende Eigenschaft zu übertreiben, die in den intra-ethnischen Beziehungen weniger zum Tragen kommt« (Ethnopsychanalyse complémentariste; S. 147).

163 Diese Begegnungen sind organisiert worden unter der Mitwirkung des Institut européen des hautes études internationales in Nizza, bei einer höchst heterogenen Zusammensetzung der Nationalitäten der Studenten; in Paris unter Mitwirkung der Université de Californie (es handelte sich damals um eine bi-nationale, franko-ame-

Welche Reflexionen können wir aufgrund dieser Erfahrungen anstellen?

Was auf Seiten der Teilnehmer in den ersten Augenblicken des Zusammentreffens, deutlich wurde, war eine verleugnende Haltung gegenüber dem Stellenwert und sogar der Existenz einer nationalen Identität. Diese Einstellung kommt in den Beiträgen eines deutschen Teilnehmers zum Ausdruck: »Wir sind hier Individuen; die Nationalitäten spielen nicht die geringste Rolle.« Vielleicht drückt diese Haltung die innere Unruhe gegenüber der Bedrohung aus, die die Gruppe auf die individuelle Identität ausübt; sie zeugt auch von der Furcht, dass die nationalen Unterschiede Brüche und Spannungen in die Gruppe tragen könnten. (»Wir wollen die Nationalitäten vergessen«, sagt ein Holländer, »die die Quelle von Konflikten und von Unverständnis sind«). Ein weiterer Faktor spielt bei dieser Einstellung eine Rolle: die den Teilnehmern gemeinsame Subkultur; denn dieses studentische Milieu ist von einer universalistisch und internationalistisch inspirierten Ideologie geprägt. Man ist überzeugt von Gemeinsamkeiten und Kollegialität zwischen den Menschen, was auch immer deren nationale, rassische oder soziale Herkunft sein mag. Die nationale Identität wird sehr häufig als ein Vorurteil oder eine Form der Diskriminierung bekämpft. Somit existiert anfangs eine Hemmschwelle gegenüber Äußerungen und Verhaltensweisen, die in die Richtung einer solchen Ideologie weisen könnten; daher kommen sie nur über Umwege oder verdeckt zum Ausdruck.

Während einer zweiten Phase wird die nationale Identität anerkannt, jedoch als Charakteristikum der »Anderen«. Mehrere Teinehmer weisen darauf hin, dass sie anfangs dazu neigten, die Identität ihrer Kommilitonen in Begrifflichkeiten der Nationalität zu fassen (»die Italiener«, »die Engländer«, »die Franzosen«, etc.). Diese Art der Kategorisierung erscheint wie ein Mittel, das Unbekannte zu zähmen, es vertrauter zu machen und sich gegen ein Gefühl der Beklemmug zu verteidigen, das aus der Wahrnehmung der Unterschiede heraus erwachsen kann.

So wird die nationale Identität zum Charakteristikum der anderen Nationalitäten; man befindet, dass jener Teilnehmer typisch italienisch, deutsch oder britisch sei. Sehr häufig reagieren die Beteiligten negativ auf diese Art

rikanische Gruppe). Schließlich fanden mehrere Begegnungen im Rahmen des Deutsch-Französischen Jugendwerks statt.

der Kategorisierung: Neil beispielsweise, ein junger britischer Student, verteidigt sich äußerst heftig, als man ihm sagt, er wirke sehr englisch; im übrigen entgegnet er, sei er nicht Engländer, sondern Waliser. Die nationale Identität erscheint also, wenn sie von außen attribuiert wird, als ein aufgezwungenes Bild, welches die Spezifität einer jeden Person negiert, um so mehr, als die Fremdbilder sehr oft überwiegend negativ sind. Diese negativen Stereotype kommen übrigens erst allmählich und mit einer gewissen Peinlichkeit zum Ausdruck, jedoch auch mit einem gewissen Vergnügen, bis dahin zurückgehaltene aggressive Bilder äußern zu können: Mit Genugtuung stürzt man sich auf die Verschrobenheiten einer jeden Nationalität: Den Deutschen fehle der Humor, die Italiener machten sich mit ihrer Gestik lächerlich, die Franzosen seien kleinlich und schikanös, sobald sie sich hinter einem Schalter befänden. Es ist bemerkenswert, dass die Staatsangehörigen aller dieser Nationalitäten, die vorher behauptet hatten, keinerlei besondere Solidarität mit ihren Mitbürgern zu empfinden, meist auf derlei Portraits reagieren, als ob die Beschreibung direkt auf sie ziele, und sich dabei noch verteidigen, sich keineswegs angesprochen zu fühlen. So protestierte eine französische Studentin heftig, als vorgebracht wird, die Franzosen seien nicht gastfreundlich; sie will beweisen, dass dies auf das sehr spezielle Milieu des Studentenwohnheims zutrifft und nicht auf eine generelle Haltung der Franzosen.

Die nationale Identität zeigt sich also zunächst als ein von außen aufgezwungenes Bild und als eines, in dem man sich nicht wiedererkennen möchte. Aber auf eine bestimmte Weise ist dieses Bild an das Individuum geheftet, wie auch immer dessen persönliche Position sein mag und auch wenn versucht wird, dieser Tatsache zu entfliehen. So bringt eine junge Türkin ihr Erstaunen zum Ausdruck und entrüstet sich über die Tatsache, dass eine junge Französin sich geweigert hatte, ihr die Hand zu geben, weil das Regime ihres Landes anti-demokratisch sei; sie selbst empfand keinerlei Sympathie für ihre Regierung, in den Augen der anderen jedoch war sie in gewisser Weise die verantwortliche Repräsentantin ihres Landes; ebenso warfen Franzosen einem rumänischen Studenten vor, den Kommunismus nicht zu verteidigen und nicht mit dem Idealbild übereinzustimmen, das sie sich über die Bürger eines sozialistischen Staates zusammengezimmert hatten; die Dinge, die ihn beschäftigten, hielten sie für zu »bürgerlich«. Dieser Student schlussfolgerte: »Auch wenn wir unsere nationalen Identitäten nicht wahr haben wollen, so sind sie dennoch da und kleben uns an der Haut.«

Die Identität bietet sich also zu Beginn eher in Termini des »sie« dar als in solchen des »wir«, als etwas von außen und nicht als etwas, das zur Persönlichkeit gehört. Aber gleichzeitig zeigen die Reaktionen der Teilnehmer eine sehr weit gehende, internalisierte Identifikation mit der Nationalität, der sie angehören. Die reziproken Wahrnehmungen werden nur mit Vorsicht und oft mit einem Schuldgefühl ausgesprochen. So wenden sich alle den beiden anwesenden Deutschen zu, um deren Reaktionen zu betrachten, als ein britischer Student sagt, er habe sich vor Beginn seiner Reisen durch Europa die Deutschen als Barbaren vorgestellt; und manche empfinden sogar das Bedürfnis, den Deutschen zu sagen, dass heute glücklicherweise niemand mehr solcherlei Vorurteile teile; ein Moment der Peinlichkeit bemächtigt sich dennoch der Gruppe, und es braucht einige Zeit, bis sich die Stimmung wieder normalisiert.

Die Identität situiert sich anfangs in diesem Spiel der Bilder, die das Individuum einfangen, in Klischees, in denen es sich nicht wiedererkennen mag, in denen es aber von den anderen festgehalten wird, in jenen Repräsentationen, von denen es denken möchte, sie seien äußerlich, die es aber aus seinem eigenen Inneren heraus zur Rede stellen.

Die Identität in der ersten Person

Während einer dritten Phase[164] behauptet sich die nationale Identität immer mehr auch in der ersten Person, häufig jedoch in einem idealisierten Licht. Nachdem in der französisch-amerikanischen Gruppe die zunächst angesprochenen Stereotype diskutiert oder zurückgewiesen wurden, bemüht sich jede nationale Untergruppe darum, den Anderen spüren zu lassen, was ihre »wahre« Identität sei. Die Amerikaner weisen auf die Offenheit des authentischen Amerikaners hin, auf seine Lockerheit, seinen guten Willen sowie auf seine Bereitschaft, auf andere einzugehen; die Franzosen präsentieren sich als sehr individualistisch, indem sie sich weigern, Sympathiebezeugungen aus bloßer Konvention vorzunehmen, sich in der bewusst gewählten Freundschaft jedoch durchaus in der Lage zu tiefer Sensibilität erwiesen.

164 Diese Ausdrucksweise ist nicht in dem Sinne zu verstehen, dass sie eine strikte Chronologie definierte, sondern in dem Sinne einer rekonstruierten Entwicklung, die nur tendenziell mit dem Ablauf in den einzelnen Gruppen zusammenfällt.

Jeder gibt sich Mühe, ein gutes Bild seines Landes abzugeben und in gewisser Weise dessen Botschafter inmitten von Ausländern zu sein. Ein Amerikaner weist in diesem Zusammenhang darauf hin, dass die Frage, die man ihm am häufigsten stellt, die folgende sei: »Lieben Sie Frankreich?« – als ob es sich um eine Person handele. »Was ist es denn, was ich lieben soll?« fragt er sich perplex und ist sich dabei völlig im Klaren, dass er selbst nicht unsensibel dafür ist, was für eine Meinung man über die Vereinigten Staaten hat. Schließlich gelangen die Teilnehmer zu der Aussage, dass das Bedürfnis, sein Land beliebt zu wissen, in gewisser Weise bedeute, selbst geliebt werden zu wollen oder zumindest ein Ideal unter die Leute zu bringen, mit dem man sich affektiv tief verbunden fühle. Die Definition dieses Ideals ist nicht immer einfach zu formulieren, und es scheint, dass, selbst wenn es als Kollektivideal wahrgenommen wird, es je nach Individuum, Religion, Alter, sozialer Gruppe sehr verschiedenartige Inhalte annehmen kann.

Von den (negativen, positiven, idealisierten) Bildern gelangen wir immer mehr zum Verhalten. Die Identität wird also wahrgenommen als eine Gesamtheit von Verhaltensweisen einer gegebenen Kultur, die oft bei der ersten Annäherung als irrational, unästhetisch oder amoralisch abwertend beurteilt werden; die Diskussion jedoch lässt den ethnozentristischen Charakter solcher Einschätzungen hervortreten: So berichtet ein Holländer, bei seinem ersten Aufenthalt in Frankreich von der Tatsache schockiert gewesen zu sein, dass die Studenten in der Mensa sich vorzudrängeln versuchten: »In der ersten Zeit protestierte ich; inzwischen mache ich es wie sie.« Aber diese Wahrnehmung der Verhaltensweisen ist stark beeinflusst von Bildern; wenn die Amerikaner bei den Franzosen einen geringen Respekt vor den Regeln der Hygiene auszumachen glauben, entspricht dies dann einer Tatsache, einem Vorurteil oder schließlich einer Evaluation des Verhaltens in Bezug auf eine Norm und eine Konzeption von Hygiene, die die ihre ist?

Das Verhältnis zwischen den Bildern und Verhaltensweisen, das im Spiel der Interaktionen zwischen »In-group« und »Out-group« greifbar wird, zeigt sich sehr anschaulich in folgendem Beispiel. In einer der Sitzungen lassen die Teilnehmer einen jungen Deutschen spüren, dass er immer eine Leiter-Rolle übernehmen, die Debatten organisieren, Ordnung in den Austausch bringen will und dass er hierin dem Stereotyp des Deutschen entspricht; dieses Bild, das ihm durch die Gruppe vermittelt wird, bringt ihn anfangs aus der Fassung und führt dann zu einer Bewusstwerdung. Er räumt ein, dass genau dies sein Verhalten sei und dass er im Grunde in dieser Weise auf das Bild reagiere, das er über die undisziplinierten und Unordnung stiftenden »Lateiner« (Franzosen und Italiener) habe; folglich fühle er sich verpflichtet, eine Ordnungs- und Autoritätsrolle einzunehmen, wobei er, wie er sagt, sobald er unter anderen Deutschen ist, eher individualistisch und protestlerisch sei (»Es ist furchtbar«, ereifert er sich halb-erschrocken, halb-ironisch, »hier bin ich so, während ich bei mir ständig gegen die Ordnung und die Disziplin protestiere«). Von diesem Augenblick an verändert sich seine Haltung im Übrigen tief greifend. In solchen Verhaltensweisen bestätigt sich gut die dialektische Interaktion von Repräsentation und Verhalten, von Selbst- und Fremdbild, von vorgeschriebenen Normen und übernommenen Erwartungen ebenso wie der Überich-Charakter der Identität.

Die Verbindung des Über-Ich zur nationalen Identität zeigt sich auch in der Art und Weise, wie die Tatsache, im Ausland zu sein, erlebt wird. Die einen legen ein Gefühl der Befreiung an den Tag, des Eindrucks, den Zwängen entfliehen zu können, die sie in ihrer Herkunftsumgebung empfinden. Ein Brite bringt zum Ausdruck, dass er sich in Frankreich wesentlich selbstsicherer fühle und dass er sich den Mädchen mit Leichtigkeit nähere, obwohl er dies in seinem Land niemals getan hätte.[165] (In diesem Zusammenhang sei angemerkt, dass zahlreiche Teilnehmer einräumen, über die bevorzugte und privilegierte Vermittlung einer Person des anderen Geschlechts den Kontakt zum Ausland aufgenommen zu haben).[166] Vieles spricht dafür, dass die Fahrt ins Ausland für sie ein Mittel gewesen ist, Distanz zu den familiären Bindungen zu bekommen.

Anderen vermittelt der Auslandsaufenthalt ein Gefühl der Verwirrung und Beklemmung (»Ich komme mir so vor, als wäre ich hier nicht ich selbst«, sagt ein Brite). Eine Holländerin beklagt sich über ein Gefühl der Unsicherheit, das sie aufgrund des Eindrucks empfindet, die Männer in

165 Läßt sich, begeben wir uns in den Kontext von Totem und Tabou, in dieser sehr oft festgestellten Tatsache nicht eine Manifestation von »Exogamie« in Verbindung mit dem Tabu des Inzests erkennen, mit dem die Frauen des eigenen Klans belegt werden? (»Ich liebte die Ausländerinnen bereits, als ich noch ein kleines Kind war«, schreibt Aragon).

166 Wie es Freud in Massenpsychologie und Ich-Analyse (a.a.O., S. 132) schreibt: »In gleicher Weise durchbricht die Liebe zum Weibe die Massenbindungen der Rasse, der nationalen Absonderung und der sozialen Klassenordnung und vollbringt damit kulturell wichtige Leistungen.«.

Frankreich seien ihr gegenüber sehr aufdringlich, was sie in ihrem Land nie so empfunden habe; sie fügt selbst an, es liege vielleicht daran, dass man im Ausland mehr Gelegenheiten zur Begegnung habe.

So kann die Verminderung der Last des sozialen Über-Ichs, die aus der Distanz zum Herkunftsland resultiert, sowohl als Befreiung als auch als Bedrohung empfunden werden. In diesem Sinne scheint die Tatsache, sich im Ausland zu befinden, wichtiger als diejenige, mit Ausländern zusammen zu sein (trotz der ideologischen Rationalisierungen bezüglich der Bereicherung, die der Kontakt mit dem Anderen mit sich bringen soll). Die meisten der ausländischen Studenten stellen fest, wenn sie darüber nachdenken, dass sie es bevorzugen, mit ihren Landsleuten zusammen zu sein, selbst wenn sie sehr zufrieden sind, in einem anderen Land zu sein (oder aber, falls sie den Kontakt zu Franzosen suchen, um ihre Sprachpraxis zu verbessern).

Der Grad der Zusammengehörigkeit

Die Frage danach, wodurch »das Ausland« im imaginären Bereich der Teilnehmer dargestellt werden kann, war immer sehr zentral. In einer Gruppe schlug ein Teilnehmer vor, jeder solle das Land benennen, das er wählen und dasjenige, das er auf keinen Fall wählen würde, müsste er seine Nationalität ändern. Eine erste aufschlussreiche Tatsache ist, dass manche Teilnehmer diese Wahl nicht einmal rein fiktiv treffen konnten; sie waren selbst überrascht zu sehen, auf welche Widerstände ein solches Unterfangen stieß (eine türkische Studentin denkt – obwohl sie gleichzeitig erklärt, sehr gerne zu reisen –, dass sie niemals in Erwägung ziehen könnte, in einem anderen Land zu leben als dem ihren und dass ihr dabei das Aufgeben ihrer Muttersprache die grössten Probleme bereiten würde). Bei den anderen lassen sich zwei Typen der Wahl beobachten: nach Ähnlichkeit oder nach Komplementarität. Tatsächlich suchen manche die Identität, die ihnen am nächsten zu der eigenen erscheint (so beispielsweise die Schweiz für einen jungen Deutschen, weil er spürt, dass er sich in Fragen des Geschmacks oder der Lebensart nicht zu sehr gestört fühlen würde und dass er dort weiterhin seine Sprache sprechen könnte); andere bevorzugen, im Gegensatz hierzu, eine Identität, die sich ihnen in Form von Eigenschaften darbietet, die sie als den ihren entgegengesetzt bewerten (Osvaldo, Italiener, wählt Schweden wegen dessen Aufgeschlossenheit für Modernes, dessen Sinn für rationelle Organisation, dessen Liberalismus – alles Eigenschaften, die in seiner Vorstellung zum Archaismus, dem Laisser-aller und dem konservativen Moralismus der italienischen Gesellschaft im Kontrast stehen).

Bezüglich der Ablehnung lässt sich feststellen, dass niemand eine in der Gruppe repräsentierte Identität wählte, was wie eine Ablehnung der anwesenden Personen interpretiert werden könnte; die Motivation der Ablehnung scheint vor allem ideologischer und weniger affektiver oder kultureller Natur zu sein als die positive Wahl (so wurden die USA von fünf Teilnehmern als Land des Kapitalismus, des Imperialismus und als der Prototyp der Überindustrialisierung selbst abgelehnt; darauf folgten Diktaturen wie Chile).

In allen Gruppen trat in der letzten Phase der Begegnung eine sehr deutliche Entwicklung ein, die sich in zwei Prozessen äußerte. Zunächst zeigte sich eine Relativierung der nationalen Identität: Nachdem sie in das Zentrum der Diskussion gerückt und ihr Stellenwert wie ihre Tragweite betont waren, kamen die Teilnehmer der Begegnung zu der Auffassung, dass sie oft eine relative oder gar trügerische Einheit etabliert; man betont die regionalen und sozialen Unterschiede, den Graben zwischen den Generationen, die Kluft zwischen den Geschlechtern; Giovanni, der im Norden Italiens wohnt, sagt, er fühle sich den Menschen aus Nizza näher als seinen Landsleuten aus Kalabrien oder Sizilien. Eine ungarische Studentin gesteht ein, dass sie selbst in ihrem Land, in dem eine egalitäre Ideologie herrschte, keinerlei Kontakt zu jungen Arbeitern oder Bauern habe, sie jedoch problemlos mit Studenten anderer Nationalitäten kommuniziere. Karen, eine Niederländerin, hat den Eindruck, dass zwischen der Generation ihrer Eltern und ihrer eigenen keine großen Gemeinsamkeiten bestehen.

Hierauf wurden die Beziehungen in den Gruppen immer persönlicher; jenseits der nationalen Identitäten lernten sich Menschen kennen, was sich übrigens sowohl in Sympathie und Anziehung manifestierte als auch in deren Gegenteil, etwa in Aggressivität. In der französisch-amerikanischen Gruppe machte sich diese Wende deutlich bemerkbar nach einer Diskussion über Erdbeben und insbesondere über die Teilnehmer-Beschreibung eines symbolisch vielsagenden Bildes in einem Film, bei dem die Mauern eines Mietshauses Risse bekamen und so plötzlich Einblick in die Intimität seiner Bewohner erhielt. In diesem Stadium wird die nationale Identität im Nachhinein als ein Filter wahrgenommen, der den Blick auf die individuelle Identität verschleierte. Es sei jedoch bemerkt, dass sie gleichzeitig manchmal in einem neuen Licht erscheinen kann. Einige Teilnehmer bringen zum

Beispiel Heimweh nach ihrem Land zum Ausdruck (eine junge Amerikanerin sagt, dass es ihr sehr gut in Frankreich gefalle, dass sie aber den Eindruck habe, weniger fröhlich und vergnügt zu sein als in den USA und dass sie sich darauf freue, »zu sich« zurückzukehren; ein deutscher Student deutet an, dass er tendenziell mehr als in seinem Land trinke, wenn er sich deprimiert fühle). Während die Identität sich zu Beginn vor allem als eine Gesamtheit an Charakterzügen präsentierte, kompensiert sie nun wie ein tief greifendes affektives Bindeglied etwas, das einem fehlt, wenn man im Ausland ist, ein Bindeglied, das sich nicht mehr in Repräsentationen oder in potenziell einzunehmenden ideologischen Positionen ausdrückt, sondern das das Individuum als intime Verbundenheit zu einer Gemeinschaft wahrnimmt, die ihm in einer bestimmten Weise innerlich ist.

Dies sind also einige Elemente, die wir aus der Beschäftigung mit jenen Gruppen festhalten und die uns überzeugt haben, dass dieser Typ von Erfahrung sowohl für die Erforschung der subjektiven nationalen Identität als auch für die persönliche Entwicklung der Teilnehmer von Interesse sein kann.

Dritter Teil
Die Dynamik der Repräsentationen

VII. Soziale Repräsentationen und interkulturelle Kontakte

Die Begegnung zwischen Individuen, die verschiedenen Kulturen angehören, weist die Charakteristika jeglicher interpersonalen Begegnung auf; jedoch kommt noch eine spezifische, von uns mehrfach hervorgehobene Dimension hinzu: Die Kommunikation wird hier über Repräsentationen vermittelt, die die Kulturen voneinander haben. Diese Repräsentationen sind *soziale Repräsentationen*, d.h. sie resultieren nicht nur aus den individuellen Wahrnehmungen und Projektionen, sondern sie sind in einem sozialen Imaginären verankert, das Ergebnis der Geschichte und der Beziehungen zwischen ethnischen oder nationalen Gruppen ist.

So wird unser Ziel also sein, eine »interkulturelle Imagologie« zu begründen, einer semiotischen und soziohistorischen Untersuchung der Repräsentationen der kulturellen Identitäten (Selbst- und Fremdbilder).

Die Repräsentationen jedoch, die sich die Völker voneinander machen, erstehen nicht einfach aus einem aus der Tradition übermittelten Repertoire von Bildern. Sie resultieren ebenso aus der Dynamik, die den Beziehungen zwischen Gruppen eigen ist. Die Sozialpsychologie hat diese Dynamik weithin erforscht und kann somit die Phänomene und Mechanismen erhellen, die diese konstituieren. Sie erlaubt es, die »allgemeinen Gesetzmäßigkeiten« freizulegen, die anschließend eine Spezifizierung in dieser oder jener historischen Situation erfahren.

Dieser Aspekt ist es, der nun untersucht werden soll, bevor wir dann (in den folgenden Kapiteln) konkrete Beispiele aus den deutsch-französischen Beziehungen erörtern werden.

1. Stereotype und Inter-Gruppen-Beziehungen

Konkurrenz und negative Stereotype

Zunächst werden wir hier die Experimentaluntersuchungen über die Beziehungen zwischen Gruppen und die daraus hervorgehenden Repräsentationen besprechen.

Der Ausgangspunkt der Überlegungen in diesem Bereich ist zweifelsohne in den heute als klassisch geltenden Forschungsarbeiten von Muzafer Sherif über die reziproken Repräsentationen in Gruppenbeziehungen anzusiedeln (die bei Gruppen von Jugendlichen angestellt wurden). Sie haben gezeigt, dass die Gegenüberstellung von zwei Gruppen – ohne dabei irgend einen anderen Faktor in Betracht zu ziehen – zur Bildung von negativen Stereotypen ausreicht. Er schreibt:

> »Es ist keine Frage, dass die Unterschiede bezüglich des kulturellen Milieus und besondere physische Unterschiede zwischen den Gruppen Reaktionen der Diskriminierung gegenüber den Mitgliedern einer *Out-Group* fördern. Es ist keine Frage, dass solche Unterschiede zur Feindschaft und zu Vorurteilen zwischen den Gruppen beitragen. Jedoch hat diese Etappe des Konfliktes zwischen Gruppen gezeigt, dass weder die kulturellen, noch die physischen noch die ökonomischen Unterschiede *notwendig* für die Auslösung eines Konfliktes zwischen Gruppen, das Auftreten feindseliger Haltungen und das Entstehen stereotypisierter Bilder über die andere Gruppe sind.«[167]

Es ist die Situation der Gegenüberstellung, die für jene Phänomene verantwortlich ist, und sie alleine reicht aus, um diese zu erzeugen.

Die Modifizierung der negativen Repräsentationen

Wie also ist es möglich, zwei solche Einstellungen vertretende Gruppen zu positiveren Wahrnehmungen und Verhaltensweisen zu bringen? Seine Beobachtungen erlauben Sherif, die folgenden Schlussfolgerungen zu ziehen:

---

167 Des tensions intergroupes aux conflits internationaux; S. 97.

- Ein Kontakt zwischen zwei Gruppen (die sich negative Bilder voneinander gezimmert haben), die im Rahmen angenehmer Aktivitäten miteinander zu tun bekommen, ist nicht ausreichend, um die negativen Einstellungen und Stereotype zu modifizieren.
- Um dieses Ziel zu erreichen, müssen die beiden Gruppen dazu gebracht werden, *in gemeinsamen Aufgabenbereichen*, die für die eine wie für die andere wichtig sind, *zu kooperieren*; alleine die »Kooperation zwischen den Gruppen (...) wird letztlich die soziale Distanz zwischen den Gruppen verringern, die feindseligen Einstellungen und Stereotype modifizieren und so die Möglichkeiten zukünftiger Konflikte zwischen den Gruppen reduzieren.« (S. 100).

Doch die Tragweite dieser Behauptung muss präzisiert werden; sie bedeutet nicht, dass es genüge, die Menschen zusammenzubringen und ihnen irgendwelche gemeinsamen Aktivitäten vorzuschlagen, wie etwa Sport, Gesang, Workcamps für Jugendliche, Einüben beruflicher Techniken, etc., und damit sogleich die Schwierigkeiten und das Unverständnis beseitigt wären; diese Aktivität können zwar eine Annäherung erleichtern, sie reichen aber keineswegs aus, um die Meinungsverschiedenheiten zwischen nationalen Gruppen aufzulösen.

Ebenso wenig überträgt sich eine humanistische und demokratische Ideologie, die sich im Innern einer Gruppe entwickelt hat, notwendigerweise auf die Beziehungen zwischen Gruppen reicht somit nicht aus, um negative Stereotype abzubauen. Selbst wenn die Mitglieder einer Gemeinschaft individuell eine Haltung der Toleranz und der Offenheit gegenüber Ausländern an den Tag legen, ist es sehr leicht möglich, dass sie als Gruppe anders reagieren. So sind Freundschaft und Feindschaft zwischen Gruppen *Gruppenprozesse* und können nicht »auf simple Variationen persönlicher Beziehungen zwischen Individuen reduziert werden.« (S. 165).

Sherif unterstreicht noch, dass *ein gemeinsames Problem* zu *haben* eine zentrale Bedingung für die Annäherung der Gruppen ist und dass dies sogar ein universellerer Faktor des Zusammenschlusses ist als eine gemeinsame Kultur: »Die grundlegende Bedingung für das Erwachen eines umfassenden Gefühls der Solidarität, das dem Zwist und den Entscheidungen, die aus widersprüchlichen Gefolgschaftsbeziehungen resultieren, ein Ende setzt, liegt in der Bewusstwerdung eines gemeinsamen Problems und in der Entscheidung, sich an die Lösung dieses Problems zu machen.« (S. 185).

Die Schlussfolgerungen Sherifs wurden durch zahlreiche Forschungsarbeiten bestätigt. Beispielsweise lassen sich jene von R. Avigor über »l'étude expérimentale de la genèse des stéréotypes«[168] (Experimentalstudie über die Genese der Stereotype) zitieren; auch sie stellen fest, dass eine konfliktauslösende Interaktion negative Werturteile mit sich bringt, während eine kooperative Interaktion im Allgemeinen vorteilhafte Werturteile hervorruft.

Vergleich und Konkurrenz

Andere Erfahrungen jedoch, die dabei den vorhergehenden nicht widersprechen, hatten deren Nuancierung und Erweiterung zur Folge. Sie haben gezeigt, dass Konflikt oder Konkurrenz keine notwendigen Bedingungen für das Entstehen diskriminierender Einstellungen sind und dafür, dass die Individuen ihre eigene Gruppe positiver bewerten als eine fremde.

Hier lassen sich die Arbeiten von H. Tajfel zitieren[169] Sie zeigen die Auswirkungen der sozialen Kategorisierung in »wir« und »sie« unabhängig von irgendeinem objektiven Interessenkonflikt oder einer vorher bereits existierenden feindseligen Einstellung; sie zeigen, dass sich selbst unter solchen Bedingungen diskriminierende Einstellungen und Verhaltensweisen manifestieren. Demnach existiert eine Art allgemeines soziales Verhalten, das darauf abzielt, die *In-group* im Verhältnis zur *Out-group* zu begünstigen und dies, und zwar unabhängig von den objektiven Beziehungen zwischen Gruppen und von den besonderen individuellen Motivationen.

Es ist wichtig, dieses Phänomen in Rechnung zu stellen, um manche Aspekte der Begegnung von Gruppen zu verstehen. Zur Erklärung setzt Tajfel die Kategorisierung und den Mechanismus des sozialen Vergleichs zueinander in Bezug. Jedes Individuum konstruiert seine soziale Identität auf der Basis der Zugehörigkeit zu einigen Gruppen und deren Bedeutung in Hinsicht auf Emotion und Wertbestimmung. Da das Individuum immer nach einer positiven Identität sucht, führt dies im Allgemeinen zu einer Aufwertung seiner Zugehörigkeitsgruppen (oder zum Verlassen dieser Gruppen, falls eine Aufwertung nicht möglich sein sollte). Aber keine Gruppe lebt isoliert; jede Gruppe strebt danach, sich mit anderen zu vergleichen, und

---

168 In: Doise, W.: Expériences entre groupes.

169 Vgl. Tajfel, H. et al.: Catégorisation sociale et comportement intergroupes. In: Doise 1979.

dieser »soziale Vergleich« bewirkt, dass die Abwertung der anderen fast immer mit der Aufwertung der eigenen Gruppe verbunden ist. So verläuft die Suche nach einer positiven Identität häufig über die Kategorisierung, die Angliederung an eine Gruppe, die Abgrenzung und Diskriminierung der Gruppen untereinander.

John Turner zeigt, wie sich diese Problematik in den Rahmen eines Prozesses der sozialen Konkurrenz einreiht.[170] Auch seine Prämisse ist, dass die positive soziale Identität an einen Mechanismus des gegenseitigen Vergleichs von Gruppen geknüpft ist. Da jedoch jede Gruppe auf die gleiche Weise vorgeht, ergibt sich daraus eine Art Gruppen-Konkurrenz um die positive Identität, woraus eine Situation der Rivalität erwächst.

Somit setzen Konkurrenz und Rivalität nicht einen objektiven Interessenkonflikt voraus, auch wenn sie durch eine solche Ausgangsbedingung enorm verstärkt werden können. In jeder Situation der Gruppenbegegnung steckt ein zumindest potenzieller Anteil an sozialer Konkurrenz und somit auch das Risiko, Phänomene der Diskriminierung (Stereotype, Vorurteile, Abwertung, etc.) zu erzeugen oder zu verstärken. Wie wir sehen, impliziert dieser Prozess Mechanismen der Kategorisierung, d.h. Mechanismen der Zuweisung von Charakterzügen an Individuen, je nach deren Einordnung in eine Kategorie; dieser Aspekt soll im Folgenden genauer betrachtet werden.

2. Die Mechanismen der Kategorisierung

Hervorhebung und Unterscheidung

J. Brunet und H. Perlmutter haben das Entstehen der ersten Eindrücke bei dem Zusammentreffen von sich einander fremden Personen untersucht.[171] Sie haben den Einfluss der Kategorisierung auf diesen Prozess hervorgehoben. Wenn man einer Person einen Franzosen, einen Deutschen und einen Amerikaner vorstellt, werden deren erste Eindrücke die den Nationalitäten zugeschriebenen Unterschiede verstärken: Der Franzose wird »noch typi-

170 Vgl. Turner, J.: Comparaison sociale et identité sociale: quelques perspectives pour l'étude du comportement intergroupes. In: Doise 1979.

171 Brunet, J. / Perlmutter, H.: Compatriotes et étrangers: une étude de la formation des impressions dans trois pays. In: Doise 1979.

scher französisch« erscheinen, der Deutsche »noch typischer deutsch«, etc. Die Zugehörigkeit zu einer Kategorie wird die Vorstellung, die man sich über eine Person macht, um so stärker beeinflussen, je weniger bekannt die Kategorie ist. So neigt das Individuum bei interkulturellen Kontakten häufig dazu, die Unterschiede zwischen einem Ausländer und einem Landsmann zu übertreiben; dieses Individuum wird eine um so stereotypisiertere Vorstellung von dem Ausländer haben, je weniger ihm dessen Kultur vertraut ist. Eine Person als einer Kategorie zugehörig wahrzunehmen, führt dazu, ihr Charaktereigenschaften zuzuschreiben, die man mit dieser Kategorie assoziiert und dabei jene zu betonen, die diese Kategorie von jener, der die betrachtende Person selbst angehört, unterscheiden (ein Franzose wird einen Deutschen als Träger der Charakterzüge des Stereotyps des Deutschen wahrnehmen und diejenigen Züge akzentuieren, die als die beiden Nationalitäten unterscheidende Züge erscheinen können, wie die Ernsthaftigkeit, den Sinn für Disziplin, Schwerfälligkeit, etc.).

Andere Forschungsarbeiten von Henri Tajfel[172] zeigen, dass zwischen den Mitgliedern derselben ethnischen Gruppe in Hinsicht auf diejenigen Charakterzüge, die Teil des diese Gruppe betreffenden Stereotyps sind, weniger Unterschiede vemutet werden als in Hinsicht auf diejenigen Charakterzüge, die mit dem betreffenden Stereotyp nichts zu tun haben. Es gibt also eine Tendenz, die Angehörigen einer gleichen Nationalität als sich ähnlicher und »typischer« wahrzunehmen, als sie de facto sind. (So wird man dazu neigen, den Franzosen im Allgemeinen einen Sinn dafür zuzuschreiben, irgendwie zurechtzukommen [»le sens de *la débrouillardise*«], während man sie in Hinsicht auf den Unternehmergeist als unterschiedlich beurteilen wird).

Die Strukturierung der sozialen Interaktionen

Die Arbeiten von Willem Doise tendieren zu einer Generalisierung dieser Mechanismen; sie veranschaulichen, dass »der Prozess der Kategorisierung dem Individuum nicht nur erlaubt, seine subjektive Erfahrung mit der sozialen Umgebung zu organisieren; es handelt sich auch und vielleicht zu-

172 Vgl. insbesondere Tajfel, H. / Sheikh, A. / Gardner, R.: Contenus des stéréotypes et inférence de la similarité entre les membres de groupes stéréotypés. In: Doise 1979.

vorderst um einen Prozess, durch den die soziale Interaktion sich strukturiert und die Individuen unterscheidet und ihnen Gestalt gibt.«

Hiermit soll unterstrichen werden, dass die Kategorisierung nicht nur ein Wahrnehmungsmechanismus ist, sondern dass diese Abläufe gleichzeitig Resultat und strukturierendes Moment der sozialen Interaktion darstellen: Es handelt sich um einen *Prozess der Ausdifferenzierung von Kategorien*, der sich gleichzeitig auf die Wahrnehmung, die Repräsentationen und die Verhaltensweisen auswirkt (ein Unterschied auf der Ebene der Verhaltensweisen genügt, dass auf der Ebene der Bewertungen und der Repräsentationen eine Unterscheidung damit einhergeht und umgekehrt). Dieser Prozess verbindet die individuellen Verhaltensweisen mit den kollektiven Verhaltensweisen, und zwar über die Bewertungen und Repräsentationen der verschiedenen Gruppen voneinander (ein Individuum wird sich den Modellen entsprechend verhalten, die ihm dessen Zugehörigkeits- oder Bezugsgruppen liefern, und wird das Verhalten des Anderen über die Repräsentationen bewerten, die es bezüglich der Kategorie hat, die es ihm zuschreibt).

W. Doise zeigt auch, dass die Situation der Begegnung von Gruppen häufig die Repräsentationen der Gemeinsamkeiten im Innern einer Gruppe betont (so werden sich die Individuen einer Gruppe von Franzosen in Gegenwart von Deutschen untereinander ähnlicher fühlen als ohne deren Gegenwart). Die Unterscheidung nach Kategorien wirkt sich ebenfalls auf sprachliche Phänomene aus; Doise stellt (S. 184) die Hypothese auf, dass »der Charakter der Gruppenbeziehungen ausschlaggebend für die Leichtigkeit oder die Schwierigkeit ist, mit der deren Mitglieder die Sprache des Anderen verstehen bzw. lernen.«

Er zeigt beispielsweise, dass eine Situation der Kooperation die Akzente zweier schweizer Partner, die benachbarte Regionaldialekte sprechen, konvergieren lässt, während eine Konkurrenzsituation ihre Dialekte divergieren lässt und verstärkt.

So lässt sich feststellen, dass die Kategorisierung, die den Gruppen-Interaktionen inhärent ist, mehrere Mechanismen impliziert: einen *Kontrasteffekt*, der zu einer Betonung der Gruppenunterschiede führt; einen *Stereotypeffekt*, der bei der Repräsentation des Fremden ins Spiel kommt; einen *Assimilationseffekt*, der dazu beiträgt, die Ähnlichkeiten im Innern einer Gruppe zu verstärken.

Die Überschneidung der Kategorien-Zugehörigkeiten

Die Auswirkung der Unterscheidung von Kategorien macht sich vor allem in einer Situation einfacher Kategorisierung bemerkbar, d.h. wenn zwei Gruppen im Bezug auf eine einzige, hervortretende Kategorie (beispielsweise die Nationalität) zueinander in Opposition treten. Die Ergebnisse sind jedoch nicht dieselben, wenn man es – wie die Forschungsarbeiten von W. Doise und J.-C. Deschamps aufzeigen – mit sich überschneidenden Kategorien zu tun hat, d.h. wenn sich die Individuen bezüglich mancher Kategorien unterscheiden, sich aber bezüglich anderer Kategorien ähneln. So überbewerten Jungen ihre Leistungen gegenüber Mädchen, jedoch verändert sich die Einschätzung in der Konfrontation von Jungen und Mädchen mit Erwachsenen.

In einer Studie über die Beschreibung der Kategorien von Personen stellen die Befragten mehr Unterschiede zwischen Vertretern des männlichen und jenen des weiblichen Geschlechts fest als zwischen Jungen und Mädchen; außerdem mehr Unterschiede zwischen Jugendlichen und Erwachsenen als zwischen Jungen und männlichen Erwachsenen.

Diese Erfahrungen zeigen, dass die Phänomene der Kategorisierung und der Diskriminierung weniger akzentuiert sind, wenn sich Gruppen in manchen Eigenschaften unterscheiden, sich aber in anderen ähneln. Diese Ergebnisse stimmen mit der persönlich erlebten Erfahrung überein. Junge Deutsche und junge Franzosen gelangen zu einer größeren Nähe und einer besseren Verständigung untereinander, wenn man ihnen die Möglichkeit bietet, sich über ihre gemeinsame Jugend-Kultur anzunähern, als wenn man sie nur dazu animierte, sich als Franzosen oder Deutsche zu situieren; ebenso wird es sich mit Französinnen und deutschen Frauen verhalten, wenn man sie über ihre Erfahrungen als Frauen miteinander ins Gespräch bringt, statt über eine Diskussion bezüglich der Beziehungen der beiden Länder.

Was können diese Forschungsarbeiten denjenigen bringen, die in der Praxis der interkulturellen Begegnung stehen? Zunächst ein genaueres Verständnis der Phänomene, die sie in ihrer Arbeit notwendigerweise beobachten und erleben. Es ist beispielweise wichtig, die Stereotype, die Vorurteile, die negativen Bilder als etwas wahrzunehmen, das den Gruppenbeziehungen im Allgemeinen inhärent ist; sie dürfen nicht als eine Art individueller oder sozialer Perversion interpretiert werden, als den deutsch-französischen Beziehungen eigen oder als Ergebnis des jeweiligen Verhaltens einer bestimmten Gruppe.

Dieses bessere Verständnis kann manch einen pädagogischen Fehler vermeiden: nämlich zu glauben, dass eine moralische Einstellung, die jene negativen Bilder verurteilt, oder dass eine Erklärung oder eine »humanistische« Position, die die Gleichwertigkeit verschiedener Kulturen proklamiert, die reziproken Repräsentationen und Beziehungen wirksam verändern könne; auch eine Verhaltensweise, die als Reaktion versucht, ein positives, bzw. idealisiertes Bild vom anderen zu zeichnen, führt nicht notwendigerweise zu dem gewünschten Ergebnis.

Aber es genügt nicht, ein Phänomen zu verstehen; es muss auch versucht werden, das Verhalten des Animateurs zu definieren, das bei den Teilnehmern der interkulturellen Begegnungen eine Weiterentwicklung der Beziehungen und eine bessere Kenntnis voneinander begünstigt. Das bedeutet zunächst, dass es notwendig ist, die Phänomene der differenziellen Kategorisierung zu berücksichtigen (sie also nicht zu ignorieren oder zu leugnen); anschließend, zu akzeptieren und sogar dabei Hilfestellung zu leisten, dass dieser Kategorisierung seitens der Teilnehmer Ausdruck verliehen und sie zugestanden wird, und schließlich, die Teilnehmer zu einer Bewusstwerdung über die sich vollziehenden Mechanismen anzuleiten. Diese »Begleitung« kann sicherlich mehr zu einer möglichen Überwindung der Stereotype und der Vorurteile beitragen, als wenn die Gruppe über diese in Unkenntnis bleibt, sie leugnet oder verdrängt. Wir haben ebenfalls gesehen, dass die Überschneidung der kategoriellen Zugehörigkeiten dazu beiträgt, die diskriminierenden Mechanismen zu entschärfen und somit eine übergreifende Verständigung zu erlauben; vielleicht ist es nicht notwendig, diesen Punkt besonders hervorzuheben, denn empirisch betrachtet organisieren sich bereits die meisten der Begegnungen nach diesem Prinzip (Begegnungen von Jugendlichen, von Lehrern, von Gewerkschaftern, von Forschern, etc.).

Eine weitere Lehre ist die Wichtigkeit eines gemeinsamen Ziels (das einen bedeutsamen Stellenwert für die Teilnehmer haben muss). Um es noch einmal zu sagen, unter diesen Punkt fällt nicht jedweder beliebige Typ von Aktivität; es geht hier nicht um das Leugnen von Meinungsverschiedenheiten, um die Vermeidung von Konflikten, die Unkenntnis von politischen und ökonomischen Zusammenhängen, die bei den Beziehungen zwischen verschiedenen Nationalitäten im Spiel sind; ein gemeinsames Ziel kann sehr wohl in einer Reflexion und einer Arbeit über die Probleme und realen Divergenzen bestehen, die zwischen zwei Gemeinwesen existieren. Diese Bedingung der Begegnung, also ein gemeinsames Ziel, in dem die Teilnehmer authentisch engagiert sind, erlaubt viel leichter eine grundsätzliche Weiterentwicklung der Einstellungen und Repräsentationen als ein simpler Austausch verschiedener Sichtweisen, Meinungen oder Informationen. Einen angenehmen und unterhaltsamen Rahmen (Sport, Freizeit, Tourismus, etc.) zu schaffen, kann nützlich sein, reicht aber nicht aus, um Einstellungen und Verhaltensweisen dauerhaft zu verändern. Das bedeutet, dass man sich nicht damit begnügen darf, den interkulturellen Kontakt als alleiniges Ziel herzustellen, der alleine die Veränderung der Mentalitäten und Beziehungen ermöglichen solle. Es ist vorzuziehen, den Teilnehmern einen gemeinsamen Handlungs- und Kooperationsrahmen vorzuschlagen, der auf tief greifenden (beruflichen, kulturellen, wissenschaftlichen, existenziellen, etc.) Motivationen beruht.

Die Sozialpsychologie hat uns ein scheinbares Paradoxon aufgezeigt: Die Entdeckung und die Erkenntnis des Andersseins verläuft über das Verstehen und die Überschreitung von Unterscheidungsmechanismen. Vielleicht müssen wir uns als ähnlich akzeptieren, um uns als verschiedenartig anerkennen zu können.

VIII. Das Bilderspiel der Identität: Das Paar Frankreich – Deutschland

Meist wurde die nationale Identität unter zwei Aspekten untersucht. Zunächst unter jenem der Stereotype: Sehr zahlreich sind die Forschungsarbeiten, deren Ziel es ist, sie zu sammeln und daraus die innere Logik und die Mechanismen abzuleiten.[173] Des Weiteren unter dem Aspekt der von den Individuen erlebten subjektiven Identität; manche Arbeiten haben sich bemüht, den Ort der nationalen Dimension innerhalb der psychosozialen Identität zu erfassen.[174]

Wir selbst haben mit unseren Untersuchungen einen anderen Weg eingeschlagen und den gesamten Bereich der Essay-Literatur einer eingehenden Betrachtung unterzogen, der sich den nationalen Charakteren widmet und im Europa der ersten Hälfte des 20. Jahrhunderts eine außerordentliche Zeit der Blüte erlebte.[175] Diese Essays manifestieren eine wenn nicht gelehrte, so doch zumindest kultivierte Repräsentation, deren Stereotype häufig nur die verdorbenste und armseligste Form darstellen.

Wir haben diesen Literatur-Typus nicht gewählt als einen, der uns Zutritt zum Wissen um die »nationalen Charaktere« verschaffen könnte und worin sich ein »wahrer Kern« finden ließe. Unsere Aufmerksamkeit galt nicht dem Bezugssystem, auf das die Diskurse über »die Seele der Völker« zu verwei-

173 Unter zahlreichen Studien, vgl. besonders Klineberg, O.: Psychologie sociale. Und Sherif, M.: Des tensions intergroupes aux conflits internationaux.

174 Hier möchten wir zum Beispiel die Arbeiten von M. Zavalloni zitieren, insbesondere: L'identité psychosociale, un concept à la recherche d'une science. In: Moscovici, S. (Hg.): Introduction à la psychologie sociale. Und ders.: L'identité sociale subjective et l'étude du caractère national. In: Ethnopsychologie, Nr. 2-3 (1974).

175 Zur Illustration seien folgende Werke benannt: Keyserling, H. v.: Das Spektrum Europas; Darmstadt 1928. Madariage, S. de: Portrait de l'Europe; Paris (Calmann-Lévy) 1952. Siegfried, A.: L'Ame des peuples; Paris (Hachette) 1950. Valéry, P.: Regard sur le monde actuel; Paris (Gallimard) 1945.

sen vorgeben; ebensowenig haben wir versucht, diese Diskurse zu entmystifizieren und deren »Fehler« zu berichtigen; wir wollten sie als »diskursive Praktiken« (M. Foucault) erörtern. Das heißt, unser Anliegen war es, die diesen Texten vorausgehenden Annahmen aufzuzeigen, ihre innere Organisation und Prozesshaftigkeit, ihre sozialen, historischen und ideologischen Entstehungsbedingungen zu begreifen und ihre Funktionen in der Dynamik der sozialen und internationalen Beziehungen aufzudecken. Bei dieser Herangehensweise haben wir die Repräsentation der französischen nationalen Identität als Beispiel herangezogen, die sich in ihren Beziehungen zur deutschen Identität und somit im Spiel der Selbst- und Fremdbilder ansiedelt.[176]

Diese Repräsentation wird in dem semiotischen Bereich der Kultur als ein diskursives Objekt fassbar, das über eine relative Autonomie und eine spezifische Dimension verfügt: »Eine bedeutsame Dimension, dank derer eine Gesellschaft als Sinn für die Individuen und die Gruppen, die sie zusammensetzen, existiert, wie im Übrigen auch für die anderen Gesellschaften, die sie betrachten und als andere erkennen.«[177]

1. Die Logik des Portraits

Es handelt sich also für uns darum, eine in die Geschichte eingeschriebene soziale Repräsentation zu beschreiben und sie zu verstehen; eine Repräsentation, mittels derer die Individuen und Gruppen sich über eine kollektive Identität bewusst werden, ein Gefühl der Solidarität (jenseits ihrer realen Unterschiede) entwickeln, ihre Integration in eine soziale und nationale Gemeinschaft gestalten und ihre Zustimmung zu Verhaltensweisen und ideologischen Strategien besiegeln, die für eine gegebene soziale Klasse charakteristisch sind.

Diese Repräsentation baut auf bestimmten *Vorannahmen* auf, *die deren Bedingungen der Möglichkeit definieren*. Das Wichtigste ist die Personifizierung der Nation, die es erlaubt, auf jenes Kollektiv-Wesen dieselben Mo-

176 Vgl. Lipiansky, E.M.: L'âme française ou le national libéralisme. Analyse d'une représentation sociale.

177 Greimas, A.J.: Sémiotique et sciences sociales; S. 49.

delle zu übertragen, wie jene, die beim Individuum Anwendung finden. Die »französische Seele« erscheint wie das Sein der Nation, wie das Prinzip ihrer Identität und die ideale Matrix, aus der der Franzose seine grundlegende Eigenheit zieht. In ihr kommt es zur perfekten Koinzidenz der Worte Frankreich und Franzose. Indem sie die individuellen Verschiedenheiten transzendiert und Widersprüchliches sogar als Element ihrer eigenen Definition miteinschließt, indem sie immer und überall unterhalb oberflächlicher Variationen identisch bleibt, stellt sie das spirituelle und unsterbliche Prinzip dar, woduch die nationale Gemeinschaft in den Rang der höchsten Wesenheiten erhoben wird.

Sämtliche kulturellen Merkmale, die Gebräuche, Institutionen und historischen Ereignisse werden als Ausdruck des nationalen Wesens begriffen. Die Seele Frankreichs enthüllt sich ebenso in den Eigenheiten der Sprache, in der Architektur seiner Kathedralen, in der Harmonie seiner Gärten wie im Wesen seiner großen Männer oder seiner politischen Konflikte. Man stellt sie sich als Gussform vor, in der alle kulturellen Hervorbringungen Form annehmen, als das ultimative Prinzip der Verstehbarkeit von Geschichte und Gesellschaft.

Wie der Pinsel des Malers innerhalb einer begrenzten Farbpalette agiert, so schöpft das Portrait des Nationalcharakters aus einem *relativ abgeschlossenen Repertoire an Charakterzügen*, die sehr weit gehend stereotypisiert sind.

Diese Charakterzüge sind auf einer Skala moralischer Werte angeordnet: Meist haben sie eine positive Konnotation, oder sie sind, wenn sie eine pejorative Dimension besitzen, auf eine Weise dichotomisiert, dass jeglicher Mangel als der Exzess oder die Kehrseite einer Qualität erscheint. Sie sind oft in Form antagonistischer Paare angeordnet (Konservativismus/Revolution, Ordnung/Anarchie, Leichtfertigkeit/Ernsthaftigkeit, Idealismus/Realismus etc.). Das erlaubt, Widersprüchlichkeiten und Verschiedenheiten einen Platz einzuräumen und sie dabei gleichzeitig in einem formalen Synkretismus und einer Gleichgewichtsideologie vom richtigen Mittelmaß und der Einheitlichkeit aufzulösen (so wird der Drang zum Wandel durch die konservative Veranlagung unter der Herrschaft der Vernunft aufgewogen).

Diese Züge ordnen sich tendenziell nach mehreren (psychologischen, soziologischen, ethnischen) *Modellen* an und dies, indem sie einen charakterologischen Code anwenden, der seine Wurzeln in einer sehr alten Tradition hat. Es lässt sich die Häufigkeit dreigeteilter Modelle feststellen (Intelligenz/Wille/Gefühle; Bauer/Ritter/Honnête homme,[178] Kelten/Germanen/Lateiner, etc.), die mit jenen in eine Linie gestellt werden können, deren Beständigkeit und Ausbreitung in den Heldensagen und Mythen der indoeuropäischen Zivilisationen G. Dumézil aufgezeigt hat.[179] Diese Modelle streben danach, die Gesellschaft als eine konfliktfreie funktionale Gesamtheit zu beschreiben, die sich aus komplementären Bestandteilen zusammensetzt (in Übereinstimmung mit dem Archetyp des Bienenstocks), deren Verschiedenheit auf Unterschiede in der Begabung oder auf die ethnischen Ursprünge zurückgeführt wird. So tendieren die sozialen Repräsentationen dazu, sich gemäß bestimmten, fest in der kollektiven Mentalität oder im sozialen Diskurs verankerten Schemata zu organisieren; diese Schemata erlauben eine Einordnung der physischen, sozialen und menschlichen Umgebung und etablieren eine analoge Entsprechung zwischen den Strukturen der Psyche, der sozialen Hierarchie, der ethnischen Mannigfaltigkeit und der Ordnung des Kosmos.

Diese Formen werden deshalb benutzt, weil sie in der Lage sind, gleichzeitig bestimmte »verbindende« und »sich gegenseitig ausschließende« Beziehungsmodi zu bedeuten und darzustellen. Durch sie werden die Gesellschaft psychologisiert und die Psyche naturalisiert, zurückgeführt auf den Determinismus des Grund und Bodens, des Klimas oder der Rasse. Indem sie zu einem Bestandteil der Natur wird, ist die soziale Trennung gerechtfertigt und legitimiert; gleichzeitig jedoch wird sie bagatellisiert und auf die Interdependenz der Organe innerhalb der grundlegenden Einheit des Körpers reduziert.

Die Form des Portraits, die von den analysierten Essays genutzt wird, hat eine präzise Funktion: Sie scheint ein externes, in der Wirklichkeit ausfindig zu machendes Referenzsystem (das Modell) zu bezeichnen; sie zielt auf einen Prozess der Wiedererkennung (»ja, genau das ist es; wie sich das ähnelt; wie man hierin genau den Charakter der Franzosen erkennt!«). Doch sie tut nie etwas anderes, als auf einen der Repräsentation selbst internen Bezug zu verweisen, und der Eindruck der Wahrheit entsteht aus der Übereinstimmung des gehaltenen mit dem erwarteten Diskurs, aus der Rekurrenz von

---

178 Anm. d. Übers.: Es handelt sich hierbei um das Ideal der französischen Klassik, das seinen Höhepunkt unter Ludwig XIV erreicht. Verpönt sind Fachgespräche und das Spezialistentum; angestrebt wird eine weltmännische Bildung urbaner Eleganz, die besonders in den Pariser Salons zelebriert wird.

179 Dumézil, G.: Mythe et épopée.

Charakterzügen und stereotypisierten Darstellungen, aus der Vertrautheit mit den Konfigurationen des diskursiv Wahrscheinlichen. Das Portrait schlägt eine Form vor, die in der Lage ist, die Bedeutungen in Mustern zu organisieren, sie verständlich, fast sichtbar zu machen, und die sogar so weit geht, ihnen den natürlichen Charakter zurückzugeben, der die Pose und die Intention des Malers während der Ausführung seines Gemäldes vergessen lässt. Es verschleiert den Code hinter dem Körper, es gibt ein Zeichensystem für ein faktisches Ganzes aus, es verwandelt ein Ergebnis des diskursiv Imaginären in ein Bild von der Wirklichkeit.

2. Der Bezug zum Anderen

Aber die Repräsentation der Identität erschöpft sich nicht in ihren strukturellen Beziehungen zu der Gemeinschaft, deren Bild zu sein sie vorgibt. Sie entwickelt sich auch aus einer *ständigen Konfrontation mit anderen Identitäten* heraus. Denn viele Züge einer Identität unterstehen weniger einer internen Notwendigkeit als vielmehr den Bündeln von Beziehungen, die sie an ihre Nachbarn binden; die Verschiedenheit hängt hier weniger von der Distanz zwischen den Gruppen ab als von ihren Interaktionen.

So lässt sich feststellen, dass sich die französische Identität in dem Prozess konstitutiert, der sie zur deutschen Identität in Opposition setzt. Entlang sämtlicher Diskurse, die das Portrait des Nationalcharakters skizzieren, schlängelt sich, wie der Lauf des Rheins, der Frankreich und Deutschland gleichzeitig verbindet und trennt, die explizite oder implizite Gegenüberstellung der beiden Länder. Die »französische Seele« versucht, durch ihre Klarheit den beklemmenden Schatten des Chaos, die finsteren Lockungen des germanischen Geistes zu vertreiben; aber einzig vor dem Hintergrund dieser Finsternis hebt sie sich ab: »Denn für Licht zu sorgen, setzt eine düstere Hälfte im Schatten voraus.« (Valéry).

Der Andere ist schlicht das umgedrehte Bild von Frankreich selbst, das Negativ dessen, was er selbst bestätigt, die Projektion dessen, was er zurückweist. Über tausend Bande der Faszination und der Ablehnung ist Frankreich an Deutschland gebunden. Der französische Individualismus hat einzig den Sinn, die Antithese zum disziplinierten Herdentrieb der Preußen zu sein; die Vernunft möchte die entfesselten Kräfte des Instinkts matt setzen, die Unbeweglichkeit der Tatkraft widerstehen, so wie die Maginot-Linie hofft, dem Anrollen der germanischen Horden Einhalt zu gebieten. Unsere Qualitäten wie unsere Fehler sind die dickköpfige Bestätigung dessen, was uns von der »deutschen Seele« unterscheidet. Die kollektive Identität, weit davon entfernt, eine statische Konstellation zu sein, erscheint so als ein dynamisches System, als der Ort einer Spannung zwischen positiven und negativen Zügen, die einer Kategorie zugeschrieben werden können, welche dem Gemeinwesen innerlich oder äußerlich sein kann. Die auf den anderen projizierte negative Identität erlaubt es somit, die nationale Identität zu »reinigen«, sie zu vereinheitlichen und zu stärken, nachdem sie auf diese Weise der verdrängten oder für die soziale Kohäsion als bedrohlich erachteten Elemente entledigt wurde. Die Beziehungen zwischen Frankreich und Deutschland liefern hierfür zahlreiche Illustrationen. So bestätigt sich der Rationalimus, der französische Kartesianismus, der sich in der Aufklärungsphilosophie herauskristallisiert und mit dem Motiv der »clarté« (Klarheit) konnotiert ist, über die Zensur des Irrationalen, der undurchsichtigen Kräfte der Natur und des Instinktes, der Dimension, die mit dem Motiv der »Finsternis« verbunden ist und auf die gemanische Seele projiziert wird.

Dieses Hin und Her tritt sehr deutlich in einem Buch zutage, das Jacques Rivière nach dem Ersten Weltkrieg dem Deutschen widmet.[180] Im Vorwort zu diesem Werk räumt der Autor selbst ein, den deutschen Geist in sich selbst als eine Gefahr zu spüren, die es auszutreiben gilt: Er schreibt: »Mein Buch ist nichts mehr als die große Abscheu, die mein Geist von Deutschland hat.« Und er fügt an, dass er es nur geschrieben hat, um »die Deutschen auszuspeien«, (wobei die Ausdrucksweise bezeichnend ist für den Prozess der Ausstoßung der »negativen Identität«, des projizierten »bösen Objekts«). Später, nachdem er mehr Klarheit zurückgewonnen hat, gesteht er ein (und beschreibt dabei diesen Charakterzug freilich als für die »französische Seele« typisch): »Wir besitzen die fürchterliche Fähigkeit, uns mit unseren Ideen Freude zu bereiten, Darstellungen zu entwerfen, die uns schmeicheln und an sie zu glauben, unsere Wünsche in Theorien, Systeme und Repräsentationen zu transformieren.«[181]

180 Rivière, J.: L'Allemand; Paris (NRF) 1919.

181 Ders.: Le Français; Paris (d. Aveline) 1928; S. 40.

Noch einige Illustrationen hierzu: Nehmen wir als Beispiel das Motiv des »Franzosen als Gärtner«; es gehört gleichzeitig zum französischen wie zum deutschen Bild; jedoch wird es in letzterem mit einer besonderen Eindringlichkeit bejaht, die nicht zu übersehen ist. Keyserling ruft aus: »Im Wesentlichen ist der Franzose ein Gärtner und dies in höchstem Maße ...«[182]

Sieburg schreibt: »Es ist klar, dass die große Gartenkunst in Frankreich entstehen und sich fortentwickeln musste,« denn jene Kunst, so fügt er an, »treibt die Auffassung der Franzosen von der Natur auf die Spitze: Der Mensch formt die Natur, er zwingt ihr seine Vernunft auf, er verwandelt sie in einen Teil seiner Persönlichkeit und lehnt es ab, sich von ihren Gesetzen unterjochen zu lassen.[183]

Was also mit diesem Bild konnotiert wird, ist die unterworfene und gezähmte Natur; sowohl die äußere wie die innere Natur (der Instinkt, die Triebe). Es meint auch eine bestimmte Lebensart, die aus der Bescheidenheit im Ehrgeiz, aus der Ordnung, dem Maß gebaut ist; »cultiver son jardin« (seinen Garten bestellen) ist in Frankreich nach dem Aphorismus von Voltaire der Ausdruck für eine komplette Philosophie: Bestätigung des Willens des Individuums zur Unabhängigkeit, Ich-Bezogenheit, Mäßigung, Sittsamkeit. Schließlich ist der Garten das Zeichen für eine gewisse Sesshaftigkeit und Endlichkeit; es handelt sich um einen freiwillig begrenzten Horizont und die Manifestation der Reife, um nicht zu sagen des Lebensabends (der Traum des Rentners).

Was auf deutscher Seite dem Garten gegenüber steht, ist der Wald, Symbol einer ursprünglichen Natur, der Aufruhr gegen die Kultur, Symbol »eines Bodens, auf dem es der Einrichtung der Zivilisation nicht gelungen ist, die Natur zu humanisieren. Es bleibt etwas Wildes, das der romantischen Ader der Deutschen gefällt, das den Menschen in die Nähe der elementaren Kräfte rückt.«[184]

Was man mit diesem Bild konnotiert, ist somit die Kraft, die Jugend, der Instinkt, die Tiefe, ein »Gefühl der Weite«, das dem begrenzten Horizont

---

182 Keyserling: Analyse spectrale de l'Europe (dt. Ausgabe von 1928); Stock 1946, S. 46.

183 Sieburg, S.: Gott in Frankreich? Ein Versuch. Frankfurt/M. (Societäts-Verlag) 1929; S. 133f.

184 Sieburg: A.a.O.; S. 111.

des Gärtners das »Chaos einer noch ungebändigten, dynamischen Natur«[185] entgegenstellt; der Wald ruft auch die großen Wanderungen wach, jene Gruppenausflüge, von denen Sieburg sprach, jene Vorliebe für die Bewegung und die unberührte Natur, die die jungen Deutschen zu diesen Exkursionen treibt, bei denen sie sich auf die Suche nach den Tugenden der Zeiten der Barbaren machen; Sieburg schreibt: »Aus der deutschen Bildung ist der Wandertrieb nicht fortzudenken – »vom Wasser haben wir's gelernt« – ...«[186]

So erhebt der Deutsche Anspruch auf den Geist des Nomaden, der dem Franzosen fremd ist; dieser Unterschied setzt sich fort bis in die abstrakten Formen des Denkens, wie es Léon Daudet ausdrückt: »Die Intelligenz des gebildeten Franzosen ist jene eines Sesshaften, der versucht, die Ausdehnung seiner Kenntnisse durch die Schärfe seines Sehvermögens zu vergrössern. Die Intelligenz eines Deutschen gleichen Niveaus ist jene eines Nomaden, der durch plötzliche Verlagerungen des Gesichtspunktes versucht, zu dem gleichen Resultat zu gelangen.« Ausflüge, Reisen, Verlagerungen: All diese Worte sind mit Schwung, mit einer überschäumenden Mobilität konnotiert, die im Kontrast zur französischen Sesshaftigkeit steht.

Die sexuelle Metapher

Ein anderes Beispiel ist der Gebrauch einer sexuellen Symbolik für die Darstellung der Beziehungen zwischen den beiden Identitäten. Hervorzuheben ist, mit welcher Beharrlichkeit deutsche Autoren danach trachten, weibliche Qualitäten für die »französische Seele« zu finden. P. Diestelbarth spricht von Frankreich als von der Person Frankreich, die »groß, schön, strahlend ...«, sowie »eine himmlische Geliebte ...« sei;[187] Curtius stellt fest: »Als Weib ist La France kapriziös und kokett.«[188] Und wie jede Frau will Frankreich erobert und beherrscht werden. S. von Madariaga bestätigt: »Der barbarische Deutsche ist verliebt in die endgültige, perfektionierte, wenn nicht perfekte Zivilisation des Franzosen.« und weiter unten fügt er an: »Der Hass, die Geringschätzung, die die Deutschen den Franzosen häufig entge-

185 Keyserling: A.a.O.; S. 107.
186 Op. cit.; S. 140.
187 Distelbarth, P.: Lebendiges Frankreich. Stuttgart (Rowohlt) 61948; S. 16.
188 Curtius: A.a.O., S. 194.

genbringen, sind nur die Dornen der Rose ihrer Liebe zu Frankreich. Sie sind so unbeholfen, dass sie ihren Blumenstrauß mit den Dornen nach vorne präsentieren. Der formlose Strom ist verliebt in den Kristall.«[189]

In *Le couple France-Allemagne* bemerkt auch Jules Romains: »Wohl liegt etwas Sexuelles in der deutsch-französischen Geschichte, in dem hundertjährigen Drama dieser beiden Völker, in den gleichermaßen brennenden Verlockungen wie Feindschaften, die sie seit Epochen füreinander empfinden, und besonders auf deutscher Seite, etwas, das eine Verschiebung vom Bereich des Sexuellen in den des Kollektiven zu sein scheint.« (S. XI).

Dieses Bild findet sich auch bei Nietzsche:

> »Es gibt zwei Arten des Genies: eins, welches vor allem zeugt und zeugen will, und ein anderes, welches sich gern befruchten lässt und gebiert. Und ebenso gibt es unter den genialen Völkern solche, denen das Weibsproblem der Schwangerschaft und die geheime Aufgabe des Gestaltens, Ausreifens, Vollendens zugefallen ist – die Griechen zum Beispiel waren ein Volk dieser Art, insgleichen die Franzosen – ; und andere, welche befruchten müssen und die Ursache neuer Ordnungen des Lebens werden, – gleich den Juden, den Römern und, in aller Bescheidenheit gefragt, den Deutschen? –, Völker, gequält und entzückt von unbekannten Fiebern und unwiderstehlich aus sich herausgedrängt, verliebt und lüstern nach fremden Rassen (nach solchen, welche sich »befruchten lassen«) und dabei herrschsüchtig wie alles, was sich voller Zeugekräfte und folglich »von Gottes Gnaden« weiß.«[190]

Und Bismarck bestätigte (bei einer Tischrede während des Frankreichfeldzuges): »Die germanische Rasse, unsere deutsche Rasse, stellt das männliche Prinzip dar, das alles in Europa befruchtet.«

Stimmt aber *La France* zu, ist sie bereit, sich den Wünschen ihres brutalen Verehrers zu unterwerfen? Ihr Widerstand, sich hinzugeben, in Verbindung mit ihrer Schwäche, ermutigt sie ihn damit nicht, sie mit Gewalt zu nehmen? Ch. de Gaulle beschreibt Frankreich als »offen stehend und ihren Körper schutzlos den Schlägen darbietend, bar jeglicher Zuflucht.«[191]

---

189 Portrait de l'Europe; S. 112.

190 Jenseits von Gut und Böse, S. 139.

191 Vers l'armée de métier; S. 29.

Es fällt schwer, in der folgenden Passage von F. Sieburg nicht das Bild einer Vergewaltigung zu erkennen: »Frankreich fühlt mit Recht eine junge Welt über seinen Leib, der so geblutet hat, hinwegstürmen. Es wechselt dauernd in dem Drang, aufzuspringen und mitzustürmen oder liegen zu bleiben und sich mit ergreifender Stimme zu beklagen. Und wer anders ist für Frankreich der Inbegriff dieses dahinstürmenden Tempos als Deutschland!«[192]

Das »imagologische« System

Es ist festzustellen, dass jeder der Partner dazu tendiert, die Identität (selbst in ihrer negativen Dimension) anzunehmen, die ihm durch den anderen vermittelt wird. So etwa in der Zeit zwischen den beiden Weltkriegen: Wird Frankreich hier nicht dazu gebracht, das Bild zu billigen, das ihm Deutschland von dem oberflächlichen, eitlen, aufsässigen, anarchistischen und schablonenhaften Franzosen vermittelt, der eine dekadente und zum Scheitern verurteilte Zivilisation repräsentiert (während Deutschland ebenso das Bild des barbarischen, geschmacklosen, diziplinierten und chaotischen Deutschen annimmt)?

Diese Übernahme des negativen Bildes zeigt, dass die Identität durch den Blick des Anderen vervollständigt und bestätigt werden muss, auch wenn dieser Blick ein kritischer ist. Aber dann wird die negative Identität integriert und in positiver oder zumindest ambivalenter Weise reinterpretiert, was die Tatsache erklärt, dass ein Mangel häufig als die Kehrseite oder der Exzess einer Qualität präsentiert wird.

Mehr als mit einer Nebeneinanderstellung unabhängiger Repräsentationen hat man somit mit einem »imagologischen System« zu tun, das Selbst- und Fremdrepräsentationen eng miteinander verknüpft; innerhalb dieses Systems kommen Verhältnisse der gegenseitigen Determination zum Tragen; ein nach dem Selbst-Bild geschätzter Charakterzug (beispielsweise der Sinn für das Maß) wird durch die Vermittlung des deutschen Blickes als Fehler zurückgeworfen (als Mittelmäßigkeit) und von den Franzosen als ambivalenter Zug wieder angenommen (als bescheidener Ehrgeiz), dem man einen negativ gesehenen Charakterzug der »deutschen Seele« entgegenstellt (den

192 Op. cit., S. 163

Hochmut). Somit ist das Fremd-Bild im Selbst-Bild in Form negativer Identität oder ambivalenter Charakterzüge vorhanden.

3. Ideologische Funktionen des Bildes

Wenn sich die Opposition zwischen der französischen und der deutschen »Seele« zunächst in einen psychologischen Prozess einschreibt, bei dem sich die Identität durch das Spiel der Mechanismen von Introjektion und Projektion darstellt, so erfüllt diese auch eine *soziale Funktion*. Die von der Theorie der harmonischen Verschmelzung der Rassen geleugneten Spannungen werden in die nationalen Antagonismen und, wie wir (in Kapitel III) gesehen haben, in die Antithese zwischen *Kultur* und *Civilisation* projiziert. Der Rassencode dient dazu, die Klassenunterschiede in ein und derselben Bewegung zu bezeichnen und zu verdecken; metaphorisch führt er jene Gräben und Hierarchien wieder ein, die die bürgerliche Ideologie der Gleichheit und der Demokratie verwirft; die Unterschiede entstehen nicht mehr aus einem ökonomischen und sozialen Determinismus; sie werden anthropologisiert, in Gegebenheiten der Natur transformiert. Genau hierin liefert die Repräsentation von den Ursprüngen einen der Schlüssel, die es erlauben, den Ursprung der Repräsentation zu erfassen; die Genealogie des Nationalcharakters befördert ein Zeugungsschema als Geburtsakt (Kelten, Germanen, Romanen), bei dem der Rassencode erlaubt, im Innern des sozialen Körpers die Einheit in der Diversität zum Ausdruck zu bringen, während er nach außen den deutsch-französischen Antagonismus in der Fatalität eines anthropologischen Konfliktes und in der Vorsehung einer charakterlichen Antinomie fixiert.

Das Bild der »französischen Seele« entspricht nicht nur der Vorstellung, die sich eine nationale Gemeinschaft über ihre Identität macht. Es handelt sich auch um das Produkt einer bestimmten sozialen Kategorie – die anerkannte intellektuelle Elite, die mehr oder weniger in die »ideologischen Staatsorgane« integriert ist –, die durch diese Repräsentation sowohl ihre funktionale Position in der Gesellschaft zum Ausdruck bringt (woher beispielsweise die außerordentlich wichtige Rolle rührt, die der Intelligenz zugeschrieben wird), als auch gleichzeitig das Verhältnis der Klasse, auf die sie sich beruft (die Bourgeoisie), zu den anderen sozialen Gruppen. Es lässt sich der Hang einer dominierenden Gruppe unterstreichen, denjenigen Charakterzügen, die das Ideal ihrer Persönlichkeit ausmachen, eine universelle Tragweite zuzuschreiben, indem sie diese als die eigentlichen Charakterzüge der »nationalen Seele« ausgibt. Jene Gruppe produziert ein Wertsystem, eine Gesamtheit an Normen und eine Rollentypologie, die in dem Maße als Charakterzüge wahrgenommen werden, wie sie die Individuen internalisieren. Da ihre Entstehungsbedingungen und ihr sozialer Herkunftsort vergessen sind, werden sie einer Psychologie der menschlichen Natur zugeordnet.

Hier bewegen wir uns bereits innerhalb der *ideologischen Dimension der Repräsentation.* Wir können sie jetzt als die Kombination zweier Systeme definieren: des Liberalismus und des Nationalismus. Diese beiden ideologischen Komplexe, die sich gegenseitig anziehen, ohne dabei identisch zu sein und deren Verbindung nicht frei von Spannungen ist, geben sowohl über die meisten konstitutiven Motive des Bildes als auch teilweise über dessen Struktur und Form Aufschluss. Denn eine solche Repräsentation hat eben genau die Aufgabe, die realen Widersprüche ökonomischer, sozialer oder historischer Art durch formale Widersprüche zwischen psychologischen Zügen zu ersetzen, die gleichzeitig als Mannigfaltigkeit des nationalen Charakters dargestellt und in der unteilbaren Einheit, jener der »französischen Seele«, aufgelöst werden. Im Imaginären versöhnt sie die Kräfte miteinander, die im politischen und sozialen Leben der Nation aufeinander stoßen. Die Rechte und die Linke, die Reaktion und die Revolution werden zu komplementären Zügen einer kollektiven Mentalität; der Raum dieser Gegensätze ist nicht mehr die historische Bühne, sondern die Innerlichkeit der Gemütsart eines jeden Franzosen.

Man könnte denken, es handele sich hier um einen »exoterischen« Diskurs, um einen für die Mittel- und Volksklassen bestimmter Diskurs der Betäubung, der mittels der Übersteigerung der nationalen Identität deren Unterstützung der Politik der führenden Gruppen sicherstellen soll. Aber vielleicht handelt es sich in erster Linie um einen Diskurs der »Verschwörung«, denn jene, die ihn führen, sind wahrscheinlich auch seine hauptsächlichen Adressaten. Trachten sie nicht zuerst danach, durch die hartnäckige Bestätigung der Symbole und Werte, die ihre Macht begründet haben, sich selbst über deren Fortbestand zu versichern und durch das Seelenbündnis, das eine von allen geteilte Repräsentation ermöglicht, die sozialen Probeme zu verschleiern?

Somit erscheint die Repräsentation der nationalen Identität als das Wappen einer sozialen Gruppe, als das Denkmal einer stratifizierten Geschichte, als gepanzerter Schutzschild, in den die Gesellschaft die idealisierten Darstellungen einritzt, in die sie ihr eigenes Bild projiziert und in denen sie dieses zu fassen bekommt. All dies geschieht während eines Prozesses, der ebenso zu einer Opposition wie zu einer Anbindung an die anderen Nationen führt.

IX. Elemente deutsch-französischer »Imagologie«

1. Französische Kultur und Stereotype im Bezug auf Deutschland

Als eine Art Echo auf das vorhergehende Kapitel werden wir nun einen Versuch der »Ethnopsychologie« der sich auf Deutschland beziehenden Bilder und Stereotype unternehmen, die sich innerhalb der französischen Kultur antreffen lassen – ohne von diesem Gesichtspunkt aus eine exhaustive Bilanz des deutsch-französischen Bilderspiels ziehen zu wollen, alleine schon deshalb, da es bereits eine reichhaltige Literatur zu diesem Thema gibt. Nebenbei sei erwähnt, dass jene »imagologischen« Studien vor einiger Zeit auf ein wieder erwachtes, starkes Interesse stießen, das bis zu Begeisterung reichte, ob es sich nun um Meinungsumfragen handelte, wie jene, die vom Deutsch-Französischen Jugendwerk (DFJW) finanziert wurden, oder um universitäre Arbeiten, wie jene von Klaus Hänsch, Dieter Tielmann, Hans Nicklas, etc.;[193] und sicher gibt es keinen Schüler der Sekundarstufe, der dieses Thema nicht schon zu behandeln hatte, sei es im Unterricht oder im Ferienlager.

Jedoch hielten wir es nicht für angebracht, uns an der gerade anstehenden Aktualität zu orientieren. Wir haben auch Abstand zu den Bildern der Medien gehalten, die uns nur »l'écume des jours«[194] der deutsch-französischen Beziehungen liefern. Denn eine »Imagologie« ist notwendigerweise retrospektiv, wenn sie einen ausreichenden Abstand halten und die gebotene Distanz zu ihrem Objekt wahren will. Ansonsten ist man selbst, wie man sagt,

193 Vgl. auch die verschiedenen Symposien – wie jene, die beispielsweise in den Jahren 1971 und 1972 in Straßburg mit der Unterstützung des DFJW stattgefunden haben und deren Arbeiten in der Revue d'Allemagne, tome IV, Nr. 3 (Juli-September 1972) und tome V, Nr. 2 (April-Juni 1973) veröffentlicht wurden.

194 Anm. d. Übers.: Es handelt sich hierbei um eine Anspielung auf einen Roman von Boris Vian, L'écume des jours, der mit »Der Schaum der Tage« übersetzt wurde.

zu sehr involviert! Wenn wir es somit nicht für notwendig befunden haben, unsere Bezüge systematisch zu »aktualisieren«, so deshalb, weil es sich hier um die mittelfristige Untersuchung einer bestimmten »historischen Tiefe« dreht. Die interkulturellen Bilder und Stereotype, die beispielsweise die französische Kultur von Deutschland haben kann, siedeln sich auf der Ebene einer Generation, unserer Generation an – wobei die Hypothese diejenige ist, dass eine gewisse Kontinuität, eine grundlegend prägende Kraft besteht.

Unter »französischer Kultur« werden wir nicht nur den *Ort* verstehen, an dem die Deutschland betreffenden Bilder und Stereotype in Hülle und Fülle vorhanden sind; der Bezug unserer Kultur zu »ihren« Deutschland-Repräsentationen ist nicht einfach jener des Behälters zu seinem Inhalt, sondern jener des sozioethnischen Subjekts zu dessen ethnokulturellen Objektivierungen. Diese Kultur *in actu* ist die Produzentin stereotyper Motive oder Themen.[195]

Über eine deskriptive »Phänomenologie« der stereotypen Bilder hinaus wollen wir auch auf die Stoßrichtung einer »Psychoanalyse« jener Repräsentationen (die den eigentlichen Gegenstand der »Imagologie« darstellen), hinweisen – im weiteren Sinne einer Suche nach dem Verborgenen. Das Ziel wäre die Rekonstruktion einer Entstehungsgeschichte und sollte den Ursprung und das Werden (bzw. Geburt und Fortgang) des auf Deutschland gerichteten französischen Bilderspiels erkennen lassen.

Diese Art der Untersuchung jedoch stößt auf zahlreiche Schwierigkeiten, die sich untereinander im Übrigen zum Teil widersprechen. Der allererste Punkt betrifft das angesammelte »imagologische« Material, das – noch hie und da verstreut – schwer zu überblicken und schwer zusammenzufassen ist; zumal eine solche Synthese darüber hinaus eine Aktualisierung sein sollte, denn so wahr es ist, dass die »Geschichte der Mentalitäten« eine relativ langfristige Entwicklung darstellt, so unterscheidet sich in dieser Hinsicht das Problem der *interethnischen* Mentalitäten und des Bilderspiels durch einen zweifellos schnelleren Rhythmus. Außerdem ist das Problem immer ein aktuelles, wie die Erhebungen zeigen. Schließlich kann die Phänomenologie jener Bilder nicht ohne Vorannahmen entstanden sein: Die

195 Guy Michaud hatte bei seiner Arbeit an einer »literarischen Anthropologie« auch folgende Analogie vorgeschlagen: Autor/ Werk = Gesellschaft/ Zivilisation, vgl. Michaud, G. &Marc, E.: Vers une société des civilisations.

»Feldforschungen« sollten kritischen Analysen unterzogen werden. Sie müssten häufig reinterpretiert und manchmal völlig neu aufgezogen werden.

Anders gesagt, die Erkenntnisse, über die wir verfügen, sind mit Vorsicht zu behandeln, können jedoch nicht als nichtig betrachtet werden; vor allem steht es nicht in unserer Macht, sie »wegzudenken«; sie sind auf die eine oder die andere Weise im Bewusstsein des Forschers vorhanden und nehmen auf seine Reflexion Einfluss. Wir sehen uns hier mit scheinbaren wissenschaftstheoretischen Aporien konfrontiert, analog zu jenen, welche die Psychologie in ihrer Zeit, die Ethnologie in jüngerer Zeit (bzw. die Sozialwissenschaften in ihrer Gesamtheit in den letzten Jahren) zu lösen hatten. Daher werden die folgenden Seiten notwendigerweise eine relativ »methodologische« Färbung bekommen, deren Bilanz nur eine zurückhaltende und programmatische sein kann.

Im Allgemeinen ist der deutsch-französische Kontakt, wie man gesehen hat, ein bevorzugter Anlass für die Untersuchung der psychischen und sozialpsychologischen Probleme des Aufeinandertreffens von Nationen und der Untersuchung sozialer Repräsentationen (Bilder, Stereotype, etc.). Die »*Imagologie*«, deren Untersuchungsgegenstand diese Repräsentationen sind, ist hier von besonderem methodologischen Interesse. So schematisch oder abwegig jene kollektiven Repräsentationen auch sein mögen, sie sind nicht bedeutungslos. Zu sagen, dass »sie nichts Reales repräsentieren«, heisst, eingestehen, dass sie sehr wohl existieren. Nicht nur auf der theoretischen Ebene der Forschung und der »imagologischen« Spekulationen stellen sie ein Problem dar, sie sind auch einer der Stolpersteine, auf die die Praktiker der Begegnungen stoßen, und zwar insbesondere in den Jugendverbänden. Dieses Problem haben wir nicht »längst hinter uns gelassen«, was auch immer hierzu gesagt werden mag (manch »Professionellen« der deutsch-französischen »Szene« eingeschlossen); und wir haben auch nicht den Eindruck, dass es sich hierbei um eine Art »soziopädagogisches Artefakt« handelt, das alles in allem nur durch die Ideologie erzeugt wird, die das nationale Schulwesen verbreitet, wie dies zum Beispiel die Arbeiten eines Robert Picht oder von Yvon Bourdet zu zeigen versuchten.

Die »Imagologie«, die den Inhalt kollektiver Repräsentationen analysiert, die sich ein Volk von einem anderen (*Fremdbilder*) und von sich selbst (*Selbstbilder*) macht, stellt »einen bescheidenen, aber schwer in den Griff zu bekommenden Bereich der Völkerpsychologie« dar, wie Abel Miroglio in einer völlig umgearbeiteten Neuauflage seines Buches[196] sagt.

Aber wie könnte man ignorieren, dass Bilder und Stereotype wie der sichtbare Teil des Eisbergs ein Indiz für etwas sind, das über sie hinausgeht und sie vielleicht erklärt? Hiermit stellen sich die methodologischen Probleme der »Völkerpsychologie« oder *Ethnopsychologie.* Die Terminologie jedoch ist mehrdeutig und es geht hier selbstverständlich nicht darum, »in die »Volksseele« hineinzugeraten«.[197] Dass das, worum es sich handelt, ein psychologisches Phänomen im eigentlichen Sinne sei, bleibt problematisch, nach manchen Aussagen sogar extrem zweifelhaft; der neologistische (und somit im linguistischen und Saussureschen Sinne des Wortes »arbiträre«, d.h. für neue Semantisierungen zur Verfügung stehende) Wesenszug der Bezeichnung »Ethnopsychologie« ist nicht ausreichend, um mit Hilfe des Rückgriffs auf das Arbiträre des sprachlichen Zeichens die Konnotationen zu der früheren »Völkerpsychologie« zu entschärfen. Deshalb hatten wir vorsichtiger für diesen Typ von Forschung den Titel *Ethno-Anthropologie*[198] vorgeschlagen. In jedem Fall verbietet sich jeder philosophische Maximalismus nach der Art der *Völkerpsychologie* von Wundt oder von Steinthal. Die charakterologischen Vorannahmen einer »Völkerpsychologie« im Sinne Abel Miroglios erscheinen bescheidener, jedoch auch nicht weniger zweifelhaft. Deshalb plädieren wir für einen *interdisziplinären methodologischen Minimalismus* plädieren, der im vorliegenden Falle die »Imagologie« in die Nähe von Arbeiten aus verschiedenen Geisteswissenschaften wie etwa der Geschichte (und besonders der Mentalitätsgeschichte) rückt, der Soziologie oder der Psychoanalyse, wovon eine »Imagologie« in Hinsicht auf das konzeptuelle Instrumentarium und die Methodenkategorien profitieren könnte, bevor sie sich an das machen wird, was wir die *ethnopsychologische Interpretation* nennen wollen.

Das *Stereotyp* ist hier ein reines Arbeitskonzept und kann rasch als eine reduzierte Stufe des *Bildes* definiert werden. Es ist ein vereinfachtes und schematisiertes Bild. Wie sein Name andeutet, ist das »Stereo-typ« ein starres Bild, in dem Otto Klineberg ein Anzeichen von (kollektivem oder indi-

---

196 Miroglio, A.: La psychologie des peuples; S. 37.

197 Vgl. zur Ambiguität dieses Begriffs das gesamte Heft Nr. 2-3 (1971) der Zeitschrift »Revue d'Ethnopsychologie« und darin insbesondere die Bemerkungen von G. Michaud (S. 311ff.).

198 Ladmiral, J.-R.: Le discours scientifique; ibid; S. 190.

viduellem) Autismus sieht; und im Allgemeinen ist es emotional aufgeladen, meist negativ.[199]

Wollten wir streng auf die Terminologie achten, so dürften wir nur bei einer organisierten, kohärenten und mehr oder weniger stabilen Konstellation stereotypisierter Züge von »imagologischem Stereotyp« sprechen; wir denken jedoch nicht, dass dieser Anspuch aufrechterhalten werden muss, und werden unterschiedslos von stereotypisierten Zügen, Motiven (oder Themen) und von Stereotypen, sogar von Bildern sprechen. Ebenso werden wir Stereotype (*stricto sensu*), Bilder und Vorurteile nicht unterscheiden: Erstere sind manchen Autoren zufolge nur Wahrnehmungsschemata, während letztere intellektuellere Repräsentationen bezeichneten, die weiter ausgearbeitet, »ideologischer« seien. Unsere »Stereotype« werden beides auf einmal und häufiger noch »Vorurteile« sein. Wenn die Stereotype auf die Ebene der Wahrnehmung einwirken,[200] so wird man auch nicht die wichtige Rolle dessen vergessen, was wir das *Gewicht der Sprache* nennen möchten. Zu sagen, der Deutsche sei arbeitsam (oder brutal), ist bereits ein Stereotyp, auch wenn man die Charakterisierung seiner nationalen »Qualitäten« nicht weitertreibt, auch wenn man nicht die Ebene einer Synthese dieser stereotypisierten Züge anstrebt, die den Globalcharakter des Deutschen definieren soll (das deutsche »Stereotyp«). Denn das interethnische Bilderspiel ist eine Aktivität, eine *Arbeit*, hierin vergleichbar der »Traumarbeit« oder der »Trauerarbeit« der Psychoanalytiker, insofern es die unterschiedlichen stereotypen Motive neu ordnet, was die Möglichkeit der Bildung stereotyper Gesamtkonstellationen eröffnet, die – wie man sagen könnte – alle eine gewisse Ähnlichkeit haben und Variationen derselben grundsätzlichen Fragestellungen darstellen. Ebenso lässt sich feststellen, dass auch Mythen häufig verschiedene Varianten kennen.[201]

Der Begriff der »französischen Kultur« ist hier ein thematischer und stellt ein Problem dar. Es kann also nicht darum gehen, ihm eine vorläufig wirkliche Definition zu geben. Es sei nur gesagt, dass man sich bei der Bestimmung dieses Stereotype produzierenden Bereichs weigern muss, zwi-

199 Klineberg, O.: Psychologie sociale; S. 544f., 237f. et passim.

200 Vgl.: Sherif, M. & Sherif, C.W.: An Outline on Social Psychology.

201 In einem etwas abgeschwächten Sinne, bei dem es zur Interferenz der Ideologie kommt und der in Bezug zu unseren imagologischen Fragestellungen steht, kann somit auch der Begriff des Mythos auf unsere Gesellschaften angewendet werden, diese selbst in einem traditionellen Sinn verstanden. Vgl. Barthes, R.: Mythologies.

schen der traditionellen (französischen) Wortbedeutung und der anthropologischen, modernen, umfassenderen »Franglais«-Bedeutung[202] zu wählen (s.o., Einleitung).

Im ersten Fall bezeichnet die Kultur eine Gesamtheit an »kulturellen« Manifestationen (Repräsentationen oder Produkte), die sowohl auf der Ebene der Produktion als auch auf jener der Rezeption (*consommation*) stark individualisiert sind. Konzipiert als ein hoch bewertetes Erbe, wird sie an eine soziale Elite rückgebunden, deren Zeichen der Zugehörigkeit sie in mancherlei Hinsicht ist. Aber die deutsch-französische »Imagologie« könnte sich nicht einzig an die Untersuchung der literarischen Werke halten, an die »Kultur« im engeren Sinne.[203]

Neben dieser restriktiven Bedeutung ist die Bedeutung des als Anglizismus verstandenen Wortes *culture* wesentlich umfassender. Hier handelt es sich um ein *Ganzes an Repräsentationen* (oder Produkten, die deren Stütze sind) und Verhaltensweisen, die *mit der sozialen Praxis einhergehen* und keine elitäre Konnotation haben. Die Perspektive ist eher jene eines soziologischen Funktionalismus, einer amerikanischen Kulturanthropologie.

Schließlich stellt die Kultur, um die es hier geht, einen Widerschein der Gesellschaft dar, genauer gesagt einen »Überbau«, wie es in der marxistischen Terminologie heißt; aber es handelt sich auch um einen *Entwurf* (in der Sprache der Existenzialisten), d.h. die »imagologische« Verarbeitung einer Kollektivhaltung. Letztere kann die Aufgabe haben, eine bestimmte Politik zu befördern: In dem uns betreffenden Fall wirft die blaue Linie der Vogesen am Horizont wesentlich und dauerhaft das Problem der »Revanche« auf. Diese Kultur »in actu« ist Entwurf und – wenn man so sagen kann – Kultur *der Taten*, insbesondere »imagologischer« Taten.

---

202 Anm. d. Übers.: Es handelt sich um einen Begriff, der besonders von Etiemble, R. (1964): Parlez-vous franglais? geprägt wurde und die als bedrohlich wahrgenommene »Verunreinigung« der französischen Sprache durch Anglizismen in Lexikon und Morphosyntax kritisiert.

203 Dies ist es, was R. Cheval in Cent ans d'affectivité franco-allemande ou l'ère des stéréotypes (S.604) sehr richtig bemerkt; und man müßte der Liste, die er aufstellt, noch Comics und, in einem allgemeineren Sinne, die Gesamtheit der Manifestationen der »Massenkultur« anfügen.

2. Die negativen Bilder von Deutschland

Die Anzahl der Deutschland betreffenden stereotypen Motive, die in der französischen Kultur und Mentalität reichlich vorhanden sind, bezeugt den hohen Koeffizienten »imagologischer« Präsenz, der die französischen Bedenken ethnopsychologischer Natur in Hinsicht auf Deutschland kennzeichnet.

Es ist noch nicht so lange her, dass die Umfragen zeigten, dass *Hitler* für eine erdrückende Mehrheit die Repräsentation war, die Pariser Gymnasiasten mit dem Wort »Deutschland«[204] verbanden, und was für die Jugendlichen zutrifft, gilt *a fortiori* für vorherige Generationen. Man kann auch heute noch sagen, dass die *kriegerische Gesinnung* eines der französischen Stereotype über Deutschland ist, obwohl die Jugendlichen hierin eigentlich keinen essentiellen Wesenszug, kein ethnopsychologisches Schicksal der Deutschen sehen. Auf einer bestimmten, feineren Analyseebene (einer jedoch schon älteren Studie) hob Y. Bourdet im übrigen einen erklärten Antimilitarismus der jungen Deutschen hervor; aber diese Wachsamkeit schien abstrakter zu sein als der zutiefst konkrete Antimilitarismus der jungen Franzosen. Ebenso schien die Reaktion der jungen Franzosen auf *police* negativer als jene der jungen Deutschen auf *Polizei*. Was die Mädchen der beiden Länder angeht, so zeigen sie gegenüber der Uniform »eine wohl berühmte Nachsicht, von der man aber hätte denken können, sie sei bloße Konvention.«[205]

---

204 Vgl. IFOP/ Infratest (1970) sowie Bourdet, Y.: Préjugés français et préjugés allemands. Wir haben, um es noch einmal zu sagen, im vorliegenden Kapitel darauf verzichtet, eine beständige Aktualisierung zu betreiben und somit den diversen Umfragen ausgeliefert zu sein, deren Anzahl ständig wächst. Unsere Hypothese lautet, dass die Dinge sich im wesentlichen nicht grundsätzlich verändert haben, was die Probleme angeht, die hier zur Debatte stehen; zumal die »Demoskopie« der Umfragen nicht unser Untersuchungsgegenstand ist und die oben genannten nur als Beispiel angesprochen werden, eher aus Gründen der Illustration denn um eine »Diagnostik« bezüglich einer mittelfristigen Aussage zu untermauern

205 Bourdet, Y.: A.a.O., S.25. Dies ist einer jener Punkte, an denen seit einigen Jahren Anlaß besteht, eine Veränderung und sogar eine Umkehrung der Tendenz zu konstatieren: mit der massiven Entwicklung des Pazifismus in der BRD einerseits und in Frankreich andererseits einer sehr allgemeinen Bewußtwerdung der strategischen und militärischen Notwendigkeiten, sowohl im europäischen als auch planetarischen Maßstab.

Die Tatsache, dass Deutschland so mit den jüngsten historischen Erfahrungen des Krieges assoziiert wird, liegt sicherlich den Stereotypen zugrunde, die die deutsche *Brutalität*, die *Bosheit* und die *Grausamkeit* betreffen. Es muss festgestellt werden, dass die Jugendlichen auch hier wesentlich gemäßigter sind. Allgemeiner betrachtet scheinen diese stereotypen Motive schwächer geworden zu sein. Sicher bleibt etwas davon in den Stereotypen, die den *wenig geselligen* Wesenszug der Deutschen betreffen, ihren Mangel an *Großzügigkeit*, ihre *Härte* (Härte bei geschäftlichen Verhandlungen), ihre *frostige Unbeholfenheit* in zwischenmenschlichen Beziehungen. Auch bei Untersuchungen unter Gastarbeitern (*travailleurs immigrés*) in Deutschland kam es zu diesen Ergebnissen; und hier handelt es sich nun nicht mehr um die bloße Meinung der Franzosen. Aber dieser zweite, abgeschwächte Aufguss der deutschen Aggressivität ist seinerseits auch klar im Rückgang.

Was die *Intoleranz* der Deutschen betrifft, so fallen Selbst- und französisches Fremdbild zusammen: Die Deutschen sind nicht tolerant, hierüber sind sich die Pariser Gymnasiasten und die jungen Münchner einig.[206] Eine Untersuchung aus dem Jahre 1957 zeigte, dass die Deutschen auf dem ersten Rang ihrer Fehler angaben, sie seien »zu nervös, regten sich zu schnell auf.« An zweiter Stelle gestanden sie ein, »zu *fügsam*«[207] zu sein. Mit einem Wort: »Die Deutschen, jeder weiß das, sind kriegerisch und bestimmt vom Herdentrieb.«[208]

Wie die Germanen historisch »die Barbaren« sind, so sind die Deutschen *Barbaren*. Dies wird durch ihre bereits angesprochene Grausamkeit und ihr kriegerisches Wesen bezeugt, sowie durch die seit 1870-1871 und besonders vor dem Hintergrund von 1914-18 Verbreitung findenden Stereotype, die diesem Eindruck immer wieder Zuverlässigkeit bescheinigten. Wenn jedoch diese historische Dimension des Stereotyps auch immer mehr verblasst, so überdauert hiervon doch ein alltäglicher zivilisatorischer Aspekt: Die Barbarei ist auch *Ungeschliffenheit*. Dies zeigte sich unter anderem an ihrer Nahrung: *Würste, Kartoffeln* oder *Bier*...; hierin nimmt ein bestimmter Koeffizient anti-deutscher Xenophobie Gestalt an. »Die im Ausland angesehensten

206 IFOP/ Infratest; S: 53.

207 A.a.O.; S. 39 (von uns hervorgehoben).

208 Rovan, J.: Allemagne; S. 37 (von uns hervorgehoben). Hier (S. 49) findet sich eine ganze Liste von Stereotypen, die die Deutschen betreffen: »Ordnung, Methode, Brutalität, Sauberkeit, Arbeit, Ungeschliffenheit, Schwerfälligkeit, Musik, Liebe zu Tieren, Grausamkeit, Tendenz zur Sentimentalität, Verborgenheit.«

deutschen Produkte sind in der Vorstellung der Jugendlichen im wesentlichen *Autos* und *Bier*.«[209]

Es ist bekannt, dass Deutschland in Wirklichkeit Bier aus Frankreich importiert. Man müsste in dieser Richtung weitersuchen, die Y. Bourdet mit seinem »Test der gestrichenen Wörter« aufgezeigt hatte, und er weist selbst darauf hin,[210] dass, wenn dem für die *Wurst* so ist, man ebenso den Gegenbeweis für das *bifteck* (= Beefsteak) und die *frites* (= Pommes frites) antreten müsste. Der *Wein* birgt das Risiko, in dieser Hinsicht nicht signifikant zu sein. Auch mit dem *Sauerkraut* stünde man vor einem besonderen Problem. Der Fall der *Margarine* ist komplex; abgesehen davon, dass es sich weniger um ein Stereotyp im eigentlichen Sinne als um eine statistische Wahrheit handelt, stellt sie einen »ersatz«[211] dar, der im Geist an die Zeit der Besatzung gebunden sein kann und in jedem Fall in einem noch ländlichen und traditionellerweise die Gastronomie hoch bewertenden Frankreich weniger akzeptiert ist. Letztlich erscheint es uns schwierig, Y. Bourdet in allem zu folgen, wenn er die jeweiligen Einschätzungen der deutschen und der französischen Küche völlig subjektiviert, etwa in ähnlicher Weise, wie uns die deutlich gezeigte Vorliebe Nietzsches für Bizet im Vergleich zu Wagner eher dem Bereich der Provokation anzugehören scheint.

Man wird sich im Übrigen daran erinnern, dass sogar innerhalb einer nationalen Gemeinschaft das Werturteil bezüglich der Nahrung ein ausdrückliches Anzeichen der sozialen Zurückweisung ist, wie dies missbilligende Werturteile folgenden Typs bezeugen: »Diese Leute wissen nicht, was »essen« heißt!«

Die deutsche Schwerfälligkeit ist wohl bekannt. Dies verschafft sich ohne weiteres in dem Klang des Deutschen Ausdruck, über den sich Voltaire, Chateaubriand und so viele andere lustig gemacht haben. Dieses stereotype Thema, das die so genannte »gutturale«, »holprige«, kurz disharmonische und hässliche Sprache betrifft, besitzt einen Koeffizienten hoher Beständig-

209 IFOP/ Infratest; S. 59.

210 Bourdet, Y.: A.a.O.; S. 35.

211 Anm. d. Übers.: Es handelt sich hierbei um einen Germanismus, der in den beiden letzten Kriegen nach Frankreich getragen wurde und noch heute im Französischen existiert. Er bezeichnet vorwiegend Nahrungssubstitute höherwertiger Produkte (z.B. un ersatz de café), ist jedoch nicht auf die Gastronomie beschränkt (Montherlant zit. nach Le Petit Robert: »la petite correspondance de journaux de modes, qui est pour les jeunes filles un ersatz d'homme«).

keit: Sehr weit verbreitet bei jenen, die des Deutschen nicht mächtig sind, wird dieses Stereotyp wie eine ins Auge stechende Sicherheit präsentiert, die gepaart ist mit einer »persönlichen« Einschätzung; es handelt sich um eine Gewissheit, die dem »gesunden Menschenverstand« wie der Erfahrung entspringt. Ebenso sind die Deutschen *humor-* und *phantasielos*. Stendhal trägt in seiner Parallelisierung von *Racine* und *Shakespeare* zu der Verbreitung dieses Stereotyps bei: »Ich habe den Eindruck, dass in Paris an einem einzigen Abend mehr Witze gemacht werden als in ganz Deutschland während eines Monats.«

Diese Leute sind außerdem *einfältig* und *lächerlich*. Das für das »elsässische« Bilderspiel typische Portrait des Deutschen ist jenes eines »imbécile solennel« (etwa: feierlicher Dummkopf); dies sind auch in etwa die Begriffe, in denen Claudel von Goethe spricht.

In ihren eigenen wie in den Augen der Ausländer sind die Deutschen auch titelsüchtig (*manie des titres*); Kant wirft es ihnen nachsichtig vor: »Alle sind sie Doktoren«.[212] Soviel zu ihrer *Eitelkeit,* solange es nicht die *Arroganz* ist, die man von den »preußischen« Offizieren kennt.

Diese Liste negativer Stereotype ist bereits lang – exhaustiv ist sie nicht. Aber es gibt auch Stereotype, von denen es allem Anschein nach erlaubt ist, sie als positiv zu betrachten. In ihnen kommt eine positive Haltung der französischen Kultur Deutschland gegenüber zum Ausdruck. »Die Deutschen – das wissen wir – sind Ganoven in Kriegszeiten, aber sie sind wunderbare *Musiker.*« Es handelt sich hier um den Mythos vom Nazi-Henker, der gleichzeitig ein Klavier-Virtuose ist.

Für die Franzosen ist Deutschland das Land mit dem besten Ruf im Bereich *wissenschaftlicher* Forschung; die 1970 befragten jungen Münchner hingegen setzten Frankreich und England noch mit Deutschland gleich.[213] Auch ihre Industrie muss anerkannt werden. Verstehen wir dieses Wort in seinem zweifachen Sinn[214] als deutschen Charakterzug der Emsigkeit einerseits und der »industriellen« Produktion andererseits, die hervorragend in

212 Aber sind die Franzosen nicht alle Präsident von irgend etwas? Vor allem scheint es wohl so zu sein, dass die Deutschen an diesem Punkt, der immerhin eine alte Tradition aufwies, ihr soziales Verhalten modifiziert und »modernisiert« haben.

213 IFOP/ Infratest; S. 101f.

214 Anm. d. Übers.: Im Original wird unterschieden zwischen »industrieux« (= fleißig, gewandt, geschickt) und »industriel« (in seinem auch ins Deutsche übergegangenen Wortsinn).

Quantität wie in Qualität ist, was durch ersteren ermöglicht wird. Das Label *Made in Germany* wie der berühmte »deutsche Handelsreisende« sprechen für sich. Volkswagen und Krupp erscheinen als Symbole: Dies ist das Industrie-Stereotyp von Deutschland. Das Bild von den deutschen Autos ist bei den Franzosen besonders präsent. Auf dem zweiten Rang folgen, nach den historischen Erinnerungen (mit häufigen Verweisen auf den letzten Weltkrieg und den Nazismus), die Repräsentationen, die an die Ökonomie gebunden sind (D-Mark, Industrie, Expansion, etc.) und welche die Franzosen mit dem Wort »Deutschland« assoziieren.[215] Im gegenwärtigen Stereotyp korreliert diese ökonomische Macht mit einem sehr hohen Lebensstandard: Die jungen Franzosen schätzen den Lebensstandard der Deutschen höher ein als den der Franzosen und weisen dabei sogar eine leichte Tendenz zur Überschätzung dieses Standards auf. Hierüber sind sich Deutsche und Franzosen einig.

Ganz besonders finden die Deutschen Geschmack an der *Arbeit*. Das Fremdbild wird zudem bestätigt vom Selbstbild, was den Sinn für die *Disziplin* und den Hang zur *Ordnung* betrifft. Hier liegt ein ganzes System stereotyper Motive vor, das einen *ernsthaften* Charakter definiert, dem man noch das *gewissenhafte* Wesen anfügen muss. Auch ist der Deutsche sportlich. Ein Selbst-Stereotyp will im Übrigen, dass man den Deutschen dazu bringen kann, alles zu tun, hat man ihn erst davon überzeugt, dass es *gesund* ist! *»Fleiß«* (travail), *»Sauberkeit«* (soin) und *»Ordnungsliebe«* (ordre) sind die drei *Maxima* der üblichen, die Deutschen betreffenden Evaluationskurve.[216] Ebenso sind sie *pünktlich* und *organisiert*, etc.

In Wirklichkeit sind, um nur ein Beispiel heranzuziehen, der Hang zur Arbeit und der Sinn für die Disziplin Qualitäten der Deutschen, die genau genommen dem »Bereich der Legende« zugeordnet werden können. Jeder weiß es, und die Statistiken beweisen es: Die Deutschen arbeiten derzeit viel weniger als wir, die Franzosen, und zwar mit abnehmender Tendenz. Was die Disziplin und die Ordnungsliebe angeht, so ist es sehr anregend, zu erfahren, was Y. Bourdet in zahlreichen Berichten von Verantwortlichen

215 A.a.O.; S. 33, 37 et passim.

216 A.a.O.; S. 53. Diese Tests der differentiellen Ethnopsychologie stellen uns, wie man sieht, im Übersetzungsbereich oder genauer gesagt im Bereich der lexikalischen Äquivalenzen von einer Sprache in die andere gleichzeitig vor linguistische Probleme, die ein Artefakt in die angewendete Versuchsanordnung einfügen. Fälle dieser Art finden sich auch bei Bourdet, Y.: A.a.O.; S. 29, 50, 52, etc.

deutsch-französischer Ferienlager gefunden hat. »Die erdrückende Mehrheit dieser Berichte verriet die *Disziplinlosigkeit* der jungen Deutschen, und sie stützten ihre Einschätzungen auf »präzise Fakten«, fast immer auf dieselben: Abscheu der jungen Deutschen vor dem Tragen einer Uniform wie vor protokollarischen Zeremonien; ein Leiter präzisierte, dass die Franzosen manchmal in die Lage versetzt wurden, die »Farben« der jungen Deutschen zu »hissen«, die ihrerseits in ihrem Zelt weiterschliefen, nachdem sie spät nachts ohne jeglichen Respekt vor dem »Zapfenstreich« Lärm gemacht hatten. Dieselbe Disziplinlosigkeit herrschte bezüglich der Essenszeiten oder der »Veranstaltungsprogramme«, wobei die Deutschen einzig auf Strand, Schwimmbad bzw. Flirts Lust hatten.« Wie der Autor ausführt, ist »die Möglichkeit einer gewissen reziproken Ironie der Jugendlichen« gegenüber den sie betreffenden Stereotypen nicht auszuschließen. Allgemeiner betrachtet liegt hier auch ein Generationsproblem vor; in jedem Fall ist der differentielle Abstand hier bereits signifikant.[217]

Und sofern es gelingt, sie auf experimentelle Weise mit der Praxis zu konfrontieren, wird man die Unrichtigkeit einer recht großen Anzahl dieser Stereotype aufzeigen können: Man wird sie »falsifizieren« können (um mit Karl R. Popper zu sprechen). Das Interessanteste jedoch ist ohne Zweifel nicht, ob diese unterschiedlichen Stereotype objektiv fundiert sind, ob sie *objektiv* sind. Sehr häufig wird es im Übrigen schwierig sein, ein experimentelles (und/oder statistisches) Vorgehen zu entwickeln, das beweiskräftig ist; außer natürlich dem Stereotyp eine ausreichend karikaturenhafte Form zu verleihen, so dass die Ausgangshypothese bezüglich seiner Unrichtigkeit in jedem Fall verifiziert wird (*self-fulfilling prophecy*).

Zweifellos ist es interessanter, zu untersuchen, bis zu welchem Punkt sie subjektiv sind. Dieser Anteil an Subjektivität ist nicht nur die negative Kehrseite ihres Mangels an Glaubwürdigkeit und Objektivität; jene Subjektivität ist selbst ein positives Phänomen, oder, wenn man so will, eine »objektive« Realität. Anders gesagt, *die Fremdbilder funktionieren* »objektiv«

---

217 A.a.O.; S. 63. Sicher handelt es sich hier um besondere Fälle und Y. Bourdet hat die Texte ein wenig überbeansprucht. Nichtsdestoweniger ist es gewiß, dass hier ein Generationsproblem vorliegt, das den bereits angesprochenen Einstellungswechsel bestätigt. Zwar könnten einige in den herangezogenen Beispielen eine neue Manifestation der deutschen Arroganz erkennen. Jedoch liegt in diesem Fall das Wesentliche sicher in der Funktion der Katharsis, die die deutsch-französischen Begegnungen für das nationale Bewußtsein betroffener Jugendlicher einnehmen (s.u. Kapitel X).

wie Negative von Selbstbildern. In den Bildern und Stereotypen verschafft sich eine komplette mentale oder »psychologische« Einstellung des kollektiven Subjekts Ausdruck. Es wurde bemerkt, dass in der französischen Kultur viel mehr negative als eigentlich positive Stereotype bezüglich Deutschland existieren. Außerdem sieht es ganz danach aus, dass, was wie ein positives oder nur neutrales Bild erscheint, eine tieferliegende ambivalente Haltung übersetzt.

Wir brauchen als Beleg nur das scheinbar positivste und am wenigsten kompromittierende Stereotyp unter denen anzuführen, die wir zitiert haben: Die Deutschen sind Musiker. Es ist nicht auszuschließen, dass dieses Fremdbild, das auch ein Selbstbild ist, in diesem Fall selbst sozusagen einen »doppelten Boden hat«; und Y. Bourdet bemerkt, nachdem er Sieburg zitiert hat: »Wenn die Franzosen einräumen, dass die Deutschen »Musiker« sind, drücken sie damit vielleicht aus – und dies teilweise ohne es zu wissen – dass die Musik und ganz besonders die Chorgesänge das erste Stadium des Verlustes des kritischen Geistes und der finsteren Zustimmung zu den »primitiven Kräften« ist, deren unheilvolle Auswirkungen man zu sehen bekommen hat.«[218]

Ohne jedoch so weit zu gehen, wird man sagen können, dass es sich zumindest um eine Art handelt, sich »über das Negativ« zu beschreiben: indem man den Deutschen einen positiven Unterschied im Vergleich zu uns zugesteht (*schenkt!*), indem man ihnen ein Terrain einräumt, auf dem wir es akzeptieren, ihnen den Platz nicht streitig zu machen, den sie sich selbst so gerne zuschreiben. Man wird jedoch darüber hinaus sehen, dass dieses Stereotyp auch zur Thematik des »guten Deutschland« gehört, was uns auf einen umfangreichen Kontext verweist, der zutiefst ambivalent ist.

Desgleichen: Haben der Deutschen Gewohnheiten die Pünktlichkeit betreffend nicht etwas Mechanisches und fast Unmenschliches, wie der militärische Starrsinn –, oder etwas Forderndes, ja Aggressives?[219] Und was ihren Hang zur Organisation betrifft, die häufig als »steif« bezeichnet wird, kann

218 A.a.O.; S. 42.

219 Bei Verhaltensweisen dieses Typs und bei manchen Formen des körperlichen Habitus existiert eine je nach den Kulturen unterschiedliche Codierung; dies ist der Untersuchungsgegenstand der Proxemik, die durch Edward T. Hall begründet wurde. Man nimmt an, dass die hieraus entstehende Nicht-Synchronisierung der Interaktionen die Ursache für Mißverständnisse sein kann, indem sie »paradoxe« Effekte hervorruft, die zu einer Störung der interkulturellen Kommunikation führen.

man hierin nicht ein Anzeichen für die deutsche Schwerfälligkeit sehen? Die Franzosen, lebhafter in ihrer Art, bevorzugen das »System D«,[220] »die Taxis der Marne«.[221] Die deutsche Freundlichkeit erscheint als unterwürfig, wenn nicht als duckmäuserisch, etc.

Die »positiven« Stereotype sind zweideutig und ambivalent: Dies wird deutlich beim Thema der deutschen »Industrie«, die Bewunderung ist hier von Neid und sogar Furcht gefärbt. Ebenso verhält es sich bezüglich der Disziplin und der Ordnung. Es handelt sich um ambivalente, ja negative Qualitäten, denn wohl machen sie Deutschland zu einer mächtigen, jedoch ebenso zu einer »soldatenhaften« und gefährlichen Nation. Gleichzeitig ist diese Unterstellung des für die Demokratie gefährlichen Herdentriebes und der exzessiven Unterwürfigkeit eine Art, deren Wirksamkeit anzuerkennen, manchmal sogar, zu bedauern, dass die Franzosen sich davon nicht »eine Scheibe abschneiden« wollen. Global betrachtet handelt es sich darum, ein reales Problem zu »psychologisieren«, das in einer Aufeinanderfolge militärischer Niederlagen oder Quasi-Niederlagen Frankreichs in der jüngeren Geschichte besteht und welches sich heute durch die unleugbare ökonomische »Tatkraft« Westdeutschlands in neuen Termini stellt. Das Problem bleibt aktuell: »Müssen wir vor Deutschland Angst haben?« fragte Michel Salomon.[222] Darüber hinaus wies die angeblich vergleichbare Tatkraft der DDR offensichtlich in dieselbe Richtung, doch wurden mit ihr in dieser Hinsicht nicht dieselben »imagologischen« Repräsentationen assoziiert, jedenfalls nicht im Geist der Franzosen. Dieses militärisch-industrielle Potenzial Deutschlands wird in Form »*ethnopsychologischer*« Eigenschaften hypostasiert; und es ist in dieser Hinsicht signifikant, dass die jungen Franzosen die Bevölkerungszahl Westdeutschlands unterschätzen, ganz so, als ob sie die idealistische Versteifung der französischen Intellektuellen bewahr-

220 Anm. d. Übers.: Abkürzung von »système des débrouillards«, was die spontane, erfinderische Fähigkeit, kleine alltägliche Probleme individuell und möglichst ohne Rückgriff auf das gesellschaftliche Institutionengefüge (dem man tendenziell kritisch gegenübersteht) zu meistern, zum Lebensprinzip erhebt.

221 Anm. d. Übers.: Der Ausdruck »les taxis de la Marne« geht auf einen nach dem »système D« handelnden, findigen französischen General des Ersten Weltkrieges zurück, der die deutschen Truppen 1914 in der Marneschlacht östlich von Paris vor allem dadurch zum Stoppen gebracht haben soll, dass er in Paris kurzerhand sämtliche Taxis konfiszieren ließ, um mit ihnen die Truppenbewegung an die Front zu beschleunigen.

222 Salomon, M.: Faut-il avoir peur de l'Allemagne?

ten, die in ihren Analysen der Niederlage von 1870-1871 weder die Demographie noch die Ökonomie berücksichtigten.

3. Die »kultivierten Stereotype«

In Wirklichkeit sind die Stereotype nicht das karikaturenhafte Erbe einer oberflächlichen und durchschnittlichen Alltäglichkeit, die in kaum einem oder in keinem wirklichen Bezug zu Deutschland stünden. Freilich, bemerkt Yvon Bourdet, »lässt sich begründetermaßen vermuten, dass der Grad an Xenophobie in einem proportionalen Verhältnis zur Unbildung des Milieus steht, die ihrerseits in Relation zu den materiellen Existenzbedingungen steht«; (...) »in manchen Fällen ist es die »Kultur« selbst, die den Stereotypen wesensgleich ist und in diesem Fall werden die Söhne der Führungsklassen am meisten »befallen« sein. (S. 54).

Und noch weiter: Glaubte man Robert Picht, so würde die französische Germanistik Germanophobie produzieren! So gibt es in Frankreich *kultivierte Stereotype* über Deutschland, d.h. schematische und symbolische Fremdbilder, die elaborierter oder »plus sophistiquées« sind (wie man auf »franglais« sagt) als die alles in allem relativ grobschlächtigen Stereotype, die wir gerade durchgegangen sind.

In dem 1972 von ihm publizierten Leitfaden erstellt René Cheval hierzu eine offene Liste: »Die Franzosen fürchten darum, in das Kollektiv eingebunden zu werden, die Deutschen haben den Sinn für Leben und Werk in Gemeinschaft. Die Franzosen sind zu Meistern geworden, was die Kunst des Kompromisses mit den Zufälligkeiten der Existenz betrifft, die Deutschen sind ein tragisches Volk, bereit zu jedem Opfer. Die Franzosen sind Klassizisten, Kartesianer, die Deutschen sind Romantiker, Hegelianer.«[223]

Und tatsächlich könnte man das Spiel der Antithesen fortführen und dem deutsch-französischen Antagonismus die Bedeutung der Gegensätze von statischem und dynamischem Wesen zuschreiben, von Klassizismus und Romantik, von apollinisch und dionysisch, etc.

Folgen wir einer letztlich jungen Konzeption von der französischen Nation, besteht eines der kultivierten Stereotype darin, in der Tatsache, dass

---

223 Cheval, R.: Nous partons pour l'Allemagne; S. 20f.

Deutschland keine natürlichen Grenzen besitzt, ein Erklärungsprinzip für dessen grundlegende Instabilität zu sehen. Das Nomadentum der Germanen erscheint damit als uralte ethnopsychologische Konstante. Sie ist geradezu in die Geographie der weiten Ebenen Zentraleuropas eingegraben. Hierher rührt ein Hin und Her von Expansions- und Schrumpfungsbewegungen, von aufeinander folgenden Diastolen und Systolen (was innerhalb des Selbstbildes in Termini der Vitalität interpretiert und bewertet wird).

Von hier rührt ebenfalls der *biegsame* Charakter der Deutschen. Deutschland ist im aristotelischen Sinne des Wortes *amorph*. Deutschland ist ein Chaos. Es ist Kreation, aber auch Maßlosigkeit – oder, wie die Griechen sagten: υβριζ. Die Meisterwerke der deutschen Kunst sind tiefgründig und ausgefeilt, jedoch ohne Anmut, eher erhaben als wirklich schön. Dies ist es auch, was die Rück-Entlehnung des *Fremdwortes* »kolossal« pejorativ und mit einer Stilebene des Karikaturenhaften konnotiert sein lässt!

Bei diesem Bilderspiel gehen das, was Martin Steins die These der *Romantik* nennt und die These der *Tatkraft* Hand in Hand.[224] Lange hat man Überlegungen dazu angestellt, was die französische Romantik Deutschland verdanke. In Wirklichkeit war dieser Einfluss sehr begrenzt geblieben,[225] insbesondere England spielte hier eine mindestens ebenso wichtige Rolle wie Deutschland. Im Übrigen ist die deutsche Romantik eine metaphysische. Es handelt sich um eine *Sehnsucht*[226] nach dem Absoluten und dem Unendlichen. Jedoch ist jenes Unendliche das »negative Unendliche« von Hegel, es ist das Unbestimmte. Jene Unsicherheit der Deutschen ist es, ihr Mangel an Persönlichkeit, worauf ihr Hang zur Sentimentalität zurückgeführt werden muss. De facto handelt es sich um eine falsche Sentimentalität. »Der falsche Idealismus der Deutschen ist nichts anderes als etwas Vages, etwas Schwankendes, etwas schlecht Bestimmtes,« diagnostiziert Maurice Barrès und warnt seine Mitbürger vor den Reizen des Germanismus. Der Deutsche ist ein inneres Nichts, indifferent und undifferenziert. Die »innere Leere sei-

224 Steins, M.: Images de l'Allemagne en France; S. 377 et passim.

225 Vgl. Monchoux, A.: L'Allemagne devant les lettres françaises. Ebenso Carré, J.-M.: Les écrivains français et le mirage allemand.

226 Es handelt sich hier um einen weiteren »unübersetzbaren« Begriff des Deutschen, den man traditionellerweise mit »nostalgie» zu übersetzen neigt, obwohl dies eine falsche Bedeutung ist und die Mannschaft der Freud-Terminologen um Jean Laplanche den Neologismus »désirance« vorschlägt, von dem wir annehmen, dass es ihm gut gelänge, sich im Französischen zu akklimatisieren.

ner Seele« macht ihn anfällig für die verrücktesten, scheußlichsten und tragischsten Unternehmungen. Dieses Stereotyp verschafft sich auch auf einer anderen Ebene Ausdruck, wie Yvon Bourdet gezeigt hat (S. 64): »Die natürliche und individuelle Disziplinlosigkeit des Deutschen macht ihn besonders anfällig für sämtliche Exzesse kollektiver Disziplin, [da] der Deutsche nicht in der Lage ist, sich von sich aus vernünftig zu benehmen.« Dies erklärten manche französische Verantwortliche der deutsch-französischen Ferienlager. »Colossale« und zerrissen, Deutschland sei beklagenswert und gefährlich. Der Germanismus sei eine Macht des Schattens.[227] Beinahe jenes Grund-Übel, mit dem Kant seinen Philosophenumhang beschmutze, wie manche meinen. Seine unzensierten, kriegerischen Unternehmungen seien die Negation der römischen Zivilisation und der Zivilisation überhaupt. Dunkle Macht der Zerstörung, die sich aus den trüben und unkontrollierten Tiefen des Irrationalen nähre. Es existiere eine tragische Dimension des Germanismus, der innerhalb des historischen Stroms eines Werdens (*d'un Devenir*), das ihm entweiche, über sich selbst hinaus getragen werde; dies sei die These von der deutschen Tatkraft.

Hier haben wir also »kultivierte« Versionen negativ-ambivalenter Stereotype vor uns, deren Geist Jean Giraudoux treffend zum Ausdruck bringt, wenn er in einer der ersten Szenen seines *Siegfried* schreibt: »Deutschland ist kein soziales und menschliches Unternehmen. Es ist eine poetische und dämonische Verschwörung.«

Diese kulturellen und kultivierten Bilder über Deutschland sind stereotypisierte Bilder, denn sie repräsentieren selbstverständlich die Schematisierung eines besonderen Typs. Jene von der »französischen *Kultur*« produzierten Bilder (*Kultur* diesmal im engeren und »edlen« Sinne des Wortes verstanden) sind ihrem systematischen und repetitiven Wesen nach Stereotype; sie erfüllen ebenfalls eine symbolische Aufgabe, mit der ein nicht abzustreitender Gefühlsfaktor einhergeht. Es handelt sich in gewisser Weise um »intellektuelle Fantasmen«, die aus dem Germanismus ein quasi-metaphysisches Prinzip machen; es sind rationalisierte Kollektivsublimierungen sowie Fantasmen von Intellektuellen. Jene »kultivierten Stereotype« vollziehen eine Personifikation Deutschlands. Wenn jedoch manche stereotype

227 Dieses mit dem Germanismus assoziierte Stereotyp des Schattens evoziert notwendigerweise bestimmte psychoanalytische Konnotationen, wie R. Cheval in Cent ans d'affectivité franco-allemande auf Seite 607 bemerkt (s.u.).

Themen, wie jene, die wir gerade gesehen haben, die Funktion einer beinahe magischen Evokation haben, so sind manche andere »erklärenden« Typs, sei es, dass sie klare und einfache genealogische Identifizierungen vorschlagen oder dass sie eine kritische Analyse der deutschen Realitäten beabsichtigen.

So existiert ein regelrechtes Spiel der *Identifizierungen*: Selbst- und Fremdidentifizierungen. Die meisten beziehen ihren Gehalt aus historischen Erinnerungen, die mehr oder weniger weit in der Vergangenheit liegen. Die Deutschen sind die Barbaren, was ihre Maßlosigkeit bezeugt, ihre Unbildung und *last but not least* ihre wilde Barbarensprache. (βαρβαροι), im Gegensatz zu einem Frankreich, das sich mit Athen und Hellas identifiziert. Aber die kultivierten Stereotype identifizieren Frankreich noch viel lieber mit Rom, der lateinischen Wurzel der Zivilisation des Okzidents, wobei die Deutschen Barbaren bleiben: Die historische Kontinuität erscheint besser zwischen Germanen und Deutschen, zwischen (Gallo-)Romanen und Franzosen, und der Strom der barbarischen Horden wie auch die Niederlage Roms nehmen die Bedeutung eines Vorzeichens an. Hierher rührt ein französischer *Kulturpessimismus* bezüglich der verlorenen »spirituellen Energie« (und wenn die deutschen Stereotype Frankreich freimütig seine Identifizierung mit Rom zugestehen, so, weil sie Deutschland lieber mit dem griechischen Wesen identifizieren, das als dem Lateinischen überlegen gilt).

Wählen Leute wie Taine die Identifizierung mit Rom, so zieht Renan es vor, die Franzosen mit ihren Ahnen, den Galliern zu identifizieren. In diesem kaleidoskopartigen Spiel sich mehr oder minder widersprechender Identifizierungen steht dennoch fest, dass die Begriffe *Deutsche*, *Germanen* und *Barbaren* austauschbar sind und dass die Selbst-Identifizierung »über das Negativ« eine Art ist, den Deutschen bestimmte kulturelle Eigenheiten abzusprechen, die mit bestimmten ethnopsychologischen Eigenschaften korrelieren. Jene historischen Identifizierungen haben im Grunde genommen den Wert von Parabeln oder Metaphern. Wie Jean Giraudoux sagt: »Das Wort Frankreich und das Wort Deutschland sind fast nicht mehr, und waren für die Welt niemals geographische Bezeichnungen, es handelt sich um moralische Begriffe.«

Nach 1870 gewinnt die Gegenüberstellung *Frankreich – Deutschland* in zahlreichen Schriften Substanz (und häufig sogar im Titel). Auch hier ordnen sich die »moralischen« Identifizierungen beider Nationen nicht innerhalb eines kohärenten Ganzen an, und man muss darin ein komplexes Spiel ambivalenter Projektionen zwischen Selbst- und Fremdbild sehen. Zunächst ist da der traditionelle Manichäismus (im doppelten Wortsinne eines Manichäismus, der einerseits aus der Tradition heraus entstanden ist und ihr nicht entkommt, und eines Manichäismus andererseits, der die eigene Tradition als einziges Kriterium wählt, wobei beide Bedeutungen aneinander gebunden sind). Dies ist die Haltung der Rechten, in deren Augen Frankreich für seine Irrwege von denselben bösen Geistern bestraft wird, von denen es sich verführen ließ: Preußentum und Liberalismus gingen miteinander einher. Dies bedeutet den Sieg des protestantischen, »liberalen« und modernen Preußen über das katholische Frankreich wie das bei Sadowa besiegte Österreich. Genau dieses Bild kann die Opposition ihrerseits eigentlich auf ihrem Konto verbuchen, indem sie es uminterpretiert: Nach diesem von dem Tribunal der Geschichte gesprochenen Verdikt, das einen Sieg der Waffen, aber gleichzeitig auch der Wissenschaft bedeutet, muss man bei den Deutschen in die Schule gehen. Oder die Rechte würde ganz im Gegenteil das königsmörderische und republikanisch-bonapartistische Frankreich einem aristokratisch und monarchistisch gebliebenen Deutschland entgegensetzen. Damals repräsentiert Preußen nicht mehr den Liberalismus, sondern einen autoritären und vor allem nationalen Staat, was das Gegenteil zu den französischen Liberalen darstellt, die ihr Land verleugnen, die Hierarchie nicht respektieren und ihre Tradition verraten. Gobineau wird dieser Ideologie das Fundament einer Rassentheorie liefern.

Aber alles in allem betrachtet, hat sich dieses stereotype Ganze mit seinen »liberalen« oder konservativen Modifikationen kaum als solches erhalten. Wenn Edgar Quinet dem barbarischen und dem Cäsarismus anheim gefallenen Deutschland ein zivilisiertes und zivilisatorisches, die Republik verkörperndes Frankreich entgegenstellt; wenn Victor Hugo in demselben Geist dem die monarchische, partikularistische und überholte Vergangenheit verkörpernden Deutschland ein Frankreich, das die republikanischen Werte der Zukunft verwaltet, so befinden sich beide im Rahmen einer breiten und langen französischen Tradition und am Beginn einer Deutschland betreffenden stereotypen Linie, die noch heutzutage lebendig ist. Dies bedeutet nicht, dass man den Stellenwert der Ideologie der Rechten für das französische, Deutschland betreffende Bilderspiel verkennen sollte; sie war es schließlich, die vor und nach dem Ersten Weltkrieg am heftigsten agierte, und die Verbreitung der germanophoben Einstellung in Frankreich ist zu einem wesentlichen Anteil das Ergebnis genau dieser Ideologie. Wie Claude Digeon[228] erklärt, baute sich jedoch diese Ideologie nur langsam im Laufe der Dritten Republik auf und verharrt innerhalb der intellektuellen und auf Systemebene eine Minderheit repräsentierenden Opposition: Ihre Bemühungen, einen neuen »traditionellen Manichäismus« einzuführen, scheinen keine Wirkungen gehabt zu haben. Die antideutsche Haltung wird tatsächlich zahlreiche repräsentative Inhalte einschließen, die aus der humanistischen Tradition stammen. Außerdem steckte die extreme Rechte fest in der Antinomie ihrer eigenen Ambivalenz in Hinsicht auf Deutschland, gegen das sie eine Ächtung nach der anderen schleuderte und dabei, ohne es zugeben zu wollen, aus dem neidvoll betrachteten Vorbild Inspiration schöpfte. Diese antideutsche extreme Rechte ist übrigens während der Besatzungszeit zu einem sehr großen Teil in die Kollaboration abgekippt: Sie hatte sich zu entscheiden zwischen ihrer Germanophobie und ihrer rechten politischen Ausrichtung.

Die Deutschen lassen sich derart leicht in größere Einheiten zusammenschließen, dass man sie sich fast natürlich in Uniform vorstellt; der Franzose ist im Gegenteil ein Individualist, der mehr als alles andere von dem Drang nach Freiheit und Gleichheit ergriffen ist. Die *Untertanen*-Mentalität, die innerhalb eines exzessiv hierarchisierten Universums dem Starken schmeichelt und den Schwachen zermalmt, ist, so wie Heinrich Mann sie beschrieben hat, ein Selbstbild, das dem französischen Fremdbild über Deutschland weitgehend entspricht. Seine Frankophilie macht aus Heinrich Mann im Übrigen einen besonderen, einen verdächtigen Schriftsteller. Sogar den religiösen Gegensatz zwischen dem katholischen Frankreich und dem protestantischen Deutschland wird man vollständig reinterpretiert vorfinden: Das katholische Deutschland – in der Minderheit, jedoch noch immer vorhanden – ist es, in dem die demokratische Chance für Deutschland und der natürliche Verbündete Frankreichs gegen das andere Deutschland gesehen werden, gegen das dominierende und herrschsüchtige, das preußische und protestantische. Freilich hat sich Frankreich, die einst »älteste Tochter der Kirche«, inzwischen viel mehr zum Land der Trennung von Staat und Kirche entwickelt. Mit einem Wort, man konnte scheinbar

228 Digeon, Cl.: La crise allemande de la pensée française.

von Deutschland als von einem »rechten« Land und von Frankreich als von einem »linken« Land sprechen.[229]

Es lässt sich denken, dass diese stereotype Polarisierung der Hintergrund der Haltung mancher französischer Germanisten ist. Gegenüber dem deutschen Hochschulwesen beispielsweise sind viele von ihnen zwischen Bewunderung und Misstrauen hin- und hergerissen. Wie könnte man dieses intellektuelle Milieu nicht schätzen, es nicht herbeiwünschen, jene Kreativität, deren Entfaltung es erlaubt, und die beeindruckende »wissenschaftliche« Produktion jener deutschen Universitäten?[230] Aber wie könnte man all dem nicht misstrauen, wenn man sieht, wie gut sich diese universitäre Offenheit und *akademische Freiheit* mit der politischen Macht zu arrangieren wissen? Beispielsweise haben sich die deutschen Universitäten kaum gegen den Nationalsozialismus verteidigt. Auch wird man beobachten können, dass manche [französischen] Germanisten nie so liberal sind, wie dann, wenn sie diesen oder jenen Unterdrückungs-Aspekt der deutschen Realität besprechen; wo aber, innerhalb des politischen Spektrums, lassen sie sich gemäß ihrer effektiven politischen (und generell sozialen) Aktivität in Frankreich tatsächlich situieren.?

Was Deutschland wirklich betrifft, so ist die weit reichende Idee der französischen Germanisten seit Charles Andler und Edmond Vermeil das

---

229 Seit einigen Jahren ist die Tendenz zu beobachten, dass sich die Dinge umkehren, zumindest im Bereich des Imaginären. Dies wird deutlich im Bereich des Selbst-Stereotyps der Deutschen und ihres Fremd-Stereotyps von Frankreich, dem, gemäß dieses Stereotyps, ein sogenannter archaischer und nationalistischer Konservatismus vorgeworfen wird (s.u. Kapitel XI). Hinzu kommt das, was wir »die atlantische Ideologie« genannt haben. Somit wäre eine »Ethnopsychoanalyse« des vor kurzem noch heftigen und irrationalen westdeutschen Anti-Gaullismus in Angriff zu nehmen.

230 Zu dieser deutsch-französischen Diskrepanz hier vier Bemerkungen en passant: 1. Die »scientificité«, um die es geht, ist eigentlich ein Germanismus (eine semantische Pause der deutschen Wissenschaftlichkeit). 2. Das »Pariser Phänomen« ist absolut außergewöhnlich im Gesamtmaßstab des französischen Hochschulwesens: Ein Intellektueller ist nicht notgedrungen ein Akademiker und auch nicht umgekehrt. 3. Es ist nicht eines der unwichtigsten Paradoxe des Mai 1968, dass die französische Universität nach dem Vorbild der amerikanischen Universität »revolutioniert« wurde, wobei letztere vieles der deutschen Universität verdankt. 4. Jedoch muß auch deutlich gesagt werden, dass in dieser Hinsicht möglicherweise »Deutschland nicht mehr Deutschland ist« und dass die Freiheiten der großen deutschen Universität nach dem Geiste Humboldts, einst Unterpfand der Qualität, nach und nach beseitigt werden.

Thema der Pluralität Deutschlands. Der Titel von Robert Minder (1948): »Allemagnes et Allemands« erfährt durch diesen Plural eine Verstärkung: Diversität der Nation und Pluralität der Menschen, die sie bewohnen, der Völker, die diese Nation(*en*) konstituieren.[231]. Es gibt vier »Deutschländer«. Und man könnte sagen, die vier Himmelsrichtungen bezeichnen das historische Kreuz, das Deutschland zu tragen hat: abwechselnd hin- und hergerissen von der doppelten Verlockung des Ostens und des Westen, aufgeteilt zwischen Nord und Süd. Was dieses *Deutschland im Plural* betrifft, so müsste man vielleicht eher von einem *Gegen-Stereotyp* denn von einem »Stereotyp« im eigentlichen Sinne sprechen. Zunächst aber: Diese These ist eine historische Tatsache; François-Georges Dreyfus ruft dies von der ersten Seite seiner Geschichte Deutschlands an in Erinnerung, wobei Deutschland im Titel auch hier im Plural erscheint: »Die deutsche Einheit hat in der Geschichte nur eine sehr kurze Zeit angedauert: insgesamt vierundsiebzig Jahre.«[232]

Die Konzeption des pluralen Deutschland ist eine Art und Weise, die herrschenden, einseitigen und extrem negativen Stereotype hinter sich zu lassen. Germanisten und Spezialisten der deutschen Problematik haben in der Tat in Frankreich die doppelte Mission, eine beinahe »strategische«[233] Wachsamkeit aufrechtzuerhalten, aber gleichzeitig weiter an einer Entmystifizierung der Stereotype zu arbeiten. »Deutschland im Plural« – dies ist somit ein Versuch theoretischer und kritischer Analyse, innerhalb der höchst praktischen Perspektive einer Koexistenz, die herzustellen eine Notwendigkeit ist, sei es eine friedfertige oder nicht. Dieses Gegen-Stereotyp besitzt die Wahrhaftigkeit eines Korrektivs in Bezug auf die vorausgesetzte, wie sich von selbst verstehende Vorstellung von einem geeinten, soldatenhaften

231 Minder, R.: Allemagnes et Allemands. Im Unterschied zur deutschen Sprache, bemerkt er von Anfang an, erlaubt die französische eine Pluralbildung des Wortes »Allemagne«.

232 Dreyfus, F.-G.: Histoire des Allemagnes; S. 5. Diese historische Tatsache ist auch eine geographische Realität. Vgl. hierzu Reitel, F.: Les Allemagnes. Les hommes, la terre et les régions.

233 Dies ist »unsere« Wacht am Rhein! Pierre Bertaux hat dies immer wieder hervorgehoben, ebenso Robert d'Harcourt (s.u.).

und vom preußischen Geist dominierten Deutschland und auch in Bezug auf die projizierende Assimilation mit dem französischen Jakobinismus.[234]

4. Der Mythos der zwei Deutschland

Mehrfach, vierfach, gevierteilt – Deutschland ist eher noch zerteilt, denn entzweit. Die historische und geographische Pluralität seiner Nord-Süd und Ost-West Achsen lässt sich letztendlich auf der »imagologischen« Ebene mittels einer metaphysischen Dualität erklären: Es ist die Stereotyp-Theorie des *zweifachen Deutschland.* Bezüglich dieses verbreiteten und bereits sehr elaborierten Stereotyps sollte man vielleicht von »Gegen-Stereotyp« sprechen, oder besser noch von *Meta-Stereotyp*, und zwar insofern, als die Funktion dieses Stereotyps darin besteht, die unterschiedlichen, widersprüchlichen Aspekte der deutschen Erfahrung *zusammenzuhalten*, mit der sich Frankreich im Laufe seiner jüngeren Geschichte konfrontiert sah. Es ist eine »imagologische« Matrix, die die Fülle und Komplexität der Deutschland betreffenden stereotypen Motive der französischen Kultur aufnimmt und sie zusammenbringt.

Genauer gesagt, hierin muss sicher das gesehen werden, was im psychoanalytischen Jargon eine *Projektion*[235] genannt wird, mitunter sogar eine Spaltung: Als ob das »nationale Bewusstsein« Frankreichs seine eigene Ambivalenz bezüglich Deutschland nach außen projiziert hätte und, indem es sie aus sich selbst herausgeschleudert hat, diese dann in Form zweier antinomischer und gleichzeitig existierender Prinzipien in Deutschland lokalisiert hätte. Es gibt ein zweifaches Deutschland: das gute und das böse. Dies ist die Antithese von dem Deutschland einer Madame de Staël und dem Preußentum.

---

234 Die These des zweifachen Deutschland unter den »kultivierten Stereotypen« einzuordnen, bedeutet nicht, die Bedeutung dieser These abzustreiten; aber freilich erscheint der Ausdruck selbst der »kultivierten Stereotype« ein wenig wie eine contradictio in terminis.

235 Man könnte sogar von »äußerer Projektion« sprechen, in welchem Sinne, werden wir später sehen. Der Ausdruck erscheint wie ein Pleonasmus; aber in einer »ethnopsychoanalytischen« Perspektive lassen sich der Introjektion zwei Formen der Projektion gegenüberstellen, eine äußere und eine »innere«, wenn man so sagen will.

Festzuhalten ist, dass Frankreichs Bild von Deutschland, bevor es negativ oder gar kritisch wurde, über lange Zeit genau das Gegenteil war, wie man sagen könnte, d.h. es war ein positives und begeistertes. Das Buch von Madame de Staël hatte ein gutes und tugendreiches Deutschland gezeigt. Die Deutschen waren in gewisser Weise die »guten Wilden« Europas, ehrenhaft und ein wenig naiv. Aus Genf stammend wie Jean-Jacques Rousseau, stellte Madame de Staël die deutschen Länder Paris entgegen, so wie er die Stadt dem Land entgegengesetzt hatte. Dies war auch das Land des Denkens und des Traums; das Deutschland der Madame de Staël ist literarisch und gelehrt.

Dieses Deutschland ist zu bekannt, als dass man sich ausführlich darüber auslassen müsste. Zwar war die Stimme Madame de Staëls nicht die einzige, die sich Gehör verschaffte (man müsste beispielsweise den »Idéologues«[236] einen Platz einräumen); und der Reigen der Stimmen war nicht so einhellig wie gesagt wurde (Heine hatte für ein etwas anderes Bild von Deutschland gesorgt), etc. Aber *De L'Allemagne* ist ein Buch, das sehr großen Erfolg hatte. Es hat tiefgründig und fast definitiv dazu beigetragen, einem bestimmten französischen Bild von Deutschland Gestalt zu verleihen. Dieses Bild ist ein literarisches Phänomen, es zeigt Deutschland so, wie es sich eine intellektuelle Elite vorstellte. Noch jetzt kann man sagen, selbst wenn es teilweise popularisiert ist, dass es ein Stereotyp ist, das der »französischen Kultur« (im engeren Wortsinne) entstammt; es ist ein »kultiviertes Stereotyp«. Und jenes Deutschland der Madame de Staël ist es, auf das man zurückführen muss, dass es notwendig erschien, einen dualistischen Mythos von Deutschland aufzubauen, denn der donnernde Auftritt des bösen Deutschland reichte nicht aus, um die Erinnerung an das gute zu tilgen. Und so ist ein Ungleichgewicht zu beobachten zwischen den Stereotypen der französischen Kultur im weiteren (anthropolgischen oder »Franglais«-)Sinne, die die Tendenz haben, in ihrem Vorstellungsgehalt eindeutig negativ zu sein, – auch wenn sie im Grunde ambivalent sind –, und den »kultivierten Stereotypen«, zusammengefasst in der Theorie des zweifachen

236 Anm. d. Übers.: Es handelt sich bei den sog. Idéologues um eine Gruppe von Wissenschaftlern verschiedener Fachgebiete, die während der Spätaufklärung in den letzten Jahren des 18. Jahrhunderts besonders um Destutt de Tracy, Volney und Cabanis agiert und eine sensualistische Erkenntnistheorie vertritt.

Deutschland, wobei eine »imagologische« Abstufung zwischen den beiden Polen existiert, die nur in der Analyse klar erkannt werden kann.

Das gute Deutschland ist sowohl jenes einer etwas simplen und grobschlächtigen Folklore wie gleichzeitig auch jenes einer sehr weit entwickelten Kultur. Es ist die gerührte und rührende *Gemütlichkeit* eines familiären und häuslichen Lebens inmitten eines sozialen Universums, das ebenso verengt wie erholsam und beruhigend ist. Dieses Folklore-Deutschland ist jenes des bekannten rheinischen Karnevals, des Oktoberfestes in München, es sind der Felsen der Loreley und die pfälzischen Weine, die kleinen mittelalterlichen, romantischen (und lebensfrohen) Universtätsstädte wie Heidelberg. Aber das gute Deutschland von Heidelberg zum Beispiel ist auch und besonders, jenseits jener Verengung des Alltäglichen, die immense Weite des Kultur-Deutschland.

Jenes Deutschland ist ein zweifach gutes: in der Bescheidenheit seiner Alltäglichkeit etwas verschlafen und in seiner spekulativen Größe universalistisch; zwischen den beiden gibt es jenen Zusammenhang, den man mit dem zwischen der Wurzel und der Blume vergleichen könnte. Dies symbolisieren Städte wie Heidelberg oder ein Mann wie Kant, der der bekannte Titan der Philosophie ist, und gleichzeitig jener Kleinbürger aus Königsberg, dem seine Hausgehilfin lieb ist und der tagtäglich und mit der legendären Regelmäßigkeit eines Chronometers seinen kleinen Spaziergang macht. Gustave Flaubert macht sich auf ironische Art zum Verkünder dieser althergebrachten Betrachtungsweise (dieses Stereotyps), das über lange Zeit dominierte: »Die Deutschen – ein Volk (alter) Träumer.«

Aber genau dieses Bild ist bereits überholt, und wenn es auch bei der Elite nicht verschwindet, so muss es doch ergänzt werden, denn es existiert ebenso ein böses, sehr reales Deutschland. Neben dem Deutschland der Madame de Staël liegt das Deutschland Bismarcks. Die beiden stehen zueinander genauso radikal in Opposition wie zwei philosophische Prinzipien. Nach Kant verhalten sie sich wie »Antinomien«: So widersprüchlich sie auch sind, so sind sie alle beide ebenso wahr und notwendig. Es ist im Übrigen der französische *Philosoph* Caro, dem es zu verdanken ist, dass er als Erster jene Theorie des zweifachen Deutschland auf die Formel gebracht hat: »Man könnte sogar sagen, dass es ein zweifaches Deutschland gibt: das eine idealistisch und verträumt, das andere zweckmäßig auf der Weltbühne bis zum Exzess, maßlos utilitaristisch, beutegierig.«[237]

Es gibt das Deutschland von *Kant* und jenes von *Hegel*. Das gute Deutschland ist kantianisch und idealistisch. Es ist ein künstlerisches und gelehrtes Deutschland, musikalisch und philosophisch. Es ist die selbstlose Suche nach dem Wahren (wie dem Guten und dem Schönen), es ist leidenschaftlich eingenommen für die Freiheit und individualistisch. Die Gegenüberstellung Frankreich – Deutschland und der Gegensatz des zweifachen Deutschland stehen in engem Zusammenhang. Zwischen beiden existiert, wie man sieht, eine Art Verkettung; wir werden weiter unten sehen, dass Anlass besteht, etwas zu diagnostizieren, was wir im Folgenden eine »Identifizierung nach der Situation« nennen werden.

Das böse Deutschland ist hegelianisch. Während die Rechtsphilosophie bei Kant von der Seite der Moral her kommt, ist sie bei Hegel ein Anhang der Geschichtsphilosophie. Sie ist völlig bereit, sich in den Dienst einer Politik zu stellen – *Realpolitik!* Der Philosoph hat sich selbst vor den Karren des triumphierenden Cäsar gespannt: Für Hegel war das seinerzeit die Heilige Allianz; aber diese grundsätzliche philosophische Haltung ist zu zahlreichen Modifikationen fähig, was von einer gleichen apologetischen Verfügbarkeit zeugt. Deutschland gefällt sich darin, dem Reich Bismarcks zu dienen; in völliger Zufriedenheit mit seiner Unterjochung wird es dem Nazismus entgegeneilen. *Quid juris*? In kantianischen Termini bedeutet dies den Sieg der *Tat* über das *Recht*: »Die Kraft geht dem Recht voraus«. Das Prinzip der Nationalitäten, das die republikanische und »demokratische« Tradition Frankreichs dem Selbstbestimmungsrecht der Völker unterstellte, wird umgeleitet und aufgehoben und daraufhin in Abhängigkeit so genannter *historischer Rechte* reinterpretiert. Wer erkennt hier nicht den skandalösen Spott, der darin besteht, hier von »Recht« zu sprechen! Im Namen jener Prinzipien, sich dabei auf das Kriterium der Sprache stützend und der Freiheit zum Hohn, wurden uns Franzosen das Elsass und Lothringen gegen alle Proteste der dortigen Repräsentanten entrissen. Dies stimmt weder mit den Erfordernissen der praktischen Vernunft überein, noch mit dem Werturteil der reinen und einfachen Vernunft. Auf die Frage »Qu'est-ce qu'une na-

237 Caro reiht sich in die französische Ahnenreihe des postkantianischen Spiritualismus ein. Zu diesem in Vergessenheit geratenen Philosophen lassen sich einige Hinweise finden in Digeon, Cl.: La crise allemande de la pensée française; S. 157ff.

tion?« (Was ist eine Nation?) hatte Renan überzeugend geantwortet, indem er sich auf den *Wunsch zusammenzuleben* all derer berief, die sie konstituieren.

Das böse Deutschland ist das Hereinbrechen des realen Deutschland neben dem guten Deutschland der Intellektuellen. Von Anfang an wird dies zurecht von Claude Digeon[238] betont: »Die fundamentale Tatsache ist die Niederlage.« von 1870-1871.

Zwei Elemente tragen dazu bei, dieser historischen und militärischen Peripetie die Tiefe eines regelrechten »ethnopsychologischen Traumas« zu verleihen: einerseits die Plötzlichkeit der Katastrophe, andererseits wird diese Überraschung zur großen Enttäuschung. Deutschland hat die Hoffnungen verraten, die man in das Land legte. Denn es ist eben das Deutschland, das man für das gute hielt, das sich nun als das böse offenbart. Das Deutschland der Madame de Staël hat sich dem Deutschland Bismarcks in den Dienst gestellt. Wird Victor Cousin kraft einer inneren Dynamik des Abdriftens nach rechts zum militanten Anti-Hegelianer,[239] nachdem er in Frankreich die deutschen und insbesondere die hegelianischen Ideen eingeführt hat, so sah sich die Mehrheit der französischen Intellektuellen im Gegenteil durch dieses veränderte Gesicht Deutschlands aus der Fassung gebracht, unfähig, auf dieses Deutschland zu reagieren, das sich selbst verriet und gleichzeitig auch Frankreich und die Zivilisation. Leute wie Michelet oder Renan haben diese Enttäuschung mit schmerzhafter Heftigkeit empfunden; die Durchreisenden sind bekümmert und überrascht, den systematischen Kult antifranzösischer Stimmungen in Deutschland zu erleben. Caro ironisiert ein von Madame de Staël skizziertes Portrait eines naiven Deutschland: »Die wirklich Naiven waren wir!« 1870-1871 ereignet sich nach Flaubert die »Invasion der promovierten Literaturwissenschaftler, die Spiegel mit Revolverkugeln zerstören und Standuhren stehlen.«

»Dies ist etwas Neues«, sagt er, »und liegt [mir] auf dem Herzen«. Der Kurswechsel vollzieht sich so plötzlich – trotz der Vorwarnungen durch Heine, Edgar Quinet, etc. – dass diese historische Alternanz des Staël-Deutschland und des Bismarck-Deutschland in die eigentlich mythologische Ewigkeit eines metaphysischen oder »vor-geschichtlichen« Dualismus pro-

238 A.a.O.; S. 3.

239 Vgl. auch die unerschütterliche Position eines Jules Lachelier: »Solange ich lebe, wird er (Hegel) seinen Fuß nicht in meine Fakultät setzen!«

jiziert wird. Diese Dualität erscheint darüber hinaus als ethnopsychologische Doppelzüngigkeit. Es fand Verrat statt.

Diese plötzliche Aggression stellt einen Verrat dar, aber der Sieg an sich ist auch Verrat. Denn es handelt sich um einen Sieg der Anzahl, der Organisation und Disziplin, um einen Sieg der Technik. Es ist ein Sieg ohne Recht, ohne Tugend, ohne Pracht. Für ganz Frankreich sind es die von ihm verkörperten und in Valmy zum Triumph gekommenen Werte, – und man erinnert sich, mit welchen Worten Goethe (ein »guter Deutscher«) dies gewürdigt hatte – die in Sedan und dann bei der Belagerung von Paris zunichte gemacht worden sind.

Das »kultivierte Stereotyp« des zweifachen Deutschland wird entlang der Geschichte artikuliert werden müssen: Martin Steins nennt dies die »These von der zeitlichen Verschiebung«. Der Krieg hat gezeigt, dass das Deutschland Bismarcks über jenes Goethes gesiegt hatte. Es musste jetzt darauf ankommen, sich wieder zu erinnern, dass »bei keinem anderen Volk der Fehler so fest an die Qualität geknüpft ist, die beiden Seiten einer Münze untrennbarer miteinander verbunden sind. Im Guten wie im Schlechten ist der Deutsche »unteilbar««.[240]

Über eine für den Modus des mythologischen Denkens typische Interferenz zwischen Simultaneität und Sukzessivität gelangt man offenbar unmerklich von der zeitlichen Verschiebung, d.h. von der Dualität in der Zeit, zur »Doppelzüngigkeit«.

Die These eines zweifachen Deutschland wurde auch von der Geographie artikuliert. Sie konvergiert mit dem »kultivierten Stereotyp« eines Deutschland im Plural. So stellt Jean-Marie Carré das Rheinland Preußen entgegen. Süddeutschland, romanisiert und katholisch, ist das gute Deutschland; es ist, wie Frankreich, Teil der zivilisierten Familie des Abendlandes. Das böse Deutschland ist jenes des Nordens, welches gegen die römischen Legionen und später gegen die Anstrengungen der Gegen-Reform rebellisch blieb. Und dieser Teil stellt im Übrigen des wahre Deutschland dar, dies ist das nordische Germanien, dunstig und irrational, protestantisch und romantisch. Auch für Michelet gibt es ein doppeltes Deutschland, wobei jedoch die Dualität nicht so sehr eine germanisch-lateinische ist, sondern eher eine germanisch-slavische. Der nördlichen Germanität von J.-M. Carré entspricht bei ihm der Ost-Slavismus des bösen Deutschland. Es ist die Ost-West-

240 D'Harcourt, R.: Les Allemands d'aujourd'hui.

Achse und/oder nochmals die Nord-Süd-Achse. Louis Reynaud geht so weit, von einem deutschen »Asiatismus« zu sprechen, der die französische Authentizität bedrohe. Martin Steins wollte sogar zeigen, dass in mancherlei Hinsicht die These der zeitlichen Verschiebung und, noch weiter gehend, ihre Verbreitung gemäß einer dualistischen Geographie bei Edmond Vermeil ebenso präsent sind.

So ist das böse Deutschland in Hinsicht auf seine ethnogeographische Ausgangsbasis zweideutig. Ebenso ist das gute Deutschland in Hinsicht auf die Prinzipien zweideutig, die es verkörpern soll. Das gute Deutschland ist entweder das protestantische, liberale und moderne Deutschland oder im Gegenteil das katholische, träumerische und idealistische. Dies ist abhängig von der Position, die man relativ zu den ideologischen Fronten einnimmt, die die innere französische Situation definieren: Entweder liefert das gute Deutschland der Opposition Argumente oder es stärkt die Regierungsmacht. Schematisierend wird man sagen können, dass das gute Deutschland vor 1870-1871 Preußen ist, wie ein Gegenmittel gegen ein selbstsicheres Frankreich, danach ist es das Rheinland. Nach der französischen Niederlage lässt sich zwischen der germanistischen »Reaktion« (in den verschiedenen Bedeutungen dieses Wortes) von Hippolyte Taine und der schönen, isolierten Einstellung von Fustel de Coulanges ein großer Unterschied feststellen. Was dem Mythos von dem zweifachen Deutschland Beständigkeit verliehen hat, was seine »Gründlichkeit« ausmacht, ist der Umstand, dass er sich für verschiedene *Reinterpretationen* eignet (sowohl nacheinander als auch gleichzeitig!), und liegt in der Polyvalenz der stereotypen Themen begründet, deren Orchestrierung er darstellt. So war der Mythos gestern noch Realität, und man hatte es mit einem zweifachen Deutschland zu tun, mit zwei deutschen Staaten. Diese politische Dichotomie wird manchen eine Gelegenheit gewesen sein, das aus Caro hervorgegangene »imagologische« Paar zu projizieren. Aber welches war das gute Deutschland? Die westdeutsche Bundesrepublik oder die ostdeutsche demokratische Republik? *La bonne Allemagne*: Rotpreußen oder das Bonner-Deutschland? Jenes Konrad Adenauers – rheinisch, katholisch und frankophil? Dies hängt von der Analyse ab, die jeder Einzelne je nach seinen ideologischen Vorannahmen und Prioritäten anstellt, denen er sich verbunden fühlt. Auch hier sind sämtliche retrospektiven Erklärungen möglich – kraft der von Bergson aufgezeigten »retrospektiven Illusion«, die es den Historikern erlaubt, *die Vergangenheit vorherzusagen* (womit somit quasi ein theologischer, weil gleichzeitig apologetischer und teleologischer Diskurs geführt wird); und das deutsche Problem ist bestens geeignet, Neigungen in dieser Richtung entstehen zu lassen.

Letztlich ist das böse Deutschland jenes, das uns besiegt hat, das gute ist jenes, das man ihm entgegenstellt und das, von dem man sich in einer Phase nationaler Selbstkritik inspirieren lässt. Auch muss gesagt werden, dass an beiden Enden des Jahrhunderts einerseits das allmählich verblasste Staël-Bild von einem guten Deutschland und andererseits das Maurras-Bild von einem bösen Deutschland, das nach 1870 fortschreitend konstruiert wurde, aufeinander antworten.

Das »Meta-Stereotyp« des zweifachen Deutschland ist sicherlich die »imagologische« Materialisierung einer doppelt *ambivalenten* ethnopsychologischen Haltung des französischen Nationalbewusstseins: Seine Unschlüssigkeit gegenüber Deutschland ist gleichzeitig eine Unsicherheit im Bezug auf die eigene Identität. Die Antithese des zweifachen Deutschland und die Gegenüberstellung Frankreich – Deutschland entsprechen sich. Das gute Deutschland ist gleichzeitig jenes, das dem Einfluss Frankreichs am deutlichsten ausgesetzt war und zu ihm am meisten kulturelle und ethnopsychologische Affinitäten aufweist. Im Übrigen wird man sich an das Thema des linken Rheinufers erinnern! Darüberhinaus hat sich etwas ereignet, das wir ein Phänomen der *situativen Identifikation* nennen wollen: Besiegt von einem preußianisierten und »hegelianischen« Deutschland des 19. Jahrhunderts, hat Frankreich dieses verurteilt und sich mit den »kantianischen« deutschen Landen des 18. Jahrhunderts identifiziert. Claude Digeon zeigt, dass neben einer rechten nationalistischen Opposition die offizielle Ideologie der Dritten Republik kantianisch, universalistisch bleibt. De facto inspiriert sich die Rechte stark an einem Deutschland, das sie als geächtet erklärt.

Heutzutage sind das starke (negativ-)ambivalente Engagement und der damit korrelierende französische Minderwertigkeitskomplex gegenüber Deutschland spürbar schwächer geworden. Die »Résistance« 1939-1945 war trotz der Umstände nicht so deutschfeindlich wie die öffentliche Meinung in Frankreich 1914-1918.[241] Hieraus schlusszufolgern – wie dies Klaus Heitmann tut – dass man sich auf eine Haltung der »freundschaftlichen Gleichgültigkeit« hinbewege, bedeutet, nur einen Schritt zu tun, jedoch ist es nicht klar, ob dies in aller Fröhlichkeit geschehen sollte. Alles, was sich

241 Vgl. besonders Bieber, F.K.: L'Allemagne vue par les écrivains de la Résistance française.

sagen lässt, ist, dass wir einer bestimmten *Rationalisierung* der französischen Haltung Deutschland gegenüber erleben. Das ist die Schlussfolgerung, die die Umfragen zu bestätigen versuchen. Aber besteht nicht Anlass, dieser »Rationalisierung« die psychoanalytische Bedeutung einer Beinahe-Verdrängung beizumessen?

5. Epistemologische Bemerkungen

Nicht weniger wahr ist, dass die Ausbeute der französischen Stereotype, die Deutschland betreffen, extrem ergiebig ist. Allerdings werden nur Elemente eines Inventars vorgeschlagen, das keineswegs vorgibt, erschöpfend zu sein.[242] Gemäß der französischen Tradition, die von den Moralisten bis hin zur Charakterologie reicht, wurde versucht, Deutschland und die Deutschen vereinfachenden Rahmenbedingungen zu unterziehen – wie beispelsweise die beiden sehr anschaulichen, von Charles de Gaulle skizzierten und einander gegenübergestellten Portraits des »Galliers« und des »Germanen«; Gilbert Ziebura entzieht sich nicht dem Vergnügen, diese *in extenso*[243] zu zitieren, obwohl man ihn wohl kaum der Sympathie für den ehemaligen Präsidenten der französischen Republik verdächtigen kann. Diese »imagologische« Fülle und ethnopsychologische Intensität der stereotypen Motive bestätigen das, was wir einen hohen »Koeffizienten an Präsenz« genannt haben. Gerade dies führt uns zum Teil auch dazu, eher von *Variationen* als von einfachen stereotypen »Varianten« zu sprechen. Es stellen sich mehrere Probleme, wie jenes, ob es möglich ist – um die musikalische Metapher fortzuführen – jene »imagologische« Polyphonie zur Einheit zurückzuführen. Das brauchbarste Stereotyp, um die anderen zusammenzufassen oder, um nochmals mit Kant zu sprechen, um sie zu »subsumieren«, scheint uns jenes des zweifachen Deutschland zu sein (»Metastereotyp«).

Heikler ist das Problem der Gültigkeit, des Wahrheitsgehaltes (la part de vérité), die diese Kollektiv-Repräsentationen, d.h. die Bilder und Stereotype, beanspruchen können. Die aufgeworfene Frage ist eine grundsätzlich epistemologische. In Reaktion auf die französische Tradition, die in diesen

242 Vgl. insbesondere Marandon, S.: Caractère et images des peuples.

243 Ziebura, G.: Die deutsch-französischen Beziehungen seit 1945; S. 33f.

Dingen eine entschieden positivistische ist, und indem wir eine wesentliche neokantianische Unterscheidung übernehmen, die der intellektuellen Tradition der deutschen Universität eigen ist, legen wir Wert darauf, klar auf die *Spezifität der Geisteswissenschaften*[244] (sciences humaines) hinzuweisen. Wenn es für eine »Ethnopsychologie« Raum gibt, die der »imagologischen« Gesamtproblematik Rechnung trägt, wobei die Produktion der Stereotype, ihre Beständigkeit oder Veränderungen einen wichtigen Aspekt darstellen, so werden wir nicht darauf warten, dass sie zu einem »wissenschaftlichen Diskurs« über die kausale Erklärung anhebt, statt dessen wird man das Wagnis der *ethnopsychologischen Interpretation* auf sich nehmen müssen.

Es wurde bereits bemerkt, dass die Bilder und *a fortiori* die Stereotype, wenn sie auch keine objektive Erkenntnis des anderen Landes darstellen, dennoch ein objektives Phänomen konstituieren, durch das eine subjektive Haltung übersetzt wird. Diese Vorstellung steht auch am Beginn der Überlegungen von Sylvaine Marandon; aber es scheint uns nicht so, als ob sie klar genug von der Einstellung Abstand genommen hätte, die darauf hinausläuft, »kein Rauch ohne Feuer ...« zu sagen. Bei all den epistemologischen Vorbehalten, die wir gerade vorbringen, lässt sich eine »imagologische« Gegebenheit in den Rahmen einer Analyse und einer ethnopsychologischen Reinterpretation integrieren. Wiederholt haben wir jene Stereotype mit »Mythen« verglichen, hierbei einer Gewohnheit aus der geläufigen Sprache folgend; genau genommen verdient es dieser Vergleich, ernst genommen zu werden. Die Stereotype erfüllen eine im eigentlichen Sinne *mythologische* Funktion. Man konnte sehen, wie das Stereotyp, hierin dem Mythos sehr ähnlich, von einigen Basismotiven ausgehend für unzählige Varianten oder *Variationen* geeignet ist: Es ist geeignet für kontinuierliche Reinterpretationen; es ist gewissermaßen in der Lage, sich selbst zu reinterpretieren, wie dies zahlreiche Facetten des »Mythos« oder des Matrix-(Meta-)Stereotyps des zweifachen Deutschland ebenso zeigen wie die Polyvalenz der *Themen*, die es organisiert. Es geht darum, einem zurechtgerückten (Pseudo-)Erklärungsbedarf nachzukommen, der aus der (nationalen) Gemeinschaft hervorgeht und dem es gelänge, die widersprüchlichen Aspekte miteinander zu versöhnen und sie zusammenzuhalten; so erscheint der Mythos als, wie man sagen könnte, harmonische Antinomie, die es erlaubt, aus dem gegenwärtig Gelebten das Beste zu machen, indem man es in

244 Vgl. Ladmiral, J.-R.: Le discours scientifique.

ziemlich *lockerer* Weise und ständig reinterpretierbar an eine Geschichte (eine Erzählung) rückbindet, die vor der Geschichte anzusiedeln ist, an eine »prähistorische« Fiktion. Mit dem Mythos ist alles gesagt und bleibt noch alles zu sagen. Wie der Mythos lässt auch das Stereotyp seinen »Adepten« einen gewissen Freiraum: Wir wissen gut, dass nicht alle Deutschen »so« sind, im Übrigen haben wir deutsche Freunde (ebenso bemerkte Sartre, dass der Antisemit einen jüdischen Freund hat). Anders gesagt, man kann die Kritik dieses oder jenes Aspektes des Gesamt-Stereotyps akzeptieren, ohne zu einer noch so minimalen Revision seines »persönlichen« Standpunktes gezwungen zu sein, um so mehr im übrigen, als »die Ausnahme die Regel bestätigt«!

Dieser »mythologische« Bezug des kollektiven Subjektes zu seinen Stereotypen erklärt, dass letztere auch eine *ideologische* Funktion erfüllen. Die Stereotype werfen ein besonderes oder »gerichtetes« Licht auf einen recht dunkel gebliebenen Bereich: Sie sind eine sozial determinierte Art, sich innerhalb eines Wissensbereichs zu orientieren, der das wissenschaftliche Niveau nicht erreicht hat. In dieser Hinsicht stellt die Erzeugung eines ethnopsychologischen Bilderspiels einen speziellen Aspekt einer Gesamtproblematik dar, der die Epistemologie der Sozialwissenschaften und, allgemeiner betrachtet, der »Geisteswissenschaften« betrifft (dies, zumal beide nach weithin gebräuchlichen Ausdrucksweisen immer mehr synonymen Charakter annehmen). Das Eigentliche an der ideologischen »Erkenntnis« ist es, nicht wissenschaftlich zu sein: Sie besetzt den Platz einer abwesenden wissenschaftlichen Erkenntnis. Wie sie bewirken die Stereotype die ideologische *Filtrierung* der Erfahrung, was es dem Subjekt erlaubt, dieser Erfahrung Form zu geben: In Analogie zum kantianischen Sprachgebrauch lässt sich sagen, dass sie nicht so sehr den empirischen Inhalt des Wissens betreffen als vielmehr dessen transzendentale Bedingungen. Deshalb wird man nicht erstaunt sein, zu sehen, dass sie sich sehr häufig eventuellen Widerlegungen gegenüber als resistent erweisen, die potenziell aus der Konfrontation mit der Praxis resultieren – in unserem Fall der Praxis der internationalen Begegnungen. Paradoxerweise können die Stereotype hieraus scheinbar sogar gestärkt hervorgehen.[245]

245 Genau dies wird sowohl (bereits!) von einem Forscher wie Yvon Bourdet als auch von einem diplomatischen Akteur der deutsch-französischen Annäherung, wie dies René Cheval gewesen ist, festgestellt; und jene »perversen Effekte« der interkulturellen

Die Erzeugung einer Ideologie entspricht bestimmten Bedürfnissen und gehorcht soziologischen Bestimmungen. Genauso verhält es sich mit unseren nationalen Stereotypen. Wenn, wie Martin Steins[246] unterstreicht, das deutsch-französische Terrain das bevorzugte Gebiet der »Imagologie« darstellt, so ist dies kein Zufall. Wenn die französischen Stereotype über Deutschland in ihrer Mehrheit negativ sind, so ist auch dies keine Zufälligkeit, es ist beinahe ein »Schicksal«; und man wird feststellen, dass im Allgemeinen die interethnischen Stereotype zumindest ambivalent, wenn nicht ausgesprochen negativ sind. Die von jeglicher »wissenschaftlicher Objektivität« ferne Subjektivität und die in den nationalen Fremd-Stereotypen sehr stark dominierende Negativität sind funktionell und strukturell konstitutiv für jenen Typ kollektiver Repräsentationen. Das epistemologische Problem des Zusammenhangs zwischen dem Bild, stereotypisiert oder nicht, und seinem Objekt (Nation, Ethnie, etc.) wird somit nicht einfach die traditionelle Frage nach dessen Adäquatheit sein (*adaequatio rei et intellectus*). Aber die Notwendigkeit, dem maximalistischen Optimismus eines »imagologischen« Idealismus in der Ethnopsychologie den Rücken zu kehren, bedeutet nicht, dass man sich der Askese oder dem minimalistischen Pessimismus eines Positivismus, und sei er soziologisierend, unterwerfen müsste!

Zwar besteht ein reales epistemologisches Problem darin, wie Gilbert Ziebura bemerkt, was genau eigentlich der Ausdruck »ein anderes Land kennen« bedeuten kann. Aber man wird sich hier nicht damit begnügen können, die »imagologischen« Repräsentationen zu *falsifizieren*, bevor man sich eventuell an deren *soziologische Reduktion* macht. Zunächst gilt es zuzugeben, dass die vom kritischen Rationalismus Karl R. Poppers gepriesene methodologische Askese den Naturwissenschaften eher gerecht wird – seien sie analytischer oder experimenteller Natur – als den Geisteswissenschaften, für die sie ein zu weit gestecktes epistemologisches Ideal bedeutet. Sie würde letztlich dazu führen, das Wesentliche jener uns bekannten »Wissen-

---

Kommunikation sind es, auf welche die Bemühungen des DFJW reagieren, indem sie eine Forschungsausrichtung (bzw. zumindest ein Modell wie das der fortbildungsorientierten Forschungsprogramme) innerhalb des deutsch-französischen, inzwischen sogar europäischen Bereichs etablieren.

246 Steins, M.: Images de l'Allemagne en France; S. 373.

schaften vom Menschen«[247] unmöglich zu machen, jener Wissenschaften, die »zu menschlich sind, um »Wissenschaft« zu sein ...«

Denn es genügt nicht, die »Geister« der Nacht und der »imagologischen« Ignoranz im Licht und Feuer des Experimentalbeweises aufzulösen. Viel eher erscheint es geboten, die kollektiven *Fantasmen* zu »analysieren«, indem man ihnen auf den Grund zu gehen versucht; bis zu jener Quelle, aus der sich in Form unzähliger Variationen, die die Zugehörigkeit zu einem gleichen ideologischen Lager bestimmen, ihre Negativität und Ambivalenz unaufhörlich speist.

Nicht hinzunehmen ist, sich einem einfachen *Soziologismus* zu überlassen, nach dessen Verständnis sich die »imagologischen« Bildungen eindeutig darauf reduzieren würden, dem sozialen Körper nachgeordnete Produkte zu sein, nicht mehr als zweideutige Spuren eines sozialen Prozesses, jedoch ohne jegliche eigene Konsistenz. So gesehen würden solche Pseudo-Kenntnisse als einfache Deck-Kenntnisse funktionieren und lediglich wissenschaftliche Passiva repräsentieren, eine Art Rückstoß der sozialen Kämpfe, von denen sie nur die rein polemische und apologetische Funktion, wie auch eine überholte konservative Orientierung bewahren würden. Ebenso müsste die Falsifizierung mit einer vorgeblichen soziologischen »Erklärung« einhergehen, und damit ließe man es sein Bewenden haben. Aber die Art und Weise, in der der ideologische Überbau funktioniert, ist komplexer. Wenn es sich freilich vor allem um ein »gesamtheitliches soziales Phänomen« handelt, so wird man nicht vergessen dürfen, dass Ideologie und Gesellschaft komplexe »dialektische« Beziehungen zueinander unterhalten. Beim Eindringen in diese oder jene soziale Schicht wird die Ideologie selbst zu einer »objektiven Kraft«. Insbesondere ist der *sozio-ideologische Parallelismus*, wie der »psycho-physiologische« (und auch der »logisch-grammatikalische«) ein methodologisches Basis-Postulat und nicht eine »Tatsache« oder irgend eine metaphysische Enthüllung. Für die *anthropologische Auffüllung* muss noch gesorgt werden. Ebenso wird *a priori* der Einfluss dessen nicht ausgeschlossen werden dürfen, was Freud *Überdeterminierungen* nennt. So kann der sozio-imagologische Parallelismus nicht unvereinbar mit einer im eigentlichen Sinn ethnopsychologischen Analyse der Stereotype sein.

---

247 Anm. d. Übers.: Gemeint sind die Geisteswissenschaften, die auf Französisch »les sciences humaines« heißen.

Dass Bilder und Stereotype eine soziologische und sozialpsychologische Dimension aufweisen, ist nicht zu leugnen. Sie sorgen innerhalb der betrachteten Gruppe für Kohärenz; hier dienen sie als nationales Bindemittel gegen »den Feind«; sie versichern die nationale Gemeinschaft der Gültigkeit ihrer kulturellen Verhaltensweisen. Sie können bei einem Zustand innerer Spannungen eine Ableitungsfunktion übernehmen: Der Nationalismus erlaubt ebenso wie der Rassismus, einen inneren Konflikt einer gegebenen sozialen Gruppe nach außen umzuleiten, diesen Konflikt zu verhüllen und die daraus resultierende Angst in Form von Aggressivität abzuleiten, etc. Der Übergang der Stereotype jedoch von der sozio-historischen Basis hin zum imagologischen Überbau impliziert eine Vermittlung psychologischen Typs. Dies zu leugnen würde bedeuten, das Ausschließen nach der Art des Positivismus Comtes wieder aufleben zu lassen, für den es zwischen der Biologie und der Soziologie keinen Platz für eine Psychologie gab. Die ausschließenden Behauptungen eines solchen »soziologisierenden Positivismus« erscheinen im Übrigen völlig unberechtigt; denn die Soziologie ist weit davon entfernt, ein Niveau wissenschaftlicher Strenge zu erreichen, das mit dem der Naturwissenschaften vergleichbar wäre und es ihr erlaubte, sich zum interdisziplinären epistemologischen Tribunal zu erheben und so Hoffnungen eines »Soziologismus« wieder ins Leben zu rufen, von denen man hätte glauben können, sie seien definitiv aufgegeben (unter dem Vorbehalt natürlich, dass das Wort in dem weiteren Sinne verstanden wird, den *Soziologie* im Deutschen häufig annimmt – es handelt sich um dieselbe, in unseren Augen ungerechtfertigte, Wortsinnerweiterung, die dazu neigt, eine Synonymie zwischen den beiden Begriffen »Sozialwissenschaften« [sciences sociales] und »Geisteswissenschaften« [sciences humaines] herzustellen).

Schließlich müsste noch eine zusätzliche, der »inter-ethnopsychologischen Imagologie« eigene Schwierigkeit hervorgehoben werden. Sie liegt in der Tatsache begründet, dass der transzendentale Rahmen der Erkenntnis gleichzeitig deren ethno*kulturelle* Verhältnisse bezeichnet. Der Hinweis auf eine Kontrolle, insbesondere durch die *Intersubjektivität,* wird somit entschärft; es sei denn, man hält sich strikt an die »phänomenologische« Perspektive einer Erkundung der Inhalte der von den Stereotypen transportierten Repräsentationen: Eine solche Untersuchung wird statistische Erhebungen und verschiedene, der Experimentalpsychologie eigene Methoden anwenden können. Aber man wird sich dabei sicherlich nicht an die (»psychologisierende«) Erstellung einer Sammlung von dummen kulturellen Reden halten können (die die bereits kritisierte »soziologisierende« methodologische Askese nur noch zu falsifizieren bräuchte). Die Intersubjektivität, die hier das Problem ausmacht, ist gerade interethnischer und interkultureller Natur. Sie stellt das einzige brauchbare Korrektiv dar; aber wer würde nicht erkennen, dass man hier nur eine Subjektivität zweiten Grades erreicht! Wenn freilich von nun an nur einer »Kontakt-Ethnopsychologie« wieder Vertrauen geschenkt werden kann, so verbietet die Abwesenheit jeglichen möglichen Verweises auf einen wie auch immer beschaffenen Kanon der »Normalität« (und sei er ein rein statistischer), dass es sich um eine *differentielle* Ethnopsychologie im epistemologisch beruhigenden Sinne der »differentiellen Psychologie« handeln könnte, die zudem dieselben (experimental-)wissenschaftlichen Garantien wie letztere liefern könnte. Dies heißt jedoch nicht, dass wir glauben wollen, dass die von der Geographie selbst herrührende Notwendigkeit der ethnokulturellen und ethnopsychologischen Kenntnis nur eine epistemologische Aporie sei.

6. Für eine Ethnopsychoanalyse des nationalen Bewusstseins

Das deutsch-französische Bilderspiel (und insbesondere die Stereotype der französischen Kultur in Bezug auf Deutschland) gehört also in das Ressort einer »Ethnopsychologie« – im weiteren Sinne einer interdisziplinären *Ethno-Anthropologie* und im strikten Sinne in jenes einer *Ethnopsychoanalyse*, die eine der ethnoanthropologischen Herangehensweisen darstellt. Auf diese letzte wollen wir nun die Aufmerksamkeit lenken, nicht so sehr, um ein Gegengewicht zum Soziologismus zu bilden und ihm Widerstand zu leisten, sondern um ihn zu ergänzen. Sicher ist nicht unbemerkt geblieben, dass die ethnopsychoanalytische Hypothese in dem von uns bisher Gesagten sowie in der von uns verwendeten Terminologie mehr oder weniger implizit war und immer mitschwang.

Zunächst sollen die Intuitionen nochmals in ihren wesentlichen Zügen rekapituliert werden, die am Beginn einer sehr anregenden Studie von René Cheval[248] stehen. Jules Romains zitierend weist er darauf hin, dass in dem deutsch-französischen Drama der letzten hundert Jahre »etwas Sexuelles

248 Cheval, R.: Cent ans d'affectivité franco-allemande.

[liegt], etwas, das wie eine Verschiebung des Sexuellen in das Kollektive erscheint«. Der Titel selbst des zitierten Buches weist alle Ambiguität einer psychoanalytischen Überdeterminierung auf: »Le *couple* franco-allemand«. Frankreich und Deutschland funktionieren hier wie ein ödipales Paar: Ihre Bilder stellen das Objekt der Besetzungen durch die Individuen dar, die ihre ödipale Struktur hierauf projizieren. Jules Romains ist der Ansicht, dass dem »ganz besonders auf deutscher Seite« so sei. René Cheval unterstreicht ebenfalls sehr richtig die unbewussten und unzweifelhaft sexuellen (und ödipalen) Konnotationen eines Satzes von Renan: »Deutschland war meine Mätresse.«

Nach 1870-1871 erscheint die Niederlage Frankreichs, genauer gesagt, die Invasion Deutschlands, wie eine Vergewaltigung. Der Quasi-Sieg von 1914-1918 und die Quasi-Niederlage von 1939-1945 haben einen Effekt der teilweisen *Reaktualisierung* in Bezug auf die durch das *Trauma* von 1870-1871 etablierte psychologische Struktur: In beiden Fällen kam es zusätzlich zur Invasion, und die Revanche war nicht aufsehenerregend genug; es spielen ebenfalls von einer anderen Seite herkommende sozio-ideologische Bedingungen eine Rolle: Der Verlust von Elsass-Lothringen bedeutete Kastrierung. Hierher rührt ein feminisiertes Frankreich, das eine sado-masochistische Beziehung zu Deutschland unterhält, das seinerseits übermännlich erscheint. Man denke an die Impotenz der am Magen Operierten – und wenn man nur in gänzlich freudianischer Orthodoxie die Weiblichkeit im negativen Sinne der verlorenen Männlichkeit begreift. Das Problem der Homosexualität würde auf beiden Seiten eine eingehendere Betrachtung verdienen. René Cheval unterstreicht deren weite Verbreitung unter den Nazis (S. 613), auch wird man die pro-deutschen Sympathien gewisser homosexueller Milieus während der Besatzungszeit bemerken. Die gerade angesprochene französische Feminisierung geht im Gegenteil mit einer entschiedenen (und sicherlich ambivalenten) Absage an die Homosexualität einher. René Cheval stellt sehr richtig fest, dass die Franzosen keineswegs die *Graeculi* des modernen Europa werden wollen (S. 610); in demselben Kontext siedelt sich seine Interpretation jener »zwei großen Krisen der Kollektiv-Hysterie« an, die des Boulangisme und die der Dreyfuss-Affäre (S. 608). Der Deutsche ist ein Preuße und ein Militär, dessen Pickelhaube offensichtlich phallisch ist und dessen Stiefel Bestandteil der symbolischen Attribute des Sadismus sind.

Ebenso könnte in dem technischen Charakter und der militärisch-industriellen Organisation eine Art Hypermännlichkeit gesehen werden, die bis zur Negation des Lebens reicht – dies zumindest vor dem lärmenden Auftritt der westdeutschen Ökologie-Bewegung der »Grünen«.[249]

Gewiss kann man so weit gehen – wie dies René Cheval überlegt riskiert – »das Entstehen des Ödipus-Komplexes in Hinsicht auf den Stiefvater, der die Mutter Frankreich vergewaltigt und demütigt« (S. 606), zu »diagnostizieren«.

Natürlich ist es Bismarck, der Deutschland symbolisiert. Oder es ist, in Opposition zu Jeanne d'Arc, *Luther*, jener andere übermännliche mit der »überraschenden Rohheit«: gewalttätig und autoritär, hart aber sinnlich, unrein! Jene stereotypen Themen haben sich perfekt im Bereich der »Sub-Kultur« wie den Comics, der Pornografie, etc. gehalten, wo Deutschland, Nazismus und (übermännlicher) Sadismus eng aneinander gebunden sind.

Frankreich wird durch das Kind oder die Frau personifiziert; und tatsächlich ist Frankreich beides. Zunächst, Frankreich ist vor allem eine Mutter, der ihre Kinder dienen und sie rächen müssen (Konstellation »Frau/Kinder«). So Charles de Gaulle zum kämpfenden Frankreich: »Oh Mutter! So wie wir sind, sind wir hier, um dir zu dienen.«

Dies ist die ödipale Struktur. Das Deutschland der Madame de Staël war ebenfalls im höchsten Grade weiblich: Charme und Schwäche, Schöpfung und Abhängigkeit; dieses Deutschland ist es auch, das Renans »Mätresse« war. Sie ist es, die das besiegte Frankreich zum Vorbild nimmt auf Grund dessen, was wir »eine situative Identifikation« genannt haben. Aber zur gleichen Zeit ist dieses Frankreich Witwe und Jungfrau: Der Vater ist abwesend. Und so geschieht es, dass sich Frankreich einem durch Bismarck und Luther personifizierten Deutschland gegenüber mit *Jehanne d'Arc*[250] identifiziert. Die Jungfrau von Orléans ist übrigens Frau und Kind zugleich (Konstellation »Kind-Frau«). Sie ist das Pendant zur Heiligen Jungfrau, die selbst Mutter ist, und so stößt man erneut auf die Konstellation »Frau/Kinder«. Sie verkörpern beide gleichermaßen das weibliche Prinzip, und Jehanne d'Arc ist unteilbar katholisch und französisch (und dem Volk nahe, beinahe repu-

249 Vielleicht müßte man hierin eine kollektive Triebstruktur von der Art des Zwangscharakters vermuten, von dem Erich Fromm spricht (z.B. in: Die Furcht vor der Freiheit; S. 206ff.).

250 Anm. d. Übers.: Es handelt sich hier um die altfranzösische Graphie von Jeanne, in der die urspr. lateinische Form »Johanna« noch durchscheint.

blikanisch). Es gibt selbst in dem beschränkten und knappen Nationalismus eines Barrès, und mehr noch in jenem eines Maurras, den Wunsch und die Pflicht, ein Kulturerbe der Reinheit zu bewahren, etwas wie eine nationale Jungfräulichkeit, sie zu schützen vor der brutalen und unreinen, preußischen und protestantischen, barbarischen Übermännlichkeit. Wir wohnen hier der Entwicklung eines regelrechten Kultes der französischen Tradition bei. Dieser bekommt jedoch eine gewisse matriarchale Färbung; es geht nicht so sehr darum, die kriegerischen Vorfahren und deren große Taten zu preisen, sondern eher darum, im Nachhinein die »douceur« Frankreichs zu genießen. Es ist vielleicht nicht übertrieben, hierin das Äquivalent zu dem Wunsch der Rückkehr in den Uterus, dessen historische Hypostase zu erblicken. Gleichzeitig ist »la douce France« der *Boden* Frankreichs, das tellurische Prinzip, weiblich und mütterlich par excellence. Analoge Elemente finden sich ebenfalls in der Ideologie der Linken. Frankreich ist »die« Republik: *die* französische Republik widersetzt sich *einem* deutschen Reich. Die Elision beim Artikel macht es leichter, »l'Allemagne« zu maskulinisieren.[251] Frankreich ist ebenfalls, wie man weiß, die »Mutter der Literatur und der Künste« und verteilt diese Wohltaten. Teilweise noch immer universalistisch motiviert, agiert Frankreich zivilisatorisch (und dieser ideologische Faktor sollte für die Konstituierung eines Kolonialreiches unter der Dritten Republik nicht unterschätzt werden). Mittels dieser Logik der Gegensätze, die jene des Traums und des Unbewussten ist, werden die Franzosen in dem zivilisatorischen Ideal eines einheitlichen Reichs die Gelegenheit erblicken können, eine Vateridentifikation zurückzugewinnen, wobei Frankreich so zur *Vaterfigur* wird, mit all den phallischen Konnotationen, die R. Cheval (S. 609) dabei aufdeckt. Es handelt sich hier nochmals um die Kehrseite desselben »Komplexes«.

Die Beispiele ließen sich vervielfachen und die Analyse sich verfeinern. Wenn die angesprochenen stereotypen Motive freilich streng genommen nicht formale »Beweise« für die ethnopsychoanalytische Hypothese sind, so liegt das an der Spezifität der Geisteswissenschaften, deren Verfahren das »Verstehen« (interpretation) ist und nicht das Erklären (explication causaliste); nichtsdestoweniger bilden diese Motive ein hinreichend konvergierendes Bündel. In der Tat scheint es ganz so, als ob es eine Sexualisierung

251 Anm. d. Übers.: Das grammatische Genus von »Allemagne« ist eigentlich genau wie bei »La France« ebenfalls feminin.

des deutsch-französischen Verhältnisses seit 1870-1871 gäbe, die recht konstant immer wieder aktualisiert wird. Seither ist, wie es R. Cheval ausdrückt (S. 606), »eine gewisse Vorstellung von Frankreich« notwendigerweise an eine gewisse Vorstellung von Deutschland gebunden.

Bei diesem sexualisierten Bilderspiel des deutsch-französischen »Paares« liegt auf der Hand, dass Selbst- und Fremdbild unauflösbar miteinander verbunden und sogar reziprok konstitutiv sind. Sie bilden eine einzige »imagologische« Konstellation, bei der jedes der beiden Momente seinen definierten Inhalt in Funktion zum anderen hat. Das Stereotyp ist ganz offensichtlich *ein gemeinsamer Akt des Imaginierenden und des Imaginierten.*

Es gibt also ein kompliziertes und vielfaches Spiegel-Spiel zwischen Selbst- und Fremdbildern. Wir sprechen lieber von ambigem, d.h. polysemem und schließlich ambivalentem, »imagologischem Komplex«; René Cheval ging so weit, vom deutsch-französischen »Syndrom« zu sprechen. Und in der Tat schließen, wie wir gesehen haben, die französischen Stereotype über Deutschland, die negativ sind, keineswegs eine gewisse Faszination aus (und umgekehrt), ganz im Gegenteil. Einer ambivalent-negativen und sado-*masochistischen* Haltung entspricht ein Überlegenheits-Minderwertigkeits-Komplex, auf dessen Basis sich jene Logik der Gegensätze verstärkt, die in dem Mythos des zweifachen Deutschland eine Darstellung findet: Das Deutschland der Madame de Staël verbindet die kulturelle Überlegenheit mit der militärischen und politischen Schwäche; das Deutschland Bismarcks zeugt von einer materiellen Überlegenheit, die seine geistige Armut und seine Barbarei umso deutlicher sichtbar werden lässt; dieses Deutschland hat, und dies wirft ihm Nietzsche vor, dem *Reich* gegenüber der *Kultur* den Vorzug gegeben. Eigentlich war das Bild über Deutschland vor Madame de Staël lange Zeit von der Vorstellung einer imperialen und militärischen Überlegenheit einerseits und jener einer kulturellen Minderwertigkeit andererseits geprägt.[252] Noch immer ist es jene selbe Pendelbewegung, die sich fortsetzt.

Allerdings ? Freilich sollte man nicht so sehr von »Sexualisierung« im engeren Sinn sprechen, sondern eher und präziser von *libidinöser* Besetzung. Die ins Spiel gebrachten ethnopsychologischen Abläufe sind Umstellungen von Abläufen auf der sozialpsychologischen Ebene, die ihrerseits

252 Heitmann, Kl.: L'image française de l'Allemagne dans son évolution historique; S. 404.

schon Vermittlungen und Sublimierungen der Ursprungslibido darstellen und psychischer Natur sind. Dies bedeutet, unser ethnopsychoanalytisches Projekt schließt mitnichten eine Analyse soziologischen Typs aus. Wir haben sogar in diesem Sinn von einer »anthropologischen Auffüllung« gesprochen: Es ist wichtig, dass eine psychologische Vermittlung gesichert ist zwischen der sozio-ökonomischen Basis und dem ethnokulturellen, insbesondere dem imagologischen Überbau.

Klaus Heitmann bringt zurecht den französischen anti-deutschen Chauvinismus mit dem Pangermanismus in Verbindung, indem er unterstreicht, dass dieser Rechtsradikalismus ein in Europa generell verbreitetes Phänomen war, welches »auf Seiten der Kleinbourgeoisie [eine] Existenzangst, eine Angst, etwas zu verlieren« übersetzte (S. 419). Es existiert eine Furcht der Mittelklassen vor dem Hereinbrechen der Industriegesellschaft. Diese sozialpsychologische Interpretation ist mit Blick auf das in weiten Teilen noch rurale Frankreich besonders überzeugend, wo den Mittelklassen noch eine reale Bedeutung zukommt. Auf diese Weise würde sich jene Versuchung der »chronischen Regression« eines ganzen Teils der französischen öffentlichen Meinung erklären, die die doppelte Aufgabe einer neuerungsfeindlichen Selbstverteidigungs-Reaktion und einer Suche nach Schutz hätte (eine Regression, die eigentlich in die Richtung einer mütterlichen, uteralen und ruralen *Geborgenheit* geht).

In dieser Hinsicht lässt sich übrigens ein sehr deutliches Abziehen der Besetzung beobachten: Wie bereits gesagt, hat die französische Germanophobie beachtlich abgenommen (ohne verschwunden zu sein). Zwar muss hierin das Resultat von Anstrengungen gesehen werden, denen sich sämtliche Praktiker der Begegnung unterzogen haben, und es ist nicht zu leugnen, dass die Politik der deutsch-französischen Annäherung, die von Charles de Gaulle und Konrad Adenauer initiiert wurde, hier ihren Teil dazu beigetragen hat, ebenso wie eine Organisation wie das Deutsch-Französische Jugendwerk, das hieraus hervorgegangen ist; nicht zu vergessen Wegbereiter wie der verstorbene P.S. Villain, der am Lycée Voltaire unterrichtete. Wenn nun diese Bemühungen mit einem relativen Erfolg gekrönt wurden, so deshalb, weil *in der Tiefe* die »Triebstruktur« der französischen Gesellschaft diesen Wandel zuließ (der, wie man weiß, bereits auf breiter Front in Gang gekommen war). Der in Frankreich den Mittelklassen gewährte Aufschub ist hierbei gewiss ein Faktor, der für die Tatsache eine Rolle spielt, dass sich eine massive ideologische Mobilisierung des nationalistischen Radikalismus samt seines germanophoben Korrelats nicht vollzogen hat. Der Übergang zu einer Industriegesellschaft fand statt – findet langsamer statt. Übereinstimmend hierzu lässt sich fragen, ob ein Teil der bisher auf Deutschland bezogenen ambivalenten Besetzung nicht auf die Vereinigten Staaten verschoben wird, die die moderne Industriegesellschaft in viel beunruhigenderer Weise repräsentieren. Das Stereotyp des Amerikaners wäre Reichtum, Gutmütigkeit und Dummheit, Technologie und Barbarei, materielle Kraft und kulturelle Schwäche.[253]

Der sozioökonomische Konzentrationsprozess, der in Frankreich früher begann, sich aber viel länger hinzog als in Deutschland, findet in jedem der beiden Länder einen ihm jeweils eigenen ethnopsychologischen Ausdruck. In beiden Fällen durchläuft er die Vermittlung der Familie, die E. Fromm als »Agentur« der Gesellschaft thematisiert. Sie ist es, die die »anthropologische Verankerung« sicherstellt: Sie ist der psychologische (psychosoziale) Mikrokosmos des sozialen Makrokosmos. Dies wird bei den Mittelklassen ganz besonders deutlich, wo in ökonomischer Hinsicht der familiäre Kleinbetrieb überwiegt. Das Individuum neigt dazu, die libidinösen Einstellungen und Besetzungen, die die Seinen als Familienmitglied waren, als Bürger (Mitglied einer nationalen Gemeinschaft) zu reproduzieren. Man hat auf zwei Ebenen eine relative Isomorphie der »Triebstruktur«.

Während jedoch der Hitlerismus beispielsweise auf die Karte des Vaters[254] setzt, des Vaters, von dem man abhängig ist und der einen schützt, der aber auch der fordernde und harte Chef ist, mit dem man sich identifi-

---

253 Könnte die Tatsache, dass die Deutschen offensichtlich eine viel positivere Einstellung den Amerikanern gegenüber haben als die Franzosen, nicht als Stütze für jene These angeführt werden, die die Haltung der Franzosen (ethno-)psychologisiert? Dennoch war 1966 der Prozentsatz an Ablehnung, Amerikaner sein zu wollen, bei jungen Deutschen und Franzosen mit 27 % der befragten Jungen gleich hoch (Bourdet, Y.: Préjugés français et préjugés allemands, S. 70). Vor allem scheint es so, als ob wir uns kurz vor einer Umkehrung der Tendenz befänden, nach der die (West-)Deutschen neuerdings viel weniger atlantisch und stattdessen eher gen Mitteleuropa orientiert seien.

254 Nach manchen Interpretationen soll Hitler im Gegenteil der vatermörderische Bruder, ja die archaische Mutter in der psychoanalytischen Symbolik sein. Auf der Ebene, auf welcher wir uns bewegen, sind diese unterschiedlichen Thesen nicht zwingend widersprüchlich, zumal dies von der in Deutschland anvisierten psychologisch-sozialen Schicht abhängt; relevant für uns ist vor allem das französische Bild von Deutschland. Über Hitler und den Nazismus existiert eine reichliche psychoanalytische Literatur; vgl. E. Erikson, G. Mendel, etc.

ziert, so ist das weibliche Prinzip der Mutter die Basis für die ethnopsychoanalytischen Repräsentationen des französischen Nationalbewusstseins und dessen imagologischer Korrelate. In dieser Hinsicht können sich französisches Selbst-Bild und Fremd-Stereotype über Deutschland nicht ohne einander konzipieren, sie sind die beiden Momente einer selben binären Struktur (der ursprünglichen Struktur, da es sich um das »Paar« handelt). Das Bilderspiel bezüglich des Anderen entspricht dem Bilderspiel bezüglich der eigenen Identität *ex negativo* und umgekehrt. Das Problem, das sich dem französischen Nationalbewusstsein stellt, ist jenes der *Identifizierung*. Im Bezug auf das Mutterbild (und sein väterliches Korrelat) wird man eine doppelte Bewegung feststellen: einerseits eine *Sublimierung* der Besetzungen im Bereich der kollektiven Repräsentationen mit einer *Verschiebung* und kulturellen Erstellung des Bilderspiels und andererseits eine Identifizierung im eigentlichen Sinne. Dies geht einher mit Projektionen, die in Form ambivalenter Aggressivität die schwebende Angst des sozialen Körpers übersetzen: »innere Projektionen« wie der Antisemitismus. Der Antisemitismus war in der Ideologie der französischen Rechten nach 1870-1871 extrem heftig – und »sexualisiert«.

Man kann die Kolonialidee zum Teil auch als Bemühung verstehen, neue Länder, wie René Cheval sagt (S. 609), für eine Befruchtung ausfindig zu machen und jenseits der Feminisierung der Mutter Frankreich, auf die wir hingewiesen haben, eine Vateridentifizierung als gleichzeitig widersprüchliches und komplementäres Prinzip wiederzugewinnen. So ist die Konstitution des französischen Kolonialreichs von diesem Blickwinkel aus eine Art, nach der Niederlage von 1870-1871 »wieder aufzuholen«, wobei der Anteil des universalistischen Idealismus nicht zu vergessen ist. Umgekehrt konnte man in dem deutsch-französischen Freundschaftsvertrag etwas wie eine Kompensation für die Unabhängigkeit Algeriens erkennen.

Um vorläufig und bescheiden zusammenzufassen, was die französischen Stereotype Deutschland gegenüber an den Tag legen, so ist in qualitativer Hinsicht zunächst eine stark ambivalente Haltung auszumachen; von einem »quantitativen« Standpunkt aus handelt es sich ebenfalls um eine emotionale Besetzung, die massiv ist (oder zumindest war) und der man völlig zurecht »libidinöse« Komponenten unterstellen darf. Daher haben wir uns auf den Weg einer Ethnopsychoanalyse eingelassen. Das deutsch-französische »imagologische« Problem stellt sich genau genommen in der Tiefe: Das Drama von 1870-1871 hat sehr tiefe Nachwehen in der französischen Mentalität verursacht, die sich sowohl durch die historischen Umstände, die sich scheinbar wiederholen wollten, als auch durch die internen Probleme, die aus der Entwicklung der sozialen Strukturen heraus entstanden, als reaktualisiert erwiesen. »Der Schock von 1870-1871 ist der brutalste, den das französische Nationalgefühl je erfahren hat«; gewiss ist dies der Punkt, in dem man René Cheval (S. 605) zustimmen muss.

Diese gegenärtig zu beobachtende unleugbare Entziehung der imagologischen Besetzung von Deutschland bedeutet jedoch nicht, dass eine Ethno-Psychoanalyse der französischen Mentalität hinfällig würde; dies wird angesichts des deutsch-französischen Bilderspiels deutlich, das eine Zeit lang und nicht ohne historische Gründe den bedohlichen Charakter der Veränderung herauskristallisiert hat.

Daher werden wir im Ganzen genommen nicht zögern, einen tief liegenden und im Bereich der Nachwirkungen fortdauernden *Bismarck-Komplex* des französischen Nationalbewusstseins zu »diagnostizieren«, Nachwirkungen, die zahlreich, diffus und teilweise noch unbemerkt sind.

7. Nationalbewusstsein und bikulturelle Sozialisation

Die erste Schlussfolgerung, die sich unserer Meinung nach ziehen lässt, ist die, dass es im Allgemeinen sehr wohl nationale Identitäten gibt – ohne Rücksicht darauf, dass dies von manchen abgestritten wird –, insbesondere in Deutschland, wo das Problem des Nationalbewusstseins ein Tabu und ein Gegenstand offensichtlicher Verdrängung (ethno-)psychoanalytischen Typs darstellt ist; die Gefahr hierbei liegt darin, dass dieser Gegenstand der Verdrängung jederzeit und mit überraschender Heftigkeit erneut auftauchen kann, was sehr typisch für die »Wiederkehr des Verdrängten« ist. Und konkreter: Es gibt interethnische Bilder und Stereotype. Der von uns unternommene Interpretationsversuch sollte dazu führen, diese nicht zu unterschätzen; wir teilen nicht den seltsamen Optimismus, demzufolge der nationale Bereich zu keinerlei plötzlichen Sprüngen oder Ausbrüchen imstande sei und die Problematik der Stereotype eine völlig überholte sei.

Wenn freilich – und wer wollte darüber nicht froh sein – der alte deutsch-französische Antagonismus an Schärfe verloren hat, so ist dennoch sicher, dass »jeder Franzose, jeder Deutsche einen langen Beschwerdenkatalog über seinen Nachbarn bereithält, der jederzeit zur Untermauerung einer Anklage herangezogen werden kann.«[255]

Gewiss sind die Stereotype nur in dem Sinn verschwunden, dass sie in eine *Latenz*phase eingetreten sind. Die Psychiater wissen, dass nichts gewonnen ist (vielleicht muss man sogar sagen: im Gegenteil), wenn man »das Symptom zurechtgestutzt« hat. Dieses ist nur eine der »Varianten« oder »Variationen«, die sich in ein globales Syndrom einfügen und aus einer tieferliegenden Thematik hervorgehen. Es wird nie gelingen, die Stereotyp-Symptome völlig zu verdrängen. Im besten Fall würde man erreichen, dass es zu einer Verschiebung kommt. Oder aber, sofern man den Diskurs der Psychoanalyse zugunsten des Jargons der Frankfurter Soziologie aufgeben möchte, so können diese Stereotype *umfunktioniert* werden, d.h. sie können den Gegenstand einer funktionalen Reinterpretation und Neufassung bilden. Sind die abstrakt vorhandene Aggressivität und Furcht, die in dem deutsch-französischen Antagonismus ein Objekt der Konkretisierung fanden, nicht leicht umzuleiten, umzukehren in Antikommunismus, in Rassismus, in Antisemitismus (*Sadismus* mit »innerer« Projektion), oder in Xenophilie wie die Anglomanie (und der darauf folgenden systematischen Kopie des *american way of life*) oder sogar auch in antinationale Verleumdung, wie man sie häufig als Begleiterscheinung eines militanten Eintretens für die Öffnung der Grenzen und des Wahlrechts für Immigranten beobachtet (ethnopsychologischer *Masochismus*)?

Die imagologische Produktion ist im Wiederaufleben begriffen, da die Kultur nicht der neutrale Ort eines reinen und einfachen Reflexes ist, sie ist Projekt in actu. Die eindeutige und extrem irrationale Negativität der antideutschen Stereotype, wie sie sehr verbreitet innerhalb der französischen Kultur – im erweiterten, von uns »franglais« genannten Wortsinn von »Kultur« – anzutreffen waren, hat sehr stark abgenommen; die Ambivalenz der »kultivierten Stereotype« hingegen scheint sich zu erhalten. Dass ein klares und einfaches Vergessen des »Kollektivgedächtnisses« keine Lösung ist, scheint uns sicher. Man wird Yvon Bourdet nicht folgen können, wenn er »die Abschaffung des Unterrichts der nationalen Geschichte in sämtlichen Grundschulen Frankreichs propagiert.«[256]

---

255 Cheval, R.: A.a.O.; S. 604.

256 Bourdet, Y.: Préjugés français et préjugés allemands; S. 87. Läßt jedoch die Vorsicht, mit der der Autor diesen »Vorschlag bezüglich der nationalen Erziehung« unterbreitet,

Einerseits ist dies in der Welt, in der wir leben, unrealisierbar; andererseits läuft dieses »Vergessen« Gefahr, häufig nichts anderes als eine »Verdrängung« zu sein, und die Negativität kann in der einen oder anderen Konfliktsituation reaktiviert werden. Uns scheint die umgekehrte Lösung als die günstigere: jene, die darin besteht, die kultivierten (ambivalent-negativen) Stereotype anzunehmen, d.h. ihnen auf den Grund zu gehen; dies würde bedeuten, ihre Grenzen zu bestimmen, aber auch sich ihrer als Instrumente der Erkenntnis zu bedienen. Die imagologische Produktion der Stereotype nährt sich, wie jegliche ideologische Produktion, aus objektiven Quellen. Insbesondere ist zu berücksichtigen, dass die Bilder und Stereotype auch das Ergebnis historischer Erfahrungen sind, die im Falle der deutsch-französischen Kriege weder »prähistorisch« noch der »Zeit der Vorfahren« zuzurechnen, sondern vielmehr relativ jung sind. Man kann nicht so tun, als habe die Entwicklung des Nationalbewusstseins der Deutschen sowie die Schaffung der deutschen Einheit »durch Blut und Eisen« nicht gegen Frankreich stattgefunden. Wie es vielsagend im Deutschen heißt: *Es ist nicht aus der Welt zu schaffen*. Noch heute kann man den Eindruck gewinnen, dass manche Personen so etwas wie eine Versuchung verspüren, auf eben dieses ethnopsychologische Schema zurückzukommen. Vor allem sollte man nicht vergessen, dass eine Allianz und selbst ein »Freundschaftsvertrag« keineswegs *a priori* Konfliktsituationen ausschließen. Schließlich liegt jenseits von militärischen und ökonomischen Kriegen auch noch die planetarische Perspektive dessen, was Michel Debré den »Krieg der Kulturen« genannt hat; und vielleicht haben Deutschland und Frankreich in dieser Hinsicht sich nicht für dasselbe Lager entschieden, oder zumindest haben sie dies nicht beide immer gleichmaßen deutlich und gleichzeitig getan.

Deshalb hat Gilbert Ziebura sicher recht, beharrlich auf die Grenzen einer reinen und einfachen »Ideologie der Versöhnung« hinzuweisen, die eine apolitische Haltung als unantastbares Tabu, gewissermaßen als *conditio sine*

---

nicht nahe liegen, dass er hier ein wenig die intellektuelle Koketterie (und Spottlust) einer bewußten Provokation einbringt? Denn ist es denn wahr, dass der gesamte Grundschulunterricht notwendigerweise so schematisch ist, dass man nicht auch eine weniger drastische Maßnahme ins Auge fassen könnte? Und vor allem: Die Entwicklung des Schulwesens im Frankreich der letzten zehn Jahre hat gezeigt, wie verheerend es in dieser Hinsicht ist, »das Kind mit dem Bade auszuschütten« und wie wünschenswert es scheint, sich nun um die Rekonstruktion eines historischen, nationalen Bewußtseins bei den jungen Franzosen zu bemühen.

qua non der Versöhnung predigt. Eine solche »Konfliktvermeidungs-«Ideologie verschleiert die Probleme und läuft Gefahr, sie zu verschlimmern, statt sie anzusprechen und sie dadurch vielleicht zu lösen. Jedoch erscheint uns vollständige Ausklammerung des nationalen Faktors durch die Infragestellung der binationalen Arbeit die Kehrseite dessen zu sein, was wir »die atlantische Ideologie« einer *one world* nennen, in der von der Technologie und dem ökonomischen Wachstum einerseits und der politischen Ideologie der »liberalen Demokratie« andererseits erwartet würde, eine einzige Antwort auf sämtliche Probleme einer Zivilisation zu finden. Diese Ideologie kommt von einer linearen Theorie der Akkulturation, die darin besteht, das traditionelle pädagogische Modell auf Prozesse zu übertragen, von dem heute alle Dritte-Welt-Spezialisten wissen, dass es ihnen nicht gerecht wird. *A fortiori* ist dies im europäischen Kontext nicht anders. Und dies hieße auch zu vergessen, dass jegliche Akkulturation gleichzeitig ein Aufgeben von Kultur (déculturation) bedeutet.

In der Praxis glauben wir nicht, dass man auf den binationalen Austausch verzichten kann, und noch weniger, dass man das darf; dieser stellt in unseren Augen eine Dimension an sich dar und nicht eine Verengung des Horizonts. Viel eher ist es eine vorgeschobene »internationale Erweiterung« (oder sogar eine europäische), die limitierend wäre, wenn sie sich mit dem kleinsten gemeinsamen internationalen Nenner zufrieden gäbe und die sich in Wirklichkeit an einem »atlantischen« Zivilisationsmodell ausrichten würde, das auf seine potentiellen technischen und ökonomischen Leistungen reduziert ist sowie auf die formalen Garantien der westlichen Massendemokratie.

Wir empfehlen das Gegenmodell eines »Bi-Kulturalismus« als Pendant zum Bilinguismus vorschlagen, das das pädagogische Programm einer »angewandten Ethnopsychologie« (oder einer praktischen Ethnopsychologie) wäre. Diejenigen unter uns, die bilinguale Erfahrung haben, welcher Art auch immer dieser Bilinguismus sei, machen die mehr oder minder bewusste Erfahrung, dass die Beherrschung und die Handhabung rein sprachlicher Strukturen notwendigerweise mit dem korrelieren müssen, was wir eine zivilisationsabhängige »Périlangue«[257] genannt haben, damit die *objek-*

257 Anm. d. Übers.: Vgl. zu diesem Aspekt, der die pragmatische Komponente der Sprache mit ins Spiel bringt, auch Anm. 31 in Kapitel I.

tiven Kommunikationsbedingungen gewährleistet sind.[258] Jedoch wäre das Interesse ein begrenztes, fast »technisches«, sobald man sich auf die als Informationsaustausch konzipierte Kommunikation beschränken würde; dies wäre auch eine Art, sich der Mode und dem Diskurs über die »menschlichen Kontakte« zu unterwerfen, der integrierender Bestandteil der kritisierten atlantischen Ideologie ist. Das, worum es auf einer tiefer liegenden Ebene geht, ist eine Möglichkeit der Erweiterung der individuellen Persönlichkeit und der Perspektiven der Gemeinschaft. Es geht um die Tatsache, dass die doppelte sprachliche und kulturelle Zugehörigkeit es dem Individuum erlaubt, auf einer doppelten Tastatur zu spielen.

Der Einzelne kann dann jene neue Freiheit entdecken, die ihm eine reziproke Befreiung von der jeweils anderen ethnokulturellen Tradition verleiht, und so die Chance erhalten, diese in aktiver und auch selektiver Weise in eigener Verantwortung zu übernehmen. So bekäme das »emanzipatorische Interesse«, das nach Jürgen Habermas an die menschliche Sprache gebunden ist, dank der Pluralität der Sprachen eine Chance zur Konkretisierung. Wenn man jedoch weiß, dass kein Sprecher über die Gesamtheit dessen verfügt, was man übereingekommen ist, seine Muttersprache zu nennen, kann dann das Individuum hoffen, über einen Bilinguismus hinauszugehen, der um jenen Bikulturalismus erweitert ist und darauf abzielt, zwei Sprachen und ihre jeweilige Perisprache zu beherrschen?

Das deutsch-französische Binom stellt einen Reiz und einen Zauber dar, dessen umfassende Bedeutung zu erwägen uns manch biographischer Zufall die Gelegenheit gab; dies bedeutet selbstverständlich nicht, dass es sich hier um den einzigen Bikulturalismus drehte, der der Mühe wert ist, die er kostet. Gewiss könnte die Devise vom Europäer von morgen – in dieser »exemplarischen« (wenn nicht bevorzugten) Perspektive – die respektlose Paraphrase eines bekannten Verses sein, die wir hier wagen: *Zwei Seelen wohnen in meiner Zunge!* Eher als um eine europäische Perspektive, handelt es sich im Übrigen um eine *planetarische* Herausforderung, für die es zahlreiche Präzedenzfälle gibt. Für das Individuum wie für die Gesellschaft gilt es

258 Somit ist die interkulturelle Kommunikation sozialpsychologischen und linguistischen Bedingungen verpflichtet (wie wir in Kapitel I sehen konnten), aber auch ethnopsychologischen und soziolinguistischen; und jene Art der individuellen »interkulturellen Kommunikation« ist gewiss nicht die am wenigsten wichtige, die derjenige, dem eine bikulturelle Sozialisation zugute gekommen ist, mit sich selbst wie einen bereichernden »inneren Dialog« führt.

zwar, die jeweiligen Ähnlichkeiten zu vertiefen. Mindestens ebenso wichtig scheint jedoch auch zu sein, die jeweiligen Unterschiede zu kultivieren; jene Unterschiede, von denen Paul Valéry treffend meinte, sie seien das fragile Unterpfand dafür, dass man sich auch in der Zukunft noch gegenseitig an ihnen bereichern kann.

X. Urlaub von der internationalen Identität?

Dieses Kapitel[259] verfolgt das Ziel, die Erlebnisse und Erfahrungen einer deutsch-französischen Begegnung (oder zumindest einige Aspekte davon) wiederzugeben und zu interpretieren: Es ist somit *ein Beispiel* unter vielen möglichen anderen für die Anwendung der sozialpsychologischen Methodologie, die wir uns zu Eigen gemacht haben, um Möglichkeiten und Grenzen interkultureller Kommunikation zu erproben (und die wir in unserem ersten Kapitel dargelegt haben).[260] Es wird deutlich werden, dass dieses Kapitel zusammen mit dem folgenden (und letzten) eine Einheit bildet, für welches es sozusagen im Voraus ein konkretes Beispiel liefert; beide Kapitel handeln von der Schwierigkeit, mit der Problematik des Nationalen umzugehen.

Der inhaltliche Vorschlag des *Teams* zu Beginn der Begegnnung war, die Arbeit der Gruppe auf die Problematik des Nationalen und der Identität zu zentrieren – und hiermit in Kauf zu nehmen, dass die sprachliche Dimension der interkulturellen »Kommunikation« (ausnahmsweise) nur am Rande Berücksichtigung finden würde; eine Dimension im Übrigen, die eigentlich generell zum Themenplan »Nationale Identität und die Dynamik zweisprachiger Gruppen« gehörte. Was den vorgeschlagenen Arbeitsrahmen angeht, so war dieser dreigeteilt; er sollte Reflexion und Diskussion in Kleingruppen mit einer Phase kritischer Sammlung in Plenumssitzungen (»le *plenum*« im internen, deutsch-französischen Jargon) und die Möglichkeit für infor-

---

259 Dieses Kapitel geht auf einen unveröffentlichten Text von Jean-René Ladmiral und Jean-Louis Marais zurück. Die Begegnung selbst fand in Osterholz-Scharmbeck in der Nähe von Bremen vom 6. -16. Juli 1982 statt.

260 Anm. d. Übers.: Im Titel des Originaltextes »... en vacance(s) de ...« wird mit den verschiedenen Bedeutungen gespielt, die das Wort jeweils im Singular (etwa: Vakanz, Mangel) und Plural (Ferien, Urlaub) besitzt.

mellen Austausch zwischen sich nach Affinitäten bildenden Gruppen miteinander kombinieren. Dieser in der Sozialpsychologie klassische Organisationsmodus wurde als ein Mittel präsentiert, die Kommunikationsnetze abwechslungsreich zu gestalten und die Möglichkeiten zu Interaktionen zwischen Individuen und Gruppen zu vervielfältigen; auf diese Weise wurde die Mannigfaltigkeit der persönlichen und kollektiven Formen des Engagements mit ins Spiel gebracht, mit dem Ziel die nationalen Trennlinien leichter konvergieren zu lassen, die sich häufig als tabu-konstituierend erweisen, selbst (oder gerade?) im deutsch-französischen Kontext.

Die Teilnehmer lehnten von Anfang an einen solchen Modus des Ablaufs ab, der ihrer Ansicht nach die im Laufe der Begegnung potenziell sich entwickelnden Beziehungen bis zum Übermaß prädeterminierte. Parallel hierzu suchte die Gruppe andere Kommunikationsmodalitäten und stellte die vorgeschlagenen Arbeitsbedingungen in Frage. Ganz allgemein betrachtet, handelte es sich um folgende Fragen: Was ist zu tun, damit die formalen Abläufe unserer Kooperation nicht *a priori* unsere Erfahrung des gemeinsam Erlebten strukturieren? Wie kann man sich anders ausdrücken? Überdies denken sie an verschiedene rituelle Praktiken, die dem Sozialpsychologen wohl bekannt sind: sich körperlich vorstellen, Platz wechseln, etc.

So sah sich die Gruppe mit der traditionellen »Herausforderung durch das *Non-Verbale*« konfrontiert (und konfrontierte sich selbst damit). Gewiss gab es Grund zu der Annahme, hierin ein Alibi und eine Flucht vor der (verbalen) Kommunikation zu sehen, wie dies häufig der Fall ist. Indem man sich bemühte, nicht bei einer ausschließlich auf der Ebene der Worte stattfindenden Kommunikation zu verharren, hing man einmal mehr der Vorstellung von einer direkteren, authentischeren, »reineren« Kommunikation nach. Aber freilich lieferte der Graben zwischen den Sprachen im vorliegenden Fall einen vollkommen realen Anhaltspunkt für das, was von Anbeginn an nicht nur eine bloße Rationalisierung war. Denn: Wie sollen wir es anstellen, »uns zu verstehen«, wo wir doch nicht alle dieselbe Sprache sprechen und unsere Sprachen uns nicht nur trennen, sondern auch gleichzeitig noch unsere nationale Zugehörigkeit offenbaren? Sprechen vermeiden, bedeutet in diesem Sinne, die Versprachlichung der Differenz zu vermeiden; es handelt sich hier um interkulturelle Kommunikation »in Abwesenheit« der Sprachen, um eine hinter den Sprachen zurückbleibende interkulturelle Kommunikation.

Das bedeutet, dass dieses binationale oder ethnopsychologische Problem nach einer sozialpsychologischen Interpretation auf der Ebene der Gruppe selbst verlangt. Ein solches Misstrauen gegenüber der gesprochenen Sprache kann mit dem Misstrauen in eine Linie gestellt werden, das bereits den zu Beginn der Begegnung vom Team definierten und vorgeschlagenen Arbeitsmodalitäten gegenüber zum Ausdruck gekommen war. In beiden Fällen lässt sich erwägen, dass es sich um äußere, kontingente Elemente handelt: Seine Sprache hat man nicht gewählt! Nicht mehr, als man den von den Animateuren vorgeschlagenen Arbeitsrahmen gewählt hatte. Also manifestierte dieser Vorschlag den Wunsch, ohne eine im Voraus etablierte Strukturierung zu »existieren«.

Bis hin zu den in den Kleingruppen vorgeschlagenen Reflexionsthemen gab es nichts, das nicht im Namen sich im Übrigen widersprechender Überlegungen in Frage gestellt worden wäre: An den Themen wurde bemängelt, sie verlangten »zu viel persönliches Engagement«, oder »nicht genug«, sie »wollten alles einordnen und dabei zu nichts führen«, sie seien »zu verkürzt (verkürzend?) in Bezug auf die Realität«. Diese Oppositionshaltung gegen die Vorschläge des *Teams* drückte die Ablehnung einer Voraus-Formalisierung des Austauschs aus; die Teilnehmer der Begegnung wollten eine »Erfahrung machen«, und zwar eine Erfahrung des Augenblicks, eine Erfahrung ohne organisatorische oder thematische *Aprioris*. Schließlich bestünde auf einer vielleicht noch tieferliegenden Ebene Anlass, hierin eine Verteidigungshaltung zu erkennen, eine Flucht vor der Aufbereitung dessen, was das eigentliche Ziel der Begegnung ist, nämlich über die nationale Identität zu sprechen.

Der Ablehnung der pädagogischen »Gussform«, d.h. der von den Animateuren vorgeschlagenen Arbeitsweise und der sprachlichen Gussform entspräche hier eine Ablehnung der kulturellen »Gussform«, eines stereotypisierten Modells nationaler Identität(en), das unzweifelhaft zur Strukturierung der Individuen beigetragen hätte. Diese Interpretation scheint uns durch eine Gesamtheit von Anzeichen unterstützt zu werden, die die Hypothese nahe legen, dass die gesamte Gruppe dazu neige, die nationale Identität zu verbergen.

Die Teilnehmer der Begegnung waren sich sehr wohl ihrer nationalen Zugehörigkeit bewusst – und bei ihrer einführenden Vorstellung nahmen sie explizit auf diese Bezug: Hierbei gingen sie so weit, die Frage nach »dem Schuldgefühl der Deutschen [zu stellen], von dem man häufig spricht«;

manche unter ihnen maßen dieser Tatsache sogar eine tiefere Bedeutung zu: »Ich habe derartige Probleme mit meiner nationalen Identität«; andere stellten eine sozio-politische oder ideologische Position dar, die sich in Begriffen einer soziologisierenden Verkürzung ausdrückte: »Für mich repräsentieren Frankreich und Deutschland ideologische Konzepte!« Auch waren sie freiwillig und in voller Kenntnis um die Sache gekommen, um an einer deutsch-französischen Begegnung im Rahmen der fortbildungsorientierten Forschungsprogramme teilzunehmen, bei der diese Problematik im Mittelpunkt steht. Es ist paradox, dass die Gruppe unter diesen Bedingungen während der gesamten Begegnung versucht hat, das Voranbringen und die Behandlung ihrer Beziehung zum Nationalen zu vermeiden. In dem vorliegenden Text geht es uns darum, die verschiedenen Elemente aufzuzeigen und zu interpretieren, die diese Verteidigungsarbeit der Gruppe zum Zweck der Verdrängung der Dimension der nationalen Identität gekennzeichnet haben.

In dieser Perspektive wirkt die Begegnung wie ein Freiraum, eine Art »Insel«, ein Ort, an dem sich die Möglichkeiten einer *Vakanz* des Nationalen eröffnen. Man bricht auf zu einer Begegnung mit Menschen (individualités), mit »Leuten, die man kennen lernen will« – jenseits einer sozialen Determination. »Ich habe einen revolutionären Vorschlag: dass man auf diejenigen zugehen kann, auf die man zugehen will« (*sic*), sagt gar ein Teilnehmer! Die Wohnsituation während der Begegnung, die relativ abgeschnitten von der umgebenden Bevölkerung stattfand, passt zu dieser Problematik, bei der diese Situation erheblich dazu beitrug, jene »Insel-«Dimension hervorzurufen. Ein Teich innerhalb des Geländes der Institution der Begegnung – mit einer kleinen Insel in seiner Mitte – wurde bald zum Sinnbild der Situation: Die Insel wurde von manchen Teilnehmern zum Versammlungsort auserkoren und wurde so zur Utopie eines *no man's land.*

Jenes Verlangen nach wahrhaftiger, unmittelbarer Kommunikation scheint bei den Deutschen weiter verbreitet zu sein (wenngleich der Vorschlag anfänglich auf die Initiative eines Franzosen zurückging). Bezeichnenderweise schienen die Deutschen von der zweiten Sitzung an eine stärkere Tendenz aufzuweisen ein stärkeres Bedürfnis zu entwickeln, sich neben französische Teilnehmer zu setzen. Schließlich, und dies gehört in denselben Zusammenhang, haben sich manche von ihnen häufiger auf Französisch, d.h. in der anderen Sprache ausgedrückt, wobei einer dabei so weit ging, sich überhaupt nicht in seiner eigenen Sprache auszudrücken. Diese Beobachtungen betreffen im einzelnen vor allem jene Teilnehmer, die in der

Vorstellungsrunde davon gesprochen hatten, sich bezüglich ihrer nationalen Identität unschlüssig zu sein.

Ausgehend von diesen Gegebenheiten kann man eine »kulturalistische« Lesart versuchen: Die Deutschen lassen tatsächlich häufig die Neigung erkennen, eine Art romantischen Bezug zu einer mehr oder weniger mythischen Unmittelbarkeit (der Ursprung, die Natur, der Wald, der Körper. etc.) zu bevorzugen und Argwohn gegenüber intellektueller Vermittlung (*Intelligenz*) als Täuschungen durch die Sprache zu signalisieren. In einem tieferen aber auch konkreteren Sinn, sowohl in Bezug zu unserer Thematik als auch in Bezug zum Gruppenrahmen, wird diese Bewegung auf den Anderen zu weniger dazu führen, sich über »das Nationale« Gedanken zu machen, als vielmehr zu einer Anziehungskraft »des A-nationalen«: Man geht um einer wahrhaftigeren Beziehung willen (»von Mensch zu Mensch«) auf den Anderen, auf denjenigen der anderen Nationalität zu; dies geschieht jedoch letztlich, um den binationalen Zusammenhang in der Gruppe nicht ansprechen zu müssen.

Nach einer Debatte über Diskussionsthemen sollte die Gruppe für zwei der Themen optieren und sich in zwei entsprechende Kleingruppen aufteilen: die eine über »die Stereotype«, die andere über das Thema »Nationale Identität und persönliche Identität«. Das zweite Thema scheint das Nationale in den Vordergrund zu stellen; jedoch sieht es ganz danach aus, als ob de facto die Suche nach der eigenen, persönlichen Identität die Wahl bei den Teilnehmern dieser Gruppe bestimmt hat; die nationale Identität wurde dabei als Maskierung der persönlichen Identität wahrgenommen, d.h. als Verhüllung des realen Kerns der Persönlichkeit, deren nationale Verankerung als deformierendes Prisma erscheint. Auch hier ist wieder zu bemerken, dass dieses Problem scheinbar insbesondere die deutschen Teilnehmer betraf, die im vorliegenden Fall die Quasi-Totalität dieser Kleingruppe konstituierten.

Das Thema der Stereotype hat die größte Zahl der Teilnehmer auf sich vereint: Somit wurden die kollektiven Repräsentationen in den Vordergrund gerückt, aber gleichzeitig wurden sie wegen ihres kulturellen und soziologischen Charakters als zweitrangig wahrgenommen. Dies scheint das dem Geiste der »deutsch-französischen Versöhnung« entsprechende Thema zu sein, ein »ernsthaftes« und vernünftiges Thema – was gewiss den Zulauf der Teilnehmer erklärt. Aber, paradoxerweise, ist dies gleichzeitig eine Art, auf dem oberflächlichen und »abstrakten« Niveau von jenen Repräsentationen zu verbleiben, die es gerade erlauben, sich nicht auf der Ebene der psychoindividuellen Verwurzelung der Realität der jeweiligen nationalen Identitäten »vor Ort« zu verstricken. Sinnbildlicherweise versammelte sich besagte Gruppe auf »der Insel«, so als ob sie damit die Bindung an den nationalen Raum, an die Erde ausklammern wollte. Auf eine allgemeine Weise charakterisiert dieses *no man's land* der Insel die Gesamtproblematik der Begegnung.

Jede Gruppe »arrangierte« sich gewissermaßen auf ihre Weise, um dem selbst gewählten Gegenstand nach Möglichkeit auszuweichen. So räumte die auf die nationale Identität zentrierte Gruppe ein, über das von ihr gewählte Thema nun gerade nicht gesprochen zu haben. Gegenläufig hierzu hatte die andere Kleingruppe ihren Austausch auf die nationale Identität gelenkt; einer der Teilnehmer dieser letzteren Gruppe machte hierauf aufmerksam: »Das ist witzig! Wir reden hier über das Thema der anderen Gruppe: die nationale Identität. Genau das wollten wir nicht.«

Fassen wir die Problematik der Arbeit über das Nationale zusammen, so lässt sich sagen, dass man sich nicht dazu verpflichten will, in einem geregelten Rahmen darüber über »Nationales« zu sprechen, auch wenn man zu Beginn dieses Thema selbst angeregt hat. Man möchte den Augenblick selbst bestimmen, die Form des Austauschs, etc., ohne diesen markanten Unterschied, die nationale Spaltung, *a priori* zu problematisieren. Denn diese Spaltung verweist auf die Risiken von persönlichen und interpersonalen[261] Spaltungen, dies innerhalb eines Raums der Begegnung, der dennoch die Hoffnung auf ein »anders«, sogar auf ein Undifferenziertes als möglich zu offerieren schien. Resümee: Man will nicht darüber reden, man will sich darüber unterhalten (ohne zu reden?).[262]

Das Hinzukommen eines *natürlichen Analysators* sollte zeigen, dass es sich auf der Ebene der Gruppe hierbei klar um eine *Verdrängung* des Nationalen handelte. Völlig zufällig fanden die letzten Spiele der Fußball-Weltmeisterschaft von 1982 genau während unserer Begegnung statt (am 8.

261 Dies trifft um so mehr auf die »Zweisprachigen« zu, als es bei ihnen nicht nur die Differenz der Sprachen, sondern auch noch die nationale Spaltung ist, von denen sie im Innersten durchkreuzt werden; und hierin liegt für sie eine große Gefahr der »Destabilisierung«, bis hin zur der Zerstückelung.

262 Anm. d. Übers.: Quintessenz, die auf dem Wege der Übersetzung aus Gründen der ausgeprägten Homophonie des Französischen eigentlich ihre Würze verliert. Der Originaltext lautet: »... on ne veut pas en parler, mais s'en parler (sans parler?)«.

Juli); und genau zu diesem Zeitpunkt der Begegnung wurde das Spiel Deutschland – Frankreich übertragen. Bezeichnenderweise wohnten fast alle der deutschen und französischen Teilnehmer diesem Spiel bei, von nahem oder aus der Ferne. Diese Situation, die auf die nationale Zugehörigkeit und den binationalen Wettbewerb verweist, war der Ort einer aufgestachelten Identifizierung mit den Mannschaften im Spiel (denen man gegenüberstand) und einer massiven Besetzung des nationalen Bezugs. Mit einem Mal ließen die Teilnehmer ihrem Enthusiasmus und ihren Aggressionen freien Lauf, ohne dabei zu zögern, sich die konventionellsten nationalen Stereotype an den Kopf zu werfen, dies in der angeheizten Stimmung einer »Massenpsychologie«, wie sie durch die Teilnahme an einem solchen Spektakel erzeugt werden kann.

Wir waren von einem Willen zur »wahrhaftigen« und *a priori*-losen interkulturellen Kommunikation ausgegangen. Völlig unvermittelt sah man sich auf einen gruppentypischen Kommunikationsmodus zurückgeworfen, der kulturell prädeterminiert und relativ deformiert war; unversehens war man »in die Falle getappt«. Sobald das Spiel vorbei war, brachen diese Äußerungen ab, was einer Rückkehr zum Individuellen sowie einem deutlichen Abflauen der Kommunkationsbeiträge Platz machte, woraufhin alle teilnahms- und kommentarlos weggingen. Einige bemerkten später dieses Erlöschen der Beziehungen, das den Eindruck einer Leere, ein »sich unbehaglich fühlen« hinterließ. Alles in allem hatten sich die Teilnehmer zu nationalen Emotionen »hinreißen lassen«, was auf ein Schuldgefühl hinauslaufen musste: War dies nicht genau das, was man vermeiden wollte? Bei dem Fußballspiel hatte es einen Gewinner (Deutschland) und einen Verlierer (Frankreich) gegeben: Dies war eine unwiderrufliche Tatsache; man konnte sie relativieren und abschwächen, vertuschen ließ sie sich nicht; so erschien die nationale Spaltung aufs Neue. Dies wurde sinnbildlicherweise in der folgenden Plenumssitzung am nächsten Morgen in eine national gespaltene Sitzverteilung übersetzt: die Deutschen auf der einen, die Franzosen auf der anderen Seite (mit Ausnahme von nur zwei Teilnehmern); dies war seit Beginn der Begegnung noch nicht vorgekommen.

Aus dem Blickwinkel des Beobachters war besonders bei den deutschen Teilnehmern diese Aufeinanderfolge sehr kontrastreicher Verhaltensweisen am ausgeprägtesten: so als ob diese Verdrängung des Nationalen – und somit auch die Rückkehr des Verdrängten, des Nationalen, mit all der Gewalt, die diesem Prozess eigen ist – eher ein Problem der deutschen als der französischen Teilnehmer wäre. Dies entspricht der oben angesprochenen Verneinung des Nationalen bei der Eröffnung der Begegnung, die bei den Deutschen ebenfalls stärker ausgeprägt war als bei den Franzosen.

Nach jener Episode, die in gewisser Weise die Rolle eines Traumas gespielt hat, akzeptierte die Gruppe durchgehend (nach einer gemeinsamen Abstimmung) den vom *Team* vorgeschlagenen Modus des Ablaufs, als ob sie fortan versuchte, sich gegen ihre eigenen »Ausrutscher« zu wappnen. Die bisher abgelehnte Strukturierung lieferte von da an ein Element der Versicherung, ganz nach der Art eines jeden Organisationsprinzips: Organisieren heißt zwar, die Freiheit zu begrenzen, aber ebenso, das Unvorhergesehene zu vermeiden. Im vorliegenden Fall konnte es scheinbar für die Gruppe ein Modus sein, sich auf eine gewissermaßen unbewusste Zusammenarbeit einzulassen, die darauf abzielte, die Wiederholung einer solchen Situation zu vermeiden. Auf jeden Fall scheint man die Arbeit der vier verschiedenen Kleingruppen, die sich nach dem »Fußballspiel« konstituierten, in dieser Richtung interpretieren zu können; sie gruppierten sich um die folgenden vier Themenstellungen:

- Reflexion über die durch das »Spiel« hervorgerufenen Reaktionen;
- Fortführung der Reflexionen bezüglich der »nationalen und persönlichen Identität«;
- Untersuchung der französischen und deutschen Stereotype (auf der Grundlage eines Textes);
- vergleichende Untersuchung der Aussagen von Werbetexten in französischen und deutschen Zeitschriften.

Bezeichnenderweise entschied sich die Kleingruppe, die sich mit der »Fußballspiel«-Sitzung auseinandersetzen wollte, parallel dazu, die dieses Ereignis betreffenden Presseartikel aus beiden Ländern zu untersuchen, während es de facto, und dies muss unterstrichen werden, an Material bereits alleine auf der Ebene der Erfahrung nicht mangelte, die sie gerade persönlich gemacht hatten. Von Beginn an und *a priori* erscheint dieses Mittel als eine Vermeidungsstrategie bezüglich einer wirklichen Reflexion über ihre eigenen Reaktionen auf das Nationale. Und dies ist noch nicht alles: Diese Kleingruppe sollte sich selbst in die materielle Unmöglichkeit bringen, das Thema zu behandeln: Man verfügte über deutsche Zeitschriften, aber man hatte sich nicht um Zugang zu französischen Zeitschriften gekümmert. Dies ist zumindest das im Nachhinein von den betreffenden Teilnehmern vorgebrachte Argument, um im Plenum die nicht geleistete Bearbeitung der Frage zu erklären.

Was die Gruppe »nationale Identität und persönliche Identität« angeht, so wies sie darauf hin, einzig über Unterschiede in Fragen der Ernährung und der Kochkunst gearbeitet zu haben. Gewiss muss auch in dieser anekdotischen Diskussion eine Vermeidungsstrategie bezüglich der Problematik um das Nationale gesehen werden, die den Umweg der Behandlung eines oberflächlichen oder eines nachgeordneten Punktes geht, der in Hinblick auf die gleichzeitig nationale und persönliche Identität eines Jeden kein persönliches Einbringen erfordert. Allgemeiner betrachtet ist das Thema für die meisten Teilnehmer, wie es einer von ihnen explizit sagen sollte, »zweitrangig« und das Wichtige ist, in der Gruppe zu sein.

In der dritten Kleingruppe, die auf die Stereotype ausgerichtet war, interessierte man sich schließlich nicht so sehr für die nationale Spaltung, die sich in den Stereotypen manifestiert, sondern für den Graben zwischen Mann und Frau in den jeweiligen Stereotypen der Deutschen und der Franzosen. Die nationale Zugehörigkeit wurde als ein »sekundärer Faktor« präsentiert, der weniger determinierend sei als der geschlechtsspezifische Unterschied. Es wurde ein Fragebogen ausgearbeitet (mit Hilfe eines Sozialpsychologen aus dem *Team*), der für die gesamte Gruppe bestimmt war und auf dem Prinzip einer semantischen Differenzierungs-Skala fußte. Letztlich wurde so in dieser dritten Gruppe die Problematik des Nationalen hinter der Spaltung Mann/Frau ausgelöscht; und hierin ist ein Abgleiten (eine Verschiebung?) zu sehen, das sich im weiteren Verlauf als für diese Begegnung bezeichnend herausstellen sollte. So ist nach und nach deutlich geworden, dass im Innern einer jeden der beiden Kleingruppen, von denen gerade die Rede war, diese Dimension präsent gewesen war. Darüber musste sich die Kleingruppe »Identitäten« beim Zusammentragen in der Plenumssitzung bewusst werden? Ebenso gab die Kleingruppe »Fußball« zu bedenken, dass die einzige Frau, die die Gruppe anfangs zählte, die Gruppe verlassen hatte; ihre Abwesenheit stellte man in den Mann-Frau-Zusammenhang.

Die vierte Kleingruppe schließlich, die sich mit Werbung beschäftigen sollte, hat offensichtlich kaum lange als solche existiert, und manche ihrer Teilnehmer haben sich wohl recht schnell der Stereotype-Gruppe angeschlossen; jedenfalls hat sie beim Zusammentragen in der Plenumssitzung sehr wenig beigesteuert.

Wie als Echo auf diese zum Motto gemachte Mann-Frau-Spaltung ließ die Plenumssitzung, die auf die Arbeit in den Kleingruppen folgte und in der das Zusammentragen der Ergebnisse dieser Kleingruppen stattfand, ein vielleicht noch stärker hervorstechendes Phänomen zutagetreten: Frauen und Männer gruppierten sich getrennt – zum ersten Mal in der Geschichte der Begegnung. Diese räumlich gespaltene, bemerkenswerte und beachtete Aufteilung wurde von der Gruppe für zufällig und mittels rationaler Erwägungen erklärt (Logik des Zugangs, verfügbare Sitzplätze, etc.). Dabei handelte es sich hier offensichtlich um die Rationalisierung einer tiefer - liegenden Dynamik. Darüber hinaus wurde von da an das Mann-Frau-Verhältnis als die zentrale Problematik der Begegnung explizit verbalisiert: »Wir haben hier ein Problem zwischen Männern und Frauen.«

Die Fokussierung der Gruppe auf dieses Thema erstreckte sich auch rasch auf die Arbeitsweise des *Teams*, das als am Ursprung dieser Spaltung stehend wahrgenommen wurde. Die Teilnehmer forderten das *Team* zu einer Erklärung bezüglich seines Verhaltens in Hinsicht auf sein einziges feminines Mitglied und der jedem einzelnen zugefallenen Rollen auf. Beispielsweise wurde gesagt: »die Spaltung war ständig präsent in den Beziehungen zu den *Teamern*«, »das *Team* hat durch seinen Konflikt die Gruppe manipuliert.« Die Teilnehmer haben sich sogar individuell zu ihrem Eindruck geäußert, manipuliert worden zu sein und gingen dabei so weit, Anteilswerte zu ermitteln wie: Ich wurde »zu 80 %«, »zu 50 %« manipuliert.

Am Ende dieser Analyse sieht es ganz danach aus, als ob Grund zu einer dreifachen Schlussfolgerung bestünde. Einerseits ist die Gruppe, wie wir bereits erwähnt haben, einer Analyse ihrer eigenen Verhaltensweise aus dem Weg gegangen, indem sie eine Projektion auf das *Team* vorgenommen hat. Dem liegt klar eine interne Verschiebung (in einem der Psychoanalyse entlehnten Sinne des Wortes) zugrunde. Es ließe sich jedoch weiter sagen: »Eine Verschiebung kann eine andere verdecken.«[263]

Andererseits konnte man tatsächlich – und dies ist in unseren Augen das Wesentliche – eine weitere Verschiebung beobachten, die den *sexuellen Unterschied* zwischen Mann und Frau anstelle und an der Stelle der *nationalen Spaltung* zwischen Franzosen und Deutschen auftreten ließ, wobei er-

263 Anm. d. Übers.: Bei dieser Formulierung assoziiert der frankophone Leser unweigerlich den Text eines Verkehrsschildes, das an Bahnübergängen aufgestellt ist (»Un train peut en cacher un autre«).

stere dazu diente, das zu verdecken, was immerhin der explizite und bewusst gewählte Gegenstand der Begegnung war.[264] Es handelt sich hier also klar um eine *Verdrängung des Nationalen.*

Wenn es sich schließlich um ein offensichtliches Paradoxon handelt – auf der einen Seite werden sämtliche Vermeidungsstrategien mobilisiert, die herauszuarbeiten unser Ziel war, während man sich auf der anderen Seite ausdrücklich dazu entschieden hatte, zu kommen, um sich mit dem Nationalen auseinanderzusetzen –, so liegt diesem offenkundigen Widerspruch vielleicht auch eine Logik zugrunde. Denn seitdem die »Begegnung« gewissermaßen *a priori* in dem errichteten politischen Gefüge der deutsch-französischen Beziehungen existiert, ist es immer ihre Aufgabe geblieben, in den Bereich vorzustoßen, in dem persönliche Entdeckung und existenzielle Projekte eines jeden möglich sind: sozusagen »von oben« beschlossen, muss die interkulturelle Kommunikation auch einem gelebten Beziehungsgefüge »von unten« entsprechen.

264 Bei all dem muß klar präzisiert werden, dass das weibliche Mitglied des Teams eine militante Feministin war und dass sie reichlich dazu beigetragen hat, jene Verschiebung in der Gruppe zu induzieren. Dies stellt jedoch unsere Analyse nicht in Frage: Denn die Gruppe zeigte sich zufrieden, dieses Steckenpferd zu reiten, was es ihr erlaubte, die Problematik des Nationalen zu umgehen.

XI. Das Nationale als Tabu

Im deutsch-französischen Verhältnis gibt es ein Tabu des Nationalen. Dies ist nicht etwa der Ausgangsgedanke der angestellten Überlegungen, sondern jener, zu dem der Autor über viele Erfahrungen mit dem deutsch-französischen Austausch gelangt ist.

Sachlich und in der Alltäglichkeit der deutsch-französischen Begegnungen betrachtet, kann dieses tabuisierte Nationale in unterschiedlichen Formen zum Vorschein kommen, in mehr oder weniger manifester oder latenter Form. Und dies betrifft nicht nur die mannigfachen individuellen Formen des Austauschs, von denen man glauben könnte, sie seien von Naivität geprägt, da sie auf dem Stadium einer »Primärerfahrung«, eines spontan Erlebten stehen geblieben seien. Auf ein solches spontan Erlebtes würde sich eine Arbeit interkultureller Reflexion wie die vorliegende, erhellt von der politischen Kultur und der binationalen Ausbildung, jedoch nicht gründen; letzteres zu unterstützen und zu befördern ist die Aufgabe von Organisationen wie dem Deutsch-Französischen Jugendwerk (DFJW).

Nicht einmal die Forscher selbst, entrinnen (immer) jenem Tabu des Nationalen, wenn sie in die Lage kommen, an Formen des deutsch-französischen Austauschs teilzunehmen und sich damit befassen müssen, wenn sie *über* diese, im Rahmen der Veranstaltungen des DFJW organisierten Begegnungen von Jugendlichen Forschungen anstellen und darüber sprechen; vielmehr reproduzieren sie es selbst recht häufig und tragen vielleicht manchmal sogar dazu bei, es mehr oder weniger bewusst zu verstärken. Wenn dies der Fall ist, so tun sie nichts anderes, als in dieser Hinsicht genau so zu »funktionieren« wie alle anderen. Gewiss trifft dies gleicherweise auf Politiker und Beamte zu, die den deutsch-französischen Austausch im Bereich der Institutionen, der Organisationen und des Jugendwerks selbst verwalten (jedoch bin ich, offen gestanden, in einer ungünstigen Position, darüber zu urteilen.[265] Mit anderen Worten: Nicht nur auf der Ebene des Erlebens der Teilnehmer und des Diskurses – eines »Objektes«, das sie halten –, sondern gleicherweise auf der Ebene der »wissenschaftlichen Metasprache« der Forschung und sogar der »Metasprache« der Institutionen ist das Nationale tabuisiert. Die These mag etwas übertrieben erscheinen: Sagen wir, dass das Nationale *zumindest* diskret beiseite geschoben wird, sofern es nicht (oder nicht mehr?) den Gegenstand eines wirklichen Tabus darstellt.

Ich für meinen Teil jedoch würde dazu neigen, darüber hinaus zu gehen und die These aufrechtzuerhalten, derzufolge hierin etwas Schwerwiegendes liegt – auch wenn dies, um es noch einmal zu sagen, leicht zu erklären ist. Zumindest kann man diese Erfahrung und Beobachtung bei vielen Begegnungen machen (s.o., Kapitel X), ohne dabei unbedingt immer danach zu trachten, die Dinge zu provozieren. Persönlich füge ich noch hinzu, dass mir dieses tabuisierte Nationale keine gute Sache zu sein scheint. Dieses Paradox und die daraus resultierenden Probleme brachten mich in meiner Eigenschaft als Forscher dazu, mit dem DFJW zusammenzuarbeiten: Ein Forschungsprojekt zu dieser Frage gemeinsam mit anderen zu entwickeln, entsprach in weiten Teilen den Interessensschwerpunkten, die mich in dieser Hinsicht besonders beschäftigen.

Während ich diese Diagnose eines tabuisierten Nationalen stelle, nehme ich mich übrigens selbst nicht von dem Unbehagen aus, das es erkennen lässt. Bezeichnenderweise komme ich im Nachhinein nicht umhin, einzugestehen, dass ich in der Eigenschaft als Verantwortlicher für eine Forschungsarbeit mit dem Thema »Nationale Identität und Dynamik zweisprachiger Gruppen« den Verlauf so »arrangierte«, dass ich (unbewusst?) die Problematik des Nationalen umgehen konnte, deren Thematisierung ich mir doch gerade zur Aufgabe gemacht hatte. Somit ist es die sprachliche Di-

265 Man wird bemerkt haben, dass ich auch hier, wie in Kapitel II, auf das Wir des Pluralis modestiae verzichtet habe. Dies geschah aus analogen Gründen: Das sprechende Subjekt bringt eine existentielle und persönliche Erfahrung ein; aber gleichzeitig ist dies eine Art, dieses Subjekt innerhalb eines institutionellen Kontextes zu situieren und auch einiges der ideologischen Ansichten, die sich hier durch den wissenschaftlichen Diskurs ziehen, »einfließen« zu lassen. Somit spiegelt diese Art der Formulierung das Vorhaben des Sich-persönlich-Einbringens wider, das Hand in Hand geht mit der sozialpsychologischen Methodologie der Gruppendynamik, die in dem vorliegenden Werk wiederholt betrachtet wurde.

mension der interkulturellen Kommunikation, d.h. insbesondere die Dynamik der zweisprachigen Gruppen, der ich den wesentlichen Teil meiner Arbeit im Rahmen jener deutsch-französischen Forschungsarbeit gewidmet habe. Warum? Zunächst aus intellektuellen Gründen »epistemologischer« Vorsicht: Wenn es sich auch nicht um rein »technische« Probleme handelt, so sind die linguistischen Probleme, zumindest leichter objektivierbar und wissenschaftlich anzugehen; das Nationale hingegen ist ein schwieriges und problematisches, beinahe entmutigendes Thema. Dieses Phänomen ist von einer solchen Komplexität und es bringt so viele derart unterschiedliche Ansätze ins Spiel, dass die eingeforderte Interdisziplinarität nicht beherrschbar, insofern sie die Kompetenzen eines Jeden überfordern. Deshalb neige ich dazu, den Augenblick hinauszuzögern, in dem ich dieses Problem ansprechen muss, aus Sorge, es nicht in der ihm gebührenden Form zu behandeln. Im Übrigen kann ich beobachten, dass ich nicht der Einzige bin, der in der beschriebenen Weise vor diesem Problem zurückweicht.

Abgesehen von diesen intellektuellen Bedenken existierten jedoch auch psychologische Gründe. Wenn ich geschwiegen habe, so auch aus Gründen der Achtung: um meine deutschen Partner nicht vor den Kopf zu stoßen, die ich als »empfindlicher« empfunden habe, und von denen ich mir vorstelle, dass sie bei solchen heiklen Fragen reizbarer sind. In beinahe jedem politischen Diskurs kann etwas vorkommen, das dem Bereich der Aggression zuzuordnen ist (oder das zumindest so empfunden wird), ebenso wie das Ich eines jeden Individuums auch in mehr oder weniger bewussten Identifizierungen mit dem Kollektiven aufgeht, die zu »verletzen« man immer Gefahr läuft: *a fortiori* gilt dies auch, wenn es sich um das Nationale handelt.

Bestimmt folgte mein Zögern dem Empfinden auf einer tieferliegenden Ebene, dass es vielleicht auch bei mir an manchen Stellen »blinde Flecke« und Knotenpunkte politischer, ideologischer und psychisch-affektiver Verkrampfungen gab und mir bei dem Gedanken ein wenig unwohl war, all dies aufzuwirbeln – was bei mir, wie bei den Anderen, auf das verweist, was dem Bereich des Unbewussten zuzuordnen ist. Aber wenn ich in dieser Weise von mir spreche, so weil dies bereits eine Art ist, mit dem Thema umzugehen.

Anders gesagt, ich konzeptualisiere das Problem mittels einer psychologischen Terminologie. Schon die Realität jener interkulturellen Kommunikation in Form des deutsch-französischen Austauschs führte mich dorthin, insofern es sich im allgemeinen um Gruppenereignisse handelt. Ebenso tendierte die Konzeption der Forschungsprogramme, an denen ich mitarbeiten konnte, zu einer Simulation jener Realität: und zwar indem eine »teilnehmende Beobachtung« der Forscher während der Begegnungen stattfand, die ihrerseits von der Dynamik der Gruppen geprägt waren und sich in dieser Hinsicht einzig durch ihren mehr oder weniger experimentellen Charakter von den anderen deutsch-französischen Begegnungen unterschieden. Gewiss ist der auf die *sozialpsychologische* Dimension gelegte Akzent teilweise durch diese Gruppen-Disposition induziert. Unter Berücksichtigung des zuletzt Gesagten lautet meine Hypothese, dass dies nicht nur der manifesten Wirklichkeit des deutsch-französischen Austauschs entspricht, sondern zusätzlich einer »tiefen« Wahrheit der Mechanismen, die in jedem von uns am Werk sind.

Deshalb werde ich den Gedanken des tabuisierten Nationalen präzisieren und von einer *Verneinung* (im psychoanalytischen Sinn des Wortes) *des Nationalen* sprechen. Das heißt also, es handelt sich um eine Verneinung in dem Maße, wie das Nationale einem bisher teilweise verdrängten Wunsch, Gedanken oder Gefühl entspricht, dem die Individuen gegen ihren Willen Ausdruck verleihen; hierbei ist ihre Art, das Nationale zu verneinen, ein Mittel der Abwehr, wodurch sie seine Präsenz in sich implizit anerkennen.

Wir möchten von Anfang an darauf hinweisen, dass das Nationale nicht für jeden ein Tabu darstellt und dass der offizielle politische Diskurs in Frankreich beispielsweise bereitwillig staatsbürgerlich und patriotisch, national ist – obschon man es recht häufig vorzieht, das Wort an sich zu vermeiden, um es dem gleichnamigen »Front...«[266] zu überlassen. Insbesondere betrifft diese Verneinung eher die deutschen Teilnehmer der DFJW-Begegnungen. Natürlich ist diese Ablehnung des Nationalen (die sich Ausdruck verschaffen kann in treffenden Formulierungen des Typs: »Grenzen, damit haben wir nichts am Hut!«) bei Franzosen wie Deutschen eine der Möglichkeiten, dem Anderen den Willen zur Öffnung, zur »Versöhnung« zu signalisieren, den ernsthaften Wunsch nach einer wirklichen Begegnung. Aber diese Darstellung des »guten Willens« ist bei den Deutschen viel geläufiger – dies aus den einschlägigen und einleuchtenden historischen Gründen.

266 Anm. d. Übers.: Anspielung auf den Front National, die Partei des rechtsextremen Le Pen.

Bei manchen Treffen gab es sogar einige junge Deutsche (Männer wie Frauen), die ein Verlangen demonstrierten, Franzose zu sein, das fast einer Liebessehnsucht gleichkam; Franzose zu werden über die Beherrschung der Sprache, und vielleicht eher noch über beharrliche Besuche der »douce France«, der verschiedenen Regionen Frankreichs, und besonders, wenngleich nicht ausschließlich, des sonnenverwöhnten Südens, über die französischen Käsesorten (man beachte die Karte des Käse-Frankreich, die sich in manchen deutschen Haushalten finden lässt, seines Weines (zuweilen »bis zum Geht-nicht-mehr«), über den Reiz unserer »kleinen Französinnen« (wer wollte es ihnen verdenken?), etc. Auch diesbezüglich ist die Umkehrung seltener. Auch wenn »in Sachen Frauen« beispielsweise klar ist, dass es auch für manche unter uns eine besondere Erotik der »Ausländerin« gibt, ihrer ungeschickten Weise, meine Sprache zu sprechen und diese so aus der Routine der alltäglichen sprachlichen Automatismen herauszunehmen, so dass der Körper hier seinen Einzug hält durch das »besondere Etwas« der Stimme in einem Akzent, durch die Anstrengungen der Sprechwerkzeuge wie den Lippen, der Zunge und nach und nach des gesamten Gesichts, sogar des Körpers, der Hände – all dies zieht den Blick an und hält ihn fest, wie bei einer immer näher rückenden »Großaufnahme«. Hieran schloss sich früher noch die ideologische Komponente an: Frankreich, das Land einer fortschrittlichen, gewissermaßen »linken«, symbolischen Identität, die der Jugend leicht sympathisch ist. De facto entwickelt sich die Wirklichkeit immer fort, und es handelt sich hier wohl mehr um ein Bild, das im Schwinden begriffen ist.

Wenn in der umgekehrten Richtung ein Franzose/eine Französin »die Linie passieren « zu wollen scheint – zunächst einmal kommt es hierzu wesentlich seltener –, so geschieht dies vielleicht weniger aus Liebe zu Deutschland, als viel mehr aus einer bestimmten Faszination für das Moderne und die Strenge, am häufigsten jedoch, um Frankreich zu entfliehen, um sich selbst zu fliehen und als anders zu entdecken.[267] In beiden Fällen handelt es sich um Positionen der Verneinung: Bei den Deutschen ist sie häufiger anzutreffen, dafür aber auch positiver, zumindest im sichtbaren Bereich

267 Dies war zumindest eine der Schlußfolgerungen, die meines Erachtens aus der Arbeit mit einer deutsch-französischen Gruppe über »Biographeme« gezogen werden mußten, die von Pascal Dibie und mir selbst im Juni 1975 in Otzenhausen (BRD) mitgeleitet wurden; vgl. Dibie, P. & Ladmiral, J.-R.: Chemins de la transnationalité.

der expliziten Repräsentationen, was sicherlich daran liegt, dass das Individuum freier für eine positive, herzliche Projizierung auf den Anderen ist, da die Verneinung des Nationalen tiefgründiger, sozusagen bereits im Kollektiv verwurzelt ist; während es hingegen bei den Franzosen, wo sich das Individuum in dieser Hinsicht nicht auf die gleiche, latente, kollektiv vorhandene Tendenz stützen kann, psychologisch schwieriger wäre, jene Verneinung des Nationalen herbeizuführen, die dann als individuelles Symptom erscheint, aus der Art schlagend und viel weniger verbreitet als in Deutschland. Das in diesem Symptom sich spiegelnde persönliche Missbehagen ist gleichzeitig schwieriger zu ertragen und somit geprägt von einem hohen Grad an sich negativ auswirkender Ambivalenz.

Gewiss sind die Dinge gerade dabei, sich zu verändern: ganz besonders bei den Deutschen. Die »Liebe« zu Frankreich flaut ab und bekommt die verschiedensten Schattierungen.[268] Die Fluchtbewegung ins Anderswo ist in Deutschland noch immer sehr stark; aber es gibt jetzt auch die umgekehrte Bewegung. Vielleicht kann man sich gar auf eine »Rückkehr des Verdrängten«, des verdrängten Nationalen gefasst machen, das in einer noch undefinierten Zukunft eine rundweg nationalistische Tonart anschlagen könnte. Dabei ist zugleich klar, wie Freud unterstrichen hat, dass der Rückkehr des Verdrängten immer ein bestimmter Grad an Gewalt inhärent ist.

Paradoxerweise sieht es so aus, als ob man die Vorboten einer solchen Entwicklung in jener Gestalt erahnen kann, die besagtes Tabu annimmt, nämlich in der Verneinung des Nationalen. Es ist bekannt, dass »die Grünen« Deutschlands, von Frankreich aus betrachtet, als uneingestandene Nationalisten erscheinen können – ihre selektive Aggressivität gegenüber der Nuklearpolitik Frankreichs (während sie durch die der USA oder der UdSSR, obschon ungleich massiver, weniger beunruhigt gewesen zu sein schienen) würde dies untermauern. Desgleichen erscheint die Bedeutung, die die Friedensbewegung jenseits des Rheins erlangte, zwar als Leugnung eines Nationalismus von einst in seiner militanten und militärischen Version. Gleichzeitig ließ sich darin jedoch eine Rückkehr des verdrängten Nationalismus erkennen: Die Protestbewegung gegen die Ost-West-Rivalität bekam somit die Bedeutung eines Pazifismus, der es Deutschland erlaubte, seine Unschuld wiederzuerlangen und danach zu trachten, als »guter Schüler« aufzufallen, der den anderen Nationen (insbesondere Frankreich) Lek-

268 Vgl. Baier, L.: Firma Frankreich.

tionen in politischer Moral erteilen durfte. Darüber hinaus konnte dieser Neutralismus interpretiert werden als eine Art, dem zurückgekommenen und inzwischen schon erfüllten Wunsch nach einer Wiedervereinigung Ausdruck zu verleihen, dessen Legitimität schwer anzufechten war, in dem jedoch jeder versucht war, eine diskretere und auch in ihrem Streben (unter Berücksichtigung des aktuellen geopolitischen Kräfteverhältnisses) notwendigerweise bescheidenere Version des früheren Pan-Germanismus zu sehen.

Man wird einwenden, es handele sich hier um eine offensichtlich »hexagonale«[269] Sichtweise, die zu eng an den französischen politischen Kontext gebunden sei; und gewiss hätte man in hohem Grade Recht. Ich meine jedoch, dass es eben genau Teil einer interkulturellen Arbeit ist wie jener, in die wir involviert sind, diesen Typ psychologischer »Projektionen« zu berücksichtigen, die zwischen nationalen Gruppen wechselseitig wirken. Und ich möchte dem hinzufügen, dass es in diesem Bereich keine andere Realität gibt als jene des kollektiven Imaginären. Faktisch gibt es keinerlei objektiven Ort, von dem aus es möglich wäre, ein wirklich richtiges Maß von den »Realitäten« zu nehmen, jenseits jedweder Fantasmen und Projektionen, die aus der einen wie der anderen nationalen Gruppe hervorgehen; freilich erlaubt die politische Analyse, »politologisch« und historisch, insbesondere im Rahmen einer binaltionalen Arbeit wie jener des DFJW, dennoch eine Relativierung der Dinge und die Richtigstellung von zu groben Unwahrheiten und Irrtümern.

Wir wollen besonders darauf hinweisen, dass Repräsentationen diesen Typs nichts anderes sind als die Auswirkungen des zweifachen politischen Kontextes: Deutschlands und Frankreichs. Sie werden nicht von den Gruppen selbst erzeugt, von der der interkulturellen Kommunikation eigenen Dynamik, die sich inmitten der deutsch-französischen Begegnungen »vor Ort« entwickelt. Zwar handelt es sich um Dinge, die man im Rahmen der Begegnungen »herauskommen« sieht; aber man kann sagen, dass sie von anderswoher kommen. Es handelt sich um Repräsentationen, die das ideologische Feld der Gruppen sozusagen »von außen« besetzen und dies bereits vor dem eigentlichen Treffen: Sie sind die Substanz der Diskussionen, die die Gruppe durchdringen, wie sie die Gesellschaft als Ganzes durchdringen. Anders gesagt: Sie gehören zu dem, was sozio-politische Linien des makro-

269 Anm. d. Übers.: Es handelt sich hierbei um eine geläufige Bezeichnung für Frankreich, die von der Gestalt der Landkarte Frankreichs herrührt, welche einem Sechseck gleicht.

politischen Kontextes zu nennen man übereingekommen ist, in den sich notwendigerweise der deutsch-französische Austausch einschreibt wie auch das Erleben eines jeden Einzelnen.

In den Gruppen, in denen die Voraussetzungen für eine Vertiefung der von der interkulturellen Kommunikation aufgeworfenen Probleme gegeben sind – selten genug kommt es dazu! – sieht man ebenfalls viele andere Dinge dabei »herauskommen«: Bemerkungen, »Analysen«, Reaktionen, die viel charakteristischer sind für die Individuen selbst und für das Erleben der Gruppe, in deren Mitte sie sich auszudrücken haben. So kann die Verneinung des Nationalen bei »den Deutschen« Formen annehmen, die einen ein wenig an das Paradox des Lügners denken lassen, das in der Antike entwikkelt wurde. Das Argument könnte wie folgt schematisiert werden: »Ihr, die Franzosen, seid nicht gut; Ihr seid noch Nationalisten; während wir, die Deutschen, die Besseren sind, da wir den Nationalismus überwunden haben!« Ebenso, wenn der Lügner (oder der »Lügende«) sagt: »Ich lüge« (und die Tradition will, dass man ihn auf Latein zitiert: *mentior*); wenn er die Wahrheit sagt, ist er kein Lügner und folglich lügt er, wenn er sagt, dass er lügt; aber genau hiermit sagt er die Wahrheit, und es ist wahr, dass er lügt; aber dann lügt er, indem er sagt, dass er lügt ... *sic ad infinitum!*

Was an diesem Fall über die analoge Argumentationsstruktur der beiden Paradoxe hinaus interessant ist, ist gerade der Umstand, dass es sich hier um einen Diskurs der Verneinung handelt, in dessen logischer Struktur, die dem Gesagten zugrundeliegt, in gewisser Weise die tiefe und unbewusste Struktur der Verneinung des Nationalen deutlich wird: Sie ist psychologischer Natur. Das Verbot des Nationalen ist noch zu stark, um übertreten werden zu können, es muss noch umgangen werden. Aber dieses Argument folgt *e contrario* (oder *ad absurdum?*) einem geschickten, dialektischen Parcours des Widerspruchs, der es erlaubt, das Ziel einer Verneinung mit Bravour zu erreichen, einer Verneinung, die sich alsbald als eine »rationalisierte« präsentiert. Auf einer tiefer liegenden Ebene als der jenes Effektes paradoxer Kommunikation findet sich in dieser Form der Verneinung des Nationalen gleichzeitig jene Art der Ambivalenz wieder, auf die wir weiter oben hingewiesen haben und die anzukündigen scheint, dass das Verdrängte gerade zurückzukehren beginnt. Das Tabu des Nationalen verschiebt sich: Das, was man denunziert, ist ebenso sehr und noch mehr das Nationale beim Anderen als das Nationale bei sich, in sich selbst. In psychoanalytischen Begriffen geht dies aus dem hervor, was man eine *Projektion* nennt. So habe ich nie so häufig wie in Deutschland jenes Zitat von der »grande nation« gehört, das Frankreich ironisierend bezeichnet, so als ob unsere Mitbürger diesen Ausdruck ständig im Munde führten! Und die Verurteilung des Nationalen beim Anderen ist somit sowohl eine Selbst-Rehabilitation »im Negativabdruck« als jedoch auch eine diskrete Rückkehr statthafter Aggression – so, als ob auch hier wieder die Rekonstruktion des Nationalgefühls auf Kosten des Nachbarn gehen müsse. Wir stoßen hier erneut auf eine etwas eigentümliche Form der interkulturellen Kommunikation, in der ein wohl bekannter Beziehungsmodus zwischen Individuen widerhallt, wo die meisten Stellung beziehen, indem sie sich zueinander in Opposition setzen.

Darüber hinaus zeigt sich, dass ein Beispiel von der Art, wie ich es eben präsentiert habe, letztlich nicht ausschließlich für die Dynamik von Gruppen typisch ist, die im Rahmen des deutsch-französischen Austauschs entstehen: Es ließen sich Argumentationen finden, die demselben Szenario folgen, etwa in der Zivilgesellschaft, der Presse, etc. Entgegen dem, was man hatte glauben können, erscheint es schließlich ziemlich künstlich, eine Grenze ziehen zu wollen zwischen dem eigenen Erleben der Gruppen und den politischen Stereotypen der Gesellschaft, die die Gruppen durchdringen. Schließlich sind es nicht nur die Menschen, die ihre Geschichte machen (auch wenn dies, wie man weiß, nicht immer bewusst geschieht), sondern es sind auch die Individuen als Mitglieder einer Gesellschaft, mit all ihren persönlichen Verstrickungen und biographischen Entwicklungslinien, die eine Gruppe bilden. Generell besehen, lässt sich die sozialpsychologische Dynamik der Gruppen nicht losgelöst von deren sozio-politischer Transversalität betrachten (und es ist genau eines der Verdienste der Institutionellen Analyse,[270] die Dynamik der Gruppen aus dem Ghetto der Sozialpsychologie heraustreten zu lassen und sie als Ganzes wieder in den gesellschaftlichen Rahmen zurückgeführt zu haben). Noch allgemeiner gesagt, ist es die Gesamtheit der gemeinsamen Zugehörigkeiten, die aus der Gruppe unter Umständen einen Mikrokosmos der interkulturellen Kommunikation macht; denn eine Kultur existiert nur in Form von Individuen, sie existiert durch genau jene, die eine Gruppe im eigentlichen Sinn konstituieren.

Nichtsdestoweniger scheinen manche Beispiele unter all jenen, die ich hätte heranziehen können, mehr als andere »interne« Resultate des Gruppen-Erlebens zu sein, die in organischer Weise mit dem historischen Kon-

---

270 Anm. d. Übers.: Vgl. zu diesem Terminus Fußnote 8 in Kapitel I.

text der Gruppe und deren Individuen zu verknüpfen sind. Selbst in diesen Fällen bedeutet das jedoch nicht, dass sich die Gruppen wie die Individuen nicht in die Situation begeben hätten, Szenarien »neu aufzuführen«, die ihnen unbewusst von politischen und historischen Lasten derjenigen Gesellschaften diktiert wären, aus denen sie kommen.

Sicher ist, dass die deutsch-französischen Treffen die Gelegenheit zu tief greifenden Erfahrungen bieten, die sehr alte Gewissheiten zu »erschüttern« und fest eingefahrene Gewohnheiten neu in Frage zu stellen vermögen. Dies fordert Arbeit an sich selbst, konfliktlos kann sie sich nicht vollziehen. Hierin liegt einer der Gründe, warum man so viel »hervortreten« sieht im Rahmen derartiger Begegnungen, die sich der intellektuellen und pädagogischen Mühe einer gemeinsamen Arbeit und Forschung unterziehen. In der Tat liegt hier ein reichhaltiges Material vor, das es verdient, zur Geltung gebracht und im Detail analysiert zu werden.

Abschließend werde ich mich damit begnügen, die Perspektiven der Forschung aufzuzeigen, auf welche die letzten Seiten verweisen, und dabei auf zwei oder drei Einwände reagieren, die vorgebracht werden könnten. Abgesehen von dem wissenschaftlichen Interesse, das ich beispielsweise den Problemen der Übersetzung und der Dynamik zweisprachiger Gruppen entgegenbringe, wird die interkulturelle Arbeit, der ich auf dem deutsch-französischen Feld nachgehe, auch von einem Erkenntnisinteresse ideologischer Natur angeleitet (intérêt de connaissance),[271] das die Forschung ihrerseits überdeterminiert. Der Fluchtpunkt der hier vorgeschlagenen Analysen ist die Notwendigkeit dessen, was ich eine *Ethnopsychoanalyse des nationalen Bewusstseins* genannt habe. In ihr sehe ich eine methodologische Herangehensweise und einen politischen Imperativ.

Diese Arbeit ist sowohl von französischer wie von deutscher Seite zu leisten. Hiergegen wird man einwenden können, dass ich bisher ausschließlich die Deutschen auf die Couch meiner so genannten »Ethnopsychoanalyse« gebeten habe; dabei war es gleicherweise eine » Ethnopsychoanalyse der französischen Mentalität« und ihres »Bismarck-Komplexes«, in die die »imagologische« Analyse der französischen Stereotype, die Deutschland betreffen, mündete. So sind die beiden Kapitel (IX und XI) untereinander ein Pendant – selbstverständlich ohne dass der Stoff erschöpft wäre.

---

271 Ich verweise hier auf ein von Jürgen Habermas besonders in Erkenntnis und Interesse (Connaissance et intérêt) entwickeltes Konzept.

Ein weiterer Einwand wäre im epistemologischen Bereich gegen die konzeptuellen Kategorien denkbar, mit denen ich gearbeitet habe; hiernach bestünde ein Widerspruch darin, gleichzeitig von *»Ethnopsychoanalyse«* und von »nationalem *Bewusstsein«* zu sprechen.[272] Gewiss, wer von Psychoanalyse spricht – und ich versäumte es nicht, hierauf habe ich mehrfach hingewiesen – spricht *unbewusst.* Aber gerade wenn man Verzerrungen in der Wahrnehmung der Realität zu enthüllen glaubt, Störungen in der Beziehung zum Anderen und exzessive libidinöse Besetzungen, besonders aggressiver Art – und dies im Bereich des *Bewussten* –, fühlt man sich berechtigt, die psychoanalytische Hypothese eines Unbewussten wagen zu können. Wohl besitzt dies Gültigkeit in Bezug auf die klinische Diagnose der Individuen, ich schlage nur vor, analog die Hypothese eines kollektiven, eines politischen Unbewussten in Erwägung zu ziehen.

Des Weiteren wird man einwenden können, die durch Durkheim zu Ehren gekommene Idee des »kollektiven Unbewussten« sei an sich schon problematisch. Auch hier stößt man auf eine epistemologische Debatte, die sich durch die gesamten Sozialwissenschaften zieht.[273] Es sei hierzu nur gesagt: Selbst wenn man in der Idee des nationalen Bewusstseins nur eine Metapher und kein »wissenschaftliches« Konzept sehen wollte, so ist das Wesentliche eben, dass sie sich als handhabbar erweist, dass sie eine Verankerung im Realen aufweist – und, dass sie uns somit erlaubt, Fortschritte zu erzielen, *weiterhin* Fortschritte in Bezug auf die Arbeit zu machen, die die deutsch-französische Hinterlassenschaft als unsere Aufgabe bestimmt, eine politische wie intellektuelle Aufgabe. Und schließlich ist ein Konzept immer nur eine Metapher, die zum Ziel gelangt ist! Dass es in Frankreich und in Deutschland etwas gibt wie ein »nationales Bewusstsein«, dass dabei nicht *alles* klar und deutlich, d.h. bewusst ist, wer wollte das leugnen? Hier treffen sich Pädagogik und Therapie; denn gewiss werden es die »Anstrengungen« der interkulturellen Kommunikation sein müssen, die den »ethnopsychoanalytischen Raum« schaffen, der es erlaubt, ein wenig zu sanieren,

272 Diese Kritik kam von R. Hess (in: Arbeitstexte(DFJW), Nr. 2, Okt. 1983; S. 33ff.). De facto ist dieser Band das Ergebnis mehrerer deutsch-französischer Begegnungen, an deren Leitung wir beide, Remi Hess und ich, selbst beteiligt waren.

273 Vgl. zu diesem Problem insbesondere die verschiedenen methodologischen Beiträge in der speziellen Doppelnummer der Revue d'Ethnopsychologie, t. XXVI, no 2-3, septembre 1971.

was dieses politische Unbewusste an Verwirrung und eventuellen Gefahren birgt.

Welche Pädagogik für das Interkulturelle?

Wie will man letzten Endes eine Pädagogik des Interkulturellen konzipieren? Welche Ausrichtungen, welche Vorgehensweise sollen sie bestimmen? In diesem problematischen Bereich einen präskriptiven Diskurs zu führen, erscheint besonders schwer und zudem riskant

Die Gefahr bestünde zunächst darin, eine aus Einschärfungen und Vorschriften bestehende normative Didaktik zu entwickeln, als ob es genüge, sich Ziele zu setzen, um sie erreichen zu können – und als ob man zudem in der Lage wäre, die zu verfolgenden Ziele einfach zu bestimmen. Eine weitere Klippe ist schwer zu umschiffen: der moralisierende Diskurs der wohlmeinenden Gefühle, des Respekts vor dem anderen, der Toleranz und des gegenseitigen Verständnisses. Im besten der Fälle läuft eine solche Pädagogik Gefahr, nur oberflächliche Ergebnisse zu erzielen; und im schlimmsten könnte sie eine paradoxerweise hemmende Wirkung auf die Authentizität der Beziehung haben, indem sie Bewegungen und spontane Reaktionen kritisiert. Diese verschiedenen Verhaltensweisen laufen im Übrigen insofern wieder zusammen, als die pädagogische Normativität im allgemeinen von dem Unausgesprochenen einer impliziten Ethik umschlossen wird. Das Risiko liegt mithin darin, einen »theoretischen« Diskurs zu entwickeln, der die konkrete Wirklichkeit des interpersonalen Austausches aus dem Blick verlöre.

Sollte hieraus geschlussfolgert werden, man müsse auf jegliches pädagogisches Vorhaben verzichten? Dies ist keineswegs die Überzeugung der Autoren dieses Buches; denn, was wir aus unserer Erfahrung an Gewinn ziehen, ist, dass die Vorgehensweise, die wir uns bemühten, hier in Angriff zu nehmen und zu analysieren, an sich schon eine pädagogische war. Genauer gesagt, hatten wir den Eindruck, dass die pädagogische Praxis »vor Ort« nicht von dem zu trennen ist, was ebenfalls Ziel unserer Forschung ist, nämlich das Streben nach abschließendem, grundlegendem Verständnis.

Zunächst erlebt man die Realität interkultureller Kommunikation auf der Basis einer konkreten und einer möglichst spontanen Erfahrung der Beziehung. Ohne diese Erfahrung kann es kein gleichermaßen tief greifendes wie aus dem Erleben heraus entstandenes Verständnis der Prozesse, der psychologischen Mechanismen und der existentiellen Implikationen dieser Erfahrung geben. Dies ist undenkbar, ohne sich in die Situation zu begeben, in der eine Idee zum Ausdruck kommt, die sich hier dem rein didaktischen Diskurs widersetzt. Und eben deshalb erscheint uns der Rekurs auf die Dynamik der Gruppen gerechtfertigt: Dieses Sich-in-die-Situation-Begeben erlaubt eine »Simulation«, die so dicht wie irgend möglich an den realen Interaktionen ist; denn genau sie sind es, die von Belang sind und mit denen wir durch die Herausforderung einer zunehmenden Interkulturalität konfrontiert werden. Jedoch findet diese Erfahrung innerhalb eines beruhigenden Rahmens statt, der ein »Spiel« mit der Realität in dem Sinn begünstigt, dass sie authentische Beziehungen einschließt, und es gleichzeitig ermöglicht, zu diesen spielerisch auf Distanz zu gehen.

Insbesondere befördert diese Erfahrung eine Verbalisierung des unmittelbaren Erlebens interkultureller Kommunikation; man muss gewissermaßen von seiner Erfahrung sprechen, sie mit derjenigen der anderen vergleichen, um sie zu verstehen. Das Ergebnis ist eine Objektivierung, die nicht nur erlaubt, jene Erfahrung verständlich zu machen und sie weiterzugeben, sondern zudem eine Bewusstwerdung und hierdurch eine eventuelle persönliche Weiterentwicklung zu induzieren. In dieser Bewegung stützen sich Forschung und Pädagogik gegenseitig ab und überlappen einander tendenziell.

Parallel hierzu haben wir gesehen, dass das Erleben der Treffen mit sozialen Repräsentationen durchzogen ist, in Bildern und Stereotypen und sogar in ideologischen und politischen Projektionen. Diese Repräsentationen müssen gleichzeitig in ihrer Subjektivität anerkannt und in Bearbeitung durch die Geisteswissenschaften objektiviert werden; sie können verstanden werden, indem man sie auf ihre sozio-historischen Entstehungsbedingungen zurückführt und ihre Funktion in der Dynamik der Beziehungen zwischen Nationen durchschaut. So wird das Individuum dazu gebracht, sich darüber klar zu werden, dass auch seine intimsten und affektivsten Reaktionen von einem sozialen Imaginären strukturiert sind.

Hier handelt es sich um eine »non-interventionistische« Pädagogik, die den Wandel individueller wie kollektiver Ausprägung an die Bewusstwerdung und die Bearbeitung einer erlebten Erfahrung knüpft. Die Reflexion über diese Probleme stellt die Ausbildung über deren Verbalisierung und Analyse in einen Zusammenhang mit der Forschung. Das Anliegen dieser

Arbeit war es, aufzuzeigen, dass die Pädagogik des Interkulturellen dem Ansatz einer solchen Forschungsarbeit selbst inhärent ist – einer Arbeit, die sich in unseren Augen mit dem deckt, was man Theorienbildung einer Praxis nennen könnte.

Bibliographie

Abou, S. (1981): L'identité culturelle. Paris (Anthropos).

Authier, M. & Hess, R. (1981): L'analyse institutionnelle. Paris (PUF; coll. »Que sais-je«: n° 1968).

Baier, L. (1988): Firma Frankreich. Berlin (Wagenbach). Übersetzung von J. L. Tiesset (1989): L'entreprise France. Paris (Calman-Lévy).

Barthes, R. (1957): Mythologies. Paris (Seuil).

Barthes, R. (1971): Ecrivains, intellectuels, professeurs. In: Tel Quel, n° 47 (automne). Paris (Seuil); S. 3-18.

Bastide, R. (1950): Sociologie et psychanalyse. Paris (PUF).

Berman, A: (1984): L'épreuve de l'étranger. Culture et traduction dans l'Allemagne romantique. Paris (Gallimard).

Bernard, M. (1972): Le corps. Paris (Editions Universitaires).

Bieder, K. F. (1954): L'Allemagne vue par les écrivains de la Résistance française. Genf (Droz). Vorwort von Albert Camus.

Bourdet, Y. (1966/67): Préjugés français et préjugés allemands. Paris (es handelt sich bei dieser empirischen Milieustudie über junge Deutsche und Franzosen beiderlei Ge-schlechts, die in Ferienlagern zusammenleben, um eine Erhebung, die mit der Unter-stützung des DFJW durchgeführt wurde).

Bourdieu, P. (1982): Ce que parler veut dire. Paris (Fayard).

Cadiot, P. (1980): Situation linguistique de la Moselle germanophone. In: Nelde, P.H. (Hg.): Zft. für Dialektologie und Linguistik, Heft 32: Sprachkontakt und Sprachkonflikt. Wiesbaden (Steiner); S. 325-334.

Camillieri, C. (1985): Anthropologie culturelle et éducation. Lausanne (Delachaux et Niestlé); UNESCO.

Camillieri, C. & Cohen-Emerique, M. (1989) (Hg.): Chocs des cultures: concepts et enjeux pratiques. Paris (L'Harmattan).

Carre, J.-M. (1947): Les écrivains français et le mirage allemand (1800-1940). Paris (Boivin).

Cheval, R. (1972): Cent ans d'affectivtés franco-allemande ou l'ère des stéreótypes. In: Revue d'Allemagne (Actes du colloque de Strasbourg, novembre 1971); tome IV, n° 3; S. 603-614.

Cheval, R. (1972): Nous partons pour l'Allemagne. Paris (PUF: coll. »Nous partons pour...«).
Cosnier, J. (1988): Clefs pour la psychologie. Paris (Seghers).
Curtius, E. R. & Bergsträsser, A. (1930): Frankreich (2 Bde). Stuttgart, Berlin, Leipzig. Erster Band: Ernst Robert Curtius: Die französische Kultur. Eine Einführung.
Demorgon, J. (1989): L'exploration interculturelle. Pour une pédagogie internationale. Paris (Armand Colin).
Deschamps, G. (1977): L'attribution et la catégorisation sociale. Bern (Lang).
Devereux, G. (1972): Ethnopsychanalyse complémentariste. Paris (Flammarion).
DFJW(1984) (Hg.): Von der Versöhnung zum Alltag interkultureller Beziehungen. Paris.
Dibie, P. & Ladmiral, J. R. (1976): Chemins de la transnationalité. In: Revue d'Ethnopsychologie; t. XXXI, vol. 2 (sep. 1976); S. 125-129.
Digeon, C. (1959): La crise allemande de la pensée française (1870-1914). Paris (PUF).
Doise, W. (1976): L'articulation psychosociologique et les relations entre groupes. Brüssel (Ed. A. de Boeck).
Doise, W. (1979): Expériences entre groupes. Paris (Mouton); (Zusammenstellung sozialwissenschaftliche Texte).
Dreyfus, F. G.(1970): Histoires des Allemagnes. Paris (Colin, coll. »U«).
Dubois, J. (1972): Grammaire scientifique et grammaire pédagogique. In: Langue française, n° 14 (mai 1972); S. 6-31.
Dumezil, G. (1968): Mythe et épopée. Paris (Gallimard).
Elias, N. (^{17}1992): Über den Prozeß der Zivilisation. 2 Bd. Frankfurt/M. (Suhrkamp).
Erikson, E. H. (1968/1972): Adolescence et crise. La quète de l'identité. Für die französische Übersetzung: Paris (Flammarion) 1972.
Erikson, E. H. (1950/1966): Enfance et société. Für die frz. Übers.: Neuchâtel (Delachaux et Niestlé) 1966.
Favret-Saada, J. (1977): Les mots, la mort, les sorts. Paris (Gallimard).
Fitourin, C. (1983): Biculturalisme, bilinguisme et éducation. Lausanne (Delachaux et Niestlé).
Freud, S. (1913/1974): Totem und Tabu. In: Sigmund Freud - Studienausgabe, Bd. IX; S. 287-444 (herausgegeben von Alexander Mitscherlich u.a.; Frankfurt/Main 1974 (Fischer, Reihe: »Conditio humana«).
Freud, S. (1921/1974): Massenpsychologie und Ich-Analyse. A.a.O., S. 61-134.
Freud, S. (1927/1974): Die Zukunft einer Illusion. A.a.O., S. 135-190.
Freud, S. (1930/1974): Das Unbehagen in der Kultur. A.a.O., S. 191-270.
Fromm, E. (^{3}1993): Die Furcht vor der Freiheit. München (dtv). Amerikan. Originalausgabe von 1941:*Escape from Freedom* .
Goethe, J. W. (1811-1833/1975): Dichtung und Wahrheit (3 Bd.). Frankfurt/ M. 1975 (Insel)

Gentilhomme, Y. (1982): Expérience autobiographique d'un sujet bilingue russe-français. In: Caudmont, J. (Hg.): Sprachen in Kontakt/ Langues en contact. Tübingen (Narr), »Tübinger Beiträge zur Linguistik« n° 185; S. 143-159.

Gerando, J.-M. de (1799/1978): Considérations sur les divers méthodes à suivre dans l'observation des peuples sauvages (Originaledition: Paris, im Jahre VIII). Neu ediert in: Copans, J./ Jamin, J. (1978): Aux origines de l'anthropologie française. Paris (Le Sycomore).

Gori, R. (1978): Le corps et le signe dans l'acte de parole. Paris (Dunod).

Greimas, A., J. (1976): Sémiotique et sciences sociales. Paris (Seuil).

Guigou, J. (1979): Les analyseurs de la formation permanente. Paris (Anthropos).

Habermas, J.: La technique et la science comme »idéologie«. Übersetzung und Vorwort von J.-R. Ladmiral. Paris [3]1978 (Gallimard; coll. »Les essais«, n° CLXXXIII).

Harcourt, R. d' (1948): Les Allemands d'aujourd'hui. Paris (Hachette).

Hall, E. T. (1966/1971): La dimension cachée. Übersetzung: Paris 1971 (Seuil).

Hall, E. T.: Le langage silencieux. Übersetzung: Paris 1973 (Mame).

Hall, E. T.: Au-delà de la culture. Übersetzung: Paris 1979 (Seuil).

Hegel, G. W. F. (1832-1845/1986): Phänomenologie des Geistes. Frankfurt/ Main 1986 (Suhrkamp-Taschenbuch Wissenschaft 603).

Heitmann, K. (1967): L'image française de l'Allemagne dans son évolution historique. In: Revue d'éthnopsychologie, tome XXII, vol. 4 (décembre 1967), Le Havre; S. 404-440.

Hess, R. & Ladmiral, J.-R. (1977): Emancipation personnelle et sociale. In: Allemagnes d'aujourd'hui, n° 60 (novembre-décembre 1977); S. 43-47.

Hymes, D.H. (1962): The Ethnography of speaking. In: Fishman, J.A. (Hg.): Readings in the sociology of language. La Haye-Paris (Mouton) 1968-1970; S. 99-138.

IFOP/ Infratest (1970): La France et L'Allemagne. Connaissances et représentations (eine mit Gymnasiasten aus Paris und München durchgeführte Pilotstudie), mai-décembre 1970, Versailles (auf die Initiative des DFJW durchgeführt von IFOP und Infratest).

Kaes, R. (1976): L'apparaeil psychique groupal. Paris (Dunod).

Klineberg, O. (1963): Psychologie sociale, t. 2. Paris (PUF).

Kristeva, J. (1988): Etrangers à nous-mêmes. Paris (Fayard).

Lacan, J. (1966): Ecrits. Paris (Seuil).

Ladmiral, J.-R. (1971): Le discours scientifique. In: Revue d'Ethnopsychologie, T. XXVI, vol. 2-3 (septembre 1971); S. 153-191.

Ladmiral, J.-R. (1975): Linguistique et pédagogie des langues étrangères. In: Langages, n° 39 (septembre 1975); S. 5-18.

Ladmiral, J.-R. (1978a): Pour une dynamique des groupes bi-nationaux – Préliminaires méthodologiques. In: Langage et société, n° 3 (février 1978); S. 3-47.

Ladmiral, J.-R. (1978b): Pédagogie des groupes et rencontres internationales. In: Revue d'Ethnopsychologie, t. XXXIII, vol. I (janvier-mars 1978); S. 5-13.

Ladmiral, J.-R. (1979): Traduire: théorèmes pour la traduction. Paris (Payot: »Petite Bibliothèque Payot«, n° 366).
Laplanche, J. & Pontalis, J. B. (1973): Das Vokabular der Psychoanalyse. Frankfurt/M. (Suhrkamp) [Orig. von 1968: Vocabulaire de la psychanalyse. Paris (PUF)].
Lefebvre, H. (1937): Le nationalisme contre les nations. Paris 1988 (Méridiens Klinksiek, coll. »Analyse institutionnelle«).
Levi-Strauss, Cl. (1962): Le totémisme aujourd'hui. Paris (PUF).
Levi-Strauss, Cl. (1968): Race et histoire. Paris (Gonthiers).
Lindenfeld, J. (1978): L'ethnographie de la communication a-t-elle un sens pour les linguistes? In: Langage et Société, n° 5 (sept. 1978); S. 45-52.
Linton, R.: Le fondement culturel de la personnalité. Für die Übersetzung: Paris 1968 (Dunod).
Lipiansky, E. M. (1979): L'*âme française* ou le national-libéralisme. Analyse d'une représentation sociale. Paris (Anthropos).
Mackey, W. F. (1972)(Hg.): Bibliographie internationale sur le bilinguisme. International bibliography on bilangualism. Québec (Les Presses de l»Université de Laval).
Maisonneuve, J. (1988): Les rituels. Paris (PUF).
Malewska-Peyre, H.: L'image de soi des jeunes délinquants immigrés. In: Bulletin de psychologie; t. XXXVI, n° 359.
Marandon, S. (1971a): Caractère et images des peuples. In: Revue d'ethnopsychologie; t.XXVI, 2-3 (sept. 1971); S. 245-265.
Marandon, S. (1971b): Catalogue des études concernant les images d'Europe. In: Revue d'ethnopsychologie; t. XXVI, vol. 4 (déc. 1971); S. 481-490.
Marc, E. & Picard, D. (1989): L'interaction sociale. Paris (PUF).
Mauviel, M. (1984): L'idée de culture et le pluralisme culturel. Paris (Diss., Paris V).
Mead, G.: L'esprit, le soi et la société. Für die Übersetzung: Paris 1963 (PUF)
Memmi, A. (1962): Portrait d'un juif. Paris (Gallimard, coll. »Idées«).
– (1973): Portrait du colonisé. Paris (Payot).
Mendel, G. (1967): La révolte contre le père. Paris (Payot).
Mentalités collectives et relations internationales. Numéro spécial de »Relations internationales', n° 2 (1974).
Michaud, G. (1971): Un concept à définir: l'ethnie. In: Revue d'ethnopsychologie; t. XXVI, col. 2-3 (sept. 1971); S. 193-204.
Michaud, G.: Architectures. A.a.O.; S. 311-333.
Michaud, G. (1978) (Hg.): Identités collectives et relations inter-culturelles. Paris (PUF, Ed. »Complexe«).
Michaud, G. & Marc, E. (1981): Vers une science des civilisations. Paris (PUF).
Minder, R.: Allemagnes et Allemands. Essai d'histoire culturelle. Paris 1948-49 (Seuil, coll. »Esprit, Frontière ouverte«).
Miroglio, A.: La psychologie des peuples. Paris 1958-1971. (PUF, coll. »Que sais-je«, n° 798)

Mitscherlich, A. & Mitscherlich, M. (1963): Auf dem Weg zur vaterlosen Gesellschaft. München (Piper).

Mitscherlich, A. & Mitscherlich, M. (1967): Die Unfähigkeit zu trauern. München (Piper).

Monchoux, A.: L'Allemagne devant les lettres françaises de 1814 à 1838. Toulouse (Fournié).

Moscovici, S. (1972) (Hg.): Introduction à la psychologie sociale. 2 Bd. Paris (Larousse).

Mounin, G. (1963): Les problèmes théoriques de la traduction. Paris (Gallimard, neu ediert in coll. »Tel«, n° 5).

Nicklas, H. (1983): Alltag, Vorurteile und interkulturelles Lernen. Bad Honnef (Arbeitstexte des DFJW, Nr. 2).

Nietzsche, F. (1885): Jenseits von Gut und Böse. Vorspiel einer Philosophie der Zukunft. München (Goldmann Klassiker, Bd. 7530).

Oouvrage collectif (1976): L'Autre et l'ailleurs. Hommage à Roger Bastide. Paris (Berger-Levrault).

Oouvrage collectif (1980): Introduction aux études interculturelles. Paris (UNESCO).

Oouvrage collectif (1984): Diversité culturelle. Société industrielle. Etat national. L'Harmattan.

Oouvrage collectif (1985): L'interculturel en éducation et en sciences humaines. Toulouse 1985 (Travaux de l'Université de Toulouse-Le Mirail), 2 Bde.

Pages, M. & Müller, B. et alii: Pour une animation existentielle (Textes de travail: DFJW, bureau IV); Auszüge übers. in: Friedensanalysen, n° 10, Frankfurt 1979 (Suhrkamp).

Piaget, J. (1937): La construction du réel chez l'enfant. Neuchâtel (Delachaux et Niestlé).

Piaget, J. (1964): La formation du symbole chez l'enfant. Neuchâtel (Delachaux et Niestlé).

Picard, D. (1983): Du code au désir. Paris (Dunod).

Popper, K. R.: Logik der Forschung. Tübingen 1934-1972 (Mohr).

Reitel, F. (1969): Les Allemagnes. Les hommes, la terre et les régions. Paris (A. Colin, coll. »U«).

Rodriguez-Tome, H. (1972): Le moi et l'autre dans la conscience de l'adolescent. Neuchâtel (Delachaux et Niestlé).

Rovan, J.: Allemagne. Paris 1955-1972 (Seuil, coll. »Microcosme: Petite planète«, n° 7).

Salomom, M. (1969): Faut-il avoir peur de l'Allemagne? Paris (Laffont).

Sartre, J.-P. (1943): L'être et le néant. Paris (Gallimard).

Sartre, J.-P. (1954): Réflexions sur la question juive. Paris (Gallimard; 1961 in: coll. »Idées«).

Saussure, F. de (1916/1955): Cours de linguistique générale. Paris 1955(Payot).

Sherif, M. & Sherif, C.W.: An Outline of Social Psychology. New York (Harper and Row), 1948-1956.

Sherif, M.: Des tensions intergroupes aux conflits internationaux. Für die Übersetzung: Paris 1971 (ESF)

Staël. Madame de, De l'Allemagne, 1910.

Steins, M. (1971): Images de l'Allemagne en France. In: Revue d'ethnopsychologie, t. XXVI, vol. 4 (déc. 1971); S. 373-388.

Tap, P. (1980) (Hg.): Identité individuelle et personnalisation und Identités collectives et changements sociaux. 2 Vol., Toulouse (Privat).

Tap, P. (1988): La société pygmalion. Paris (Dunod).

Todorov, T. (1988): Nous et les autres. Paris (Seuil).

Triandis, H. C. (1973): The subjective culture. New York (Wiley).

Vous avez dit ...interculturel! Zeitschrift der Ecole normale du Calvados (bisher drei Nummern erschienen).

Weinreich, U. (1967): Languages in contact. Mit einem Vorwort von A. Martinet. La Haye (Mouton).

Wenger, K. R. (1979): Preussen in der öffentlichen Meinung Frankreichs 1815-1870. Göttingen (Musterschmidt, »Göttinger Bausteine zur Geschichtswissenschaft«, Bd. 50).

Zavaloni, M. & Louis-Guerien, C. (1984): Identité sociale et conscience. Toulouse (Privat).

Zemb, J.-M. (1973): Examen de conscience – Le pont Kehl et le port de Strasbourg. In: Revue d'Ethnopsychologie, t. XXVIII, vol. 2-3 (juin-sept. 1973); S. 143-150.

Ziebura, G. (1979): Die deutsch-französischen Beziehungen seit 1945. Mythen und Realitäten. Pfullingen (Neske).

Die Autoren

Jean-René L'Admiral ist Hochschullehrer an der Universität Paris X Nanterre und Direktor des Instituts für Übersetzung und linguistische und interkulturelle Kommunikation.

Edmond Marc Lipianski ist Hochschullehrer an der Universität Paris X Nanterre und Mitglied des Instituts für Sozialpsychologie in Nanterre.

Hinweise zur Entstehung dieses Buches

Jean René LADMIRAL ist der Autor der folgenden Kapitel:
- Kapitel I: Für eine Dynamik zweisprachiger Gruppen.
- Kapitel II: Der Körper zwischen zwei Sprachen.
- Kapitel IX: Elemente deutsch-französischer »Imagologie«.
- Kapitel X: Dynamik einer von der nationalen Identität beurlaubten Gruppe.
- Kapitel XI: Das Nationale als Tabu.

Das Kapitel X geht auf einen unveröffentlichten Text zurück, der in Zusammenarbeit mit Jean-Louis MARAIS geschrieben wurde.

Zwei der oben genannten Artikel stützen sich auf früher veröffentlichte Artikel. Das erste Kapitel ist eine Synthese und Weiterentwicklung der zentralen Inhalte der drei bereits veröffentlichten Arbeiten:
- »Pour une dynamique des groupes bilingues«; in: Connexions, n° 33 (1981), S. 55-68.
- »Problèmes psychosociologiques de la traduction«; in: Connexions, n° 39 (1983), S. 115-125.
- »Trad'rire«; in: Lectures, n° 9 (dicembre 1981), S. 171-178 (Ed. Dedalo, Bari).

Das Kapitel IX ist die überarbeitete Fassung eines Beitrages für ein Symposium, das im Oktober 1972 in Strassburg zu dem Thema »La rencontre franco-allemande« stattfand:
- »Culture française et stéréotypes à l'égard de l'Allemagne – De l'ethnopsychologie à la double culture«, in: Revue d'Allemagne, t. V/n° 2 (avril-juin 1973), S. 238-278.

Darüber hinaus war das Kapitel XI Gegenstand einer internen, leicht veränderten Veröffentlichung, zu der es im Rahmen des vom DFJW in Paris vom 7.-9. Dezember 1988 organisierten Kolloquiums kam.

Edmond Marc LIPIANSKY ist der Autor der folgenden Kapitel:

- Kapitel III: Von der Sprache zur Kultur.
- Kapitel IV: Identität und Alterität.
- Kapitel V: Die Öffnung hin zum kulturellen Anderssein.
- Kapitel VI: Die nationale Identität innerhalb einer Dynamik der Begegnung.
- Kapitel VII: Soziale Repräsentationen und interkulturelle Kontakte.
- Kapitel VIII: Das Bilderspiel der Identität.

Manche dieser Kapitel stützen sich mehr oder weniger direkt auf früher veröffentlichte Arbeiten und auf im Rahmen von DFJW-Programmen erstellte Berichte.

Kapitel III übernimmt teilweise: »Langages, représentations et identité culturelle«, in: Les amis de Sèvres, mars 1987.

Die Kapitel IV und V verwenden einige Elemente aus: »Identité, communication et rencontres interculturelles«, in: Cahiers de sociologie économique et culturelle, n° 5, juin 1986. Außerdem stützen sie sich auf eine zusammen mit Luc Voyenne geleitete Erhebung, dem wir hier für seinen Teil an dieser Arbeit danken.

Kapitel VI ist eine überarbeitete Fassung von »Groupe et identité«, in: Identités collectives et relations inter-culturelles, Complexe, 1978. Wir bedanken uns hiermit bei dem Verlag Complexe, der uns die Aufnahme dieses Textes gestattete.

Kapitel VIII geht auf folgenden Text zurück: »L'imagerie de l'identité: le couple France-Allemagne«, in: Ethnopsychologie, n° 3-4 (1979).

In vielfacher Hinsicht stützt sich das vorliegende Werk auf gegenstandsrelevante Texte, Publikationen und interne Berichte, die vom Referat IV des DFJW (Deutsch-Französisches Jugendwerk) mit Sitz in Paris in Auftrag gegeben worden sind. Dank gebührt dem DFJW und Ewald Brass, dem früheren Verantwortlichen des Referats, für die Finanzierung und die Anregungen, ohne die wir diese Forschungsarbeit nicht in der hier vorliegenden Form hätten realisieren können.

Reihe „Europäische Bibliothek interkultureller Studien“

Herausgegeben von Hans Nicklas

bereits erschienen:

Pascal Dibie, Christoph Wulf (Hg.)
Vom Verstehen des Nichtverstehens
Ethnosoziologie interkultureller Begegnungen
1998. 174 Seiten, Band 1
DM 39,80/sFr 38,80/ÖS 291
ISBN 3-593-35999-5

Lucette Colin, Burkhard Müller (Hg.)
Europäische Nachbarn – vertraut und fremd
Pädagogik interkultureller Begegnungen
1998. 214 Seiten, Band 2
DM 44,--/sFr 42,--/ÖS 321
ISBN 3-593-36000-4

Remi Hess, Christoph Wulf (Hg.)
Grenzgänge
Über den Umgang mit dem Eigenen und dem Fremden
1999. 232 Seiten, Band 3
DM 39,80/sFr 38,80/ÖS 291
ISBN 3-593-36138-8

Jacques Demorgon
Interkulturelle Erkundungen –
Möglichkeiten und Grenzen einer internationalen Pädagogik
1999. 275 Seiten, Band 4
DM 49,--/sFr 47,--/ÖS 358
ISBN 3-593-36130-2

Klaus Eder
Kulturelle Identität zwischen Tradition und Utopie
Soziale Begegnungen als Ort gesellschaftlicher Lernprozesse
2000. 254 Seiten, Band 6
DM 48,--/sFr 46,--/ÖS 350
ISBN 3-593-36243-0

Campus Verlag. Frankfurt/New York